# MÉMOIRES

## HISTORIQUES

### SUR

## LA VILLE D'ALENÇON

Les Éditeurs se réservent la propriété du travail littéraire et des pièces dont ils ont enrichi cette Édition.

Alençon — Imprimerie de Poulet Malassis et De Broise.

# MÉMOIRES
## HISTORIQUES
### SUR
## LA VILLE D'ALENÇON
### ET
## SUR SES SEIGNEURS

PRÉCÉDÉS D'UNE DISSERTATION SUR LES PEUPLES QUI ONT HABITÉ
ANCIENNEMENT LE DUCHÉ D'ALENÇON ET LE COMTÉ DU PERCHE
ET SUR L'ÉTAT ANCIEN DE CES PAYS

PAR

## ODOLANT DESNOS

### SECONDE ÉDITION

PUBLIÉE D'APRÈS LES CORRECTIONS ET LES ADDITIONS
MANUSCRITES DE L'AUTEUR

et annotée

PAR

## M. LÉON DE LA SICOTIÈRE

Avocat, ancien directeur de la Société des Antiquaires de Normandie

SUIVIE D'UNE BIBLIOGRAPHIE ALENÇONNAISE
DE LA RECHERCHE DE LA NOBLESSE DE LA GÉNÉRALITÉ D'ALENÇON
ET D'AUTRES PIÈCES JUSTIFICATIVES

*Turpe est in patria peregrinari, et hospitem esse
in rebus quæ ad patriam pertinent.* MANUTIUS

### TOME PREMIER

POULET-MALASSIS ET DE BROISE
LIBRAIRES-ÉDITEURS A ALENÇON, PLACE D'ARMES
ET A PARIS, 4, RUE DE BUCI

1858

# DISSERTATION

## SUR LES PEUPLES

QUI ONT HABITÉ ANCIENNEMENT LE DUCHÉ D'ALENÇON ET

LE COMTÉ DU PERCHE.

—

Je me propose de faire connaître les peuples qui ont habité le territoire qui forme aujourd'hui le duché d'Alençon et le comté du Perche. Je ne remonterai pas jusqu'aux aborigènes, qui furent, selon Timagène, les premiers habitants de la Gaule et en particulier du pays dont je recherche les antiquités, c'est-à-dire les Celtes. Je n'examinerai point d'où une partie de la Gaule chevelue tira le nom de Gaule celtique, et si ce fut d'un de ses rois. Le voisinage de l'océan fit donner à une contrée de cette portion des Gaules le nom d'Armorique. Elle était habitée par des peuples qui portaient différents noms, et formaient autant d'états particuliers, gouvernés les uns par des rois, et le plus grand nombre par des magistrats, les uns et les autres électifs. Chaque peuple possédait une certaine étendue de terres, qu'on appelait *cité*. Ces peuples n'étaient souvent que des branches les uns des autres : aussi leurs terres étaient contigues, et quelquefois enclavées les unes dans les autres. Souvent le chef-lieu d'un peuple n'était qu'à une petite distance du chef-lieu d'un autre. Ce chef-lieu était destiné aux assemblées que les nobles, les magistrats, et peut-être les druides formaient,

Ammian. Marcell. Lib. XV, cap. 9.
*Journal des Savants*, juin 1752.

lorsqu'il était question de décider de la guerre ou de la paix, des élections des magistrats ou de quelque autre affaire importante. Le peuple, regardé presque comme esclave, n'y avait point de voix. Le lieu de ces assemblées portait un nom significatif qu'il conserva lorsqu'il devint ville. Dès que ces différents peuples eurent plusieurs villes, il en fut toujours regardé comme la capitale : dans l'âge romain, la plus grande partie de ces peuples lui donnèrent leur nom, ce qui fit tomber dans un oubli absolu le nom primitif d'un grand nombre de ces capitales. Les peuples puissants en avaient souvent d'autres faibles sous leur dépendance, et les cantons qu'ils habitaient portaient des noms différents de celui du peuple primitif. Les peuples faibles, voisins des puissants, se mettaient souvent sous leur protection, et ne restaient attachés à leurs intérêts qu'autant de temps qu'il les croyaient en état de les protéger.

Essayons de débrouiller les peuples qui habitèrent cette partie de l'Armorique où nous voyons le duché d'Alençon et le comté du Perche. De ces peuples, les Aulerces sont le plus anciennement connu. Ils firent partie de la colonie qu'Ambigat, roi des Bituriges et chef de la Celtique, envoya, l'an 178 de Rome, en Italie, sous la conduite de Bellovèse, un de ses neveux : Tarquin l'ancien régnait alors à Rome. La puissante cité des Aulerces était déjà distinguée par cantons, puisque Elitovius, qui commandait les Aulerces-Manceaux, s'arrêta quelque temps en Provence et suivit ensuite Bellovèse en Italie, où les Cénomans fondèrent plusieurs villes. Il y a bien de l'apparence qu'une autre portion des habitants de la cité des Aulerces contribua à la colonie que Sigovèse, autre neveu d'Ambigat, conduisit vers l'Allemagne : nous n'avons pas le détail des peuples qui la composaient.

César nous apprend que la cité des Aulerces fut ravagée par les Cimbres et les Teutons chassés de leur pays par

*Marginalia:*
Tit.-Liv. Lib. V, cap. 34.
Ibid. cap. 55.
D. Bouquet, Rec. des Hist. de France, t. I, p. lxxiii.

l'inondation de la mer. Après avoir obtenu le gouvernement des Gaules, il résolut de les soumettre entièrement à l'empire romain. Publius Crassus, un de ses lieutenants, soumit, l'an de Rome 696, les Aulerces, les Essuins et plusieurs autres peuples. Il exigea d'eux des otages de leur fidélité. César rapporte encore que les Aulerces-Diablintes eurent part à la révolte des Vénètes, et que les Aulerces-Eburons les imitèrent. La nation des Aulerces était donc divisée en trois principaux cantons, qui se subdivisaient en d'autres moins considérables, dont chacun devait avoir un nom particulier. Il semble que Tite-Live, César et les autres anciens historiens ont eu soin de nous désigner, sous le nom générique d'*Aulerces*, la cité entière, et sous le nom particulier d'un des trois principaux cantons, la partie de la cité qu'ils veulent nous indiquer, soit que les habitants eûssent embrassé les intérêts d'une faction opposée au reste de la cité, soit que ces trois peuples formássent, dès le temps d'Ambigat et de César, trois cités différentes, comme l'a cru le savant Adrien de Valois, à quoi il y a peu d'apparence.

<small>*Comment. Lib.* II, cap. 34.</small>

<small>*Notit. Gall.*, p. 65. D. MARTIN, *Hist. des Gaul.*, t. I. D. BRÉZILLAC, *Topograph. des Gaul.*</small>

On chercherait en vain dans César des détails sur la position des Aulerces : son objet était seulement de faire connaître les principaux peuples qu'il avait soumis : il nomme le plus souvent ceux dont il se propose de parler sans ordre, comme ils se présentent à sa mémoire, et sans désigner leurs villes : il en a omis un grand nombre, soit parce qu'ils faisaient partie de ceux dont il avait occasion de parler, soit qu'ils fûssent leurs alliés et sous leur protection. Pline a connu les trois branches des Aulerces; mais il ne nous donne pas de grands éclaircissements sur leurs villes, et sur les territoires qu'ils occupaient.

<small>SAMSON, *Remarq. sur la carte de l'ancienne Gaule*, p. XXVIII. DANVILLE, *Not. de la Gaul.* D. BRÉZILLAC, *Hist. des Gaul.*, t. II (avant prop.), N° 8. *Hist. natur.*, l. IV, cap. 17. D. BOUQUET, *Rec. des Hist. de Fran.*, t. I, p. 56.</small>

Ptolémée, qui vivait en Egypte sous le règne d'Antonin-le-Pieux, nous a conservé les noms des trois chefs-lieux ou villes capitales de ces trois peuples, savoir : *Vindinum*, capitale des Cénomans ; *Noeodunum,* capitale des Diablintes, et *Mediolanum* (1), capitale des Eburons. Les astronomes et les géographes modernes ne pourraient jamais reconnaître ces villes à la position qu'il leur a assignée.

Adrien de Valois, l'abbé Le Bœuf, l'abbé Belley, Danville et plusieurs autres savants ont prouvé qu'il s'était très-fréquemment mépris sur la position de plusieurs peuples de la Gaule, et qu'il avait été impossible à cet écrivain, qui n'y était jamais venu, de fixer l'étendue du territoire que chacun de ces peuples habitait.

Ptolémée ni aucun écrivain ne nous ont transmis le nom celte du chef-lieu ou ville principale de la cité des Aulerces, qui devaient avoir, comme les autres peuples primitifs, un lieu où les députés des trois principaux peuples qui la composaient et ceux de leurs alliés, tenaient les assemblées de la cité entière. Si l'un de ces peuples se livrait à une faction opposée au reste de la cité, il tenait l'assemblée des nobles et de son sénat dans la principale ville de son canton.

César détruisit sans doute le chef-lieu ou ville principale des Aulerces pour les punir de leurs fréquentes révoltes, raison pour laquelle aucun écrivain ne nous a conservé le nom ancien d'une ville dont il ne restait plus de vestiges lorsqu'il tenait la plume. On ne peut en reconnaître la position par des monuments de l'âge romain découverts dans les fouilles, comme il est arrivé à beaucoup de capitales d'anciens peuples. Nous sommes donc forcés de nous borner à des conjectures. Son emplacement dut prendre le nom du peuple dont elle avait été la ville principale, comme firent un grand nombre d'autres capitales des peuples primitifs de la Gaule. Nous nous

---

(1) *Mediolanum* est un nom générique qui se rencontre souvent dans la topographie de la Gaule ou des pays conquis par les Gaulois et qui semble dériver des deux mots celtiques *Med*, fertile, abondant, et *lan*, terroir. (O. D.)

bornerons à citer l'exemple des trois principaux peuples de la cité des Aulerces et de quelques autres peuples voisins. La capitale des *Cenomani* quitta le nom de *Vindinum*, dit *Subdinum* dans la table Théodosienne, pour prendre celui du peuple ; c'est aujourd'hui Le Mans. Le chef-lieu des Diablintes quitta le nom de *Nœodunum* pour celui de Jublent (Jublains), selon l'abbé Le Bœuf. Le *Mediolanum* des Eburons a pris le nom d'*Eburovicæ*, Evreux. La principale ville des Essuins fut appelée Essey ; le *Autricum* des Carnutes, Chartres ; le *Noviomagus* des *Lexovii*, Lisieux ; le *Noviomagus* des *Bajocassi*, Bayeux. Il en dut être de même de l'emplacement du chef-lieu des Aulerces, qui porte encore dans les titres du $x^e$ siècle le nom d'*Aulercum, Aulercium, Alercum*, dont on aura fait *Alençon* (1). On convient qu'on peut reconnaître les capitales des anciens peuples de la Gaule à trois signes. Ou quelque partie de ces capitales a retenu le nom de cité, ou elles sont devenues siège épiscopal, ou enfin elles ont conservé leur nom celtique ou celui du peuple. Il y a bien peu de ces villes qui aient conservé leur nom celtique : un plus grand nombre se font reconnaître au nom du peuple qu'elles étaient censées renfermer ; mais plusieurs ont souffert des changements par le séjour des Romains et les invasions des barbares. On connaît celles qui doivent leur origine aux camps et aux stations militaires que les

---

(1) Cette supposition n'est pas justifiée par la découverte à Alençon d'antiquités gauloises ni même romaines. A peine pourrait-on signaler en ce genre quelques haches de silex et quelques monnaies du Bas-Empire. Près d'Évreux, au contraire, et du Mans, à Jublains, à Lisieux, à Bayeux, les ruines abondent. Un établissement romain assez étendu, mais pauvre, paraît avoir existé dans la plaine d'Oisseau (Sarthe), à 8 kilomètres d'Alençon. On ne saurait le confondre avec celui qu'Odolant Desnos suppose avoir existé au confluent de la Sarthe et de la Briante ; son existence même paraît inconciliable avec celle d'une ville voisine de quelque importance. (L. S.) Pesche. *Dict. top. de la Sarthe.* — Cauvin. *Essai sur l'arr. de Mamers.* — L. de la Sicotière, *Exc. dans le Maine*, p. 4. — *Bull. monum.*, t. VIII, p. 91.

Romains y avaient établis, tant pour la sûreté de leurs conquêtes que pour la marche des troupes, à leur nom souvent composé d'un mot celte et d'un mot romain : quelques autres ont emprunté celui que nous leur voyons des Barbares qui les ont habitées ou rétablies.

Le pays que je me propose de faire connaître ne comprenait qu'une petite portion du territoire des Aulerces-Diablintes. Pline l'Ancien les nomme *Diablindi*. Outre ces deux noms, on leur donnait encore ceux de *Diablitæ, Diaulitæ, Diaplintes, Deablites* et *Diabliti*. La position de leur capitale, *Noedunum* ou *Noeodunum*, a donné lieu a bien des opinions différentes. D'Argentré l'a placée à Châteauneuf ; Samson a cru la retrouver dans Nogent-le-Rotrou, parce que les Diablintes devaient être entre les Cénomans et les Eburons : Adrien de Valois a combattu ce sentiment. L'abbé Le Bœuf a cru prouver qu'en l'an 616 de l'ère chrétienne, leur capitale était appelée *oppidum Diablintis* ; qu'elle portait le même nom du temps de l'évêque Hildebert, d'où est venu celui de *Jublent*. M. de La Fosse a réfuté les preuves de ce sentiment et a soutenu que c'était Mayenne même. D. Morice croit que c'est Noeun, village peu éloigné de Mayenne. Nous pourrons bien voir quelque jour une nouvelle opinion qui placera *Noeodunum* sur quelque élévation voisine d'une rivière, position propre à établir une station romaine, à assurer le passage de la Sarthe aux environs d'Alençon, ou de Saint-Cénery, et qui accourcirait considérablement la route de Vieux au Mans. La table de Peutinger, dressée sous l'empire de Théodose-le-Grand, nous donnerait le moyen de fixer irrévocablement la position de *Noeodunum*, si les géographes avaient pu se concilier sur la véritable position d'*Aræcgenus* (1). Samson et plusieurs autres

---

(1) L'opinion, à peu près unanime aujourd'hui des savants, place *Argenus, Aregenus* ou *Aræcgenuæ* à Vieux, près de Caen. Ce nom

le placent à Argentan, et en font une des stations que les troupes romaines faisaient pour aller d'Alonne, qui était proche Valognes, à Tours. Adrien de Valois, Danville et l'abbé Béziers, ont cru que c'était Bayeux : la conformité de nom entre *Aræ genus, Ara genuæ*, et la rivière d'Aure qui l'arrose, (*Arara, Ara et Area*) les a décidés. Ils prétendent que l'on ne peut y méconnaître l'*Argenis* de Ptolémée qui se jettait dans la mer près la capitale des Badocasses ou Vidocasses : *Argenis fluvii ostia*. M. l'abbé Belley soutient que l'*Ara genuæ* doit être placé à Vieux,

*Journal de Verdun*, avril 1761, p. 285.

*Observ. sur les anciens peuples de Bayeux* dans l'*Hist. de l'Académie des inscrip. et bell. lett.*, t. XV, p. 513, édit. in-12.

semble contracté de celui des *Viducasses* de la même façon que les mots Bayeux, Évreux, Lisieux l'ont été des noms des peuples qui habitaient ces anciennes cités. Vieux est sur la Guine, et la traduction littérale d'*Argenus* est sur Guine. Walckenaer le place à Argentan, mais ses travaux, si précieux d'ailleurs, laissent beaucoup à désirer pour tout ce qui touche la géographie ancienne de la Normandie. M. de Gerville a soutenu avec une grande insistance qu'on devait le chercher à Argences (Calvados) ; ceci l'a conduit à placer *Nudionum* à Seès : son mémoire, bien que couronné par l'Académie des Inscriptions en 1832, n'a pas changé l'état de la question. Tout le monde est aujourd'hui d'accord pour reconnaître que Jublains est l'ancien *Nudionum*.

O. Desnos s'était beaucoup préoccupé de la direction de la route d'*Alauna* (Valognes ou plutôt Alcaume, près Valognes) à *Crociatonum* (Tours), qui figure sur la table de Peutinger. Il avait même, aidé des observations de M. de Grandprey, d'Argentan, composé sur ce sujet une dissertation spéciale dont je possède l'original. Malheureusement, il n'avait pas étudié la question sur le terrain. Les découvertes d'antiquités romaines, qui ont permis depuis quelques années de rétablir la géographie de l'ancienne Gaule, n'avaient pas encore été faites ou n'avaient pas été suffisamment approfondies. Il se borne donc à rappeler les systèmes divers de Belley, de Béziers, de Le Bœuf, de Samson, etc., sans arriver à une conclusion. Cette voie ne passait pas aux environs d'Alençon ; celle de Rouen au Mans par Orbec, Le Merlerault et Seès, devait s'en rapprocher beaucoup davantage. Le tracé de de cette dernière voie et des autres voies romaines qui sillonnaient le département de l'Orne a été relevé dans l'*Orne archéologique* page XVI et suivantes. (L. S.)

*Mém. des Ant. de Norm.*, 2ᵉ sér., I, 500.

T. 1, p. 593 et II, 254.

*Des villes et voies Rom. en B.-Norm.*, p. 51 et suiv.

ville capitale des Viducasses, détruite par les Saxons : le détail de ses preuves me conduirait trop loin : j'observerai seulement que M. l'abbé Béziers, curé à Bayeux, a abandonné son premier sentiment et s'est rangé à celui-ci.

<small>*Hist. som. de Bayeux*, (disc. prélim.), p. 15 et 16.</small>

Il serait presque impossible de fixer les bornes du territoire des anciens peuples de la Gaule, puisque les terres de l'un se trouvaient souvent enclavées dans celles d'un autre. On peut cependant y parvenir quelquefois, à l'aide de quelque rivière qui en faisait le partage, ou par quelque lieu dérivé du mot latin *fines*, que les Romains employaient pour désigner les limites de deux ou trois peuples différents. Un écrivain moderne avance, sans preuves, que le territoire qu'occupèrent, dans l'origine, les Diablintes, fut de peu d'étendue et qu'il ne contenait d'abord que Jublent et ses environs ; que, se trouvant resserrés par les Cénomans et par les *Arvii*, retrouvés en 1757, dans la cité d'*Erve* ou d'*Arve*, par le célèbre M. Danville, ils furent obligés de s'étendre vers l'occident, dans les cantons de Dol et d'Alet, qui firent dans la suite partie de leur territoire, et encore couverts de bois au IV<sup>e</sup> siècle ; ce qui se concilie avec le texte de Ptolémée : *in mediterranea Veneti; magis orientales Aulerci Diaulitæ, quorum civitas Noeodunum*. Du côté opposé ils possédaient les environs d'Alençon, le canton appelé *Sonnois*, depuis que les Saxons y eurent formé un établissement, et selon Bellorius, Samson, Beaudrand, d'Ablancourt et Jean de Launoy, une partie d'une vaste forêt qui forme aujourd'hui le Perche. Le lieu qui y porte le nom de Feings (*Fines*) en faisait peut-être les limites : du moins c'est encore aujourd'hui la dernière paroisse du diocèse de Seès, qu'elle sépare de celui de Chartres, qui comprenait une partie de cette forêt. Les Cénomans en devaient aussi posséder une portion pour pouvoir toucher, suivant Pline, aux Eburons : *intus autem Aulerci qui cognominantur Eburovices et Cenomani*. Il est encore plus difficile de

<small>M. D'ÉRIC, *ibid.*

*Ibid*, p. 107.

L. DE LA SICOTIÈRE, *Exc. dans le Maine*, p. 75.
Y. MARC, *Saulge et ses environs.*—ÉTOC DEMAZY, *Diss. sur le pays des Diablintes*.

*Hist. Gymnas. Navarr.*, p. 769.

*Hist.*, lib. IV, cap. 18.</small>

fixer les bornes du territoire des Diablintes du côté du nord. La rivière de Sarthe et de Sarthon qui s'y jette à Saint-Cénery, font, à la vérité, présentement la séparation du diocèse du Mans d'avec celui de Seès. J'ai peine à croire que le pays des Diablintes se soit étendu jusqu'à Seès. D. Cosnard prétend dans ses *Antiquités de Seès*, que le monastère de Saint-Martin de cette ville fut rétabli sur les ruines d'un plus ancien, dédié aussi à saint Martin : *ad Sesnos Diablitas in agro Sagiensi* (1). Dufriche ajoute que la paroisse d'Aunou, à une lieue de la même ville, sur la route de Mortagne, est dite dans des titres non suspects, *ad Sesnos Diablitas*. Ces écrivains auraient dû publier ces titres, qui prouveraient que les Essuins n'auraient été qu'un peuple subordonné aux Diablintes, ou au plus leur allié, puisque *Sesni* n'est qu'une corruption de *Sessui*, *Essui* ou *Saxii*. Le Père Monnet, jésuite, a avancé qu'Alençon et Seès étaient du pays des Diablintes; et le P. Labbe a penché vers le même sentiment. Marlian et Papire Masson ont été plus loin : ils ont cru, sans raison, que les Aulerces possédaient le pays d'Auge, et lui avaient laissé leur nom. Enfin le célèbre historien de Thou n'a pas balancé à faire Alençon la capitale des Aulerces, *urbem in Aulercis primariam*. Il met dans leur pays Domfront, Nogent-le-Rotrou, l'abbaye des Clairets, Laigle.

Les Sessuins ou Essuins sont désignés dans César par les noms de *Sessui* (2), *Essui*, *Eusebii*. Pline les nomme *Atestui*, et *Itusui* par corruption. Ptolémée n'en parle

Antiquit. de Seès, ms.

Histoire de l'abb. de Saint-Martin, ms. chap. 7.

Geog. Vetus, p. 17. Phar. Gall. ant. Geogr. (prol.)

VALOIS, Not. Gall., p. 12. PAPIR. MASS. De Flumin. Gall. THUAN. Hist., t. III, p. 649 et passim.

Comment., lib. II et V.

---

(1) Je crains qu'il ne l'ait confondu avec celui de Saint-Martin *in Diablintico*, dont il est parlé dans les actes de Saint Alderic, et qui était situé au rivage gauche de la rivière de Mayenne, aujourd'hui une des paroisses de Mayenne.

BALUZE, Miscellan., t. III, p. 161.

(2) M. de Valois a cru que le nom de *Sessui* ou *Sessuvii* n'était qu'une mauvaise leçon de *Lexovii*. Quelques auteurs les ont placés dans le comté d'Eu. On a hasardé encore d'autres conjec-

point ; ce qui semble nous indiquer qu'ils avaient, pour ainsi dire, disparu pour faire place à quelque autre peuple dont le nom et l'établissement n'étaient pas encore connus en Egypte. On reconnaît aujourd'hui les Essuins au nom d'Essey que porte une petite ville, située à quatre lieues d'Alençon, qui a dû être leur chef-lieu et qui méritait encore quelque considération en 1220.

Il y a bien de l'apparence que les Essuins étaient un peuple faible, et qu'il était, avant la conquête de César, sous la protection des Aulerces, de même que les *Arvii* ; qu'il s'en détacha lorsque les affaires de ces peuples déclinèrent. Ils aimaient, dès le temps de César, la paix et la tranquillité : *in pacatissima et quietissima parte*. Robert Cenalis, évêque d'Avranches, et Belleforest remarquent comme une chose digne d'observation que ceux du pays de Seès ont toujours été gens paisibles et tranquilles qui n'ont pris part à aucune guerre : ce qui n'est pas cependant vrai. L'Historien du Perche, dans son épître dédicatoire, dit que les peuples du Perche et d'Alençon n'ont jamais trempé dans les rébellions civiles, et ont toujours suivi fidèlement et constamment la fortune de leurs rois. Le conquérant des Gaules, suivant la politique romaine, dut récompenser leur fidélité aux dépens de leurs voisins qui, après avoir été soumis, s'étaient révoltés.

Les Essuins, ainsi protégés par les Romains, durent occuper les environs d'Essey, ceux d'Alençon et la partie même de cette ville, en deçà de la Sarthe, le Houlme, les environs d'Argentan, de Falaise, d'Hiesmes, la Marche et une partie de la forêt du Perche, qui avait dû être

*M. l'abbé Esnaut, Dissert. prélimin. sur l'Hist. du diocèse de Seès, p. 60.*

---

tures. Comme elles ne sont appuyées d'aucunes preuves, et qu'elles ont été détruites par l'abbé des Thuilleries, M. l'abbé Esnault et M. Danville, je ne m'y arrêterai pas (1).

(1) M. Walckenaer distingue les *Lexovii*, habitants de Lisieux, des *Saii* ou *Sessuvii*, habitants de Seès, et des *Essui*. Il cherche, il est vrai, les *Essui* tour à tour à Essai et à Esch, en Allemagne. (L. S.)

*T. 1, p. 58, 587, 594, t. II, p. 251.*

comprise dans le pays des Aulerces. Ainsi ils étaient bornés, au levant par les Carnutes ; au midi par les Aulerces-Cénomans et Diablintes ; au couchant par les *Abrincatui,* par les Curiosolites, s'il est vrai qu'ils n'aient point habité la Bretagne, que Courseult n'ait point été leur capitale, et que leur ancienne position soit le territoire présentement connu sous le nom de Bocage et par le Bessin ; au nord par les *Lexovii.*

Ceux-ci avaient pour capitale *Noeomagus* ou *Noviomagus,* nom qu'elle quitta pour prendre celui de son peuple. Outre le canton de Lisieux, ils occupaient une partie des environs d'Hiesmes, de Gacé, la forêt d'Ouche, le canton d'Orbec, de Bernay ; ainsi ils étaient, à l'orient, limitrophes des Aulerces-Eburons ; au midi des Essuins ; au couchant des Curiosolites ou des peuples qui occupaient le Bocage et le territoire des Viducasses, des Bajocasses et des deux Ot dont nous parlerons dans la suite, et au nord, suivant Strabon, par la mer et par le Vexin.

On voit par ce que je viens de dire qu'il n'y a dans tout ce territoire aucun emplacement qu'on puisse assigner aux *Ossismii,* qui étaient certainement à l'extrémité de la péninsule de l'Armorique, quelques efforts que M. l'abbé Esnaut et M. Trigan, curé de Digoville, aient fait pour les placer dans les cantons occupés par les *Lexovii* et les *Essui.* La capitale de ceux de Bretagne était *Vorganium,* que l'on croit Carhaix. Le territoire de ces mêmes *Ossismii* ne s'est jamais étendu jusqu'au diocèse de Sées et ne comprenait point l'Hiesmois, comme l'a imaginé un savant bénédictin. Suivons l'histoire de ce pays depuis l'arrivée de César dans les Gaules. <small>D. Brézillac, *Hist. des Gaul.,* t. II, p. 329.</small>

Publius Crassus, un de ses lieutenants, soumit, l'an de la fondation de Rome 696, à l'empire romain les *Unelli* qui occupaient le Cotentin ; les *Ossismii* que nous avons placés en basse Bretagne ; les *Curiosolites,* appelés par Pline *Curiosuelites,* que les uns placent entre Saint-Malo <small>*Comment.,* lib. II, cap. 34.</small>

et Lamballe, leur assignant pour capitale Courseult, dont on découvrit les ruines en 1709, et d'autres en Normandie entre les *Lexovii* et les *Unelli*; les *Sessuvii* ou *Essui*; les *Aulerci*; les *Rhedones* qui habitaient en Bretagne. César, avant de partir l'année suivante pour l'Illyrie, envoya une légion aux ordres du jeune Crassus en quartier d'hiver chez les Andes qui occupaient une partie du territoire qui forme aujourd'hui l'Anjou. Le pays manquant de grains, Crassus chargea différents officiers d'en aller acheter chez les peuples voisins. Terracidius se rendit chez les Essuins (1); Trebius Gallus chez les Curiosolites; Silius et Velanus chez les Vénètes. Ceux-ci arrêtèrent les envoyés, et notifièrent à Crassus qu'ils ne les relâcheraient que lorsqu'il aurait renvoyé aux peuples armoriques les otages qu'ils lui avaient remis. Leurs voisins suivirent leur exemple : Terracidius et Trebius furent arrêtés.

*Ibid.*, lib. III, cap. 7.

Les Vénètes se disposèrent à la guerre, fortifièrent leurs villes, les approvisionnèrent et implorèrent le secours des Ossismiens, des Lexoviens, des Nannètes, des Ambiens, des Morins, des Diablintes (2). César ne nomme point les Essuins parmi les peuples qui envoyèrent des secours aux rebelles. Il fit de son côté les préparatifs nécessaires pour les soumettre. Comme il avait lieu de craindre une révolte générale, il partagea ses forces, et envoya différentes légions pour contenir les cités dont il croyait avoir le plus à craindre. Titurius Sabinus fut chargé de contenir avec trois légions les Unelles, les Curiosolites et les Lexoviens, tandis qu'il attaquerait les Vénètes.

*Ibid.*, lib. III, cap. 9.

Cap. 11.

(1) César les appelle ici *Eusubii*. Comme il n'y avait point de peuple de ce nom, les uns y substituaient *Unelli*, d'autres *Lexovii*, et le plus grand nombre *Sessui*. Mais comment concilier cette dernière supposition avec la soumission dont les Sessui avaient fait preuve?

(2) *Socios sibi ad id bellum Ossismios, Lexovios, Nannetes, Ambialites, Morinos, Diablintes, Menapios adsciscunt.*

Les Aulerces-Eburons et les Lexoviens égorgèrent leurs magistrats qui s'efforçaient d'empêcher qu'ils ne prissent part à la révolte. Ils fermèrent les portes de leurs villes, et se joignirent à Viridovix qui commandait les autres rebelles de ce canton. Ce chef résolut d'attaquer Titurius Sabinus qui se retrancha dans un poste avantageux et commode. Viridovix se trouva bientôt à environ deux de nos lieues des Romains ; il leur présenta la bataille, mais ils ne s'ébranlèrent point. La prudence de T. Sabinus, traitée de frayeur par les Gaulois, ne fit qu'accroître leur audace : ils l'insultèrent jusque dans ses retranchements. Alors le général romain fit passer dans leur camp un Gaulois transfuge, qui y répandit que les affaires de César exigeaient que Sabinus volât à son secours, et que dans la nuit suivante il se mettrait en marche ; à quoi il était d'ailleurs nécessité par le défaut de vivres. Ils forcèrent Viridovix et les autres chefs à les mener au combat. Les Romains campaient sur une montagne dont la pente douce et facile était d'environ mille pas. Les Gaulois la montèrent en courant pour ne pas donner le temps aux Romains de s'armer et de se mettre en défense, en sorte qu'ils arrivèrent hors d'haleine. Sabinus, après avoir encouragé les siens, fit sonner la charge, et les troupes sortant impétueusement par deux portes surprirent tellement les rebelles qu'ils ne purent soutenir la première charge et prirent la fuite de tous côtés. Le carnage fut grand, et la cavalerie acheva la défaite.

Cap. 17.

Plusieurs écrivains ont réclamé pour leur patrie le champ de bataille où se passa cette action. René Courtin, qui écrivait, en 1606, une *Histoire du Perche* demeurée manuscrite (1), prétend que Sabinus était campé sur la montagne du Sablon, à deux lieues de Bellesme, entre

*Histoire du Perche*, déposée aux Mathurins de Mortagne.

(1) Il a été copié très-souvent par Bry, qui ne cite pas une seule fois son ouvrage, quoiqu'il lui ait fourni presque toutes ses chartes qu'il ne copie pas toujours exactement.

Saint-Cyr et l'Hermitière, où on voyait encore, il y a quelques années, une tour assez forte. Mais comme il convient que Viridovix commandait les *Unelli,* et que le combat se donna dans leur pays, leur position étant aujourd'hui fixée dans le Cotentin, c'est là qu'il faut chercher le champ de bataille. En vain alléguerait-on que Viridovix aurait été trop éloigné pour que les rebelles des Eburons et des Lexoviens eussent pu le joindre en peu de jours (*paucis diebus*). Un autre écrivain de la ville d'Argentan croit que le général romain était campé au lieu appelé le Châtelier, dont j'aurai occasion de parler plus amplement dans un moment. Il allègue en preuve la situation du lieu conforme à celle décrite par César ; la tradition perpétuée dans le pays qu'il y a eu dans ce lieu un grand combat ; l'étymologie populaire de Montmerré, du Val-Heureux, de Mortrée et du Cercueil que nous réfuterons un jour à l'article de ces paroisses. Il est certain que la plate-forme du Châtelier n'était point assez considérable pour pouvoir contenir trois légions qui formaient une armée au moins de quinze mille hommes. D'ailleurs il paraît, par les termes de César, que Viridovix, qui commandait les rebelles de Cotentin, attaqua les Romains dans ce pays (1).

César, de son côté, victorieux des Vénètes, pour apprendre aux autres peuples à garder leur foi, fit mourir tout le sénat, vendit le reste du peuple à l'encan et détruisit la ville principale de leur cité. Sans doute que les autres

<small>M. Lautour-Montfort, *Diss. sur les camps du Châtelier et de Bièves,* ms.</small>

<small>Arch. norm., I, 99. Mém. de la Soc. Arch. d'Avran. I, 161.</small>

(1) Les antiquaires sont loin d'être d'accord sur l'emplacement du camp de Sabinus. M. de Gerville le place à Montcastre dans la Manche ; M. F. Girard, au Châtellier, commune du Petit-Celland, même département ; d'autres à Champ-Repus (*Campus repulsus*), toujours dans la Manche. Le seul point qui paraisse à peu près certain, c'est que le camp de Sabinus doit être cherché sur le territoire même des *Unelli,* dans le département de la Manche (L. S.)

peuples qui s'étaient joints aux Vénètes se ressentirent de leur punition. Ce fut peut-être alors que le chef-lieu des Diablintes fut pour ainsi dire anéanti : du moins César ne fait plus depuis aucune mention particulière de cette branche des Aulerces.

César fit hiverner son armée victorieuse chez les Aulerces, les Lexoviens et les autres peuples nouvellement soumis. La disette l'obligea de faire des changements dans ses quartiers d'hiver. L. Roscius fut chargé de conduire la treizième légion dans le pays des Essuins qui était fertile et dont les habitants étaient tranquilles et pacifiques. C'était le seul quartier éloigné des autres de trente-six ou trente-sept de nos lieues. Les autres cités armoriques voyant César fort occupé sur les rives de la Meuse à réprimer la révolte d'Ambiorix et celle d'Induciomare, chef des peuples de Trèves, crurent la circonstance favorable pour fondre pendant l'hiver sur L. Roscius. Les rebelles n'étaient plus qu'à douze mille, c'est-à-dire environ quatre de nos lieues, de son quartier, lorsqu'ils apprirent que César était victorieux. A cette nouvelle, ils se retirèrent avec tant de précipitation que leur retraite eut tout l'air d'une fuite. *Comment., lib. V, cap. 24.*

Il est indubitable que des troupes romaines ont campé chez les Aulerces et chez leurs voisins. Mais la position du plus grand nombre de leurs camps n'est plus reconnaissable. Celui de Roscius chez les Essuins devait être assez spacieux pour contenir une légion. On prétend avoir découvert, depuis vingt ans, deux camps romains : l'un dans le pays des Essuins, au lieu appelé le Châtelier, dont j'ai déjà parlé, et l'autre qui n'était éloigné de celui-ci que de cinq lieues. Voici la description que nous en donne un célèbre écrivain :

« Le camp du Châtelier est situé à cinq lieues et demie » au sud d'Argentan, auprès du hameau de Blanche- » Lande, dans la paroisse du Cercueil, à la gauche du *M. le comte de Caylus, Antiquit., t. IV, p. 381 et suiv.*

» grand chemin qui conduit de Sées à Argentan. Il est
» situé dans un terrain extrêmement montueux et couvert
» de bruyères et de bois. Il n'y a qu'une enceinte dont la
» forme est à peu près celle d'un demi-cercle allongé,
» dont le petit axe a cent quatre-vingt-cinq toises de
» longueur, et le demi grand axe cent quatorze toises. Le
» rempart de ce camp est de terre. Sa hauteur est de
» quinze, seize et dix-huit toises et pied pour pied de base.
» Il subsiste dans tout le pourtour, à l'exception d'une
» ouverture ou d'une brèche que l'on a faite du côté du
» nord.

» Le partie droite de ce camp est établie sur un banc de
» roche de soixante-dix à quatre-vingts pieds de hauteur.
» Au bas de cet escarpement sont les trois étangs de
» Blanche-Lande, dont la largeur est terminée par une
» montagne un peu plus élevée que celle du camp, mais
» moins escarpée.

» Le camp de Bières est situé près du village de ce nom,
» dans la paroisse de Bailleul, à une lieue et demie au
» nord d'Argentan : son enceinte est divisée en deux
» parties inégales. Il est placé sur une montagne isolée,
» séparée de deux autres, qui sont fort étendues, par des
» vallons qui forment un fossé naturel sur chacun des
» côtés, et dont la largeur est de quatre-vingts, quatre-
» vingt-dix et cent toises dans le haut, et réduite à quinze,
» vingt et vingt-cinq toises dans le fond : leur profondeur
» est d'environ quarante pieds. Tout le tour de cette
» montagne est escarpé, à l'exception du côté du couchant,
» où la pente est beaucoup plus allongée, et s'étend jusqu'à
» la forêt d'Argentan. Au pied de cette montagne, du
» côté opposé, est le village de Bières, situé à l'extrémité
» d'une plaine extrêmement étendue et très-fertile. Les
» vallons qui défendent les deux autres côtés présentent
» des prairies arrosées par des ruisseaux.

» Le rempart qui renferme les enceintes de ce camp

» subsiste dans tout leur pourtour : il est formé par des
» pierres, ou plutôt par des éclats de rocher : suivant les
» apparences, le sommet de la montagne en était hérissé,
» et l'on a cassé les pointes pour aplanir le terrain du
» camp et construire le rempart de quinze, seize et dix-
» sept pieds de hauteur, »

M. le comte de Caylus croit que ces deux camps commu- *Ibid.*, p. 385.
niquaient, et que les portes ont été bouchées dans des
temps postérieurs, par les habitants du voisinage, pour y
mettre à couvert leurs effets. Il soupçonne que Roscius
campait avec le gros de la légion au Châtelier; que
quelques cohortes, en nombre proportionné, campaient
dans celui de Bières, et que le reste occupait d'aussi bons
postes, soit en avant, soit en arrière du gros de la légion.
Il convient que le camp du Châtelier, le plus grand, ne
contient qu'environ quinze arpens (1); et, suivant les
dimensions données par Polybe et rapportées à nos
mesures, le campement d'une légion devait contenir vingt- MONTFAUCON,
cinq ou vingt-six arpens. Comme on peut lui objecter que *Antiq. expliq.*,
les camps romains formaient ordinairement un carré t. IV, p. 150,
long, il répond qu'ils en variaient la forme suivant les
lois de la guerre, et qu'ils la soumettaient à la nature et à M. le comte
la situation du terrain. Il pense qu'on ne peut douter que DE CAYLUS,
les camps du Châtelier et de Bières n'aient été des camps p. 384.
permanens (*stataria*), convenables pour les quartiers d'hiver (*hiberna*), fortifiés par la nature et l'art, (*loci natura
et manu munitissima*) : le rempart était de terre (*humo*),
et de quartiers de pierre (*vel lapidum molibus*). On ne
peut donc, ajoute ce célèbre antiquaire, les attribuer à
d'autres peuples qu'aux Romains, d'autant que ces camps
sont construits avec la plus grande patience et le plus
grand travail.

(1) L'enceinte ne pouvait jamais renfermer quinze arpens,
suivant la description de M. Trezaguet même.

Après avoir vérifié (1), sur le lieu, le plan du camp du Châtelier levé par M. Trezaguet, en 1756, on a trouvé qu'il manque d'exactitude, quoique M. le comte de Caylus la vante ainsi que l'intelligence du sous-ingénieur. Il forme une espèce d'ellipse ou d'ovale, dont le grand diamètre a deux cent seize toises, et le petit cent-quarante. Il est vrai que cet ovale est un peu applati du côté du nord. Le rempart a cent pieds de base, quarante d'élévation vers l'occident, et trente vers l'orient. Il n'y a point de vestiges, et rien n'annonce que, depuis 1756, il soit tombé environ soixante-huit pieds que ce rempart avait de plus en hauteur, suivant M. Trezaguet. Le dessus a environ quinze ou seize pieds de large. Cette enceinte a six cent vingt-quatre toises de circonférence, et est construite de terre et de pierres sans ordre.

*Page 383.*

Je crains de plus que le sous-ingénieur, peu au fait de l'histoire du pays, n'ait pris pour un camp romain quelques restes d'une ancienne habitation, appelée communément Le Châtelier. Voici sur quoi sont appuyés mes doutes. Robert Louvet, fils de Nicolas, donna, par une charte sans date, à l'abbaye de Saint-Jean proche Falaise, son manoir de Thouenne, le vol du chapon, et cent acres de terre à prendre dans les communes-Louvet, le patronage du Cercueil et d'autres paroisses, avec plusieurs autres droits ; les cent acres de terre situés entre le ruisseau de Thouenne et les Aulnais. Les chanoines de Saint-Jean de Falaise échangèrent, au mois de décembre 1252, avec Geoffroy de Mayet, évêque de Séès, les dîmes des paroisses du Cercueil, de Bray, de Saint-Hilaire ; cent acres de terre dans les Bruyères-Louvet, présentement Blanche-Lande, pour la dîme de la paroisse de Bons proche

*Quentin Vavasseur, IV<sup>e</sup> Reg. du contr. du dom. de la vicomté d'Alençon, folio 194 et suiv.*

---

(1) Cette vérification fut faite, au mois d'août 1779, par M. Leconte de La Verrerie, ancien maire de la ville d'Alençon, et M. Le Queu, dessinateur.

Falaise, et le château de Thouenne qui était alors fieffé à vie à Thomas de Rouvres, dignitaire de l'église de Seès, qui y avait fait des augmentations (1). Après sa mort, il tomba en ruine, et M. de Médavy, évêque de Seès, en forma, dans le siècle dernier, une faisanderie. Il appartient, depuis 1754, à M. de Mauregard, qui a fait clore de murs une enceinte d'environ quinze arpens quarante perches. Comme tout le terrain sonne le creux, il l'a fait fouiller, et l'eau s'est trouvée à trois ou quatre pieds. Il conserve une petite hache de cuivre, longue d'un pied, qu'un paysan, en bêchant, y rencontra, enfermée dans un pot de terre qui en renfermait, dit-on, plusieurs autres (2).

PILATRE, *Comp. chron. eccles. Sagiens.*, ms., t. III.

(1) *Manerium quod dicitur Thoence cum omnibus pertentiis et ædificiis et augmento per magistrum Guillelmum de Rouvres acquisito.* Ce bâtiment ou petit château (qu'on appelait autrefois *châtelet, châtel, castel*), pouvait bien avoir fait donner à ce lieu le nom de Châtelier.

(2) O. Desnos n'avait pas visité ces retranchements dont le seul aspect révèle l'ancienne destination. Ils ont tous les caractères d'un camp romain. La conservation en est parfaite encore. Ils ont treize mètres environ de hauteur des trois côtés qui regardent la campagne : au levant, où ils sont couverts par les étangs et par l'escarpement du sol, ils sont beaucoup moins élevés. L'ouverture principale au N. parait avoir été protégée par des sortes de bastions; une tranchée récente a été pratiquée au S.-E. Les murs de la garenne établie par M. de Mauregard contournent, à l'extérieur, les anciens retranchements. Les haches ou plutôt les coins Gaulois qu'on découvrit dans l'enceinte, du temps d'O. D., pourraient faire supposer que les Gaulois auraient occupé ce point naturellement très-fort et qui commande une vaste étendue de pays. Des fouilles qu'y firent les élèves du séminaire de Seès, il y a environ 50 ans, mirent au jour quelques monnaies du Haut-Empire et notamment un NÉRON G. B. On a recueilli des briques et des tuiles à rebords d'origine évidemment romaine dans les environs. Ce camp aura été souvent occupé pendant la domination romaine ; il l'aura même été pendant les guerres d'invasion des barbares ; mais M. Louis du Bois s'est trompé en supposant qu'il aurait été construit par les Francs. (L. S.)

*Orne archéologique*, p. 264.

*Arch. norm.*, t. I. p. 89.

Un écrivain moderne, dont nous avons déjà cité la Dissertation, croit que le camp de Bières était celui où Roscius s'était retranché. Son sentiment n'est appuyé que sur des conjectures que je ne m'arrêterai point à discuter, d'autant plus que ce prétendu camp ne me semble que des restes des fortifications du château de Fourches que Robert de Bellême, II du nom, fit élever, pour contenir les seigneurs de l'Hiesmois, ses ennemis : ces restes de fortifications qui s'étendent à Fourches et à Merri, se nomment encore le château de Barières ou de Fourches (1). Je crois plus à propos de continuer l'histoire des anciens peuples qui ont habité le duché d'Alençon.

> Lautour-Montfort, *Dissert. sur les camps du Châtelier et de Bières*, ms.

Les Aulerces paraissent être demeurés tranquilles pendant quelques années, sans avoir participé aux révoltes des autres peuples de la Gaule. S'ils prirent quelque part au soulèvement de ceux de Sens et des Carnutes, leurs voisins, ils y jouèrent un faible rôle ; mais nous les voyons envoyer de puissants secours à l'auvergnat Vercingétorix dans la dernière révolte des Carnutes. Ils furent encore du nombre de ceux qui volèrent, en 701, au secours des Parisiens, dont la capitale, Lutèce, était assiégée par Labienus. L'armée des rebelles était commandée par un vieillard, nommé Camulogène, de la nation des Aulerces. Ce chef, très-habile dans l'art militaire, fit échouer différentes opérations de Labienus, et fut, à la fin, défait par les Romains.

> Cæs., *Comment.*, lib. VII, cap. 4.

> Cap. 57.

Les Aulerces eurent encore part à la révolte générale des cités de la Gaule, arrivée la même année, et secouè-

---

(1) Le camp de Bières, dans une situation très-forte et très-pittoresque, est un ouvrage romain ou peut-être Gaulois. On y a trouvé des casse-têtes Gaulois et des briques Romaines. Ses murs, de 4 à 5 mètres d'élévation, sont construits en petits cailloux brisés, jetés sans ordre ni ciment. Quelques portions de murailles plus anciennes, en roches plates, sans ciment, s'y remarquent aussi au-dessous des cailloux brisés et paraissent avoir formé une enceinte primitive. (L. S.)

> *Mém. de la Soc. des Antiq. de Norm.*, 1re sér. IX, 441.

rent de nouveau le joug romain. Cette guerre, aussi malheureuse pour les Gaulois que les précédentes, se termina par le siége d'Alise, située sur le Mont-Auxois, la plus forte place des Gaules. Chaque peuple envoya son contingent au secours de cette ville : celui des Aulerces-Cénomans fut de cinq mille hommes : les Aulerces-Eburons en fournirent trois mille : les Aulerces-Diablintes n'y paraissent pour rien, ce qui confirme qu'ils étaient comme anéantis. Malgré ces efforts, la ville fut prise, et les débris de l'armée gauloise réduits en servitude. Cap. 74.

L'année suivante, les Aulerces se joignirent encore à quelques autres peuples, pour recouvrer leur liberté; mais ils furent forcés de se soumettre après la défaite de Domnat et des Carnutes. Ce fut peut-être alors que César crut devoir les punir, comme il avait fait les Vénètes, par la destruction de leur capitale, et en augmentant de leurs dépouilles le territoire de leurs voisins, tels que les Essuins et les Arviens qui habitaient à une autre extrémité du pays des Aulerces-Diablintes et Cénomans. Comment., lib. VIII, cap. 7.

Les mœurs, les costumes, les usages et le culte religieux des peuples dont j'ai parlé étaient les mêmes que chez les autres peuples Gaulois. Il semble cependant qu'on y honorait d'un culte particulier, sous le nom d'*Aulercus*, quelque capitaine de la cité des Aulerces, qui s'était rendu fameux, ou un de leurs premiers magistrats qui avait mérité, par la sagesse de son gouvernement, que la nation lui décernât les honneurs divins. Une colonie des Aulerces qui s'était établie chez les Eduins, connue sous le nom d'*Aulerci-Branovices*, y avait porté le culte de cet homme fameux. Il y subsistait encore sous le nom d'*Ailercus*, qu'on disait le Jupiter du pays, au temps du martyre de saint Pellegrin, premier évêque d'Auxerre. Il n'y avait point de nation, de ville, de bourg, qui n'eût son Dieu tutélaire, dont le culte ne passait point à d'autres peuples, et dont on affectait de cacher le nom. Les D. Bréziliac, *Dictionn. topographique des Gaules.*

M. Danville, *Not. des Gaul.*, p. 129.

Le P. Labbe, *Biblioth.*, etc., t. I, p. 526.

Macrob., *Saturn.*, lib. III, cap. 9.

principaux ministres de la religion étaient les Druides qui jouirent toujours de la plus grande considération, jusqu'à leur extinction sous l'empereur Claude qui voulut les punir des fréquentes révoltes qu'ils avaient excitées.

Les Romains introduisirent peu à peu des changements dans les mœurs, les coutumes et même le langage des peuples qui nous occupent. Ils établirent chez eux tous les Dieux romains. Ainsi, c'est à l'âge romain que l'on doit rapporter les inscriptions trouvées dans la forêt de Bellême, sur les bords d'une fontaine d'eaux ferrugineuses, nommée *La Herse*, et les ruines de quelques temples consacrés aux Dieux des Romains (1).

<small>Duclos, *Anal. des eaux min. de France.*</small>

(1) La fontaine de la Herse jaillit à trois kilomètres environ de Bellême, dans la forêt de ce nom, au fond d'un petit vallon formé par les ondulations d'un sol ferrugineux. Elle se compose de deux bassins séparés seulement par une cloison de pierre. Le plus grand a un mètre de long sur 83 centimètres de large : l'autre 80 centimètres seulement sur 36 ; ils n'ont guère que 50 centimètres de profondeur. Des pierres d'un calcaire dur et compacte, reposant sur des assises de grès, les entourent. Les inscriptions sont gravées en belles capitales romaines sur deux de ces pierres formant équerre autour du grand bassin. Le mot APHRODISIVM est en caractères de 65 millimètres de hauteur ; les caractères de l'autre inscription sont un peu plus petits.

Les anciens historiens du Perche, Courtin, Bar des Boulais, Bry de La Clergerie, vantent les eaux de La Herse. Scarron, dans son *Roman comique,* constate leur popularité au milieu du XVII° siècle. L'usage a fini par en être presque abandonné.

M. Geoffroy, maître des eaux et forêts, fit, en 1770, réparer les bassins et planter des charmilles à l'entour.

L'analyse des eaux de La Herse, faite avec soin, d'abord par M. Desnos, pharmacien à Alençon, et plus récemment par M. Charault, préparateur de physique au lycée Napoléon, a fait reconnaître qu'elles appartiennent à la classe des eaux calcaires ferrugineuses, protocarbonatées, sensiblement arsénicales. Celles du petit bassin sont moins énergiques que celles du grand. L'Académie de médecine, dans sa séance du 26 décembre 1855, en a recommandé l'usage, sur le rapport de M. Henry.

Depuis le mémoire de Baudelot, les inscriptions de La Herse

Il paraît qu'il y avait autrefois dans le voisinage de la fontaine de La Herse quelque temple ou quelque chapelle consacrée à Vénus : du moins la première inscription composée du seul mot

APHRODISIVM,

donna lieu, en 1717, à M. Baudelot, de l'Académie des Inscriptions, de le conjecturer. Vénus était nommée par les Grecs *Aphrodite,* du mot grec *aphros,* (spuma), parce qu'on croyait que cette déesse était sortie de l'écume de la mer, lorsqu'elle parut pour la première fois à Cythère, c'est-à-dire, lorsque les Phéniciens en établirent le culte dans cette île.

*Mem. de l'Ac. des inscript.,* t. II, p. 531.

La seconde inscription est conçue en ces termes :

DIIS INFERIS<br>
VENERI<br>
MARTI ET<br>
MERCVRIO<br>
SACRVM.

M. Baudelot, pour en donner l'explication, prouve que les payens reconnaissaient deux Vénus ; l'une supérieure (*cœlestis*), et l'autre inférieure (*Venus inferna* ou *Libitina*). On ne trouve point de preuve qu'ils aient donné place à Mars parmi les dieux infernaux : comme il était le Dieu

---

n'ont été l'objet d'aucune dissertation archéologique. *L'Orne archéologique et pittoresque,* page 259, a résumé les travaux antérieurs. Depuis, quatre brochures spéciales : *Notice historique sur la fontaine de La Herse,* par le docteur Jousset, Mamers, 1853, 55 p. in-8°; *Documents historiques sur La Herse,* par le même, Mortagne, 15 p. in-8°; *Mémoire sur les eaux minérales de La Herse,* par M. L. R. Charault, Paris, 1853, 16 p. in-8°; *Rapport à l'académie de médecine sur la fontaine de La Herse,* avec notes, par le docteur Jousset, Mortagne, 1856, 11 p. in-8°, ont été publiées sur cette fontaine, principalement au point de vue chimique et médical. (L. S.)

des batailles, on a pu quelquefois le nommer parmi les dieux de cette classe, attendu la possession où il était de peupler sans cesse le royaume de Pluton. On sait d'ailleurs que son culte était fort répandu dans ce canton. Il avait un temple à Mamers ou dans les environs, qui subsistait encore lors de l'établissement du christianisme : il a laissé son nom à la ville de Mamers, distante de trois lieues de La Herse (1). Quant à Mercure, tout le monde sait qu'un de ses emplois était de conduire les âmes en enfer et d'évoquer celles qui devaient en sortir :

*Æneid., lib. IV, v. 242.*

. . . . . . . . . *animas ille evocat orco*
*Pallentes, alias sub tristia tartara mittit.*

*Danville, Notice de la Gaule, p. 21.*

Auguste, successeur de César, se rendit dans les Gaules, l'an 727 de Rome, et y fit une nouvelle répartition des peuples en créant la Province Lyonnaise, dont la métropole fut Lyon : le pays qui fait l'objet de nos recherches en fit partie. L'empereur Dioclétien divisa, vers l'an 292 du christianisme selon la plus commune opinion, la Lyonnaise en deux; la seconde Lyonnaise renferma ce même pays qui fut heureux sous le règne trop court de Constance-Chlore. L'empereur Valentinien I$^{er}$ ou son fils Gratien fit de la seconde Lyonnaise une nouvelle division en quatre métropoles. Rouen fut la capitale de la seconde Lyonnaise, et Tours de la troisième ; en sorte qu'une partie du pays dont nous parlons se trouva comprise dans la seconde Lyonnaise et une autre dans la troisième. La ville d'Alençon a toujours été depuis partagée par la rivière de Sarthe, pour le spirituel, entre les

*Cauvin, Essai sur la stat. de l'arrondiss. de Mamers.—Pesche, Dict. hist. de la Sarthe.*

(1) La Herse est à 14 kilomètres à vol d'oiseau de Mamers. Rien n'est moins constant que l'existence dans l'enceinte ou aux environs de cette dernière ville, d'un temple de Mars qui lui aurait donné son nom. Cette supposition ne s'appuie jusqu'ici que sur des raisons étymologiques d'une valeur fort équivoque. (L. S.)

métropolitains de Rouen et de Tours. Plusieurs des provinces de la Gaule étaient appelées *Présidiales,* parce qu'elles furent gouvernées par des présidents, depuis la création d'un préfet du prétoire des Gaules auquel les présidents étaient subordonnés. La seconde Lyonnaise était de ce nombre. Le président faisait sa résidence ordinaire dans la métropole : son département était divisé par diocèses.

Le christianisme avait fait pendant ce temps-là de grands progrès dans les Gaules, et nous trouvons les évêques établis à la fin du quatrième siècle ou au plus tard au commencement du cinquième (1) dans les capitales de la plus grande partie des peuples de la Gaule qui avaient été les plus puissants. On régla le gouvernement ecclésiastique sur le civil ; les métropolitains furent établis dans les métropoles, les évêques dans le chef-lieu de chaque diocèse : de manière que les évêchés répondent assez communément aux diocèses anciens et ceux-ci aux anciennes cités ; les archidiaconés et les doyennés qui composent les évêchés nous font souvent reconnaître les peuples subalternes ou cliens des cités, l'étendue de leur

(1) Suivant quelques historiens, saint Latuin ou Lain, premier évêque de Scès, y aurait été envoyé par saint Denis l'Aréopagite, vers l'an 95 ; suivant d'autres, sa mission aurait eu lieu dans la seconde moitié du IIIe siècle ; le plus grand nombre suppose qu'elle ne remonterait pas au-delà des premières années du Ve. Un seul point paraît bien positivement prouvé : c'est que l'établissement définitif du Christianisme dans notre pays ne date que du commencement du Ve siècle. Reste à savoir si saint Latuin, saint Sigisbold (que quelques agiographes lui donnent pour prédécesseur) ou d'autres apôtres n'auraient pu faire dans notre pays, plus ou moins longtemps auparavant, une première mission dont l'ignorance et les persécutions auraient promptement détruit ou du moins amoindri les fruits, de manière à en nécessiter une nouvelle. Cette opinion concilierait dans une certaine mesure les systèmes si divers qui se sont produits sur l'époque de l'introduction du Christianisme dans les Gaules. (L. S.)

territoire, ce qui n'est cependant pas général par quelques causes particulières.

Une des principales causes fut les fréquentes irruptions des Barbares attirés par l'ardeur du pillage. Les Romains donnaient le nom de Barbares à toutes les nations qui ne leur étaient pas soumises. Les Saxons furent les premiers qui infestèrent la partie des côtes de l'Armorique qui porte aujourd'hui le nom de Normandie. Eutrope, qui écrivait sous l'empereur Valens, nous apprend que Dioclétien envoya, l'an 286, Carausius à Boulogne-sur-Mer, pour rendre libres les côtes de la Belgique et de l'Armorique que les Saxons infestaient de leurs pirateries. Il remporta d'abord quelques avantages et les eût entièrement exterminés, si la soif des richesses ne l'eût aveuglé. Accusé d'intelligence avec eux, il prit le parti de se révolter contre l'empereur. A sa révolte succéda celle du tyran Maxime, qui commandait pour les Romains dans la grande Bretagne. Il se fit revêtir de la pourpre, et suivi de toute la jeunesse de l'île, il débarqua, disent les historiens de Bretagne, l'an 383, dans la Rance, sur les côtes de la Bretagne Armorique. Il soumit bientôt les Armoriques tant par la force de ses armes que par la fraude et le parjure. Son entreprise fut suivie des plus grands succès. Pour récompenser les Bretons insulaires qui l'avaient secondé, il leur assigna des établissements à l'extrémité de l'Armorique dont ils avaient chassé les habitants naturels, et leur donna pour chef Conan, jeune prince d'Albanie, qui l'avait suivi : il le créa duc des frontières Armoriques. Le grand Théodose ayant surpris et fait décapiter Maxime, l'an 388, confirma aux Bretons insulaires les terres que le tyran leur avait concédées, sous la dépendance de l'empire romain.

Nous ignorons si les Saxons formèrent leur premier établissement dès le temps de Carausius, ou s'ils profitèrent dans la suite des révoltes fréquentes arrivées contre les empereurs, trop occupés à se défendre eux-mêmes contre des compétiteurs qui leur disputaient l'empire, pour veiller à la conservation de toutes les parties éloignées de leurs vastes possessions. On sait qu'ils y commirent d'horribles dégâts vers l'an 368, et les continuèrent dans tout le reste du quatrième siècle.

Les empereurs romains, pressés de tous côtés, furent forcés de prendre à leur solde des soldats de différentes nations barbares auxquels ils distribuaient des terres qu'on appelait *Læticæ*; ceux qui les possédaient se nommèrent *Læti*. Ces concessions leur étaient faites à la charge d'obéir aux empereurs et à ceux qui commandaient pour eux, et de veiller à la sûreté du pays. L'abbé Dubos croit que les empereurs avaient abandonné de cette façon aux Saxons les côtes du Bessin et la portion de l'Armorique qu'ils ont occupée. Il est au moins certain qu'ils étaient soumis à la domination romaine aussi bien que les autres naturels du pays, et que la côte du Bessin avait pris d'eux le nom de *Littus Saxonicum, Tractatus Saxonicus*. Les empereurs y avaient même établi un duc pour commander des troupes légères, chargées de veiller à la sûreté du pays et cantonnées dans diverses garnisons. Nous n'assurons point que Conan et son fils aient rempli cette place (comme le prétend M. l'abbé Gallet); mais il est très-certain que les Saxons étaient établis dans l'Armorique; qu'ils y avaient donné aux bords de la mer le nom de *Littus Saxonicum*; qu'ils vivaient tranquilles sous la dépendance de l'empire romain, et qu'il y avait un duc chargé de veiller à la conservation du pays qu'ils occupaient sous les ordres des principaux commandants dans les Gaules, dès avant la Notice des dignités de l'empire qu'on attribue à Théodose-le-Grand ou à son petit-fils Valentinien III. Ce duc avait sous ses ordres un tribun et neuf préfets. Le tribun commandait la première cohorte armorique qui était établie à Grannone sur le rivage saxon :

*Hist. crit. de l'établissem. de la monarchie franç., t. III.*

*Recueil des hist. de Fran., t. I, p. 577.*

Grannone était, selon M. Danville et M. d'Eric, Port-en-Bessin, et suivant M. le comte de Caylus et M. l'abbé Belley un ancien hâvre, à l'embouchure de la rivière de Seule, près du village de Gray, à quatre lieues de Bayeux. Les préfets étaient répartis dans d'autres postes : il y en avait un à Coutances, un à Rouen, un à *Granonium* que l'on croit Granville, etc.

Ces premiers Saxons, que nos anciens historiens appellent *Sesnes* de Bayeux, avaient pénétré dans l'intérieur du pays où ils s'établirent également. On en trouve des traces dans les noms de plusieurs lieux tirés de la langue saxonne et dans quelques faibles monuments historiques parvenus jusqu'à nous : suivons-les. On leur attribue la ruine de Vieux, capitale des *Viducasses*. Ils jettèrent, selon M. de Bricux, les premiers fondements de la ville de Caen. Ils pénétrèrent dans un canton qu'ils appelèrent en langue saxonne *Ot*. M. Huet, Adrien de Valois, l'abbé Le Bœuf, M. l'abbé Belley, M. l'abbé Béziers se sont donnés beaucoup de peine pour en fixer la position sans pouvoir se concilier. Je crois avec un écrivain moderne, dont l'ouvrage n'a point encore été publié, que l'*Ot lingua saxonica et Harduini* n'étaient autre que le pays d'Auge (*pagellus*). Les noms saxons *Au, Auw, Auve* signifient *prairie, lieu marécageux*, selon M. Huet, évêque d'Avranches, et *Ot, possession*. N'a-t-on pas bien pu se méprendre en écrivant et mettre *Ot* pour *Au* ou *Ou* comme on écrit *Oth* pour *Ou* (lieu marécageux) aujourd'hui Saint-Martin-d'O, chef-lieu d'un marquisat, à deux lieues de la ville de Seès (1). Ils détruisirent peut-être la ville d'Essey et dévas-

(1) Ma conjecture est appuyée sur les actes de saint Alderic où on lit : *In precepto Ludovici imperatoris concesso Alderico...... in Aut in lingua Saxoniæ unum..... et reædefica* (mansonilia) *non minima quorum plura in Bajocassino, in pago Oximense, in Belsa, in Pertica.*

Je n'ignore pas que M. d'Eric donne une autre étymologie de

tèrent tout le pays. Mais pour mieux conserver la mémoire du pays qu'ils avaient abandonné, ils rétablirent ou bâtirent à deux lieux de la ville d'Essay, dans le canton des Essuins, une ville qu'ils appelèrent *Saxia,* qui devint bientôt la principale ville ou cité du pays, et d'où les habitants des environs prirent le nom de *Saxii* ou *Saxones.* La Notice des provinces de l'empire, dressée vers l'an 401 sous Honorius, nous apprend que cette ville était déjà la plus considérable du canton. Elle y tient le cinquième rang parmi les villes de la seconde Lyonnaise sous le nom de *Civitas Sajorum.* Quatre autres Notices postérieures à l'âge romain écrivent *Civitas Salarum, Sajus.* Adrien de Valois et M. Danville prétendent que la première dénomination est plus correcte et que les notices postérieures sont corrompues, attendu que le nom de *Saji* approche plus de *Saxia.* Il est aisé de reconnaître que de ces noms ont été formés ceux de *Saja, Sajus, Sagius;* et que c'est également de *Saxii, Saxones* qu'on a fait *Saxenses, Saii, Sagienses, Salarii.* Les écrivains romains, dont l'oreille était blessée par les noms barbares, crurent devoir adoucir les noms de *Saxia, Saxii,* comme la Notice des provinces de l'empire le prouve. L'altération arrivée dans la prononciation du nom des Saxons du diocèse de Seès, n'est pas plus considérable que celle qu'a éprouvé le nom des Saxons du Bessin que les anciens historiens appellent *Sesnes de Bayeux.* Si les titres dont parlent D. Cosnard et Dufriche existent, les Saxons de Seès ont été également appelés *Sesni.*

SIRMOND., *Concil. gallic.*, t. I, Duchesne, *Script. Franc.*, t. IV, p. 4. — *Rec. des hist. de Fr.*, t. II, p. 1 et 8. *Notit. Gall.*, p. 495 et 565.

l'*Ot Lingua : Ot, Aut* ou *Aud,* signifie, selon lui, *Rivage,* et *Lingua* ou *Linga,* qu'on lit dans les anciens manuscrits, se rend par *troupe,* d'où il conclut que l'*Ot Lingua Saxonica* ou *Saxoniæ* ne signifie autre chose que le *Rivage de la troupe saxonique,* petit canton du Bessin, *Pagellus* (1).

*Hist. ecclés. de Bretag.*, t. V, p. 597.

(1) L'abbé De La Rue, dans une dissertation spéciale, place comme Huet l'*Ot lingua saxonica* entre la Dive et l'Orne. (L. S.)

*Nouveaux essais hist.*, t. I, p. 56.

Quoique le nom du principal établissement des Saxons ait souffert des contractions et des altérations, on ne perdit pas dans le pays et même dans des contrées éloignées, le souvenir du nom que ces peuples lui avaient imposé. Patrat souscrivit aux actes de la translation des reliques de saint Quentin, faite en 825, *Patratus Saxoniæ ecclesiæ præsul*. Le cartulaire de l'église de Fécamp en parlant d'Azon, évêque de Seès, qui vivait vers l'an 990, s'exprime ainsi : *Alzon civitatis Saxonum ecclesiæ præsul*. Celui de Saint-Pierre de Chartres, en parlant de Radbod, qui siégeait à Seès en 1025, se sert de ces termes : *Radbodus Saxiæ præsul*. Dans un acte de Robert de Normandie, archevêque de Rouen, il se nomme *Radbo dux Saxiæ*. Yves, évêque de Seès, souscrivit, en 1032, une charte de Saint-Martin-des-Champs de Paris, *Yvo, episcopus Saxensis*. On conserve dans l'abbaye de Saint-Martin de Seès plusieurs chartes où la ville de Seès est appelée *Saxia*.

De nouvelles hordes de Barbares, entre lesquels on distingue les Alains et les Suèves, pénétrèrent, l'an 406 (1), dans les Gaules, dévastèrent différentes provinces et entr'autres les Armoriques et les cantons habités par les Saxons. On prétend que les habitants de l'Armorique, considérant l'impuissance où se trouvaient les empereurs de s'opposer à leurs ravages, se confédérèrent, en 409, s'unirent pour leur conservation, prirent les armes, chassèrent les magistrats romains, et même, si l'on en veut croire l'abbé Dubos et ses copistes fondés sur un passage équivoque de Zozime (2), formèrent une espèce de république dont M. le duc de Nivernois et plusieurs autres écrivains ont combattu la réalité. Les historiens de

(1) *Saxonum incursione devastatam Galliorum partem Wandali atque Alani vastavere.*

(2) *Ejectis magistratibus Romanis et sibi quadam republica pro arbitrio constituta.*

Bretagne ajoutent que cette république déféra la principale autorité à ce même Conan qui avait été créé duc du rivage Armorique et Nervien.

D. Morice, *Hist. de Bret.*, t. I, p. 9.

Les empereurs, trop occupés à réprimer des révoltes continuelles et à s'opposer aux progrès des Goths qui se rendirent maîtres de la ville de Rome, ne purent envoyer des secours suffisants à ceux qui commandaient pour eux dans les parties des Gaules demeurées fidèles. Ils firent quelques efforts pour soumettre les Armoricains, et Exuperantius, préfet du prétoire des Gaules, fit avec eux un traité qui rétablit la tranquillité dans cette province pour quelque temps. Les Armoricains le rompirent : Lictorius remporta sur eux quelques avantages. A la fin, le patrice Ætius, qui commandait pour les Romains dans les Gaules, ne se trouvant pas de forces suffisantes pour entreprendre de les soumettre, donna, vers l'an 441, les Armoriques à Eocaric, roi des Alains. Ce cruel prince y entra pour en prendre possession et en dévasta la majeure partie (1). Il se laissa enfin fléchir, en 447, par saint Germain, évêque d'Auxerre, qui revenait de la grande Bretagne, et, à sa prière, suspendit ses expéditions sous le bon plaisir d'Ætius et de l'empereur. Le saint vieillard, arrivé à Ravenne, obtint de l'empereur le pardon des Armoricains ; mais ceux-ci ne voulurent pas accepter les conditions du traité (2).

*Mém. de M. l'abbé* Gallet, *Ibid.*, t. I, p. 671.

Prosperi *Chronica*, dans le *Rec. des hist. de Fr.*, t. III, p. 639.

Les Alains formèrent dans le pays qui leur avait été cédé un petit état gouverné par des rois. Le P. Bucherius, jésuite, croit, dans son livre intitulé *Belgium Romanum*,

M. l'abbé Gallet, *Mém. sur*

---

(1) *Alani quibus terræ Galliæ ulterioris cum incolis dividendæ a patricio Ætio traditæ fuerant resistentes armis subigunt et expulsis dominis terræ possessiones vi adipiscuntur.*

*Ibid.*, p. 639.

(2) Il me semble que c'est la raison pour laquelle la *Notice des dignités de l'Empire*, que l'on croit avoir été dressée sur la fin du règne de l'empereur Théodose le jeune, vers l'an 445, ne marque pas de garnisons romaines à Seès, à Evreux, à Lisieux, comme il y en avait à Rouen, à Coutances, à Avranches, à Bayeux (O. D.)

que cet état prit le nom d'*Alamania*; que le canton que nos chroniques appellent *Allemagne* devait être appelé *Alamagne* du nom de ces Alains, et qu'il s'étendait jusqu'à Alençon dont il semble faire la capitale des Alains. Mézeray a cru que ce royaume était dans quelque coin de l'Anjou, vers les contrées du Vendômois, du Perche et d'Alençon, et qu'ils avaient pour roi Beorque : en sorte que, de ce côté là, la Sarthe devait servir de borne aux Alains et aux états des Bretons-Armoriques dont une partie de l'Anjou et le Maine dépendaient. Audran, roi de ces derniers, voulut se venger des maux que les Alains avaient fait aux Bretons, et se rendit maître de la partie des terres des Alains connue sous le nom d'*Alamagne*. Nous doutons fort que les Alains qui furent exterminés en 461, voulant passer en Italie, aient fait partie de ceux des Armoriques, puisque nous voyons depuis ceux-ci aux prises avec les Goths, les Saxons et les Français, et des provinces, entr'autres celles d'Anjou et du Maine, dévastées par des Alains et changeant souvent de maîtres.

Odoacre, roi ou chef d'une nouvelle troupe de Saxons, entra, en 464, dans la Loire, et se joignit au comte Gilles, maître de la milice romaine dans les Gaules, pour faire la guerre à Childéric, roi des Francs, qui avait remporté de grands avantages sur les Romains. Malgré ce secours, le comte fut battu. Odoacre vint assiéger Angers, en 471; et après la mort du comte Paul, arrivée peu après, il se rendit maître de la ville, où arriva le lendemain le roi Childéric qui venait pour la sauver. Odoacre ravagea ensuite les bords de la Loire, s'avança jusqu'à Orléans où il fut défait et mis en fuite par Childéric. Poursuivi de tous côtés, il quitta la Loire et alla chercher meilleure fortune dans d'autres pays. Il y a toute apparence qu'une partie de ces Saxons pénétra dans le Maine; mais on ne peut affirmer si ce fut des premiers Saxons du rivage Armorique ou de ceux-ci, qu'un canton de cette province a pris le nom de Sonnois. Un grand nombre d'écrivains ont confondu les deux invasions des Saxons dans ces contrées. On ne doit donc plus être surpris que Banzlegbe, comte du Mans, soit appelé dans une charte de Louis-le-Débonnaire, *Comes et Saxoniæ patriæ Marchio.* Il n'est pas plus facile de décider si ce fut lors de cette irruption que quelques Saxons s'établirent dans le Corbonnais et y laissèrent leur nom à un lieu considérable appelé *Curia Saxonica,* dont nous ferons mention dans la suite.

<small>Dubouchet, *Vérit. orig. de la seconde race,* p. 160. Baluze, *Miscellan,* t. III, p. 104.</small>

Les Armoricains se soumirent à Clovis peu de temps après son baptême, et aux autres rois des tribus des Francs, qui étaient indépendants les uns des autres, non pas à droit de conquête, mais par une convention. Les garnisons romaines, trop faibles pour se défendre, remirent leurs places à Clovis et aux autres chefs. Ces princes leur permirent de demeurer dans le pays où elles conservèrent longtemps encore leurs lois, leurs coutumes, leurs habillements. Ainsi les Armoricains, les Romains et les Francs ne formèrent plus qu'un corps de nation gouverné par différents rois tous d'une même famille, en sorte que la partie de ce pays en deçà de la Sarthe obéit à Clovis, et la partie opposée à Rignomir, roi du Maine, et Alençon se trouva encore partagé entre deux souverains. Clovis, pressé par la soif de régner seul, fit mourir, l'an 509, Rignomir, ainsi que plusieurs autres rois de différentes tribus des Francs, tous ses parents.

<small>*Recueil des hist. de Fr.,* t. III, p. 50 et 51. Procop., c. 12. M. le duc De Nivernois, *Mém. sur la politique de Clovis,* dans les *Mém. de l'acad. des inscript.,* t. XXXIII, p. 268, édit. in-12.</small>

Le pays qui nous occupe éprouva encore de nouveaux changements, lorsqu'après la mort de Clovis, arrivée le 27 novembre 511, ses enfants partagèrent ses vastes états. Ces partages furent tirés au sort : le royaume de Paris échut à Childebert qui était l'aîné ; Clodomir eut celui d'Orléans ; Clotaire celui de Soissons, et Thierry, quoique né d'une concubine, eut celui de Metz. Il serait bien difficile de fixer les bornes de chacun de ces royaumes. On sait que le royaume de Paris comprenait la seconde

Lyonnaise, et celui d'Orléans la Touraine et le Maine. Ainsi Alençon se trouvait encore de deux royaumes différents. Les guerres qui s'élevèrent entre ces frères et leurs enfants, les partages qui en furent les suites ne permettent pas d'assigner les bornes des états de chacun des descendants de Clovis. Non-seulement les provinces, mais les villes même étaient partagées entre plusieurs princes. Souvent un de ces rois était obligé de passer sur le territoire d'un autre roi pour arriver à quelque portion de ses états. Je n'essayerai donc point de débrouiller la suite des rois de la première race auxquels chaque canton, chaque ville du territoire qui forme le duché d'Alençon et le comté du Perche, ont obéi.

Cette confusion nécessita des changements dans l'ordre politique; mais l'ordre ecclésiastique ne varia point. C'est donc lui 'qu'il faut consulter pour démêler l'ancien ordre politique. C'est par ce seul moyen qu'on reconnaît d'anciens peuples dont la position serait inconnue, et les différents cantons que chaque peuple renfermait. Un grand nombre d'autres sont absolument méconnaissables par les différentes révolutions dont nous avons donné une idée. La plus grande partie des anciennes villes ont perdu leur nom celte. A la place des peuples disparus, nous en voyons paraître de nouveaux qui étaient subordonnés à de plus puissants ou qui étaient faibles par eux-mêmes et clients de quelques autres. Les noms anciens de la plus grande partie des villes ont encore éprouvé plus de changements. Voyons quels pays ont paru depuis Clovis dans cette portion de l'Armorique.

Le plus considérable de tous est l'Hiesmois (*Oximisum*) dont Hiesmes (Exmes) (*Oximum*) était la ville capitale (1).

---

Mém. des Ant. de Norm., 1re sér., t. 6 et 9.

(1) Plusieurs voies romaines passaient auprès d'Exmes; un établissement romain d'une étendue assez considérable existait au penchant du côteau, à droite de la route actuelle d'Exmes au Merlerault, sur le territoire de la commune de La Briquetière,

Des écrivains très-estimés ont prétendu de nos jours que ses habitants étaient les *Ossismi* de César. Nous avons des preuves certaines que les *Ossismi* occupaient la Bretagne, et notamment les diocèses de Quimper, Léon, Tréguier et Saint-Brieuc. Nous ne pouvons pas assurer avec la même certitude que les habitants de l'Hiesmois n'aient pas tiré leur nom de quelque colonie de ce peuple qui y fut transplantée par César, ou d'une partie de ce même peuple chassée par le tyran Maxime et les Bretons insulaires à qui il donna une portion de leur territoire ou enfin par quelque autre évènement. L'origine de leur ville capitale n'est pas mieux connue. Ordéric Vital (1), qui vivait dans le douzième siècle, dit qu'elle fut détruite par César, mais ce conquérant n'en a parlé dans aucun endroit de ses commentaires : aucun autre historien romain n'en a fait mention. Peut-être doit-elle son origine à quelqu'un des chefs des barbares dont nous avons parlé. Lib. III, p. 472.

Exmes était déjà une ville assez considérable au temps de Saint-Latuin, premier évêque de Seès, et son ressort devait comprendre une portion considérable de ce diocèse, si on peut ajouter foi à la légende de ce saint apôtre du

aujourd'hui section de Ginai. On y a découvert beaucoup d'antiquités. Orne Archéol., p. 262.

M. A. Le Prévost, dans sa *Dissertation sur les anciennes divisions territoriales de la Normandie*, établit que l'Hiesmois était l'un des *pagi* les plus importants et les plus authentiques qu'ait renfermé le territoire de notre province. Suivant lui, il aurait été borné primitivement par l'Orne (au delà de laquelle il ne se serait étendu que sous les ducs de Normandie), par le Sarthon, la Sarthe, et au delà de la Dive par la petite rivière d'Oudon. (L. S.) Mém. des ant. de Normandie, 2ᵉ sér., t. 1, p. 48.

(1) Les nombreuses citations d'Orderic Vital que nous rencontrerons dans la suite de cet ouvrage renvoient à l'édition d'André Duchesne. On sait que, dans la nouvelle et excellente édition que MM. Le Prévost et L. Delisle ont publiée de son Histoire, ils ont donné (t. V, p. 220) la concordance des pages de leur édition avec celles de l'édition de Duchesne. La vérification des passages cités est donc facile, quelqu'édition qu'on ait entre les mains. (L. S)

pays, où on lit qu'il annonça la foi dans l'Hiesmois (*per pagos Oximensem, etc.*). Un monument beaucoup plus sûr, le premier concile d'Orléans, tenu sous Clovis l'an 511, ne nous permet pas de douter que l'Hiesmois ne comprît dès lors la plus grande partie du diocèse de Seès, puisque Litharède, évêque de ce siége, y souscrivit, le vingt-deuxième, de cette façon : *Litharedus, Episcopus Oximensis subscripsi*, ce qui doit être traduit, comme l'ont démontré M. l'abbé Esnaut et M. Trigan, curé de Digoville, par *évêque de l'Hiesmois* (1). Nous voyons, bientôt après, ce pays former un vaste comté dont la ville capitale était Exmes. On croit que ce furent les enfants de Clovis qui établirent, à l'exemple des Romains, des ducs et des comtes amovibles pour gouverner certaines portions de leurs états qu'on appela duchés et comtés. Quelques écrivains retardent cette division jusqu'à l'an 595, et l'attribuent à Clotaire II. Les comtés se divisaient par vicairies, la vicairie en centenies, et la centenie en décanies. Chacun de ces officiers avait une juridiction plus ou moins étendue : celle du centenier était déjà très-bornée ; il veillait à la sûreté publique, recherchait les malfaiteurs et jugeait les causes inférieures.

Deux écrivains modernes nous ont fait connaître, depuis quarante ans, l'étendue du comté d'Hiesmois. Il s'étendait, d'un côté, depuis les environs de Nogent, dans la suite surnommé *le Rotrou*, jusqu'à Caen, et d'un autre, depuis la Sarthe jusqu'à la mer. Il donnait son nom à trois archidiaconés de trois différents diocèses; savoir, de Seès, de Lisieux (2) et de Bayeux; nom que le premier et le dernier de ces archidiaconés conservent

---

(1) Il n'en faudrait pas conclure qu'Exmes ait eu des évêques particuliers. Tous les savants reconnaissent que l'évêché établi à Seès n'en fut jamais déplacé. (L. S.)

(2) J'ai inutilement cherché la preuve que l'un des archidiaconés de l'évêché de Lisieux s'appelait d'Hiesmois ou d'Hiesmes,

encore présentement. Ce comté s'étendait, en outre, dans les diocèses d'Evreux, de Chartres et du Mans. Il comprenait donc, outre l'Hiesmois proprement dit, le pays d'Auge, le canton de Seès, le Houlme, le Passais-Normand, l'Alençonnais, la Marche, l'Ouche, le Corbonnais, le Bellêmois et peut-être le Sonnois suivant un diplôme du roi Pepin, de l'an 752, qui confirma à Fulvad, abbé de Saint-Denis en France, dans un parlement tenu à Verberie, *quamdam villam quæ dicitur Abbatiacus in pago Cenomanico seu et Oximensi.*

<small>D. Brezillac, *Topograph. des Gaul.*, p. 529
Baluze, *Miscel.*, t. III, *Gesta Aldrici*, p. 61 et 62.

Rec. des histor. de France, t. V, p. 697.</small>

L'étendue des comtés était ordinairement bien moins considérable; le plus grand nombre répondait aux diocèses. Il y eut donc quelque circonstance particulière qui décida à donner plus d'étendue à celui d'Hiesmois; soit la position de la capitale, qui engagea quelque prince du sang royal à en faire sa principale résidence, ce qui dut être un motif pour lui former aux environs un gouvernement considérable dont Exmes fut la capitale; soit qu'il ait eu pour son partage cette étendue de pays. La vie de sainte Opportune écrite par saint Adahelme (Adelin) (1), évêque de Seès, et les légendes de quelques autres saints semblent l'indiquer. Il put bien faire le partage assigné en Neustrie à Childebrand, fils de Pépin de Héristel, et frère de Charles Martel, ou un des douze comtés qui furent donnés en Neustrie, avec la ville du Mans, à

<small>M. l'abbé de Foy, *Notice des diplômes.*

Dubouchet, *Véritable orig. de la seconde race*, p. 140.
*Hist. des Gr. Officiers de la Couronne*, t. I, p. 24.</small>

---

dans le *Gallia christiana*, le *Neustria Pia* et auprès des plus savants chanoines de Lisieux.

Quelques écrivains ont aussi avancé que les évêques de Chartres avaient cédé à ceux de Seès les Archidiaconés de Corbonais et de Bellêmois. Il n'en existe aucune preuve. Voici ce qu'on lit dans le *Gallia christiana* : *Sanctus Leobinus, episcopus Carnotensis, diocœsis Carnotensis primus terminasse fines dicitur in veteri codice.* (O. D.)

(1) *Parentes ejus nobilitatis genere pollentes et regalis prosapiæ apice florentes incliti Oximensis pagi super omnes qui inibi morabantur.*

Griffon, leur neveu, qui vivait encore en 759. Orderic Vital va plus loin : il assure que la ville d'Exmes avait été le séjour de quelques-uns de nos rois : *abominabilem temeritatem præsumpsisti, qui dominium Domini Regis Francorum invasisti, et oppidum Oximense, ubi propria sedes ejus ab antiquis temporibus est, obsedisti.*

<small>*Hist. eccl.*, p. 620.</small>

Nous ne connaissons pas toutes les vicairies et centenies de ce comté. Nous savons que le Corbonnais forma pendant quelque temps une vicairie ; le Sonnois peut-être une autre ; Seès et Alençon n'étaient que des centenies ; Nogent (2) formait une autre centenie de ce comté.

Nos rois envoyaient tous les ans des commissaires (*missi dominici*) dans les comtés pour surveiller la conduite des comtes ou gouverneurs et celle des officiers qui leur étaient subordonnés. Charlemagne envoya, l'an 770 ou 772 (3), Maginhard ou Ménard, archevêque de Rouen, et Magelgaud dans le Maine, l'Hiesmois, le Lieuvin, le Bessin, l'Avranchin, le pays d'Evreux et le comté de Madrie (2). On voit, par le capitulaire de Charles-le-Chauve, arrêté à Senlis en 853, que ce prince envoya Einard, évêque, Thierry, abbé, Haoin ou Hardouin dans le Bessin, dans le *Corilisum* que l'on croit le Bocage, dans l'*Ot lingua Saxonia et Harduini*, dans l'Hiesmois et le Lieuvin. L'Hiesmois formait encore un comté, l'an 900, suivant une charte de Charles-le-Simple en faveur du monastère d'Utique, aujourd'hui Saint-Evroul :

<small>Duchesne, *Script. Franc.*, t. II, p. 486. *Gall. christ.*, t. XI, col. 20.</small>

<small>Baluze, *Capit.*, t. II, col. 70.</small>

---

<small>A. Le Prévost, *Dissert. cit.*</small>

(1) *Nugantus*, dont il est question dans le *Recueil des historiens de France*, t. VIII, p. 864, n'est pas Nogent, comme le suppose O. Desnos, mais Saint-Lomer-sur-Guerne, près Courtomer (Orne). (L. S.)

(2) Selon Duchesne ; Baluze et dom Bouquet disent en l'an 802, T. I, col. 375.

<small>A. Le Prévost, *Dissert. cit.* Guérard, *Essai sur les div. territ. de la Gaule.*</small>

(3) Le pays de Madrie, situé au midi de la Seine, vis à vis le Vexin, appartenait en grande partie au diocèse de Chartres et s'étendait dans celui d'Évreux, entre la Seine et l'Eure, jusqu'à leur confluent. (L. S.)

*in comitatu Oximensi villam Agon Pontium.* Ce comté n'avait plus, depuis long-temps, son ancienne étendue. *Rec. des historiens de Fr.,* t. IX, p. 489.

Les fréquents partages entre les descendants de Clovis, les guerres cruelles qui déchirèrent la monarchie, les conquêtes de ceux qui étaient victorieux, l'autorité des maires du palais durent occasionner de fréquents changements dans les comtés et dans leur étendue. Celui d'Hiesmois en avait déjà éprouvé avant 853. La création du duché de Neustrie en dut encore occasionner ; mais surtout celle du duché de France qui s'étendait depuis la Loire jusqu'à la Seine (1). Charles-le-Chauve, de l'avis des états généraux de son royaume assemblés à Compiègne, l'an 861, donna ce gouvernement à Robert surnommé *le Fort,* bisaïeul de Hugues-Capet. Il était devenu héréditaire et patrimonial à ce dernier prince lorsqu'ils monta sur le trône. *Chron. reg.* in Lib. II. *Grands offic. de la couron.,* t. I, p. 67.

Nous apprenons, par le capitulaire de 853, que le comté d'Hiesmois était réduit à l'Hiesmois proprement dit, c'est-à-dire au pays qui environne cette ville et qui forme sa châtellenie et les dépendance de Trun, et l'archidiaconé d'Hiesmois. Les faibles monarques de la seconde race s'étaient vu forcés d'en démembrer plusieurs cantons pour satisfaire l'avidité des grands ; en sorte que le canton de Seès en avait été détaché, aussi bien que le Corbonnais et plusieurs autres parties. Il porte, malgré cela, le nom d'*Oximisum* dans le capitulaire déjà cité. Il était alors d'un département différent du canton de Seès et du Corbonnais. Il était donc renfermé entre le *Sagisum,* le Lieuvin, l'*Ot lingua Saxonia et Harduini,* la forêt de BALUZE, *Capit.,* t. II, col. 69.

---

(1) Il comprenait le comté de Paris, l'Orléanais, le pays Chartrain, le Perche, le comté de Blois, la Touraine, une partie de la Neustrie : ainsi les comtes et seigneurs de ces différents pays relevaient du duché de France. Robert *le Fort* fut tué dans un combat contre les Normands, en 867, au village de Brissarthe en Anjou.

Cinglais, dont il a plu à quelques géographes modernes de faire sans raison un pays particulier (1), aussi bien que de la forêt de Gouffern, le *Corrilisum* et le Houlme. Il partait d'Exmes une route connue sous le nom de *Chemin-Chaussé* (2) ou de Guillaume-le-Conquérant qui avait sa direction vers le Véz-Saint-Clément; les uns l'attribuent aux Romains, les autres à Guillaume-le-Bâtard. M. de la Veyne, ingénieur, en a suivi assez loin les traces.

Le canton appelé *pagus Epicensis* nous est connu par la vie de saint Latuin où il est dit qu'il annonça la foi *per pagos Oximensem, Epicensem et Perticensem*. On pourrait y soupçonner une faute de copiste qui aurait écrit *Epicensem* pour *Sagiensem* ou *Essuensem*, sans une charte de Charles-le-Chauve, de l'an 860 ou 861, par laquelle il confirme à l'abbaye de Corbion (le prieuré de Moutiers au Perche) ses possessions : *Item in pago Oximense et Epicense et Corbonnisse villa Nugantus et Su-*

---

*Marginalia:*

M. l'abbé EsNAUT, *Dissert., etc.*, p. 63.
MARIN PROUVÈRE, *Hist. du dioc. de Seès*, ms., p. 64.
HUET, *Orig. de Caen*, p. 48.
LA ROQUE, *Hist. générale de Harcourt*, t. I, p. 520.
*Mém. de* M. DE LA VEYNE, ms.
*Brev. Sag.* p. hyem, p. 498.

*Acta SS ord. S. Bened. Sæc.*, IV, Part. II, p. 252.

Abbé DE LA RUE, *Essais hist. sur ville de Caen*, t. II, p. 258. – *Nouv. Essais*, t. I, p. 75.
VAULTIER, *Rech. sur le Cinglais*, p. 5.
*Dissert. cit.*, p. 36.

DE CAUMONT, *Cours d'antiq. monum.*, t. II, p. 124, et *Statist. monum. du Calvados*, t. I. — GALERON, *Note sur l'établ. Rom. de Jort*, p. 4.

---

(1) L'abbé de La Rue et F. Vaultier établissent que le Cinglais forma une vicairie distincte. Le premier avait même cru d'abord que le Cinglais était le même pays que l'*Ot Lingua*; mais l'existence d'une vicairie du Cinglais, au moins contemporaine de l'établissement des Saxons *otlingi*, lui paraissant démontrée, il abandonna cette opinion, en admettant toutefois que le pays de Cinglais aurait pu former la partie méridionale de l'*Ot Lingua*. M. Le Prevost, avec Huet, O. Desnos et l'abbé de La Rue, place l'*Ot Lingua Saxonia* entre la mer, l'Orne et la Dive, mais il croit que l'*Ot Lingua Harduini*, différente de celle-ci, aurait été représentée plus tard par le doyenné de Cinglais. (L. S.)

(2) Ou plutôt *haussé*; le caractère romain de cette voie très-bien conservée n'est pas douteux. Elle traversait le département du Calvados du nord nord-ouest, au sud sud-est, passait à l'établissement de Jort, Fontaine-les-Bassets, Trun, Saint-Lambert, Chambois, Barges et Champaubert; elle était formée d'un cailloutis de petites pierres calcaires *(agger)* reposant sur un *stratumen* de pierres de même nature beaucoup plus volumineuses. (L. S.)

*riacus atque Aurmiacus, cum omnibus possessionibus in præscriptis comitatibus ad præfatum monasterium pertinentibus.* Si la position de ces trois lieux nous était connue elle nous servirait à fixer celle du canton nommé *Epicensis* qui devait être entre l'Hiesmois proprement dit et le Corbonnais. C'était peut être le pays de la Marche dont nous parlerons dans la suite (1).

<small>Rec. des hist. de France, t. VIII, p. 564.</small>

Quoique la ville de Seès eût beaucoup perdu de la considération dont elle avait joui sous les Saxons, elle n'a jamais cessé d'être le siège d'un des sept évêchés de la seconde Lyonnaise. Elle fit ensuite partie du comté d'Hiesmois où elle était le chef-lieu d'une centenie; mais il semble que cette ville et un canton considérable en avaient été distraits pour former un comté où Charles-le-Chauve envoya, en 853, des commissaires différents de ceux qui furent chargés de visiter le comté d'Hiesmois. Ce comté devait renfermer, outre Seès et ses environs, le canton d'Alençon où étaient Alençon et Saint-Céneri. Il était borné par le pays appelé *Epicensis,* par l'Hiesmois propre, par le Corbonnais, par la rivière de Sarthe qui le séparait du Maine, et particulièrement du Sonnois, par le Passais et par le Houlme. Il devait faire partie de l'archidiaconé de Seès.

<small>Baluze, Capit., t. II, col. 69.</small>

<small>A. Le Prévost, Dissertat., p. 55.</small>

Le Houlme, en latin *pagus Hulmus* ou *Holmentia regio,* ne devait être, du temps des Romains, qu'un canton subordonné aux *Essui.*

---

(1) M. Auguste Le Prevost, dans son excellente Dissertation, suppose que le *Pagus Epicensis* n'aurait eu qu'une existence temporaire et n'aurait occupé qu'une étroite lisière entre le Corbonnais et le Sonnois. *Suriacus* et *Aurmiacus* ou plutôt *Auriniacus* qui en faisaient partie, seraient Suré et Origni. Il admet toutefois qu'il ne serait pas impossible que le *Pagus Epicensis* eût occupé à l'extrémité occidentale de l'Hiesmois tout ou partie du terrain compris entre l'Udon, l'Orne, le diocèse de Bayeux et le Passais. (L. S.)

L'ancien *Dictionnaire de la France* lui donne une étendue beaucoup plus considérable que celle qu'il a, quoiqu'il forme présentement, et de toute ancienneté, un des cinq archidiaconés de Seès divisé en quatre doyennés : celui d'Argentan, celui d'Ecouché, celui d'Asnebec et celui de Briouze. On prétend que La Ferté-Macé et ses dépendances, quoique du diocèse du Mans et de l'ancien territoire des Aulerces-Diablintes (1), en faisaient partie. L'Histoire des miracles de saint Wulfran en rapporte un que ce saint fit, l'an 800, à Asnebec *in pago Hulmo*.

Le Houlme faisait partie du comté d'Hiesmois. Nous trouvons dans la suite des temps que la Châtellenie d'Exmes s'y étendait, et que plusieurs fiefs du Houlme relevaient du château de cette ville et le surplus de la vicomté de Falaise. Cette partie formait une sergenterie appelée la *sergenterie du Houlme :* elle était annexée à un fief qui porte le même nom dans la paroisse de Montreuil. L'un et l'autre semblent le tirer du ruisseau du Houlme qui arrose Château-Gontier, appelé dans un titre de 1500 *Château-Gontier-sur-Houlme*. Cette sergenterie a été partagée depuis long-temps en trois branches, dont l'une a conservé l'ancien nom, et a été possédée, ainsi que le fief, par la noble famille des Souquets : une autre branche est celle de La Forêt, et la troisième celle de Briouze. On ne peut douter que la véritable étendue du Houlme ne soit composée des paroisses qui forment l'archidiaconé et la sergenterie de ce nom. Ainsi il est borné, d'un côté, par le Passais ; d'un autre, par le Bocage et le Bessin ; au

<small>Titre communiqué par madame la baronne de La Chaux.</small>

(1) Guillaume, seigneur de La Ferté donna, par charte de l'an 1053, à l'abbaye de Saint-Julien-de-Tours, les églises et dîmes de Bellou-au-Houlme et de Giel avec tous les profits épiscopaux qu'il dit tenir de l'évêque de Seès. Cet évêque y est appelé *Episcopus Oximorum*, et le seing d'Yves de Bellême était *Signum Yvonis pontificis Sagiensis id est Oximorum*. L'abbé des Thuileries a vivement attaqué l'authenticité de cette charte. (O. D.)

nord, par le pays d'Exmes, et au levant, par le *Sagisum* et l'Alençonnais (1).

Robert de Bellême, seigneur d'Alençon, fit élever dans la paroisse de La Courbe, entre Argentan et Ecouché, au pays de Houlme, la forteresse de Château-Gontier (2). Après la mort de Henri I<sup>er</sup>, roi d'Angleterre et duc de Normandie, les habitants du Houlme se déclarèrent pour Etienne, comte de Blois. Geoffroy, comte d'Anjou, mari de l'impératrice Mathilde, fille et unique héritière de Henri, accompagné de Guillaume Talvas, troisième du nom, comte d'Alençon, y porta la désolation, prit Carrouges, Ecouché, Asnebec, mais fut obligé de lever le siége de Montreuil. Ce fut peut-être alors qu'un ancien château du nom de *Houlme* fut détruit.

Le Passais n'était qu'une vaste forêt faisant partie du canton des Aulerces-Diablintes, puisque César ni aucun autre historien de l'âge romain n'en ont fait mention. Il tire son nom du ruisseau de Passais. Cette forêt ne fut essartée qu'assez tard ; les premiers défrichements durent commencer dans la partie où se trouve le bourg de Passais, autrement de La-Conception-en-Passais, qui semble en avoir été le chef-lieu. Mais depuis que Guillaume Talvas,

ORD. VITAL.

P. 56.

(1) Suivant M. Le Prévost, le Houlme n'aurait pas formé un *Pagus* particulier : il dépendait, en grande partie, du *Sagisum*. (L. S.)

(2) Il devait exister à La Courbe des retranchements beaucoup plus anciens. Le rempart qui ferme la presqu'île et les murs d'une partie du donjon sont composés de pierres passées au feu et liées entre elles au moyen d'un commencement de vitrification. Ce système de défense, dont on ne connaît d'autres exemples en France qu'à Sainte-Suzanne (Mayenne) et à Saint-Péran près de Saint-Brieuc, et qui rappelle les *Châteaux de verre* des montagnes d'Ecosse, et les *Tours rondes* d'Irlande, pourrait remonter aux Saxons ou aux Danois. Le rempart extérieur du Château-Gonthier a certainement été vitrifié sur place ; les blocs de vitrification que l'on remarque dans les ruines du donjon pourraient y avoir été employés lors de la reconstruction de Robert de Bellême. (L. S.)

premier du nom, eut fait bâtir le château de Domfront sur une roche escarpée où saint Front, solitaire, s'était retiré et avait laissé le nom de Domfront, cette place est devenue la capitale du Passais dont la majeure partie a encore été longtemps couverte de bois (1).

On prétend que ce canton a appartenu à un seigneur nommé *Defensor* (2). Il y a plus d'apparence que ce n'était qu'un des officiers romains décorés de ce titre parce qu'ils étaient chargés de la défense du pays. Les évêques du Mans y annoncèrent le christianisme et en formèrent un archidiaconé considérable qui porte le nom de Passais. Il est divisé en six doyennés dont quelques-uns sont, pour le civil, de la province de Normandie. Dudon semble nous annoncer qu'il fut cédé à Raoul, chef des Normands, et à ses compagnons par le traité de Saint-Clair-sur-Epte, en 912; d'autres écrivains prétendent que cette cession est postérieure. Je rapporterai dans la suite les preuves sur lesquelles chaque opinion est fondée. Le Passais-Normand a seul fait partie du duché d'Alençon. Il est borné au midi par le Passais-Manceau; au couchant, par l'Avranchin et le Bocage qui était peut-être du pays des

> Le Courvaisier, *Hist. des évêq. du Mans*, p. 134 et 140.
> Mabillon, *Vet. analecta*, t. III, p. 52.

> Le Courvaisier, *Hist. des évêq. du Mans*, p. 134 et 140.

> *De moribus et acti. Normanor.*, lib. II, cap. 83.

---

> A. Le Prévost, p. 59.
> Cauvin, *Géogr. anc. du dioc. du Mans*, v *Cenomania*.
> Pesche, *Dict. cité*, v. *Passais*.

(1) Le Passais tire son nom de la rivière de Pisse. Il dépendait du *Pagus Cenomanicus* et fit toujours partie du diocèse du Mans. Il se divisait en Passais-Normand ayant Domfront pour chef-lieu et s'avançant jusqu'à La Roche-Mabile, près d'Alençon, et Passais-du-Maine comprenant tout le territoire de Lassai, de Javron, d'Ambrières, de Sillé. (L. S.)

(2) Les défenseurs des cités *(Defensores)* étaient des espèces de syndics ayant pour fonction spéciale de protéger les villes, et surtout les villes préfectorales dépourvues de magistrats municipaux, contre les exactions; ils existaient déjà à la fin du III$^e$ et au commencement du IV$^e$ siècle. Une loi de 387 enjoint d'instituer *Defenseur* celui que la cité a choisi par un décret. Après l'établissement du christianisme, les évêques furent de préférence investis de ces fonctions auxquelles leur caractère religieux prêtait plus d'autorité. (L. S.)

*Ambialites* (1) de César, qui aurait pu s'étendre jusqu'à Ambrières, et qui, dans la suite, prit le nom de *Corilisum*, connu aujourd'hui sous le nom de Bocage, à l'orient par la Sarthe et le Sarthon qui le séparent de l'Alençonnais.

Le pays d'Ouche (*Uticensis pagus*) (2) était autrefois une vaste forêt, dont partie était comprise dans le pays des Aulerces-Eburons et partie dans celui des Lexoviens. C'est du moins ce que semble nous indiquer le partage de ce canton entre l'évêché d'Evreux et celui de Lisieux. Saint Evroul quitta Montfort, proche Gacé, et se retira avec ses compagnons dans la forêt d'Utique, qui faisait alors partie de l'Hiesmois, et y jeta les premiers fondements du monastère d'Utique détruit par les Normands, et rétabli dans le onzième siècle sous le nom de Saint-Evroul. Les lieux les plus considérables de ce canton sont Laigle, La Ferté-Frênel, Montreuil-l'Argillé, Rugles-la-Barre, Conches et peut-être Bernay (3).

ADR. DE VALOIS, *Not. Gall.*, p. 623.

ORD. VITAL., lib. VI, p. 610.

Il semble que le petit pays (*pagellus*) de Cisai en faisait partie. Il formait un canton particulier sous Richard II, qui assigna pour dot à sa femme Judith des biens situés dans le Sisois (*in pago Sisoiense*). Sisai ou Sisei en devait être le lieu principal, et l'accroissement d'Orbec et de Bernai l'aura fait tomber.

D. MARTENE, *Veter. scriptor. nova collect.*, col. 14.

La Marche ou Les Marches (*Marchia, Marchœ*) tire sa dénomination de ce que ce petit pays devint les limites de la Normandie du côté de la France, la frontière et le

---

(1) Les Ambialites ou Ambiliates étaient les peuples des environs de Lamballe en Bretagne (Walckenaër, t. I, p. 382). Toutefois le même savant, dans un autre passage du même volume (p. 433), les place aux environs de Cambrai et de Tournai. (L. S.)

(2) Il n'a point existé de *Pagus Uticensis*. Le pays d'Ouche dépendait de l'Évrechin. (L. S.)

(3) Ne vaut-il pas mieux lire avec M. Le Prévost, *Lisoiense*, et laisser Cisai dans le Lieuvin? Il est certain que l'on disait indifféremment *Pagus Lexoviensis* et *Lisoiensis*. (L. S.)

L. DU BOIS, *Hist. de Lisieux*, t. I, p. 19, 20.

passage de la Normandie au Perche de ce côté là, depuis que Raoul et ses compagnons furent possesseurs de la Normandie : la rivière de Sarthe depuis sa source en faisait la séparation. Comme ce pays n'est connu que depuis cette époque, et que celui appelé *Epicensis* a disparu vers le même temps, j'imagine que c'est le même canton qui a seulement changé de nom, et qui forme le doyenné de la Marche (1). Quelques écrivains, et entr'autres M. l'abbé Expilly, y placent Alençon et Argentan, et ajoutent qu'on y peut même joindre le pays de Houlme. Quoique Alençon fût frontière de la Normandie vis-à-vis le Maine, et que ses seigneurs aient quelquefois, par cette raison, pris le titre de marquis (*Marchio*), on n'a jamais dit Alençon dans la Marche ou dans les Marches. Ce dernier écrivain, faute de connaître le local, a mal à propos distingué un pays *de la Marche* et un autre *des Marches* : ces deux dénominations désignent un seul et même canton. Argentan et le Houlme en sont trop éloignés et séparés par plusieurs doyennés : *c'est une pure chimère*, pour me servir de l'expression d'un écrivain moderne. La véritable étendue de la Marche est fixée par les paroisses qui composent le doyenné de ce nom, un de ceux dont est formé l'archidiaconé de Seès. Le ruisseau de Barague la sépare du Perche et divise le diocèse de Seès de celui d'Evreux. Ensuite la Sarthe, depuis son origine, continue de séparer ce canton d'avec le Perche qui n'a jamais fait partie de la Normandie. Ce pays, du temps des ducs de Normandie et des anciens seigneurs d'Alençon, était hérissé de forteresses dont les principales étaient Bonmoulins, Moulins-la-Marche, Sainte-Scolasse, le Mêle-sur-Sarthe.

La Marche eut, depuis la cession de la Normandie, des

*Dictionnaire des Gaules et de la France*, t. I, p. 555.

M. l'abbé Esnaut, *Dissert.*, etc., p. 63.

---

(1) *Voyez* la note ci-dessus, p. 44. Il n'a point existé de *Pagus* particulier sous le nom de *Marchia*. (L. S.)

seigneurs particuliers chargés de la défendre, et c'est pourquoi ils se nommaient (disent les auteurs de la *Nouvelle diplomatique*) barons, marquis. Etienne, comte de Blois, ayant usurpé l'Angleterre et la Normandie sur l'héritier légitime de Henri Ier, pour se concilier un plus grand nombre de partisans, donna, au mois de mai 1137, le château de Bonmoulins, que Henri avait fait élever, et ses dépendances, à Richer II, baron de Laigle, et Moulins, capitale de la Marche, avec ses dépendances, à Rotrou II ou III, comte du Perche (1). Les comtes du Perche y réunirent dans la suite Bonmoulins et ses dépendances, et possédèrent ces deux châtellenies alors distinctes jusqu'en 1217. Ils devaient, à raison de ces terres, au duc de Normandie le service de dix chevaliers. Philippe-Auguste réunit la Marche à la couronne.

T. IV, p. 550.

Ord. Vital, p. 923.
Bar, *Antiq. du Perche,* ms.

Bry, *Hist. des comt. du Perche et d'Alenç.,* p. 219.

Duchesne, *Script. Norm.,* p. 1058.

Je n'ose compter au nombre des pays qui ont contribué à former le duché d'Alençon, le Verneuillois, dont il est parlé dans une charte du roi Robert, en faveur de l'abbaye de Saint-Magloire. Il était situé entre le comté d'Evreux, celui de Madrie et le Perche. Il faisait alors partie du comté de Paci (*Paciacensis*). Il y a toute apparence que c'était un défrichement de la forêt du Perche, et que cette portion de la forêt avait été anciennement du territoire des Aulerces-Eburons. Il tirait sans doute son nom du *Vieil-Verneuil* détruit dans quelqu'une des guerres entre les Français et les Normands, dont la rivière d'Avre partageait les terres. Les ducs de Normandie fortifièrent ou bâtirent la ville de Verneuil sur les bords de cette rivière du côté de la Normandie, et les rois de France lui opposèrent la *Tour-Grise* de Verneuil sur le bord opposé de la

D. Martene, *Vet. script. nov. col.* P. II, p. 7.

---

(1) Je dis Rotrou II ou Rotrou III. Il était effectivement le troisième seigneur de Mortagne de ce nom. Je me suis conformé à tous les historiens qui ne l'appellent que Rotrou II, pour ne pas brouiller les idées reçues.

même rivière, et y attachèrent le pays qui fut appelé le *Ressort-Français* ou les *Terres-Françaises,* qui avaient peut-être composé le Verneuillois (1).

L'Alençonnais, en latin *Alencenesium, Alenconensis pagus,* n'a été connu sous ce nom particulier que dans le XII<sup>e</sup> siècle (2). Nous croyons, comme nous l'avons déjà insinué, que la plus grande partie avait été du territoire des Aulerces, et avait passé ensuite aux Essuins pour récompense de leur fidélité. Il fit dans la suite partie du comté d'Hiesmois, et sa ville capitale formait, avant le milieu du huitième siècle, le chef-lieu d'une centenie. Il fut distrait de l'Hiesmois pour faire partie du *Sagisum,* et nous ne le voyons former un pays particulier que longtemps après que Richard I<sup>er</sup> eut donné à Yves de Bellême ou à Guillaume, son fils aîné, le territoire d'Alençon, de Seès, d'Essai, du Mêle-sur-Sarthe et peut-être le Passais-Normand. Ce fut dans l'Alençonnais que la paix fut conclue, à la fin du mois de mars 1118, entre Henri I<sup>er</sup>, roi d'Angleterre, et Foulques, comte d'Anjou. Les héritiers de Robert IV, comte d'Alençon, cédèrent au mois de janvier 1220, à Philippe-Auguste, Alençon et l'Alençonnais (*Alenceium et Alencenesium*). Il a plu à quelques géographes de donner sans raison à ce pays le nom de *Campagne d'Alençon.*

Il n'est pas aisé de débrouiller en quel temps Alençon et ses dépendances passèrent sous la domination des Normands. Dudon dit que le territoire cédé par Charles-

*Acta SS ord. S. Bened. Chron. Font., in Spicileg. D. Lucæ d'Achery, t. III, p. 207.*

Ord. Vital. p. 484.

Bry, p. 252.

Lib. II, p. 85.

---

*Affiches du Perche,* 2 mars 1788.

(1) Dans une notice postérieure sur Verneuil, O. Desnos exprime les mêmes idées, mais d'une manière beaucoup plus positive : Verneuil est dans le territoire des Aulerces Eburons et n'a jamais fait partie de l'Alençonnais proprement dit, quoique compris dans la généralité d'Alençon. (L. S.)

A. Le Prévost.

(2) Le *Pagus Alenconensis* n'a jamais eu d'existence authentique. Le pays d'Alençon était nécessairement compris dans le *Pagus Sagiensis.* (L. S.)

le-Simple à Raoul, que les Normands avaient choisi pour leur chef (1), et à ses compagnons, par le traité conclu à Saint-Clair-sur-Epte, en 911, s'étendait depuis cette rivière jusqu'à la mer britannique : *ab Eptæ fluviolo ad mare usque*. Le Moine de Jumiéges n'en dit pas davantage ; voici ses termes : *terram maritimam ab Eptæ flumine usque ad Britannicos limites*. Il faut donc avoir recours aux conjectures pour le surplus. Nous savons que le Perche, et entr'autres le Bellêmois et le Corbonnois, ne faisaient point partie du territoire cédé et n'ont jamais fait partie de la Normandie, dont ils se trouvaient séparés, d'abord par la rivière d'Avre et ensuite par la rivière de Sarthe au midi. Or, en tirant une ligne depuis Saint-Céneri, où cette dernière rivière entre sur le territoire du Maine, tant pour le spirituel que pour le civil, jusqu'au Coesnon, il se trouverait que le territoire d'Alençon et même une partie du Passais, quoique de l'évêché du Mans, auraient fait partie de la cession. Malheureusement ni Dudon, ni aucun autre auteur contemporain ne sont entrés dans des détails assez circonstanciés pour en conclure que l'Avre et la Sarthe servirent, dès 912, de limites aux états de Raoul (2). On objecte que, si le territoire d'Alençon avait été dès lors cédé à Raoul et à ses compa-

<small>Will. Gem. lib. II, cap. 17, p. 254.</small>

<small>Mém. sur la position géogr. de la nouvelle Neustrie, ms.</small>

---

(1) *Unum ex semetipsis nomine Rollonem sorte eligentes quem sibi dominum militiæque suæ principem, pacta ei fidelitate, perficiunt.*

(2) Rollon ne reçut pas le territoire entier de l'ancienne Normandie. Il en faut excepter le Bessin, le Cotentin, l'Avranchin dans leur circonscription diocésaine, lesquels ne furent réunis au territoire normand, le premier qu'en 924, sous Rollon lui-même, les deux autres qu'en 933, sous Guillaume, son fils. Le Maine paraît avoir toujours limité, du côté du midi, le territoire cédé à Rollon, qui comprenait ainsi l'Alençonnois : « *Terra illa concessa.... ab occidentali vero et meridiano cornu pago Cenomanensi terminatur usque in Carnotensem*, » dit Malaterra, historien du XI<sup>e</sup> siècle. (L. S.)

<small>Will. Gemet., édit. du Recueil des hist. de Fr., t. XI, append., p. 627.</small>

<small>Biblioth. hist. de Sicile, t. I. Depping, Expédit. marit. des Norm., t. II, p. 418.</small>

<small>Deville, Mém. de la Soc. des ant. de Norm., 1<sup>re</sup> sér., t. VI, p. 46.</small>

gnons, la ville de Seès y aurait été comprise. Ce prince n'aurait pas omis dans les libéralités qu'il fit après son baptême aux principales églises de ses nouveaux états, celle de Seès qui était alors consacrée à la Vierge. Francon ajouta, après que le prince eut fait des libéralités à toutes celles qu'il lui avait fait connaître, qu'il y avait encore plusieurs autres églises, mais que celles qu'il lui avait désignées étaient les principales : *plures sunt ecclesiæ in tua ditione positæ, sed hæ sunt præcipuæ*. L'archevêque de Rouen n'aurait pas omis l'église de Sées, dont l'évêque était un de ses suffragants. Raoul étendit ensuite sa munificence sur l'abbaye de Saint-Denis, qui était hors de ses états : il n'est pas à présumer qu'il l'eût fait au préjudice de l'église de Seès, si celle-ci avait fait partie de sa domination. Les partisans de cette opinion s'appuient encore du témoignage de Flodoard, historien contemporain de Raoul, et dont l'autorité doit l'emporter sur Dudon. Il rapporte que Charles céda à ce chef des Normands quelques pays maritimes avec Rouen et ses dépendances : *concessis sibi maritimis quibusdam pagis cum Rothomagensi, quam pene deleverat, urbe, et aliis eidem subjectis*. On doit entendre, selon ces critiques, par *pays maritimes* cédés le pays de Caux et celui de Talou que Flodoard a soin de désigner sous le nom de pays maritimes, pour les distinguer du Vimeu, de l'Amiénois et du Ponthieu, qui avaient fait partie du département de Rouen, suivant les Capitulaires de Charles-le-Chauve, et que Charles se réservait. On doit également, selon eux, entendre le ressort de Rouen ou son gouvernement civil, et non pas tout le territoire à droite et à gauche dépendant de cette métropole jusqu'à la mer; autrement le Corbonnois et le Bellêmois, qui sont du gouvernement ecclésiastique de Rouen et sous le diocèse de Seès, auraient dû faire partie de la Normandie, ce qui n'a jamais été.

Toutes ces difficultés disparaissent, disent-ils, en se

rappelant que Flodoard ajoute que Charles-le-Simple, pressé de tous côtés par les Français révoltés, engagea, en 923, Raoul de venir à son secours, et pour le mieux persuader, lui promit une grande augmentation de terres, dont le pays d'Alençon, de Seès, d'Essai, du Mêle et le Passais-Normand faisaient partie. Malgré ce secours, Charles succomba; Raoul, duc de Bourgogne, fut élu roi, et ce prince ne trouva pas d'autre expédient pour se débarrasser des Normands que de conclure avec eux, en 924, un traité par lequel il leur abandonna l'augmentation des terres qui leur avait été remise, ou au moins promise par Charles, et entr'autres le Maine et le Bessin. Je crois qu'on ne doit entendre ici par Maine que la partie du Passais qui forme le Passais-Normand, ou seulement la suzeraineté que les comtes d'Anjou prétendaient leur appartenir depuis longtemps : les Normands devaient donc déjà être en possession du territoire intermédiaire entre Evreux et le Passais, pour pouvoir l'exploiter. Suivant le plus grand nombre des historiens, une partie du Passais appartenait à Guillaume-le-Bâtard, lorsque Geoffroy-Martel, comte d'Anjou, lui déclara la guerre en 1045 ; mais Guillaume de Malmesbury assure que le comte d'Anjou était alors en possession de Domfront (1), ce qui ne peut s'entendre que de la suzeraineté ; et comme suzerain, le seigneur d'Alençon avait été forcé de le lui livrer. Le jeune duc reprit bientôt les conquêtes de Martel, et força Philippe I$^{er}$, roi de France, à lui abandonner et lui confirmer toutes les conquêtes qu'il ferait dans le Passais-Manceau. C'est là l'origine de la mouvance ancienne de Lassai et de plusieurs autres fiefs du Passais-Manceau, du duché de Normandie. Ainsi les ducs de Normandie avaient dans leur mouvance, avant la cession que Louis-

<small>FLODOARDI *Chronologia.*</small>

<small>ORD. VITAL, p. 481.</small>

---

(1) *Qua is iratus injuria, par pari retulit, et Damfrunt, quod tunc erat comitis Andegavorum, obsidione coronavit.*

le-Gros fit à Henri Ier, roi d'Angleterre et duc de Normandie, du Bellêmois et du comté du Maine, par le traité conclu à Gisors la dernière semaine du mois de mars 1113, le Passais, et dès 924, au plus tard, l'évêché de Seès, l'Alençonnois.

*Histoire du Perche, ms.—Antiq. du Perche, ms.—Journ. de Verdun, fév. 1760, p. 120.*

*Hist. de la noble et royale abbaye de S. Martin de Seès, p. 57, ms.*

Il me reste à dire un mot des plus anciens habitants du comté du Perche. Réné Courtin, Bar des Boulais et, depuis peu d'années, M. Durand, professeur à Evreux, ont cru qu'il avait été habité par les *Unelli* de César. D. Carrouget dit qu'ils tiraient ce nom de la rivière d'Huisne, en latin *Unella*, qui prend sa source dans le Perche et le traverse. Les deux premiers leur ont donné pour capitale *Venellum*, dont on fit, selon eux, par le changement du *Veta* en *Beta*, lettres grecques dont se servaient les Gaulois, *Benellum*, *Benelli*, le Vieux-Bellême, le Bellêmois. M. Durand veut que leur capitale ait été Verneuil, sans doute le Vieux-Verneuil au Perche (1), dérivé du nom de *Veri Unelli*. Nicolas Samson y a placé, avec plus de raison, les *Aulerci Diablintes*; mais il a aussi très-mal à propos pris Nogent-le-Rotrou, ville nouvelle, pour *Noeodunum* leur capitale. César, Pline, Ptolémée, ni aucun autre écrivain de l'âge romain n'ont parlé du Perche et de ses villes. Longtemps depuis ce pays était couvert d'une vaste forêt qui comprenait même le canton auquel les Saxons ont laissé le nom de Sonnois (2).

*Will. Malmesb., dans le Rec. des écriv. de France, t. XI, p. 178.*

(1) La principale partie de la ville actuelle de Verneuil ne fut bâtie que par Henri Ier, vers 1120.

(2) Le Sonnois, dont il sera souvent question dans la suite de cet ouvrage, devait comprendre les cantons de Mamers, de Marolles, de la Fresnaie et de Saint-Paterne en entier, les communes de ceux de Fresnai et de Beaumont qui sont sur la rive gauche de la Sarthe, et quelques communes seulement des cantons de Bonnétable, de Ballon, et même de celui d'Alençon ouest sur la rive gauche de la Sarthe. Une partie seulement du Sonnois a pu être

Cette forêt nous est désignée sous le nom de *Saltus Perticus, Pertica*, qui nous paraît plutôt celte que tiré de la nature des arbres droits et longs qui y croissent qu'on appelle *perches*. Cette forêt était dès lors ou a été dans la suite divisée par cantons connus sous différentes dénominations. Sa position et son étendue donnent lieu de conjecturer qu'elle appartenait à des peuples différents. La partie du côté de Chartres appartenait aux Carnutes ; une autre aux Aulerces-Cénomans, Diablintes et Eburons, par où les trois branches de la nation des Aulerces se trouvaient contigues, et enfin une autre fit partie du pays des *Sessuvii* ou Essuins depuis que César dut récompenser leur fidélité aux dépens des Aulerces et des Carnutes. Aussi voit-on présentement la plus grande partie du Perche sous les évêchés de Chartres, d'Evreux, du Mans et de Seès. Mais on ne peut pas en conclure que les portions du Perche qui sont de ces diocèses, fissent partie des cités que ces diocèses représentent. A mesure que les différentes portions de cette forêt furent essartées et peuplées, les évêques les plus voisins y annoncèrent le christianisme. Ceux de Chartres s'acquittèrent de cette fonction dans le canton où a été depuis bâtie la ville de Châteaudun, dans le Thimerais, dans le Perche-Gouet qui n'avaient encore sous la seconde race que de vastes solitudes où saint Lubin, saint Laumer, saint Calais, saint Bomert, saint Éman, saint Bienheuré, saint Avit et plusieurs autres se retirèrent. Ils s'étendirent ensuite du côté de Moutiers, dans le canton de Nogent surnommé depuis *le Rotrou*. Les évêques du Mans qui avaient annoncé la foi chez les Cénomans, chez les *Arvii*, chez une partie des Diablintes, continuèrent de le faire dans une petite portion du Perche. Saint Latuin, premier évê-

*René Courtin, Hist. du Perche, ms.*

*Samson, Remarques sur la carte de l'anc. Gaule, p. 28 et 64.*

couverte de bois. La nature calcaire du sol et les traditions historiques ne permettent pas d'en douter. (L. S.)

que de Seès, les avait prévenus, dès la fin du quatrième siècle, dans un autre canton : *Latuinus Christianam fidem per pagos Oximensem, Epicensem et Perticensem magno labore nec minori successu propagasse traditur.* Les évêques d'Evreux en firent autant de leur côté.

<small>Breviar. Sag., p. hyem.</small>

Les troubles dont cette partie des Gaules fut agitée, les partages, les guerres des descendants de Clovis, et la proximité plus ou moins grande d'un siége épiscopal, ont encore pu influer sur la division actuelle. Mais il y a peu d'apparence que la partie du Perche qui est du diocèse de Seès ait été cédée aux évêques de ce siège par saint Lubin, évêque de Chartres et originaire du Perche, comme quelques écrivains (1) l'ont prétendu, quoique ce saint passe pour avoir fixé les limites de son diocèse.

<small>Rob. Cenalis, de re Gallica. Marin Prouvere, Hist. du dioc. de Seès, ms. Bar, Ant. du Perche, ms. Gall. christ., t. VIII, col. 1096.</small>

Avant d'aller plus loin, il est bon de prouver l'étendue de la forêt du Perche. Le Mont-Romaniac (2), où se retira sainte Céronne, était couvert de bois et une vaste solitude à la fin du v<sup>e</sup> siècle : c'est à présent Sainte-Céronne, à une lieue de Mortagne. Saint Avit, abbé de Piliac, aujourd'hui Saint-Avit, dans le Dunois, mourut en 558, *abbas Carnotensis pagi quem Pertensem vocant.* Saint Calais demeura premièrement dans ce monastère, (*in Pertico*), d'où il passa dans le Maine : *noctis cujusdam in tempore, B. Carilelpho comitante, vastas loci Pertici solitudines, ut sese iterum occultarent, expetierunt.* Wanclon,

<small>Brev. Sag. Martin Prouvere, ibid.

Bolland., Acta SS., 17 junii, p. 550 et 560. Hist. littér. de la France, t. XII, p. 266. Greg. Turon., De gloria mart. lib. I, c. 30. Labbe, Bibl. nova et t. II, p. 582, 588.</small>

(1) Robert Céneau, évêque d'Avranches, dit que la tradition ancienne était que la Sarthe faisait la séparation des deux évêchés, et rapporte, à cette occasion, un conte qui ne mérite pas d'être répété.

(2) Ou plutôt Romigni; ce mont est un ancien cimetière romain ; on y découvre beaucoup de cercueils en grès roussard renfermant des ossements, des débris d'armes et des monnaies du Bas-Empire. L'établissement romain du mont Romigni était détruit quand Sainte-Céronne vint du Languedoc, vers le milieu du v<sup>e</sup> siècle, se fixer dans ce pays et y bâtir le premier monastère qu'ait eu le Perche. (L. S.)

<small>Orne arch., p. 266.</small>

trésorier de Saint-Martin de Tours, rétablit, vers 1045, le monastère de Pitiac, détruit par les Normands, et lui donna de nouveaux droits dans la forêt du Perche, *in sylva mea quæ vocatur Perticus* ; ce qui fut confirmé par le pape Alexandre III, *et lucum Pertici datum ei a Wanclone Thesaurario.* Saint Laumer fonda deux monastères dans le Perche ; le premier, *in inferiori parte agri Perticensis,* que l'auteur anonyme de la première vie de ce Saint appelle *Partica,* et celui de la seconde, *Perticus :* on croit que c'est le lieu où le monastère de Bellomer a été fondé par les seigneurs de Châteauneuf-en-Thimerais, pour des religieuses de l'ordre de Fontevrault. Saint Laumer y ayant été bien plus tôt connu qu'il ne voulait, s'enfonça dans la forêt du Perche, en tirant toujours vers l'occident ; *saltum Perticum et abditissimam solitudinem sylvæ quæ Perticus dicitur.* Il s'arrêta dans un vallon arrosé par le petit ruisseau de Curbion ou Corbion, y bâtit un monastère qui prit le nom de Corbion, et qui, par la suite des temps, a été appelé Saint-Laumer-de-Moutiers, ou simplement Moutiers. Il y finit ses jours, vers l'an 590. Adrien de Valois observe qu'il est aussi parlé de la forêt du Perche dans la vie de saint Béthar (ou Berthaire), évêque de Chartres, mort vers l'an 594. Clotaire, défait par son neveu Théodoric ou Thierri, se réfugia dans la forêt du Perche ; *sed Hlotarius fuga lapsus usque Perticam sylvam pervenit.* Charles-le-Chauve, roi de France, poursuivi par son frère l'empereur Lothaire, passa la Seine avec son armée, se jeta dans la forêt du Perche et la traversa, *in saltu qui Pertica vulgo dicitur,* et échappa, par ce moyen, l'an 842. Bernon, chef d'un corps de Normands, ayant joint, le 14 des calendes de septembre 855, Sydroc, chef d'une autre troupe de la même nation, ils pillèrent et désolèrent tout le pays, *usque ad Perticum saltum,* où le roi Charles-le-Chauve les atteignit avec son armée, et les tailla en pièces. Saint-Julien, proche Le Mêle, était encore

*Rec. des hist. de Fr.,* t. III, p. 459.
*Gall. christ.,* t. VIII, col. 299.
ADR. VALES., *Notit. Gall. Acta SS. ord. S. Bened.,* sect. I, p. 535 et 538.
*Ibid.,* p. 539.
BOLLAND. *Acta SS.,* 19 januar. p. 539.
*Rec. des hist. de Fr.,* t. VI, p. 259.
*Notit. Gall.,* p. 443.
*Rec. des hist. de Fr.,* t. III, p. 488.
*Vita S. Bethari,* dans le *Rec. des hist. de Fr.,* t. III, p. 488.
NITHARD, *Hist.,* lib. III, dans le *Rec. des hist. de Fr.,* t. VII, p. 26.
*Chron. Font.,* dans le *Rec. des hist. de Fr.,* t. VII, p. 43.

regardé comme faisant partie de la forêt du Perche, en 869 : *in saltum Perticem*. Aimoin, moine de l'abbaye de Fleuri, qui vivait à la fin du xᵉ siècle, dit que la forêt du Perche était la plus belle du royaume ; *sed eminentior cæteris Perticus*. Hugues de Sainte-Marie, religieux de la même abbaye, l'a copié.

*Notit. Gall.*, p. 443.

Les comtes de Mortagne et du Perche font souvent mention, dans leurs chartes, de cette forêt. Robert, comte du Perche, nous apprend, dans une de ses chartes pour le prieuré de Nogent, qu'une partie de cette forêt, située du côté de Nogent, en était séparée par des terres cultivées, et se nommait *Perchet* : *in nemore quod dicitur Perticulum*. Guillaume le Breton rapporte que le Perche était encore couvert de bois sous Philippe-Auguste :

Bry, *Passim*.

*Philippeid.*, lib. III.

*Pertica Rotroldo gaudet nemorosa recepto.*

Il y a encore dans le seul comté du Perche, la forêt qui en a conservé le nom, celle de la Trappe, celles de Réno, du Val-Dieu et de Bellême, de laquelle celle de Perseigne n'est séparée que par un très-petit trajet, sans un grand nombre d'autres bois particuliers, et sans y comprendre la forêt de Blavou ou de Blèves, qui s'étendait dans le Perche et dans le Sonnois, aujourd'hui totalement essartée : *sylva Blavau in pago Oxomense*.

Baluze, *Miscellan*, t. III, p. 61.

A mesure que cette vaste forêt du Perche fut essartée, et son emplacement cultivé, nous voyons éclore de nouveaux pays qui portèrent chacun un nom particulier. Le premier qui s'offre est le Dunois qui forma un comté : Châteaudun, ville nouvelle, eut des vicomtes célèbres dans notre histoire. Une portion du Perche, composée des baronnies d'Authon, de Montmirail, d'Alluie, de Brou et de Bazoches, fut surnommée le Perche-Gouet, de Guillaume Gouet, quatrième du nom, un de ses seigneurs (1).

(1) C'est de Guillaume Iᵉʳ et non de Guillaume IV que le

## DISSERTATION.  57

Le Thimerais ainsi appelé, selon un écrivain moderne, de Timer, autrefois place forte qui soutint un siège sous Henri I$^{er}$, roi de France, aujourd'hui simple hameau, a pour capitale Châteauneuf qui a eu des seigneurs puissants et célèbres dans l'histoire. Il fut ensuite partagé; Châteauneuf en a toujours fait la principale partie. Senonches et Brezoles furent érigés en principauté, sous le nom de Mantoue, en faveur de Ludovic de Gonzague, duc de Nevers, dont un des fils porta le titre de prince de Thimerais. On les désigne quelquefois sous le nom de *Terres démembrées*. Les *Terres Françaises* composent le *Ressort Français* de la Tour-Grise de Verneuil.

<small>Dreux du Radier, *Journ. de Verdun*.</small>

<small>*Dict. univ. de la Fr.*, p. 778.</small>

<small>Gomberville, *Mém. du duc de Nevers*, p. 14.</small>

Dans la partie qui a retenu le nom de Grand-Perche, parurent différents pays, entr'autres le Corbonnois, le Bellêmois, le ressort de Nogent-le-Rotrou, la baronnie de Longni, etc.

Le Corbonnois (1) a pris ce nom de Corbon qui en a été le lieu le plus considérable, et lui-même paraît l'avoir reçu du ruisseau de Corbion. Le Corbonnois a donné son nom à un des archidiaconés du diocèse de Seès, qu'on prétend avoir été partagé dans la suite en deux. Bouteroue rapporte qu'on a frappé de la monnaie à Corbon, sous les rois de la première race, et qu'elle porte pour inscription : *Curbonno fit* (2). On ignore l'époque de la ruine de cette place.

<small>L'abbé des Thuilleries, *Anc. dict. de la Fr.*, art. Corbon.</small>

---

Perche-Gouet paraît avoir tiré son nom, au commencement du XI$^e$ siècle. (L S.)

(1) Le Corbonnois *(Pagus Corbonensis, Corbonisus, Corbonisse)*, avait été démenbré de l'Hiesmois; il était borné à l'E. par la Commauche et l'Huîne, et par la Sarthe au N. O. (L. S.)

<small>A. Le Prévost, *Dissert. cit.*</small>

(2) L'attribution du tiers de sol d'or portant Curbunno fit à Corbon, au Perche, a été très-contestée ; Charbonne, Corbini le revendiquaient également. La publication par M. Lecointre-Dupont d'un tiers de sol portant pour legende Curbnacum et les deux lettres C E paraît avoir levé tous les doutes. Les lettres C E désigneraient les *Cenomani* dont le pays, dans l'origine, aurait com-

<small>*Rev. Numism.*, 1840.</small>

Les Saxons formèrent des établissements dans le Corbonnois, et y laissèrent le nom de *Cour-de-Saxe* à un lieu qui passa à l'abbaye de Saint-Germain-des-Prés, et qui est dit situé dans le comté d'Hiesmois, vicairerie de Corbonnois. Louis de Montigny qui nous apprend ce fait, ajoute que l'on voyait encore de son temps des monnaies d'argent au coin de Charles-le-Chauve, où se lisait : *Curte Saxoniæ*. On ne connaît plus dans ce canton la Cour-de-Saxe. Peut-être était-elle dans un hameau de la paroisse de Tourouvre, où on a découvert depuis quelques années beaucoup de ruines anciennes et des médailles. Il se nomme Mézières et est situé proche les Croix-Chemins. On voit tout auprès, sur la rivière de Commanche, un moulin qui porte encore le nom de *Moulin de la ville* (1).

<small>Montigny, *Grandeurs de la France*, p. 62. d'après un titre de l'abbaye de S. Germain-des-Prés.</small>

Le Corbonnois, après avoir été longtemps une vicairerie du comté d'Hiesmois, devint lui-même un comté. Il portait ce titre avant l'an 853. Le Bellêmois, le canton de la Ferté-sur-Huîne plus connu sous le nom de la Ferté-Bernard, en faisaient partie ; et peut-être même la vicairerie de Sonnois, quoique ces deux derniers eûssent fait autrefois partie du territoire des Cénomans et des Diablintes, et fûssent de l'évêché du Mans. Ils étaient alors d'un

<small>*Dict. géogr. de* La Martinière.</small>

---

pris *Corbon*. Souvent sur les triens mérovingiens on lit l'initiale du nom du Pagus où ils ont été frappés.

M. Lecointre a publié une précieuse *Lettre sur l'histoire monétaire du comté du Perche,* à la suite de son *Histoire monétaire de Normandie.* Paris, 1846. (L. S.)

(1) *Curte Saxoniæ* est Courcessin dans la commune de Courcerault et n'a rien de commun avec Mézières. On a continué de découvrir à Mézières et dans plusieurs autres endroits de la commune de Tourouvre de nombreuses antiquités romaines et notamment d'énormes quantités de scories de forges. La fabrication du fer fut très-active dans cette partie du Perche sous la domination des Romains et probablement même avant eux. Les dernières médailles trouvées à Mézières sont de Licinius et de Constantin. Cette ville paraît avoir été détruite par le feu. Plusieurs voies romaines existent encore dans le voisinage.

<small>Vaugeois, *Mém. de la Soc. des ant. de Norm.*, 1re sér., t. V. - *Orne Archéol.*, p. 267.</small>

département différent du comté d'Hiesmois. Charles-le-Chauve y envoya pour commissaires, l'évêque Dudon, Hrobert et Osbert : *Dudo episcopus, Hrobertus et Osbertus missi in Cinnomonico atque Turonico, Corboniso et Sagiso.* La suite de ces comtes amovibles ou gouverneurs ne nous est pas connue. Lorsque Charles-le-Chauve disposa, en 861, du gouvernement appelé duché de France, en faveur de Robert-le-Fort, les comtés de Chartres et de Corbonnois en firent partie, et les ducs de France en nommèrent les comtes. Adrien de Valois cite une charte qui contient la preuve de ceci : *Miles Giruardus in Corbionensi territorio quemdam alodum emisse ab Anoberto dicitur, unde charta facta est a duce Hugone (magno) atque a comite præfati territorii Corbonensis corroborata.*

BALUZE, *Cap.*, t. II, cap. 69.

*Notit. Gall.*, p. 259.

Le duché de France étant devenu héréditaire et patrimonial aux descendants de Robert-le-Fort, le comté de Corbonnois devint également héréditaire et patrimonial dans la personne de celui qui se trouvait revêtu, sous ses ordres, du gouvernement de ce comté, soit par la concession du duc de France, soit par usurpation, comme le pratiquèrent plusieurs autres comtes et possesseurs de bénéfices militaires ; usurpation qui fut dans la suite confirmée par Hugues-Capet, duc de France, lorsqu'il fut monté sur le trône. Ce fut, peut-être, une des conditions, au moins tacite, de son élévation. Le Corbonnois, devenu ainsi héréditaire, ne releva plus que de la couronne de France.

Les fils ou petits-fils du premier comte héréditaire de Corbonnois partagèrent entr'eux ce comté. Un d'eux, nommé Rotrou, eut le Corbonnois proprement dit. Ce fut sans doute sous lui que Corbon fut détruit, et que le château de Mortagne devint la capitale du Corbonnois.

C'était dans cette ville que s'assemblaient les états du pays sous le nom de *Calendes*, qui dégénérèrent dans la

ORD. VITAL, lib. VIII.

suite en une confrérie singulière dont nous donnerons l'histoire à l'article de Mortagne dans notre Dictionnaire historique (1). Ce comte étant mort sans postérité, le Corbonnois devint le partage de Warin ou Guarin, fils aîné de Guillaume I du nom, seigneur de Bellême, et premier du surnom de *Talvas* : il fut la tige des Rotrou.

*Ban, Antiq. du Perche,* ms.

Le Bellêmois (*Bellismensis pagus*) (2) n'a jamais pu faire partie du peuple *Unelli* qui habitait le Cotentin ; mais il a pu l'être de celui des Diablintes. Le Vieux Bellême qui touche encore à la forêt de ce nom, paraît avoir été le premier défrichement de la forêt du Perche de ce côté-là, et le chef-lieu de tout ce qui en fut essarté jusqu'au temps d'Yves, surnommé *de Bellême*, qui bâtit un premier château sur une montagne qui touche à Bellême même, appelée Saint-Santin (3). Le Bellêmois fit partie du comté d'Hiesmois, et ensuite de celui de Corbonnois. Il ne forma jamais un comté particulier, même sous ses seigneurs, quoique Bry et ses copistes lui aient donné ce titre. Il a plu à nos rois de le qualifier de comté, depuis environ trente ans, dans quelques lettres-patentes, sans érection formelle. Il forme un des archidiaconés de Seès, divisé en deux doyennés.

R. Courtin, *Hist. du Perche,* ms.<br>Bry, p. 82.

Lib. II, p. 55.

(1) Ce *Dictionnaire historique* auquel O. Desnos se réfère plusieurs fois dans ses *Mémoires*, n'a pas été publié, non plus que la *Dissertation* qu'il annonçait sur la mouvance de Bellême. Il forme 9 gros volumes in-4° de notes et d'extraits de toute sorte. Très-peu d'articles sont terminés pour l'impression. (L. S.)

(2) Le *Pagus Bellismensis* n'a jamais existé dans l'acception véritable du mot, quoique mentionné dans quelques chartes. (L. S.)

(3) Ce château fut détruit de bonne heure. La chapelle subsiste seule, sous le vocable de Saint-Santin, dans une situation pittoresque. Elle renferme une crypte ou chapelle souterraine, la seule que nous connaissions dans tout le département de l'Orne. Cette crypte, placée sous le chœur et dont l'autel s'aperçoit de la porte d'entrée en même temps que celui de la chapelle, est à porte, voûtes, arcades et meurtrières romanes. Nous ne la croyons cependant pas contemporaine d'Yves de Creil (L. S.)

*Orne Archéol.,* p. 288.

Yves de Creil, maître des arbalêtriers de France, eut le Bellêmois en partage de la succession du comte de Corbonnois son père, le Sonnois et plusieurs autres terres. Il prit le nom de Bellême, qu'il laissa à sa postérité, qui posséda le Bellêmois jusqu'au traité de Gisors, en 1113. Louis-le-Gros abandonna alors Bellême et le Bellêmois à Henri I, roi d'Angleterre, duc de Normandie, qui venait d'en dépouiller Robert de Bellême, son prisonnier. Ce prince les donna à Rotrou, surnommé *le Grand,* son gendre, à la charge de relever de Normandie (1), et Rotrou prit alors le titre de comte du Perche.

<small>Ord. Vital, p. 481.</small>

Il paraît que ce seigneur et ses descendants possédèrent le Corbonnois et le Bellêmois, comme deux seigneuries distinctes. Le Corbonnois était alors composé de quatre châtellenies, savoir : Mortagne, Long-Pont, Mauves et Maison-Maugis : Le Bellêmois en renfermait le même nombre; Bellême, le Theil, la Perrière et Mont-Isambert. Elles subsistaient encore en 1193. On ajouta depuis aux châtellenies du Bellêmois celle de Céton, qui appartenait sans doute alors à des seigneurs particuliers. On a joint encore à Bellême le ressort de Nogent-le-Rotrou.

<small>Bry, p. 205.</small>

<small>Ban, *Antiq. du Perche*, ms.</small>

Ce ressort paraît renfermer la centenie appelée *Noviacensis,* nom qui approche beaucoup de celui de Nogent. Elle a fait partie du comté d'Hiesmois. Ce fut dans ce

<small>Chron. Fontenel. in *Spicilegio,* t. III, p. 204.</small>

---

(1) Je suis ici le torrent des historiens. On peut former de grandes difficultés sur la cession de cette mouvance qui fait le sujet d'une Dissertation que je publierai quelque jour. Voici comme le continuateur de la chronique de Sigebert s'exprime : *Henricus concessit eidem Rotroco Bellismum castrum, et ille fecit regi propter hoc hommagium.* Tous les écrivains ont mal à propos conclu que Rotrou fit cet hommage à Henri I, roi d'Angleterre, duc de Normandie; mais ils ont mal entendu ce passage et ceux de Guillaume de Jumièges et de la Chronique de Normandie. Le roi de France céda Bellême et le Bellêmois; mais il s'en réserva la mouvance. Ce fut à lui que Rotrou fit hommage, et Bellême n'a relevé en aucun temps de la Normandie.

canton de l'Hiesmois (*in pago Otmense in villam Novigentum* ou *Novientum*) que Charles-le-Chauve donna, l'an 849, au comte Odon, un de ses officiers, *mensos quinquaginta cum appendiciis, domibus, œdificiis*, etc. Je ne puis assurer si la centenie de Nogent fit ensuite partie du comté de Corbonnois; mais elle était de celui de Chartres, lorsque ce comté devint héréditaire. Les comtes de Chartres inféodèrent le ressort de Nogent, à la charge de relever du comté de Chartres, aux Rotrou, comtes de Mortagne. Rotrou II, que les historiens appellent Rotrou I, augmenta beaucoup Nogent, et lui laissa le surnom de Rotrou. Saint Louis donna le comté du Perche à un de ses fils : il ne paraît pas que le ressort de Nogent fît alors partie de ce comté, mais il fit partie de l'assiette de l'apanage de Charles I, comte de Valois, d'Alençon et du Perche. Après la mort de Louis, comte de Chartres, le roi Philippe de Valois le donna, en 1335, à son frère Charles II, duc d'Alençon et à ses descendants, qui en attachèrent la mouvance au château de Bellême. Les seigneurs de Nogent-le-Rotrou profitèrent des malheurs arrivés à la maison d'Alençon, pour se soustraire à cette mouvance : à la fin ils furent forcés de la reconnaître. Ce ressort est composé des châtellenies de Nogent, de Rivrai, de Mont-Landon, de La Ferrière, de Longvilliers et de Montigni, et fait partie du diocèse de Chartres.

<small>D. Martene, Amplissi. collect., t. I, col. 120.
Rec. des hist. de Fr., t. VIII,</small>

<small>Bry, p. 206.</small>

Le comté du Perche n'a pas toujours été composé du Corbonnois, du Bellêmois et de ce ressort sous les comtes et ducs d'Alençon. Dans les premiers temps, les princes apanagistes pouvaient distraire quelques terres de leur apanage pour en faire le partage de leurs puînés : ce qui arriva quelquefois au comté du Perche, comme je le ferai voir aux articles de Mortagne et de Bellême.

(1) Nous avons déjà dit que *Nugantus, Novientum, Novigentum*, n'était pas Nogent-le-Rotrou, mais plutôt Saint-Lomer-sur-Guerne. (L. S.)

# MÉMOIRES

## HISTORIQUES

## SUR LA VILLE D'ALENÇON

### ET

## SUR SES SEIGNEURS.

---

La ville d'Alençon a été désignée par les écrivains latins sous différentes dénominations dont voici les plus fréquentes : *Alercum, Alertium, Alencium, Alenecium, Alencio, Alencho, Alentio, Alention, Alenchon, Alenson, Alenzon, Alencheium, Alenciacum, Alencionum, Alenchiacum*. Son nom latin est présentement *Alenconium*. Il ne faut pas la confondre, comme a fait un écrivain moderne, avec un fief qui portait le même nom situé proche Trun (1).

La Roque, *Traité de l'arrière-ban*, p. 63.
La Roque, *Hist. de Harc.*, t. II, p. 1415, t. III, p. 7773, t. IV, p. 1824.
M. Houard, *Dict.*, au mot *Alençon*.

(1) On a parfois aussi confondu Alençon de Normandie avec Alençon en Dauphiné, Alençon ou Lançon de Provence, et d'autres localités comme N.-D. d'Alençon, près Brissac en Anjou, (où l'on fit, en 1836, la découverte de très-beaux vases en argent, composant la desserte d'un temple gallo-romain), qui ne doivent le nom ou plutôt le surnom d'Alençon qu'à des fondations ou au séjour de quelques-uns de nos anciens seigneurs. L'Alençon-Ruisse qu'Expilly place dans le Cotentin n'était plus une paroisse, même de son temps, mais un chef-lieu de bailliage particulier s'exerçant dans la ville de Valognes et dépendant du grand bailliage d'Alençon.

Parmi les étymologies plus ou moins bizarres du mot Alençon,

64 MÉMOIRES HISTORIQUES SUR ALENÇON

*Dict. géog. hist. et politiq. des Gaules et de la France, t. I.*

Cette ville est située au dix-septième degré (1), quarante-trois minutes, six secondes de longitude, et au quarante-huitième degré, vingt-cinq minutes, quarante-deux secondes de latitude. Elle tient le troisième rang parmi les villes de Normandie. Elle est située dans un climat fort tempéré, et l'air qu'on y respire est bon. On y remarque rarement de ces maladies contagieuses qui, sans distinction d'âge ni de sexe, entraînent au tombeau une multitude de personnes. Les eaux des fontaines et des puits sont chargées d'un sel séléniteux (2) qui les rendrait insalubres aux habitants pour boisson ordinaire, mais ils y substituent le vin, le cidre et le poiré, suivant leurs facultés.

Alençon est au milieu d'un vallon qui termine une vaste plaine fertile en toutes espèces de grains et de fruits ; à une égale distance des forêts d'Ecouves et de Perseigne,

*Essai d'un dict. d'étymol. gauloises, p. 4.*

nous n'en citerons que trois : l'une, dérivée de l'anglais, proposée à O. Desnos par l'abbé Lefèvre, curé de Grandchamp au Maine, *All*, tout — *land*, pays — *con*, forteresse, — tout pays forteresse ; la seconde, tirée du celte par M. Louis Du Bois, *Al*, ville — *en*, près — *con*, confluent ; la troisième, véritable tour de force où chaque lettre prend la place d'un mot, rêve de M. de Saint-Mars, *all*, *end*, *next*, *confluence*, *one*, Al-e-n-ç-on, tout proche un bout de confluent.

Dans le *Dictionnaire interprète manuel des noms latins de la Géographie ancienne et moderne*, 1777, in-8°, Alençon est appelé *Alentio fatorum* : aucun auteur ancien n'a donné cette appellation. (L. S.)

(1) Alençon, d'après l'*Annuaire du bureau des longitudes*, est à 48° 25', 40" de longitude, 2°, 14', 52" de latitude à l'ouest du méridien de Paris, et 136 mètres au-dessus du niveau de la mer.

La durée moyenne de la vie y est, comme dans le reste du département de l'Orne, très-supérieure à la moyenne générale de la France. (L. S.)

(2) Ces eaux renferment plus de chlorates de chaux et de magnésie que de sélénite ou sulfate de chaux. On y trouve aussi quelques sels barytiques. La composition n'en est pas identique dans les divers quartiers de la ville. (L. S.)

qui bornent la vue des deux côtés. Une montagne, la plus élevée de Normandie, connue sous le nom de *Butte de Chaumont* (1), la garantit des vents du couchant. La rivière de Sarthe, qui prend sa source au village de Somme-Sarthe sur les confins de la Normandie et du Perche, auprès de l'abbaye de la Trappe, sépare, dès sa source, le duché d'Alençon du comté du Perche; passe à Sainte-Scolasse, à Long-Pont, au Mêle; fait ensuite la séparation du duché d'Alençon et du comté du Maine; baigne les murailles de l'ancienne forteresse de Saint-Paul-le-Vicomte (2), d'où elle se rend à Alençon et de là à Saint-Céneri, où elle cesse de partager la Normandie d'avec le Maine, et continue son cours dans cette dernière province et dans l'Anjou, où elle se joint à la Mayenne et y perd son nom quoique aussi considérable. La Sarthe est célèbre par l'interruption subite arrivée plusieurs fois dans son cours. Celle qui arriva le 8 février de l'an 820 parut si merveilleuse à Théodulphe, évêque d'Orléans, qu'il n'a pas hésité à comparer cet évènement à l'interruption miraculeuse du cours du Jourdain (3). Mais les

(1) La hauteur de Chaumont n'est que de 386 mètres au-dessus du niveau de la mer, et 170 mètres au-dessus du Sarthon qui baigne sa base. Son isolement fait paraître cette butte plus élevée qu'elle ne l'est en réalité; plusieurs points de la forêt d'Ecouves, et notamment le carrefour à Madame et celui de l'Être-Normand, le sont un peu davantage. (L. S.)

(2) Il ne reste plus de cette forteresse qu'une maison fort simple et une grande enceinte de fossés : la dernière tour a été détruite il y a quelques années. (L. S.)

(3)  *Est fluvius, Sartam Galli dixere priores,*
 *Perticus hunc gignit, et Meduana bibit...*
 *Est propriis spoliatus aquis locus ille repertus,*
 *Qui rate seu remis pervius ante fuit...*
 *Sarta aliis vicibus hoc ipsum est passa duabus,*
 *Nec hoc, nec procul hoc, tempore sive loco.*

Pap. Massoni, *Descr. flum. Gall.*, 102.

Robert, abbé du Mont-Saint-Michel, nous apprend que la

*Append. ad Chron. Sigeb.*

interruptions du cours de la Sarthe s'expliquent très-naturellement sans avoir recours au miracle (1). Elle reçoit, à Alençon, la petite rivière de Briante, qui prend sa source dans la forêt d'Ecouves, au lieu nommé les Graviers, traverse la ville du couchant à l'orient, y forme l'île de Jaglolai (2), et enfin se décharge par plusieurs embouchures dans la Sarthe (3).

Sarthe se dessécha encore une fois, proche Fresnai, au mois de février 1468. Quelques écrivains ont dit que cette rivière se décharge dans le Loir; mais, après avoir reçu le Loir, la Sarthe conserve son nom jusqu'à une demi-lieue au-dessus d'Angers où elle se joint à la Mayenne.

(1) La Sarthe traverse des bancs considérables de roches calcaires dans lesquels doivent exister des souterrains ou cavernes immenses, analogues aux grottes des Erves (caves à Margot) creusées dans un calcaire-marbre semblable à celui des environs de Fresnai. Il peut arriver que les eaux de la rivière, à la longue ou même par suite de quelque commotion du sol, se fraient un passage dans quelques-unes de ces cavernes et s'y engouffrent en assez grande abondance pour que son lit soit momentanément desséché. (L. S.)

(2) L'île de Jaglolai, dont le nom est presqu'entièrement oublié, comprenait le terrain aujourd'hui occupé par la propriété de M<sup>me</sup> Masson et par les jardins voisins, entre les deux bras de la Briante (L. S.)

(3) La jonction de ces deux rivières amène quelquefois des débordements qui inondent plusieurs rues. Celui qui arriva le 11 février (1711?), occasionné par une fonte subite des neiges, est le plus considérable dont on ait mémoire. Un nommé Lafosse, chapelier, traça sur le mur de sa maison, rue de Sarthe, une ligne noire à la hauteur que les eaux avaient atteinte, avec cette inscription que j'y ai encore vue :

Sarthe par un débord insigne
Monta jusques à cette ligne.

Il en arriva un autre terrible le 13 juillet 1792. Les meules de foin arrivaient entières au Pont-Neuf, et l'eau débordée baignait les murs du cimetière (aujourd'hui place) Saint-Léonard. (O. D.)

*Journal de* Briène, mss. Lors de l'inondation de 1711, les eaux montèrent dans l'église Sainte-Claire jusque sur l'autel. Il fallut y entrer à cheval pour

Quoique Alençon soit d'une étendue médiocre, cette ville a toujours été assez peuplée. Lors du relevé de la population fait pour l'instruction de M. le duc de Bourgogne, on n'y comptait que quinze cents vingt-huit feux ; mais par celui que j'ai fait pour le *Dictionnaire des Gaules* de M. l'abbé Expilly, cette ville contenait alors quinze mille habitants. La population y a encore augmenté depuis ce temps ; mais il s'en faut beaucoup qu'elle soit aussi considérable qu'on la fait communément (1).

Si on voulait s'en rapporter à un écrivain moderne, qui prétend que la syllabe *çon,* qui termine plusieurs noms en France, signifie *forteresse*, un nommé *Alin* ou *Alain* aurait été le premier fondateur d'Alençon et y aurait fait construire une forteresse. Nous ne connaissons aucun seigneur d'Alençon de ce nom. Le père Bucherius, jésuite, croit que les Alains ont donné leur nom à cette ville, et que son territoire a fait partie du canton que ces barbares occupèrent sur les frontières du royaume des

*Journal de Trévoux ; Ancien diction. de la France.*

*Belg. Roman.*

---

retirer le saint ciboire et les ornements. Plusieurs maisons furent entraînées. Cette inondation dura huit jours entiers.

En 1716, un nouveau débordement, causé par la fonte des neiges, emporta un des ponts en pierre sur la Sarthe.

L'inondation des 5 et 6 juin 1856 est une des plus considérable qu'Alençon ait jamais essuyées. Les eaux remplissaient une partie de la rue de Sarthe et couvraient le pont du Gué-de-Gênes et le chemin de Courteille.

Les travaux faits depuis plusieurs années pour faciliter le cours des rivières, ont rendu les débordements plus rares et moins dangereux. (L. S.)

(1) La population d'Alençon, avec celle du faubourg Courteille, était plus considérable, suivant O. D., à la fin qu'au commencement du xviii siècle. Depuis, elle est restée à peu près stationnaire. Elle était de 13,456 âmes en 1807, de 13,955 en 1801, de 14,074 en 1830, de 14,388 en 1850. Elle est, d'après le recensement de 1856, de 14,684, population normale et inscrite nominativement ; de 16,473, avec la population flottante du Lycée, de la garnison, des hospices, prisons, etc. (L. S.)

Armoriques et qui est appelé par quelques écrivains *Alamania*. Il n'est pas impossible que quelques colonies de ce peuple, qui pénétrèrent certainement dans ce pays, aient élévé quelque forteresse dans l'emplacement d'Alençon, pour arrêter les rois des Bretons-Armoriques qui leur faisaient la guerre, et même qu'ils en aient formé le principal lieu de leur établissement dans l'Armorique.

<small>Gallet, *Mém. sur l'origine des Bret. Armor.* à la suite de l'*Hist. de Bret.*, par D. Morice, t. I, col. 672 et 702.</small>

Il me semble qu'on doit faire remonter l'origine d'Alençon à des temps beaucoup plus reculés. Sous le règne de Tarquin l'ancien, Ambigat, roi des Celtes, étant déjà fort vieux, et trouvant la population trop nombreuse, forma la résolution de faire passer des colonies dans d'autres pays. Le siège de ses états était à Bourges. Il y déclara qu'il avait dessein d'envoyer Bellovèse et Sigovèse, fils de sa sœur, dans les pays que les dieux leur désigneraient avec une quantité de peuple des différentes parties de la Gaule. Le sort donna la forêt Hercynie à Sigovèse et l'Italie à Bellovèse. Celui-ci prit avec lui les Bituriges, les Arvernes, les Eduens, les Ambarres, les Carnutes et les Aulerces. Il arriva à la vue des Alpes qui lui parurent insurmontables, et que personne n'avait encore traversées. Il apprit alors que les Marseillais, cherchant également un lieu pour y fixer leur demeure, étaient attaqués par les Saliens. Les Gaulois les secondèrent et parvinrent ensuite à traverser les Alpes par le détroit des Tauriniens (1), l'an 162 ou 163 de Rome (2). Après avoir mis en fuite les Toscans près du Tésin, ils y bâtirent une ville à laquelle ils donnèrent le nom de *Mediolanum* que portait la ville principale d'un des trois principaux cantons que les Aulerces avaient habités dans les Gaules. Elle se nomme aujourd'hui Milan. Une autre colonie des Aulerces, qui habitaient le canton du Maine, et qui, par cette raison, étaient dési-

<small>Tit.-Liv., lib. V, 54.</small>

<small>D. Bouquet, *Rec. des histor. de France*, t. I, (*Præf.*), p. 72 et suiv.</small>

---

(1) La gorge de Turin. (L. S.)
(2) Un peu plus tard, suivant les meilleurs historiens (L. S.)

gnés sous le nom de *Cénomans,* suivant les traces de leurs compatriotes, sous la conduite d'Elitovius, passa les Alpes par le même détroit, à la faveur de Bellovèse, et s'arrêta dans l'endroit où sont maintenant Bresse et Vérone (1).

Publius Crassus, un des lieutenants de César, soumit avec une seule légion, l'an 696 de Rome, les Aulerces, les Essuins et plusieurs autres peuples de la Gaule Armorique. César nous apprend que les Aulerces formaient un des plus puissants peuples des Gaules; que la cité entière était composée de trois portions du même peuple (2); et que chaque canton avait son surnom particulier, son chef-lieu, son sénat, ses magistrats. Les Aulerces-Cénomans avaient pour capitale *Vindinum, Suindinum,* aujourd'hui Le Mans (3). Les Aulerces-Diablintes avaient

<small>C. J. Cæsar, Comment., lib. II, cap. 54. Ibid., lib. VII, cap. 75.</small>

<small>Ptolem., lib. II, de Gallia.</small>

---

(1) Ce furent ces Gaulois qui, dans la suite des temps, défirent les Romains proche du fleuve *Allia,* d'où ils marchèrent droit à Rome, la prirent et la pillèrent, et ne s'éloignèrent du Capitole qu'en conséquence d'un traité honorable, selon Polybe dont l'autorité doit l'emporter sur celle de Tite-Live. Les Cénomans, transplantés en Italie, y conservèrent long-temps leur nom, et formèrent un état puissant que nous voyons tantôt ami et tantôt ennemi des Romains. <small>Ibid., lib. VII, cap. 75.</small>

(2) Adrien de Valois a cru que ces peuples n'avaient rien de commun que le prénom *Aulerci.* Si on faisait voisins tous les peuples qui s'appellent *Aulerci,* il faudrait rendre (dit-il) limitrophes des peuples très-éloignés les uns des autres. Je conviens que le peuple que César appelle *Aulerci Brannovices* (1) était trop éloigné de ceux dont il sagit ici pour faire partie d'une même cité, mais il en pouvait bien être une colonie séparée depuis des temps très-reculés, comme il est certain que les Cénomans d'Italie étaient une colonie des Aulerces-Cénomans des Gaules. <small>Notit. Gall.</small>

(3) Les historiens du Maine sont loin d'être d'accord sur l'emplacement de la capitale primitive. La plupart même pensent que le siège de la première capitale des Cénomans aurait été à Allonnes, <small>Renouard, Essais sur le Maine, t. I, 45.</small>

---

(1) Les *Brannovices* ou *Blannovices* étaient les habitans du Brionnais, petite contrée de Bourgogne, et les cliens des Éduens. (L. S.) <small>Walckenaer, t. I, p. 354.</small>

pour chef-lieu *Nœodunum,* qui est, selon les uns, *Nœun,* paroisse dans le voisinage de Mayenne ; suivant d'autres, à la tête desquels il faut mettre le savant abbé Le Bœuf et le célèbre Danville, Jublains, où on a découvert beaucoup d'antiquités romaines ; ou enfin, suivant M. de la Fosse, Mayenne même (1). Les Aulerces-Eburons reconnaissaient pour capitale *Mediolanum,* qui, à l'exemple de beaucoup d'autres villes des Gaules, a pris le nom de son peuple, et se nomme aujourd'hui Evreux (2). Il devait nécessairement se trouver dans le voisinage des Aulerces, comme dans celui des autres peuples puissants, des peuples faibles qui avaient été obligés de se mettre sous leur protection pour conserver leur indépendance.

à 4 kilomètres du Mans, où l'on découvre de nombreuses ruines romaines, et que la ville actuelle du Mans ne daterait que de la fin du II<sup>e</sup> ou du commencement du III<sup>e</sup> siècle. (L. S.)

(1) Je ne désespère pas de voir éclore une quatrième position de *Nœodunum,* chef-lieu des Diablintes. On ne manquera pas de le placer à Alençon ou aux environs. On le prouvera par la carte de Peutinger et par une route romaine qui, partant de Vieux, se rendait par l'Hiesmois à *Aragenus* ou *Arœgenuœ* qu'on placera à Argentan. Là on partagera la route si on ne le fait pas plus tôt : une de ses branches s'étendra vers le camp ou station militaire de Bières et vers Exmes, etc. ; l'autre ira gagner l'un des prétendus camps du Camp-l'Evêque, dans les bruyères de Fleuré, ou de Blanche-Lande ; de là *Nœodunum,* qui sera Alençon ou quelque lieu voisin ; puis Le Mans, *Subdunum* ou *Subdinum.*

Quoique cette opinion me paraisse la plus vraisemblable, elle a encore un grand défaut : c'est de faire faire aux troupes romaines, dont la marche était souvent accélérée, un angle qui allonge la route d'*Alaunes,* en quelqu'endroit qu'on le place, à *Suindinum,* de plus d'un tiers. L'abbé Saas, chanoine, membre de l'Académie de Rouen, a donné à cette académie un Mémoire sur les voies romaines en Normandie. Il est conservé dans ses registres. (O. D.)

Nous avons cherché à rétablir la vérité sur ces points, p. 7. (L. S.)

(2) C'est au vieil Évreux, à 9 kilomètres d'Évreux, qu'a dû exister la capitale primitive des *Eburovices* ou *Eburones.* On y a découvert d'importantes antiquités romaines. (L. S.)

Toutes les cités ou peuples puissants de la Gaule avaient un lieu destiné à tenir les assemblées générales qui fut toujours regardé comme le chef-lieu de la cité entière. C'était là où se réunissaient les magistrats des différents cantons qui la composaient, lorsqu'il s'agissait de délibérer sur quelque affaire qui intéressait le peuple entier. Il arrivait quelquefois qu'une portion de ce peuple, qui habitait un des cantons de la cité, n'adoptait pas la même façon de penser que le reste de la cité et se faisait des intérêts particuliers, ce dont César nous fournit des exemples. Alors cette portion de peuple tenait ses assemblées dans le lieu qui en était regardé comme le chef; mais dans toutes les autres occasions, les délibérations se rendaient dans le chef-lieu de la cité entière (1). Il était placé ordinairement entre un bois et une rivière, et quelquefois à une des extrémités de l'un des cantons qu'habitaient les différentes branches du peuple. On prétend que ces chefs-lieux ou villes principales, si l'on veut donner ce nom à un amas de cabanes, portaient originairement un nom celtique, qui désignait leur position ou la nature du terrain. Par la suite des temps, ceux qui échappèrent à la punition des Romains, perdirent ce nom pour adopter celui du peuple dont ils étaient les chefs-lieux.

Tit.-Liv., lib. V, cap. 34. Cæsar, Comment., lib. II, cap. 34, lib. III, cap. 29, p. 232, lib. VII, cap. 4, lib. VIII, c. 7. Tit.-Liv., ibid., cap. 55. Cæs., lib. II, cap. 34, lib. III, cap. 9 et 17, lib. VII, cap. 75.

Les malheurs survenus à la cité des Aulerces nous ont privés du nom primitif du chef-lieu, mais il n'en est pas moins certain qu'il a existé; que les magistrats des différentes branches s'y rassemblaient pour délibérer de la paix, de la guerre et des autres affaires qui intéressaient la cité en général, et les peuples moins puissants qui

(1) Tite-Live et César ont grand soin de marquer les évènements où la nation entière des Aulerces eut part en se servant de l'expression générique *Aulerci*; mais quand il s'agit d'un fait où un seul canton ou branche du peuple a eu part, ces historiens le désignent par son surnom particulier de *Cenomani, Diablintes, Eburovices*. Voyez ma *Dissertation sur les Aulerces*.

étaient sous sa protection qu'on appelait *clients*. Ce chef-lieu dut être détruit par César pour punir la nation entière des Aulerces de ses révoltes, comme il arriva à quelques chefs-lieux d'autres peuples. La nation entière n'eut plus dans la suite d'intérêt de le rétablir. Ce conquérant et ses successeurs ayant changé la forme du gouvernement des Gaules, chaque portion de ce puissant peuple n'eut plus que des intérêts particuliers, et conserva ou rétablit son chef-lieu dans la position où il avait été de tout temps, ou dans le voisinage. Le Mans et Evreux en sont la preuve. On ne peut donc reconnaître l'ancien chef-lieu de la nation des Aulerces qu'à quelques indices qu'une longue suite de siècles nous a conservés. Les anciens chefs-lieux se reconnaissent ordinairement, soit parce qu'une ville a conservé le nom de *cité* ou bien renferme quelque partie appelée encore aujourd'hui *cité*, soit par le titre d'Evêché, parce que les évêchés furent établis dans les capitales du pays où les premiers apôtres des Gaules annoncèrent l'Evangile, ou enfin par la conformité de nom avec celui du peuple qu'il était censé renfermer.

Alençon, il est vrai, ne porte point le titre de cité, ne renferme dans ses murailles aucune partie appelée cité, et n'a point été honoré d'un siége épiscopal ; mais le nom qu'il porte dans les plus anciens titres parvenus jusqu'à nous, a tant de rapport avec celui des Aulerces, qu'on ne peut guère se refuser à le croire le chef-lieu de ce peuple. Roger, sire de Montgommery, et Mabile de Bellême son épouse, ayant fondé l'abbaye de Saint-Martin de Seès, y donnèrent quatre muids de froment à prendre sur leurs moulins d'Alençon, (*in molendinis de Alercio.*) Le même seigneur, par une charte postérieure, y donna le prieuré de Saint-Paul-sur-Sarthe, avec les terres, le moulin et le bois qui était situé entre le gué de la rivière et le chemin d'Alençon, *inter vadum et viam Alerci.* Il y donna de plus un bourgeois avec sa demeure à Alençon, (*unum burgen-*

*Gall. Christ., t. IX (Instr.), col. 151, 163.*

*Cartul. S. Mart. Sag. fol. 15.*

*sem in Alerco cum domo sua.*) Le mari et la femme confirmèrent à la même abbaye un terrain qu'Yves de Bellême, évêque de Seès, oncle de Mabile, avait donné; lequel était situé entre la porte du château de Seès, le gué de Crémare et le chemin d'Alençon, (*Inter portam Sagii Castelli, et vadum Cremarii, inter viam Alerci, et ipsum rivum.*) Ils donnèrent aussi le prieuré de Saint-Nicolas de la Roche-Mabile dans le territoire d'Alençon, (*in territorio Alerci.*) Robert, prêtre (curé) d'Alençon (*presbyter de Alercio*), y donna aussi quelques terres. Guarin de la Mare y donna la terre qu'il possédait devant la porte d'Alençon nommée Lencrel, (*ante portam Alerci, quæ dicitur* de Lencrel.) Guillaume et Hubert de Ravigni donnèrent, en 1095, à la même abbaye, la chapelle de Saint-Eutice, aujourd'hui le prieuré de Saint-Ysige, situé à l'extrémité du faubourg de Lencrel, et trois ans après lui vendirent un terrain à Alençon, (*apud Alercum.*) Guillaume III, comte d'Alençon, petit-fils de Roger de Montgommery, confirma aux mêmes religieux une charrue de terre dans le lieu appelé Hambon proche Alençon, (*juxta Alertium*), le bois de Mesnil-Gaud avec les vassaux, les prairies situées entre Vandes et le chemin d'Alençon, (*inter Vandam et viam Alertii*) (1). Dans toutes ces dénominations, il ne se trouve, pour ainsi dire, que l'*u* supprimé du mot *Aulerci*. Combien pourrait-on citer de noms actuels qui conservent moins de ressemblance avec ceux dont il est incontestable qu'ils dérivent?

(1) J'aurais pu joindre, aux citations que je viens de donner, les extraits de plusieurs autres chartes : je me bornerai à une seule. *Girardus humilis Sagiensis presbyter Ecclesiæ* termina un différend qui était entre l'abbaye de Saint-Martin de Seès et celle de Lonlai, au sujet de la chapelle de Saint-Eutice d'Alençon, et de quelques autres. L'Eglise de Gul demeura à l'abbaye de Lonlai, se désista des droits qu'il réclamait sur celle de Saint-Denis-sur-Sarthon, sur Saint-Martin du Bourg-l'Abbé, sur Saint-Gilles, de l'autre côté de la Sarthe, et sur Saint-Eutice *in Alercio*.

*Cartul. S. Mart. Sag.*

Joignez-y la position d'Alençon sur les bords d'une rivière, dans le voisinage de vastes forêts, une partie encore actuellement sur le territoire des anciens Aulerces-Cénomans, et adjacente à celui des Diablintes, puisque la paroisse Saint-Pierre d'Alençon (Montsort), située sur le territoire des Cénomans, est aujourd'hui du diocèse du Mans; que tout le doyenné de la Roche-Mabile et celui du Passais-Normand faisaient partie du territoire des Diablintes qui, dès l'établissement du christianisme dans cette partie des Gaules, a fait partie du diocèse du Mans. Tout le monde convient que l'on reconnaît aujourd'hui toute l'étendue du territoire de ces anciens peuples aux limites des diocèses; à moins que les punitions que les Romains firent subir à quelques-uns de ces peuples, ou des révolutions occasionnées par les irruptions des barbares, n'y aient apporté des changements. Les mouvances et la juridiction de Mayenne, qui était la principale ville des Diablintes, ou du moins qui s'est formée ou augmentée aux dépens de leur capitale, qui était dans le voisinage, s'étendent encore présentement jusqu'aux portes d'Alençon. On ne peut donc pas douter que la ville, ou du moins une portion de la ville, que nous croyons avoir été le chef-lieu de la nation entière des Aulerces, ne fût située sur le territoire de l'une des branches de ce peuple, et peut-être sur les limites des Cénomans et des Diablintes. Nous n'avons pas d'égales présomptions qu'Alençon touchât à la branche des Aulerces-Eburons. Il paraît, par la situation actuelle des lieux, que les *Essui,* ou ceux d'Essai, peuple faible, et sans doute avant César sous la protection des Aulerces, étaient intermédiaires. Les Eburons touchaient aux Cénomans, du moins par une portion d'un terrain qui était alors une vaste forêt, *Saltus Perticus,* et qui forme aujourd'hui la petite province du Perche; et le lieu de Feings, Fins, en latin *Fines,* et les paroisses voisines faisaient dès lors la séparation des Cénomans d'avec les

Eburons et les Carnutes qui sont ceux de Chartres, et peut-être les *Essui*, comme Feings, dernière paroisse du diocèse de Seès, fait, encore aujourd'hui, la séparation du diocèse de Chartres et de celui de Seès.

Les différentes révoltes de la cité entière des Aulerces, depuis qu'elle avait été soumise par Crassus à l'empire Romain, et celles des divers peuples (1) qui la composaient, déterminèrent César à détruire leur chef-lieu et peut-être à réduire ses habitants en servitude ou à les transporter ailleurs, afin de les punir et de contenir, à l'avenir, par cet exemple de sévérité, les autres peuples dans la soumission. Aussi grand politique que guerrier, il dut augmenter, à leurs dépens, les peuples faibles de leur voisinage, surtout ceux qui, une fois soumis, étaient demeurés fidèles aux Romains et avaient refusé de se prêter aux révoltes des peuples sous la protection desquels ils avaient été long-temps. Les Essuins avaient été dans ce cas ; ils méritèrent l'éloge de César par leur fidélité et la tranquillité dont jouissait leur petit canton. Il dûrent donc s'accroître

Cæs., *ibid.*, lib. V, cap. 24.

---

(1) Les Diablintes s'étaient déclarés pour les Vénètes. Ils subirent vraisemblablement la même punition, c'est-à-dire que leur sénat fut égorgé, et la plus grande partie du peuple réduit à la servitude ; ce qui fait que César n'en parle plus. Les Eburons tuèrent leurs magistrats qui s'opposaient à leur révolte et se joignirent à Viridovix, chef des Unelles qui habitaient le diocèse de Coutances, pour attaquer Q. Titurius Sabinus, à qui César avait confié trois légions pour contenir les Unelles, les Curiosolites et les Lexoviens. Les Aulerces eurent part au projet que les peuples Armoriques formèrent d'enlever L. Roscius qui commandait, pendant l'hiver, la treizième légion chez les Essuins. Ils eurent encore part à la révolte de Vercingetorix. Les Aulerces-Eburons fournirent trois mille hommes pour le siége d'Alise, et les Cénomans cinq mille. Les Aulerces firent encore un dernier effort, l'an 702, pour recouvrer leur liberté. C'était un Aulerce, nommé Camulogène, respectable tant par son grand âge que par son expérience dans l'art militaire, qui fut choisi pour chef de l'armée des Parisiens révoltés.

Cæs., *ibid.*, lib. III, cap. 9, 11, 17.

Lib. V, c. 55.

Lib. VII, cap. 74.

Lib. VII, cap. 57.

des malheurs des Aulerces. Vraisemblablement l'emplacement où avait existé leur chef-lieu, du moins dans la majeure partie, fut ajouté à leur territoire auquel on assigna pour bornes, de ce côté-là, la rivière de Sarthe. Il est encore tout naturel de croire qu'il fut augmenté, d'un autre côté, aux dépens des Eburons et des Lexoviens, et la ville d'Essai, leur chef-lieu, dut jouir alors de quelque considération. Ce fut ainsi que les Arviens, autre peuple aussi faible et client des Aulerces, commencèrent à devenir considérables par l'affaiblissement des Cénomans et des Diablintes. Il ne fut du moins connu que depuis ce temps-là. De nos jours, M. Danville l'a retrouvé dans un de nos cantons du Maine, arrosé par la petite rivière d'Arve, avec sa capitale, *Vagoritum,* dont une partie est encore appelée *cité* (1).

<small>PTOLEM., lib. II, p. 73.</small>

<small>Hist. de l'Acad. des Inscr., éd. in-12, t. XIII, p. 187.</small>

<small>Not. de l'anc. Gaule.</small>

Les Essuins et leur ville capitale ne conservèrent pas longtemps l'éclat dont César les avait fait jouir; ils éprouvèrent à leur tour le sort des Aulerces et de leurs autres voisins. Les Saxons firent différentes incursions sur les côtes de l'Armorique. Dès l'an 286, Carausius reçut ordre de réprimer leurs courses. Ils parvinrent à y former, vers l'an 368, des établissements fixes, et cette côte de l'océan en prit le nom de *rivage saxon.* On croit qu'ils détruisirent la ville de Vieux, capitale du peuple connu sous le nom de *Viducasses.* On y a découvert, au commencement de ce siècle, plusieurs monuments romains, et il en partait différentes voies romaines, dont une conduisait vers Exmes. Moisant de Brieux croit que ces mêmes

<small>EUTROP., lib. IX, p. 572.</small>

<small>Hist. de l'Acad. des Inscr., t. XV, p. 714, éd. in-12.</small>

---

(1) Nous trouvons le mot *cité* encore employé dans le sens de *civitas,* pays, contrée, à Saint-Léonard des Bois (Sarthe) :

> Si Narbonne était sur Haut-Fourchet,
> On verrait toute la *cité*.

dit un proverbe populaire en parlant des deux principales collines de ce site d'un aspect si sauvage et si pittoresque. (L. S.)

Saxons jetèrent les fondements de la ville de Caen. Ils laissèrent leur nom à deux petits cantons du Bessin, où ils s'établirent, l'un et l'autre connus par les Capitulaires de Charles-le-Chauve sous les noms d'*Ot lingua Saxonica* et d'*Ot Harduini* (1). Ils pénétrèrent plus avant dans les terres, entrèrent sur le territoire des Essuins, le ravagèrent, laissèrent le nom d'*Oth* à une paroisse, qui porte aujourd'hui le nom de Saint-Martin-d'O, chef-lieu d'un marquisat à deux lieues de Seès ; bâtirent dans le pays des Essuins une nouvelle ville, qu'ils appelèrent du nom de leur patrie *Saxia* (2), et qui, n'étant éloignée que de

<small>Order Vital, *Hist. eccl.*, lib. III.</small>

(1) Nos meilleurs écrivains, tels que M. Huet, évêque d'Avranches, les abbés Le Bœuf, Belley et Béziers, ne sont pas d'accord sur les cantons du Bessin qui furent appelés *Ot en langue saxone*, et *Ot appartenant à Hardouin*. Je discute les différentes opinions de ces savants dans une dissertation particulière ; je remarquerai seulement ici que, selon M. Huet, des mots *Au, Ave, Avre, Ou*, d'où se sont formés les noms *Eu* et *O*, signifient *prairie, Auge*, etc. Il ajoute que le mot saxon *Ot* signifie *possession ;* mais le copiste a bien pu écrire *Ot* pour *Au, Auve*, comme a fait Orderic Vital en parlant d'O qu'il appelle *Aut* (1). Mais il ne veut pas se prêter à croire que le copiste n'a pas ajouté une lettre et si on pense, avec l'évêque d'Avranches que *Aut* signifie *possession*, en ce cas *Aut Harduini* ne signifierait autre chose que *Aut* ou *possession de Hardouin*, un des *missi* du capitulaire ; mais j'aime mieux croire qu'il faut faire trois mots de *ot lingua saxonia* ou *saxonica*, c'est-à-dire *part de prairie* ou *part d'auge et prairie de Hardouin*.

<small>*Origines de Caen*, p. 295. D. Lenox, *Var, Hist.*, t. II, p. 288.</small>

Aldric, évêque du Mans, possédait dans ce canton une métairie *mansio villam, in aut linguâ saxoniæ.*

<small>*Gesta*, Aldrici, p. 58.</small>

Charles-le-Chauve donna, en 843, à son fidèle Atton le village de Hidra *in pagello qui dicitur Ot lingua saxonia in comitatu Bajocacensi*. (O. D.)

<small>*Hist. de Fr.*, VIII, 446.</small>

(2) Les Romains n'aimaient pas les noms que les Barbares imposaient ; ils les trouvaient trop durs, en sorte qu'ils les adoucissaient. Ils firent de *Saxia* ou *civitas Saxorum, Sagium, civitas Sagii*, ou, selon Adrien de Valois et M. Danville, *Saii, Saiorum*, contraction de *Saxii, Saxones*, dont on a fait, en français, la ville de Seès, les *Sayens*, les *Sagiens ;* de la même façon que les

(1) *Oth* dans l'édition Le Prévost. (L. S.)

<small>t. II, p. 52.</small>

deux petites lieues de l'ancien chef-lieu des *Essui*, fit, pour ainsi dire, disparaître cette ancienne ville. Ils traversèrent l'emplacement où avait existé le chef-lieu des Aulerces, s'étendirent dans le pays des Cénomans et y formèrent des établissements dans le canton où est *Saône* qu'ils bâtirent, et qui a donné son nom au Sonnois qui contient, depuis Alençon jusqu'au Bellêmois, environ soixante-dix paroisses (1).

La nouvelle Saxe se trouvait la ville la plus considérable du pays et en était devenue comme la cité, lorsque le christianisme y fut annoncé. Suivant l'usage constamment suivi dans ses temps-là, on la choisit pour y fixer le siége épiscopal, et plusieurs de ses plus anciens évêques paraissent avoir été tirés de la nation Saxonne ; témoins les noms de Sigisbold, d'Hildebrand, de Saxobod. Cet évêché n'occupait peut-être pas encore toute l'étendue que nous lui

ADR. DE VALOIS, *Not. Gall.*

anciens écrivains français ont fait des *Saxones Bajocassini*, les *Sesnes* de Bayeux. Quoique le nom de la ville de Seès fût adouci par les Romains dès le temps où fut dressée la *Notice des provinces de l'empire*, sous l'empereur Honorius, plusieurs évêques signèrent, tantôt *episcopus Saxiæ*, tantôt *episcopus Saxorum*, quelquefois *præsul Saxensis* ou *Saxorum*... On connaît également des titres où la ville de Seès se trouve encore appelée, dans les XIe et XIIe siècles, *Saxia* ; ce qui a donné lieu de conjecturer à plusieurs écrivains célèbres que la race Capétienne sortait du pays de Seès, ou du moins de quelque chef de ces Saxons qui, longtemps auparavant, s'étaient établis dans le Bessin, dans le diocèse de Seès et dans le Maine.

*Rec. des Hist. de France*, t. I, p. 122.

*Ibid.*, t. X (Pref.), p. 45.

(1) Le bréviaire de Seès confond cette irruption des Saxons avec une autre qui arriva beaucoup plus tard. Voici ses termes : *Landricus Sigisboldi in Sagiensi cathedra successor, sedit tempore Saxonum qui post mortem Ægidii comitis, ab Andegavis ubi primum appulerant, hoc Gallias affligente, in has regiones progressi, partim Bajocassinis admixti, partim Sagiis et Cenomanis contributi,* OT LINGUAM SAXONICAM *inter pagos Oximensem et Corilensem de suo nomine appellaverunt.* Landri mourut environ l'an 480, (dit le même bréviaire) et environ vingt-deux ans avant l'arrivée des Français dans ce pays.

*Breviar Sag.* P. æst., p. 482.

connaissons : ses premiers pasteurs semèrent la parole de Dieu de proche en proche, lorsque les Saxons et les Alains, dont ils eurent beaucoup à souffrir, le permirent, et augmentèrent ainsi le ressort de leur juridiction. Alençon étant fort voisin de Seès, dut être une des premières villes du pays qui connurent la vérité. La partie de cette ville, située en deçà de la Sarthe, a toujours continué depuis d'être le chef-lieu d'un doyenné du diocèse de Seès, qui porte son nom, et est un de ceux qui composent le grand archidiaconé de Seès.

Cet établissement des Saxons avait dû se faire du consentement des Romains qui s'étaient trouvés trop faibles pour s'y opposer ; mais ils avaient établi un duc pour commander aux naturels du pays, aux Romains et même aux Saxons dans toutes les Armoriques (1) : la seconde Lyonnaise, où se trouvaient la ville des Saxons et l'emplacement d'Alençon, y était comprise. *Not. des dig. de l'Emp.* dans le *Rec. des hist. de France*, t. II, p. 125.

Les établissements des Saxons ne subsistèrent pas longtemps dans leur splendeur. L'empire romain était en proie aux débordements d'autres hordes de barbares. Les Huns, les Alains (2) et les autres peuples venus du nord, dévastèrent tour à tour cette partie des Armoriques ; tandis que les Bretons, qui avaient suivi le tyran Maxime, donnaient naissance au royaume de l'Armorique, aujourd'hui la Bretagne. Les Alains, maîtres de Seès, du pays d'Alençon, y fondèrent un petit état, qui fut appelé à cause d'eux *Alamania,* demeure des Alains. Quelques écrivains ont avancé, comme nous l'avons déjà rapporté, qu'ils fortifièrent Alençon, et que c'était leur principal établissement M. GALLET, *Mem. sur l'origine des Bret. Armor.*

(1) *In tractu Armoricano et Nervicano.*
(2) *Sigisboldus episcopatum in civitate Sagiensi tenuit, diffusis per circuitum, jam ante mortem Sancti Latuini cui successit, Hunis et Alanis barbaris, qui partim simulatæ pacis arte tenebant, partim vi expugnabant, totoque fere sacerdotii sui tempore, versatus est inter illos metus.* Brev. Sag., p. æst. 8 Julii, p. 476.

dans ce canton. Il est du moins certain, par les monuments historiques, que le territoire d'Alençon servait de bornes entre eux et le royaume Armorique, dont les princes avaient conquis le Maine jusqu'à la rivière de Sarthe. Sous le roi Audren, ce royaume s'étendait jusqu'au lieu appelé Guzzen, que le P. Bucherius prend pour Alençon et qui me paraît mieux convenir à Gorron. Les bornes de ce pays ravagé et dévasté, tantôt par les Saxons, tantôt par les Alains et tantôt par d'autres barbares, devaient souvent changer de face et de maîtres. Ce fut sans doute ce qui décida les cités Armoriques à se réunir pour leur propre sûreté ; elles formèrent une confédération ou espèce de république indépendante des Romains, qui ne pouvaient plus les défendre. Budic commandait cependant encore pour les Romains, l'an 490, dans cette partie qu'avaient habitée les Alains, depuis les environs d'Alençon, jusque sur les bords de la Loire ; il retournait de ce pays, lorsqu'il défit l'usurpateur de l'Armorique, et remonta sur le trône de son père.

<small>Zozime, lib. VI, dans le *Rec. des hist. de France*, t. I. p. 587.
L'ab. Dubos, *Hist. crit. de l'établis. de la Monarch. Fr.*, t. II, p. 295.
Gallet, *ibid.*</small>

Les choses étaient en cet état, lorsque les Français, commandés par plusieurs rois du même sang que Clovis, firent la guerre aux Armoriques. Ce prince, qui paraît avoir toujours eu quelque supériorité sur les autres rois Francs, y trouva plus de résistance qu'il n'avait compté. Aussi grand politique qu'excellent guerrier, il prit le parti de la négociation et conclut un traité d'alliance avec les Armoriques, en conséquence duquel les Français demeurèrent, l'an 497, paisibles possesseurs du territoire d'Alençon ; mais il fut divisé : Clovis eut la partie située en deçà de la Sarthe, et Rignomir, roi du Maine, eut la partie située sur l'autre rive, en sorte que la Sarthe partagea à Alençon les deux royaumes. Clovis, pressé par l'ardeur de régner seul, tua de sa propre main plusieurs des rois Francs ses parents et fit tuer les autres. Le malheureux Rignomir subit ce sort, l'an 509. Les enfants de Clovis divisèrent ses

<small>Procope dans le *Rec. des hist. de France*, t. II, p. 51.</small>

vastes états et formèrent différents royaumes (1). Il nous serait d'autant plus difficile de donner la suite des rois, dans le partage desquels entra le territoire d'Alençon, que souvent leurs états étaient absolument mêlés, et que plusieurs rois de différentes portions du royaume possédaient différentes portions d'une même ville.

Ces différents princes firent de grands changements dans la forme du gouvernement ; chacun d'eux divisa ses états par comtés, les comtés en vicaireries, les vicaireries en centenies, etc. On vit alors se former dans ce pays, tant de fois dévasté depuis la première conquête des Romains, un vaste comté qui prit le nom d'Hiesmois, de la ville d'Hiesmes (Exmes) qui était devenue la plus considérable du pays. César, ni aucun ancien écrivain n'en avait parlé (2). Ce comté comprenait le canton ou pays d'Exmes, proprement dit *Oximisus,* celui de Seès, *Sagisus,* les environs d'Alençon, le Corbonnois, le Bellêmois, un autre canton appelé, dans la vie de Saint-Latuin et dans un diplôme de Charles-le-Chauve, *Epicensis* (3), et quelques

STEPHAN. BA-LUZ., *Capitular.*

*Brev. Sag.,* pars hiem., p. 498.

---

(1) Childebert eut le royaume de Paris qui comprenait la Normandie; Clodomir, roi d'Orléans, la Beauce, la Touraine, l'Anjou et le Maine. La Sarthe devait faire la séparation des deux royaumes. Alençon se trouva donc encore une fois soumis à deux rois différents. (L. S.)

(2) Orderic Vital a avancé que César avait détruit Exmes, mais il ne cite aucun garant. M. l'abbé Belley attribue sa ruine aux Saxons, sans en apporter de meilleures preuves.

ORD. VITAL, *Hist. eccles.,* lib. VI.

(3) Ce prince y confirme, l'an 860 ou 861, les biens du monastère de Curbion dans le Perche : *Item in pago Oximense et Epicense et Corbonisse villa Nugantus et Suriacus atque Aurmiacus, cum omnibus possessionibus in præscriptis comitatibus ad præfatum monasterium pertinentibus.* Je ne trouve ailleurs aucune trace de ce pays, et je soupçonne qu'il est ici pour le canton de Seès *(Sagiensis),* ou pour celui d'Essai *(Essuensis),* quoique je n'y trouve aucun lieu dont les noms approchent de *Nuguent, Suriac,* ni d'*Aurmiac;* mais ils ont pu changer dans l'espace de tant de siècles. Voyez ci-dessus, p. 41.

autres cantons. Le principal officier qui gouvernait chacun de ces comtés fut longtemps amovible au gré du prince. Le comte d'Hiesmois habitait ordinairement Exmes, et les officiers qui lui étaient subordonnés demeuraient chacun dans son district. Il y avait un centenier à Seès et un à Alençon (1).

<small>*Act. SS. ord. S. Bened. Sæc.*, IV, p. II, p. 252.
*Rec. des hist. de France*, t. VIII, p. 563.</small>

Nous ne pouvons assurer si les Saxons, les Alains ou quelque autre peuple avaient élevé des fortifications à Alençon, mais il n'y a point à douter que ce ne fût, l'an 717, une centenie dépendante du comté d'Hiesmois. Nous ne prétendons pas que sa juridiction s'étendît, dès lors, sur cent paroisses ; l'officier qui y présidait, étendait son pouvoir sur cent familles au moins, et Alençon devait être une ville à peu près de la même grandeur et de la même force que celle de Seès, qui était la principale cité lors de l'établissement du Christianisme, et qui avait été ruinée depuis, soit par les rois Armoriques, soit par les Français mêmes. La preuve que celle-ci ne se trouvait pas alors plus considérable que celle d'Alençon, c'est qu'elle n'était également qu'une centenie. Le centenier ne connaissait pas des cas royaux et ne décidait aucune affaire en dernier ressort.

<small>*Chron. Fontanel.*, in *Spicileg.* D. Luc. d'Achery, t. III.
*Rec. des hist. de Fr.*, t. II, p. 660.
Ducange, *Gloss.*</small>

Alençon souffrit de nouveaux malheurs dans les différentes incursions des Normands. Leurs ravages décidèrent Charles-le-Chauve à accorder, du consentement et de l'avis des grands du royaume, dans l'Assemblée de Compiègne, en 861, à Robert-le-Fort, le gouvernement du duché de France, afin de le défendre des Bretons et des Normands. Malgré l'habileté et la valeur de ce gouverneur ou de ses descendants qui parvinrent à se rendre héréditaires, il semble qu'Alençon fut entièrement détruit,

<small>Bolland. *Act. SS. Septembr. Vit. S. Godegrandi.*</small>

---

<small>*Chron. Fontanel.*, cap. 7 et 8.</small>
(1) . . . *de villa Digmaniaco quæ sita est in pago Osismensi in centena Alentionensi.* On croit que ce fut le roi Clotaire qui établit les centenies.

ainsi que Seès et toutes les autres villes et les maisons religieuses du pays. Charles-le-Simple, trop faible pour les chasser du royaume par la force des armes, prit le parti de traiter avec eux à différentes reprises. A la fin, il consentit de céder à Raoul, leur chef désigné par le sort, une partie de la Neustrie. Par le traité conclu à Saint-Clair-sur-Epte, à la fin de l'année 911 ou au commencement de la suivante, il lui donna, et à ses compagnons, de l'agrément des grands seigneurs et en particulier de Hugues-le-Grand, duc de France, tout le terrain situé depuis la rivière d'Epte jusqu'à l'Océan, c'est-à-dire la ville de Rouen, son territoire, le pays de Caux et vraisemblablement tout le territoire d'Alençon, de Seès, du Passais-Normand. Quelques écrivains retardent la cession d'Alençon : voici la façon dont ils prétendent que que la chose se passa.

L'ab. DES THUILERIES, Dissert.

Le même, Lettre à M. l'abbé de Vertot, p. 11.

Ce même prince, ne pouvant résister à la faction bourguignone et se voyant abandonné de la meilleure partie de ses sujets, implora, en 923, le secours de Raoul, et lui promit une grande étendue de pays s'il voulait le secourir. Raoul, duc de Bourgogne, qui usurpa le trône des Français, pour engager les Normands à se retirer du Beauvoisis, donna, l'année suivante, à Rollon, leur duc, le comté du Maine et le Bessin. Comme il n'est point question, dans la première donation, du diocèse de Seès, et par conséquent du pays où est situé Alençon, que le duc Raoul, dans les libéralités qu'il fit aux principales églises de ses états après son baptême, n'aurait pas omis celle de Seès si elle avait fait partie de ses états, et que, d'un autre côté, la donation du Maine lui aurait été fort inutile s'il s'était trouvé entre ce comté et ses états un terrain intermédiaire qui en eût empêché la communication immédiate, quelques écrivains ont pensé que Charles-le-Simple ne mit Raoul en possession des évêchés d'Evreux, de Lisieux et de Seès qu'en 923, avant que les Normands

D. MORICE, Hist. de Bret., t. I, not. XII, col. 969. FLODOARD, Hist. lib. IV, dans le Rec. des hist. de Fr., t. VIII, p. 165, et Chron., ibid., p. 280.

entrâssent dans le Beauvoisis, pour faire une diversion en sa faveur, qui fut, à la vérité, inutile.

Alençon et ses dépendances paraissent avoir fait partie du domaine ducal jusqu'au règne de Richard I; du moins nous ne voyons aucun seigneur, soit normand ou français, en possession de l'Alençonois.

Richard I, duc de Normandie, petit-fils de Raoul, ayant été conduit prisonnier à Laon par l'ingrat Louis IV, dit *d'Outremer,* un seigneur français, nommé Yves de Creil (1), plus connu sous le nom d'Yves de Bellême, maître des arbalêtriers de France, fut attendri du malheur du jeune prince. Il indiqua, en 1044, à Osmond de Centeville, son gouverneur, les moyens de procurer la liberté à son élève : celui-ci goûta les conseils d'Yves et enleva le prince caché dans un faisceau d'herbes. Dans la suite, le duc récompensa le zèle du seigneur français qui possédait déjà le comté de Corbonnois et la vicairerie de Sonnois, qui faisait partie du comté du Maine, par la donation qu'il fit à lui ou à son fils aîné nommé Guillaume, du territoire d'Alençon, de Seès, du Mêle-sur-Sarthe et d'une partie du Passais, à la charge de veiller à la conservation de la Normandie de ce côté-là, de lui faire hommage, de le suivre à la guerre, de lui aider à rendre justice à ses vassaux lorsqu'il y serait invité, et enfin à toutes les autres charges auxquels les principaux seigneurs normands tenaient leurs baronies. Yves ou son fils firent élever le château d'Alençon (2). Ce fut son fils qui fit bâtir celui de

<small>Guill. Pictav. *Gest. Guill. du-cis,* p. 183.</small>

---

<small>Ord. Vit.</small>
<small>Guill. Pictav. p. 183.</small>

(1) *Yvo de Credolio magister balistarum.*

(2) *Perhibent homines antiquioris memoriæ castra hæc ambo Alentium et Damfrontem Richardi concessu esse fondata, unum intra, alterum proxime fines Normanniæ.* Cette autorité doit l'emporter sur celle d'une Chronique imprimée dans le tome IX du *Recueil des historiens de France,* où on lit : *Il ot à Belleme un seigneur nommé Guillaume auquel le duc Robert avait baillé le chastel d'Alençon à garder.*

Domfront sur une roche escarpée, alors couverte de bois. Ces deux forteresses étaient destinées à arrêter les courses des Angevins, des Manceaux et des Percherons.

WILLELM. GE-METICENS.

Dans la guerre que Richard I avait eu à soutenir, vers l'an 968, contre Thibaut I, comte de Blois, les Angevins et les Manceaux avaient vivement attaqué la Normandie, du côté du Passais et de l'Alençonois, et les Percherons du côté de la Marche ; ce que nous apprend le poète Wace, dans le *Roman des ducs de Normandie*.

> E grant envie en out (de Richard I) Thibault li cuens de Blois.
> Giffrei li quens d'Anjou li fit guerre en Passoiz ;
> Cil du Maine roberent sovent Alenchonoiz,
> Rotro, li quens (1) du Perche è cil de Belesmoiz.
> Cuntre cels mist Richart cels d'Auge è cels d'Uimoiz (2).

Alençon était déjà une place considérable sous Richard III, duc de Normandie, et sous Robert, son frère

---

(1) Ce Rotrou, appelé ici improprement comte du Perche, devait être le frère d'Yves de Bellême qui possédait une partie du Corbonnois. Lui et son frère devaient le service militaire au comte de Chartres. Ces vers me font croire que la donation d'Alençon fut postérieure à cette guerre.

(2) Nous empruntons à l'éditon du *Roman du Rou* donnée par M. Pluquet, t. I, p. 249, cette version, plus fidèle que celle d'O. Desnos, du passage de Wace.

Benoît, dans sa *Chronique des ducs de Normandie*, t. II, p. 243, *(Documents inédits)* exprime les mêmes idées presque dans les mêmes termes.

> Si fist Geufreiz li quens d'Angiers,
> Od granz plentez de chevaliers
> R'envaï Passeis et Danfront
> E les terres qui de là sunt,
> E cil deu Mauns e de Balon
> Tot le païs ver Alençun,
> Rotrou e cil de Corbuneis
> Recorurent desqu'en Oismeis,
> Cil d'Evereus desqu'en Lieuzuin. (L. S.)

et son successeur. Les seigneurs d'Alençon ne négligèrent rien pour en fortifier le château. Ils attirèrent par des privilèges des habitants qui s'établirent aux environs, et parvinrent à former une ville qu'ils entourèrent de murailles et de fossés. Ils ne faut pas se persuader qu'elle fût telle que nous la voyons. La partie située depuis le château jusqu'à l'église Notre-Dame est la plus ancienne. Guillaume III, comte d'Alençon, l'appelle dans une charte le *vieux Bourg* (1). La partie qui s'étend depuis le pont du *Guichet*, jusqu'à la porte de *Sarthe*, paraît plus moderne, quoiqu'on y voie la plus ancienne des maisons subsistantes, et la partie connue sous le nom de *Marais* a été la dernière bâtie sur un terrain marécageux inondé par la Sarthe (2). Nous ignorons dans quel temps furent construites les murailles dont nous voyons les ruines, et qui étaient encore bien entières, il y a 50 ans : elles étaient fort hautes et fort épaisses, couronnées d'un parapet garni de machicoulis. On aperçoit facilement qu'elles ne sont pas toutes d'une égale ancienneté. Pierre II, comte d'Alençon, les fit réparer ; tous les habitants de la châtellenie y contribuèrent. Henri VI, roi d'Angleterre et usurpateur de la Normandie, obligea les habitants à les entretenir en bon état, et pour leur en faciliter les moyens, leur

QUENTIN VAVASSEUR, IIe Registre du contrôle du domaine de la vicomté d'Alençon.

Titr. origin.

(1) *In veteri burgo de Alenconio.* On appelait alors *bourg* certaines parties des villes.

(2) Suivant une tradition populaire, rapportée par Jean Brière, Alençon aurait été bâti dans une forêt marécageuse, d'où serait venu le nom de *marais* conservé par le quartier le plus ancien, et la grande maison qui fait l'angle de la rue du Château et de la Grande-Rue, soutenue par trois piliers en bois, aurait été une hôtellerie bien antérieure à l'établissement de la ville.

Cette maison, probablement du xv$^e$ siècle, et quelques autres du quartier sont en effet les plus anciennes d'Alençon. Des porches détruits en grande partie en 1723 et dont les derniers ont disparu en 1855, régnaient au devant de ces maisons, particulièrement à droite de la Grande-Rue, en descendant vers Saint-Léonard. (L. S.)

accorda, le 28 juin 1448, la permission de lever un droit sur le sel. Elles furent réparées sous le duc François et l'ont été encore depuis. Ces murailles étaient flanquées, de distance en distance, de grosses tours plus élevées que les murailles et toutes couronnées de parapets (3). Un

(1) L'enceinte de la ville partait de la porte de Lencrel, longeait le Cours actuel, où elle est encore visible dans les jardins à droite, très-bien conservée par endroits, et où elle était garnie de quatre tours; s'ouvrait à la porte de Seès, la plus forte de toutes; passait derrière les maisons du bas de la rue de Casault à droite, où se rencontraient quatre autres tours assez rapprochées et visibles encore en partie du côté du Plénître, et s'interrompait à la rivière, au bas de la rue de la Poterne. Tout le côté sud d'Alençon n'avait pas de murailles. La rivière le protégeait suffisamment; seulement un fort, nommé le Boulevard et un moulin, dont les murailles épaisses et percées, sur la rivière, de longues et étroites meurtrières, supportent aujourd'hui le Grand-Moulin, défendait l'entrée du côté du Maine (les ponts de Sarthe). Les murs recommençaient à cet endroit, longeaient la rivière pendant quelque temps et gagnaient la porte de La Barre en passant par les jardins de l'Hospice où se trouvaient trois tours, et par ceux compris entre la place Saint-Léonard et la rue des Fossés-de-la-Barre où d'autres tours les appuyaient. Deux de ces tours existent encore en partie. De la porte de La Barre, les murs allaient rejoindre le Château, en traversant le terrain aujourd'hui occupé par les jardins de M$^{me}$ d'Hauteclair, où se trouvaient encore deux tours, et se rattachaient à l'enceinte particulière du château, près de la Tour couronnée. Ils s'en détachaient de l'autre côté, près de la rivière, derrière l'Hôtel-de-Ville actuel, et allaient retomber à la porte de Lencrel, en longeant les jardins actuels du Collége où existait une dernière tour. C'était un total, au milieu du siècle dernier, de 17 tours, auxquelles il en faut ajouter 2 pour la porte de La Barre, 2 pour celle de Lencrel, 2 pour celle de Sarthe, 4 pour celle de Seès et 1 pour la Poterne.

L'enceinte particulière du château avait environ 120 mètres de longueur sur 60 de largeur moyenne. 11 tours rondes, dont l'une détachée de l'enceinte et connue sous le nom de Barbacane, près de l'abreuvoir actuel de la rue de Bretagne, 2 tourelles en tête du pont qui conduisait au pavillon d'entrée (prisons actuelles) et 5 bastions carrés, la défendaient.

M. Hédin vient de publier le plan et la vue de l'ancien château,

large rempart régnait le long des murailles du côté de l'intérieur de la ville ; il a été converti en terrasses et jardins. La rivière de Sarthe coulait le long d'une partie de ces murailles et les couvrait du côté du Maine. Celle de Briante les baignait d'un autre côté, et le reste était défendu par un fossé large de seize toises et très-profond, où on trouvait le moyen de faire passer l'eau. Nous l'avons encore vu en bon état, mais sec. Il est présentement converti en jardins et presque comblé. Il communiquait, en quelques endroits, avec de vastes souterrains destinés sans doute à former des magasins. J'en ai visité un considérable qui était sous des jardins de la porte de *Lencrel*.

Chaque tour portait un nom particulier (1). Plusieurs de celles qui n'ont pas encore été rasées paraissent plus anciennes que l'usage du canon. On y observe que les meurtrières y ont été faites après coup ; c'est une preuve qu'elles étaient garnies d'artillerie.

La ville était encore défendue par deux châteaux. Le plus considérable était à une de ses extrémités, vers le couchant ; il était d'une vaste étendue : son plan, du côté de la ville, formait un pentagone irrégulier ; le reste représentait une partie d'ovale irrégulière d'un côté et un angle obtus de l'autre. Les seigneurs de la maison de Bellême en avaient jeté les fondements ; les Montgommery y avaient fait des augmentations; Pierre II et Jean I$^{er}$ y firent beaucoup travailler.

Ce fut Henri I$^{er}$, roi d'Angleterre et duc de Normandie (2), qui fit bâtir la forteresse ou tour carrée, connue

avec les profils du donjon, travail relevé avec la plus scrupuleuse exactitude sur d'anciens plans conservés au bureau des Ponts-et-Chaussées. (L. S.)

(1) La tour *Quillet* appartenait à la famille Cuillers en 1548, et ses propriétaires faisaient deux deniers de rente au domaine. (O. D.)

(2) *Nomina castrorum quæ in Normannia ex integro fecit Rex*

des habitants du pays sous le nom de *Donjon*. On trouva le moyen d'y conduire l'eau de la Sarthe par un canal souterrain qui traversait la ville, et dont il reste encore des traces sous une ancienne maison en bois située aux *Etaux* dont nous avons déjà parlé. C'était une ressource pour les assiégés si on détournait la Briante. On éleva, dans la suite, cette forteresse d'un étage, et Pierre II, comte d'Alençon, termina l'ouvrage par le couronnement des Bellême.

Ord. Vital.

Bry, *Hist. des comtés d'Alençon et du Perche,* p. 104.

*Henricus in margine ipsius provinciæ hæc sunt........ Bon mol (Bonmoulins), Turrem Alenconii.* Gilles Corrozet dit la même chose. Quelques écrivains ont attribué mal à propos la construction de ces châteaux à Henri II qui les fit peut-être réparer. Ce fut lui qui fit bâtir le château du Bourg-le-Roi, qui s'appelait alors *Beauvoir* ou *Belle-Vue*, à cause de sa position : *Rex Henricus fecit castrum munitissimum, et burgum pergrande justa hayam de Malifre (Malefre), quod vocatum est Belleveeiz.* Ce fut encore ce dernier Henri qui fit faire de larges et profondes tranchées pour partager la Normandie des mouvances du roi de France : *Rex Henricus fecit fossata alta et lata inter Franciam et Normanniam ad prædones arcendos.* On en voit encore des parties en assez bon état dans plusieurs cantons de la vicomté d'Alençon, connues communément sous le nom de *Fossés-le-roi* ou autre dénomination approchante. (O. D.)

Robertus de Monte, *App.* (éd. de D. d'Achéry), p. 757.

*Très. des hist.,* fol. 72.

Une partie de la maçonnerie du donjon et du reste du château était en appareil à feuilles de fougères ou en arrêtes de poisson (*opus spicatum*), qui se rencontre souvent dans les construction des Bellême.

La tradition populaire veut que les Fossés-Le-Roi s'étendissent autrefois de Verneuil à Alençon. On n'en voit pas de traces entre cette dernière ville et Sainte-Scolasse ; de Sainte-Scolasse à Bonmoulins, ils sont peu apparents ; de Bonmoulins à Notre-Dame d'Apres, sur une longueur de 7 à 8 kilomètres, ils sont presque continus et assez bien conservés : largeur, 13 à 15 mètres ; profondeur, 3 mètres ; le rejet, au nord, du côté de la Normandie, formant une masse de 10 mètres de largeur à sa base, sur 3 à 4 mètres de hauteur. On en retrouve des traces à Saint-Christophe (Eure), et dans le pays chartrain, de Conturbie à Verneuil et même jusqu'à Nonancourt.

Les fossés Robert-le-Diable, près de Saône (Sarthe), offrent les mêmes caractères. (L. S.)

*Orne Archéol.,* p. 251.

Cauvin; Pesche L. de La Sicotière, *Excurs. dans le Sonnois,* p. 25.

et par quatre tourelles aux quatre coins qui en faisaient le principal ornement. Ce donjon avait 122 pieds de hauteur perpendiculaire, y compris l'élévation des tourelles ou guérites qui n'avaient que 14 pieds de hauteur et 7 de diamètre. Le roi Henri-le-Grand, en ordonnant la démolition du château, avait voulu que l'on conservât ce monument également solide et superbe de la grandeur des anciens seigneurs d'Alençon. Il avait résisté, depuis plusieurs siècles, aux injures de l'air, aux machines de guerre en usage avant l'invention du canon et au canon même, lorsque les jésuites d'Alençon s'en firent faire, en 1637, une donation par Louis XIII et par la reine Marie de Médicis, duchesse d'Alençon. La Chambre des comptes en refusa l'enregistrement. Ils firent une nouvelle tentative en 1673; la duchesse de Guise s'y opposa et l'obtint pour elle-même; mais sur les représentations des maires et échevins, elle consentit à le laisser subsister. Les ingénieurs des ponts-et-chaussées, loin de le respecter, conjurèrent sa ruine. Il intervint, le 9 décembre 1745, un arrêt du conseil qui en permettait la démolition et celle d'un vieux moulin à poudre dans l'enclos du château, près de l'étang, aujourd'hui comblé, et formant la place actuelle. Les matériaux devaient en servir à la reconstruction du chœur de Notre-Dame. On commença, par les ordres de M. Perronnet, alors ingénieur de la généralité, à enlever quelques pierres du couronnement. Le comte de Rânes, alors gouverneur, y forma une opposition le 9 mars 1749, et toute démolition fut abandonnée. Enfin, un sous-ingénieur nommé Boissi, trouva le moyen d'extorquer, en 1773, la permission de faire abattre le restant du couronnement et les guérites. A peine la besogne était-elle finie, que l'ingénieur en chef proposa de convertir cette forteresse en prisons, au lieu de faire rétablir les anciennes qui venaient d'être incendiées; on travailla sur ses plans, et l'ouvrage fut terminé à la fin de l'année 1775. Comme les murs avaient été déchirés de tous côtés pour poser les voûtes, que les arcs-boutants de ces voûtes portaient tous dans les mêmes points, les murailles, quelque épaisses et solides qu'elles fûssent, devaient nécessairement s'écarter. Effectivement, à peine les prisonniers en avaient pris possession, qu'on vit les murs se lézarder, les voûtes nouvelles, mal liées avec les anciens murs, crouler ou menacer d'une chute prochaine. Enfin, l'ouvrage entier menaçait d'ensevelir sous ses décombres les prisonniers, lorsqu'on fut forcé de les en retirer, en 1781, après les dépenses énormes qu'on avait obligé la ville de faire pour rendre cet édifice logeable. On le rase présentement (1785) par les fondements. Jean I$^{er}$, duc d'Alençon, fit construire le pavillon d'entrée qui subsiste, composé de deux grosses tours bâties en pierre de taille. L'écusson de ses armes, renversé, prouve qu'il n'était pas parachevé lors de sa mort arrivée en 1415. Le comble était orné de dentelles en plomb, de fleurs de lys et de grenades, et du centre s'élevait une lanterne dont l'intérieur laissait voir une corbeille, dans laquelle était couché un gros lion, d'où partait une aiguille qui soutenait la girouette. Tout ce comble fut consumé par le feu, le 8 avril 1715 (1). La façade de ce pavillon était décorée de quatre niches où étaient les figures de Pierre II, de Marie de Chamaillart, du prince qui l'avait fait bâtir et de Marie de Bretagne, son épouse. Charles IV le fit réparer, en 1516. On en a changé les distributions depuis peu d'années, et les juridictions y siègent depuis 1779.

Le même prince avait encore fait construire la basse-cour du château qui était environnée de bâtiments tombés en ruine et dont on enlève les matériaux. Il avait encore formé, en face de cette entrée, une place d'armes qui

---

(1) Le feu dura de six heures du soir à une heure après minuit. On retira des décombres 30,000 liv. de plomb fondu et 4,400 liv. de fer. (O. D.) *Journ. de Brière, mss.*

occupait tout le terrain compris entre la rue *Monsieur le Comte*, aujourd'hui la rue du *Château*, et celle du *Val-Noble*, ainsi appelée parce que les principaux officiers du prince y logeaient. François, duc d'Alençon, ayant besoin d'argent pour son expédition de Flandre, vendit ou fieffa ce terrain, ainsi qu'une partie des remparts et plusieurs places.

Le corps du château était situé dans ce qu'on appelle les *hautes cours* qu'on a détruites, en 1780 et 1782 ; on y reconnaissait partout l'ancienne bâtisse des Bellême et des Montgommery par la disposition des pierres en épis. On a trouvé sous toutes ces cours de vastes souterrains, et la ville vient de vendre la plus grande partie de ce qui reste encore à démolir, pour y construire des maisons dont les façades seront uniformes (1). Le corps du château avait été démoli, dès 1592, par Henri IV (2). Une partie des matériaux servit à bâtir l'église des Capucins. M$^{me}$ de Guise en fit démolir un grand bâtiment qui restait et deux vieilles tours.

Pierre II avait fait construire dans l'intérieur du château une très-belle chapelle ornée de peintures ; elle était sous l'invocation de saint Laurent. Il y en avait encore fait construire une autre sous l'invocation de saint Fiacre. Elles étaient encore desservies en 1550 ; mais depuis long-temps, on n'en aperçoit plus de vestige. Il

---

(1) Ce projet n'a pas reçu son exécution. Les maisons contigues à l'Hôtel de ville furent seules construites sur un plan imposé par la Ville. (L. S.)

(2) Henri IV fit détruire la grande salle, dont la charpente servit en partie à réparer le pont-levis et les portes du château. Une autre salle s'appelait la salle d'Enfer. Lors de la construction de l'église des Capucins, on leur permit d'y employer les pierres des bâtiments de la haute-cour et du parc et même ceux de la forteresse de Barbacane, à l'extrémité du parc sur la campagne. On a toujours démoli depuis, à mesure qu'on avait besoin de matériaux. (O. D.)

en a encore existé une autre sous le titre de Saint-Denis ; elle a été transférée dans l'église Notre-Dame, et le curé perçoit une rente sur le domaine pour la desservir.

Le corps du château était encore défendu par un grand nombre de fortifications dont les unes étaient des tours rondes, des tours carrées ; les autres, des fausses-braies, des chemins couverts, etc. La première des tours qui s'offrait à droite du pavillon d'entrée, était moitié ronde, moitié octogone ; elle portait le nom du *Chevalier Giroye*, depuis que Guillaume Talvas, deuxième du nom, y fit mutiler ce seigneur, l'un des plus puissants du pays, qu'il avait engagé d'assister à son mariage avec la fille du vicomte de Beaumont. Une partie de cette tour fut abattue en 1746 ; on vient de raser ce qui en restait. Celle qui est à gauche du même pavillon porte le nom de *Tour couronnée*, à raison de sa forme ; elle défendait le pont-levis par lequel on passait du château dans le parc. Elle a servi long-temps à loger les capitaines et les gouverneurs ; c'est aujourd'hui la prison. Une des autres tours avait retenu le nom de *Tour salée* parce qu'elle servait de magasin au sel destiné pour la garnison. Les autres avaient également leur nom particulier. La *Tour de la Reine*, du côté du parc, vers la porte de L'Encrel, fut réparée pour la dernière fois, ainsi que celle du *Chevalier*, en 1652.

Quentin Vavasseur, *Reg. du contrôl.*

Le château et toutes ses fortifications étaient environnés, tant du côté de la ville que du parc, de larges fossés dans lesquels coulait l'eau de la Briante et par un étang destiné à couvrir l'ancienne porte d'entrée du côté de la ville. Le duc de Mayenne en desséchea une partie et y fit élever un bastion appelé *L'Eperon* que nous avons vu détruire à plusieurs reprises, ainsi que l'ancienne porte d'entrée, qui avait été convertie en un moulin à poudre : le tout a été achevé de raser et les restes de l'étang comblés en 1776. On en a fait une place où on a commencé d'élever un nouvel Hôtel-de-ville. Il y avait aussi anciennement, en ce même lieu, un moulin à blé qui ne subsiste plus (1).

Il y avait une autre forteresse ou château moins considérable nommé le *Boulevard*, situé à l'extrémité opposée de la ville, dans une petite île que forme la rivière de Sarthe, sur le territoire du Maine. Nous ignorons le temps où il fut bâti ; mais il semble qu'il subsistait dès le temps de Guillaume-le-Conquérant. Lorsque Henri IV assiégea Alençon, il fut pris le premier. La duchesse de Guise le fit démolir en 1679, et les matériaux en servirent à la reconstruction de l'Hôtel-Dieu (2).

*Cart. de l'abb. de Perseigne, mss.*

Les titres de l'abbaye de Perseigne nous apprennent qu'il y avait encore une autre forteresse au lieu du pont du Guichet, qui couvrait le passage de la Briante qui partage la ville en deux parties.

On entrait dans la ville par cinq portes. Celle située au couchant se nommait de *Lancrel* ou *Lancret*. Elle était défendue par deux grosses tours qui furent brûlées le 13 novembre 1624 ; elles furent rebâties, et ont été démolies en 1776. Elle était garnie de son pont-levis et de plusieurs ouvrages avancés qui donnaient dans le faubourg de Lancrel ou de Saint-Ysige et dans celui de L'Ecusson. La seconde se nommait anciennement la porte de *Sagori* et aujourd'hui la porte de *Seès*. Elle était formée par quatre grosses tours bâties sous Jean I$^{er}$. Deux de ces tours dominaient sur le faubourg de Saint-Blaise et les deux autres sur celui de Casault (3). Après les avoir tra-

---

(1) Je trouve qu'il y avait, à l'extrémité du faubourg Saint-Ysige, outre le prieuré de ce nom, une forteresse appelée la Citadelle. Il en est question dans un contrat passé devant les notaires de Saint-Pater en 1654, le 14 juillet. (O. D.)

(2) Les fossés du *Boulevard*, du côté du Maine, n'ont disparu qu'en 1840, par suite des travaux d'élargissement et de nivellement de la place de ce nom. (L. S.)

(3) Les fondements de l'une de ces dernières tours se sont re-

versées, on trouvait encore plusieurs barrières fortifiées. Ces tours furent percées en 1677 et démolies en 1724 (1). La troisième n'est qu'une fausse porte appelée, pour cette raison, *Poterne*. Elle était formée par une très-grosse tour qui ne permettait le passage qu'à un homme de pied ou de cheval; elle servait à accéder à la Grande-Sarthe et à la Fuie-des-Vignes. Elle fut aussi détruite en 1724. La quatrième était composée de deux grosses tours bien moins fortes que celles des autres portes, parce qu'elle était défendue par la Sarthe qui en baigne le pied, par le Boulevard et par plusieurs barrières fortifiées du côté du Maine dont on aperçoit encore aujourd'hui quelques restes. Dans une des tours de cette porte est le moulin le plus considérable de la ville qui porte dans les anciens titres le nom d'*Arondel,* sans doute parce qu'il fut bâti par le comte d'Arondel, l'un des fils de Roger de Montgommery, ou parce qu'il fit partie de son partage. On le nomme présentement le *Grand-Moulin*. Cette porte a pris son nom de la rivière de Sarthe et servait à accéder, au moyen des ponts-levis qu'on abattait, à la forteresse du Boulevard et au faubourg Montsort. Une partie de cette porte a été abattue en 1776. La cinquième porte se nomme *La Barre;* elle était composée de deux grosses tours rebâties sous le duc François et rasées en 1776 : elle avait

trouvés en juillet 1852, lorsque l'on ouvrit un aqueduc sous la rue de Casault. Cette tour avait environ 10 mètres de diamètre. La tradition populaire lui prêtait une hauteur de 33 mètres, évidemment très exagérée. Elle était revêtue extérieurement de pierres de taille. On l'avait rasée presqu'à fleur du sol, très-exhaussé dans toute cette partie de la ville (L. S.)

(1) La porte de Seès fut rebâtie peu d'années avant la Révolution et définitivement détruite en 1788. (O. D.)

Suivant le *Journal* mss. de Brière, la démolition d'une des tours de cette porte, plus grosse que celle même du château, avait commencé le 6 mai 1700. (L. S.)

pris son nom du faubourg de La Barre, nom qui nous indique qu'il est très-ancien (1).

Chacune de ces fortifications contenait des logements qui servaient de casernes aux troupes de la garnison, à renfermer les prisonniers de guerre, à former des magasins, etc. (2). Elles étaient défendues, en temps de guerre, ainsi que chaque porte du château, par quelques seigneurs de la châtellenie. Je n'en citerai qu'un petit nombre d'exemples. Celui de Forges devait faire, pendant trois jours, la garde à la première porte du château ; les vavassories de Cuissai, de La Motte et Sebert, chacune huit jours à la même porte. Le seigneur de Chauvigni en devait faire quinze à la seconde ; le seigneur de Fontenaile-Louvet, un des quatre *Francs* de la forêt d'Ecouves, en

DUCANGE, *Glossar.*

IV<sup>e</sup> *Reg. du contr. du dom. d'Alençon*, fol. 220.

(1) Suivant une ancienne tradition, on aurait trouvé, à l'extrémité de ce faubourg, une grande quantité de médailles. (O. D.)

En nivelant la place Candie, au bout du faubourg La Barre, vers 1845, on mit à découvert des fondations de tours qui semblaient indiquer qu'il y avait existé un petit fort en dehors de l'enceinte de la ville, destiné à en protéger les abords. (L. S.)

(2) On y renferma successivement des prisonniers faits dans la campagne de Flandre, en 1710, sous la garde des habitants ; les armes des régiments de cavalerie réformés, en 1714 ; en 1724, les mendiants et vagabonds ; en 1727, les armes et les habits des pauvres miliciens d'Alençon, que la crainte de la guerre avait arrachés à leurs familles et à leurs travaux, et qu'à la paix on renvoyait dans leurs foyers sans solde et même sans congé ; en 1745, les régiments hollandais, prisonniers, du major Guy et du brigadier Elias. Le Donjon était alors dans le plus déplorable état ; douze cents livres furent employées à le garnir de verroux, grilles et ferrements de portes. (L. S.)

*Arch. de l'Orne.*

Louis XIV fit transporter les canons d'Alençon à Saint-Malo et à Caen, où l'on en voyait encore quelques-uns aux armes d'Alençon, à la fin du siècle dernier. Ces canons étaient au nombre de trente-six. (L. S.)

On regrettera peut-être quelque jour la démolition de toutes ces fortifications : on pensait bien différemment du temps de Louis XII qui, par une ordonnance rendue à Blois en 1512,

devait quatre à la porte de Lencrel ; celui de Héloup, le même nombre à la porte de la Barre (1).

La crainte que l'ennemi ne se logeât dans les faubourgs obligea plusieurs fois de les brûler. Celui de Saint-Blaise, où l'on voit l'hôtel de l'Intendance, est beau et terminé par un obélisque élevé par les soins de M. de Lévignen, intendant de la généralité. On lit sur la face qui donne sur le faubourg l'inscription suivante :

>LUDOVICO XV,
>REGI CHRISTIANISSIMO
>QUOD
>PACE CONFECTA, IN SUAS LEGES
>AMPLIANDO POPULORUM COMMERCIO
>CONSULUIT
>VIIS REGIIS UNDEQUAQUE
>APERTIS, STRATIS ET MUNITIS.
>M DCC XXXVIII (2).

prescrivit de rétablir les fortifications des villes, châteaux, places fortes du royaume. Les murailles, les portes, les tours, les donjons et les fossés donnaient, selon moi, un air de grandeur et de majesté qui frappait et qui prévenait avantageusement. Ces sentiments avaient été reçus généralement dans tous les temps, et il était réservé au nôtre de les trouver bizarres et ridicules. (O. D.)

Des images de la Vierge décoraient les portes d'Alençon. Celle de la porte de Lencrel subsista la dernière. Ces images et celles qui se voyaient aux maisons particulières avaient été posées par suite des dispositions prises par la cour, en 1559, pour découvrir les novateurs. Devant ces images de la Vierge ou des Saints on allumait des cierges ; un tronc était placé à côté pour recevoir les offrandes destinées à les entretenir. Le peuple injuriait et maltraitait parfois les passants qui ne voulaient pas se mêler à ses chants devant ces images, ou qui ne les saluaient pas. (O. D.) — DE THOU, *Hist.*

(1) Les possesseurs de ces fiefs étaient encore souvent tenus à d'autres redevances. Par exemple, le seigneur de Forges, celui de Hertré, celui de Héloup, etc., étaient tenus de conduire les trésors des seigneurs d'Alençon, du côté de la Normandie, depuis Alençon jusqu'au tertre de Provigni ; et du côté du Maine, depuis Alençon jusqu'au Bourg-le-Roi.

(2) Cet obélisque, en granit, avait douze mètres de hauteur, y compris une fleur de lys dorée qui le surmontait. L'inscription

On forme un nouveau faubourg et une belle entrée dans la ville, du côté de la Bretagne, dans l'emplacement du parc du château.

Ce parc était clos de murailles fort élevées, flanquées de tours de distance en distance. Il avait communication avec le château par un pont-levis, et avec la campagne par une forteresse appelée *Barbacane,* et par corruption *Barbe-lucane,* dont les restes ont été démolis de nos jours (1). Les ducs d'Alençon y avaient une maison de plaisance qu'ils habitaient en temps de paix ; ils passaient en temps de guerre de là dans le château. Cette maison était située dans l'emplacement qui est derrière le jardin de M. Decullant (2), où on fait présentement des fouilles pour bâtir, et où on a déjà retrouvé trois anciens puits. Elle fut démolie, en 1592. Le parc était décoré de promenades, de bosquets ; c'était un lieu délicieux pour le temps, sous les princes qui possédaient Alençon (3). Le duc François avait le projet de l'augmenter considérablement, lorsque la mort l'enleva. Madame de Guise, dans un accès de dévotion, fit raser ce qui restait encore des bos-

fut arrachée, le couronnement abattu, la fleur de lys traînée par les rues, le 8 septembre 1792, par des Bretons de passage à Alençon et quelques personnes de la ville. (O. D.)

La pyramide fut enlevée lors de l'établissement du Champ de foire en 1820. Les tronçons en devaient servir à élever une borne monumentale entre les départements de l'Orne et de la Sarthe, sur la route du Mans. Cette borne n'a pas été érigée, et les débris de la pyramide ont été, il y a peu d'années, enlevés du lieu où elle devait s'élever et détruits. (L. S.)

(1) Elle se trouvait près de l'abreuvoir actuel de la rue de Bretagne. (L. S.)

(2) Propriété actuelle de M. Clérice et de M$^{lle}$ Lecouturier.

Le palais des ducs était un vaste et élégant bâtiment à tourelles aiguës aux angles, à fenêtres ogivales, à lucarnes élancées et fleuries. L'architecture en paraît celle du xv$^e$ siècle. (L. S.)

(3) Guillaume Le Rouillé nous en a donné une description dans une pièce de vers faite pour la reine de Navarre, en 1544, intitulée : *Les Rossignols du parc d'Alençon.*

quets et des promenades. Le roi en a abandonné, en 1774, le terrain à la ville, qui en vend des portions à ceux qui veulent y bâtir. On y a construit le dépôt de mendicité (1). Dans une autre portion on commença, le 20 novembre 1784, d'y faire des plantations pour servir de promenade publique (2).

Les autres faubourgs n'ont rien de particulier, à l'exception de celui de Montsort, dont nous parlerons dans la suite plus particulièrement. On y accède par deux ponts ; l'ancien se levait autrefois. On y substitua, en 1700, un

---

(1) Aujourd'hui l'Asile départemental des aliénés. Ch. Mansan, Not. sur l'Asile dép. de l'Orne, 1852.

Le dépôt fut construit aux frais de la Généralité d'Alençon et sur les plans de M. Delarue, architecte. Il devait renfermer non seulement les mendiants et les vagabonds, mais les fous, les filles de mauvaise vie, les individus détenus à la demande de leurs familles et les vénériens. Il prit le nom de Bicêtre. La direction intérieure en était confiée à des religieuses Providentes de la maison conventuelle de Seès. Elles refusèrent le serment civique en 1792, et furent remplacées par des entrepreneurs et des geôliers. Bicêtre, pendant la Révolution, servit aussi de maison d'arrêt, notamment pour les prisonniers vendéens faits après la bataille du Mans. Les religieuses y rentrèrent en 1801. De cette époque à 1832, il fut administré alternativement par des directeurs civils et par des religieuses. En 1832, il prit le nom d'*Hospice départemental des aliénés et Infirmerie des prisons civile et militaire d'Alençon*. Enfin, en 1840, il devint, en exécution de la loi du 30 juin 1838, ASILE DÉPARTEMENTAL DE L'ORNE. D'énormes sacrifices ont été faits depuis lors pour agrandir et compléter cet établissement. Les nouvelles constructions en ont été dirigées par M. Dédaux. Il compte plus de 500 pensionnaires, et sous l'habile direction de M. le docteur Defermon, qui en fut l'organisateur (1840-1849), et de M. Belloc, qui l'a amélioré et complété, il s'est placé au rang des maisons les mieux tenues de ce genre. (L. S.)

(2) Les rues de Bretagne, Jullien, des Promenades, Marguerite de Navarre, Traversière, Basse-des-Promenades ont été ainsi ouvertes dans l'emplacement de l'ancien parc. Les terrains furent adjugés aux prix de 2 à 5 francs la toise carrée, et les plus éloignés de la ville se vendirent plus cher que ceux qui se rapprochaient du centre (L. S.)

pont de pierre, qui a le défaut d'être trop étroit, et qu'un débordement causé par la fonte des neiges emporta en partie en 1716 (1). Il ne fut complètement rétabli qu'en 1727. On en a bâti, dans les années 1779, 1780 et 1781, un nouveau beaucoup plus large.

Je ne m'arrêterai point à donner une description ennuyeuse des différents quartiers, des places et des rues de la ville ; elles n'ont rien de considérable, et on n'y observe aucun édifice qui mérite une attention particulière (2). Les divers noms que les rues ont porté en différents temps, et les raisons qui ont occasionné le changement de quelques-unes, pourraient fournir quelques anecdotes ; mais peut-être trouverai-je l'occasion de les placer ailleurs. Ainsi je passerai à l'histoire des établissements religieux.

<small>CHANFAILLY, *Antiquités d'Alençon*, p. 5.</small>

La ville d'Alençon n'a aucune église ni communauté remarquable par son antiquité. Si l'on veut s'en rapporter à un petit livret publié vers la fin du dernier siècle, la première église d'Alençon fut celle du prieuré. Les moines qui la desservaient, ayant trouvé cette charge trop oné-

---

(1) Trois arches de ce pont étaient bouchées et furent rouvertes en 1841, quand on supprima la fausse rivière et le petit pont qui la traversait. (L. S.)

(2) Ce jugement est beaucoup trop sévère. L'Hôtel de ville, la Préfecture (l'ancienne Intendance), dont nous aurons occasion de reparler ; les boiseries, style Louis XIII, de la salle du Tribunal de commerce (ancien Bureau des finances) ; les restes d'une construction de la fin du XVe siècle, avec sculptures en granit, derrière le n° 72 de la Grande-Rue ; un petit pavillon, style Henri II, aujourd'hui défiguré, sur le bord et presque à l'embouchure de la Briante, méritaient une mention. Les édifices publics modernes, Bibliothèque (1800), Halle aux grains (1808), Palais de Justice (1827), Halle aux toiles (1828), Lycée (1830-1847), Abattoir (1829), Salle d'asile (1834), Ecole normale (1843), Caserne (1846), sont en général importants, et quelques-uns, la Bibliothèque notamment et l'Ecole normale, offrent de l'intérêt. L'hôtel du Grand-Cerf, construit par M. Dédaux, et la maison de M. de Boyville, exécutée sur les plans de MM. Oudinot et Lebart, sont les plus remarquables des constructions privées modernes. (L. S.)

reuse, on édifia deux oratoires aux deux extrémités de la ville ; l'un sous l'invocation de saint Gilles, situé vers la place du Palais, proche les murs de ville, dans l'emplacement de la maison la plus proche de la Halle aux toiles (1), et l'autre sous l'invocation de saint Martin, à chacun desquels on attacha un vicaire perpétuel et un district particulier, dont la rivière de Briante a toujours fait le partage. Les assertions de cet écrivain ne sont étayées d'aucune preuve. Il est certain que les habitants d'Alençon étaient chrétiens, long-temps avant l'établissement du prieuré, et que ces chrétiens devaient avoir une ou plusieurs églises pour y faire leurs exercices de religion. Un fragment d'une ancienne histoire (2) de l'abbaye de Perseigne que j'ai retrouvé dans le chartrier, rapporte qu'il y avait une ancienne tradition à Alençon que Guillaume Talvas 1$^{er}$ du nom, fondateur de l'abbaye de Lonlai, voulant avoir auprès de lui des religieux de cette communauté, leur donna une de ses maisons dans la ville d'Alençon, et leur fit bâtir une église dédiée à saint Leu et à saint Gilles. Passons à quelque chose de plus certain.

Guillaume de Bellême 1$^{er}$ du nom, surnommé Talvas, après avoir fait bâtir le château de Domfront, fonda, vers l'an 1020, à deux lieues de cette ville, l'abbaye de Lonlai. Il la dota de biens considérables aux environs de Domfront, et dans l'Alençonois, où il lui donna la baronnie de Beauménil ; mais il n'est point parlé du prieuré d'Alençon dans l'acte de fondation. Il est constant que les principaux vassaux de se seigneur s'empressèrent, à son exemple, de faire éprouver leurs libéralités à cette maison. Le seigneur de Larré fonda à Alençon un prieuré régulier qu'il donna à l'abbé et aux moines de Lonlai, qui le firent desservir par un prieur et des religieux tirés de leur

*Neustria pia,*
p. 425.
*Mém. de la Soc. des Antiq. de Norm.*, 1$^{re}$ sér. t. II, p. 264.

*Orne Archéol.*,
p. 44.

(1) Remplacée par le Café-Français et les maisons contiguës. (L.S.)
(2) Je ne puis dire si c'est la même qui subsistait du temps de Ménage et que cet écrivain cite. Le fragment que j'ai vu ne contient que quatre ou cinq feuilles manuscrites.

maison. Guillaume, comme seigneur dominant, confirma seulement cette fondation, et y ajouta le don des églises d'Alençon (1) : c'est ce qui est prouvé par la suite des aveux rendus par l'abbé et les religieux de Lonlai aux seigneurs d'Alençon, où ils s'expriment ainsi : « Davantage ledit seigneur de Larré a droit d'avoir et prendre chacun an en la fête de Notre-Dame de Chandeleur, en l'église de Notre-Dame d'Alençon, une *havée de chandelles* sur le grand autel de Notre-Dame ; un faisceau de *feurre* (paille) (2) qui, par le prieur, lui doit être apporté audit jour de Chandeleur au chancel de ladite église, et dix-huit deniers de rente par chacun an à ladite fête de Chandeleur, à l'offrande de la grand'-messe de Notre-Dame : lesquels droits furent retenus par ses prédécesseurs, au temps qu'ils donnèrent et aumônèrent à l'abbaye de Notre-Dame de Lonlai et au prieur dudit Alençon le patronage dudit lieu et le fief de Mancicas (3). » On voyait, de plus, avant l'incendie de l'église de Notre-Dame, dans les vitraux à côté de l'autel, les armoiries des anciens Seigneurs d'Aché, à qui Allix, héritière de Larré, avait porté en mariage cette terre. La preuve qu'il existait à Alençon, avant la fondation de ce prieuré, d'autres églises, se tire d'une charte de

*Déclaration fournie le 6 février 1656.*

*Neustria pia, p. 426.*

*Rôt. Franç. Norm. et Gascons, t. 1.*

(1) Henri V présenta cependant à l'église d'Alençon, à la chapelle Saint-Denis. Il nomma, en 1417, à la chantrerie de l'hôpital d'Alençon Guérin Theodat, pour y continuer la célébration du service divin. Le roi d'Angleterre nomma encore, en 1424, à l'hôpital Saint-Jean d'Alençon, Jean Kerner ; mais ces nominations, en temps de troubles, ne prouvent pas que les comtes et ducs d'Alençon aient eu le droit d'y nommer.

(2) L'ancien usage était de joncher le pavé des églises de paille fraîche, et surtout à la messe de minuit et aux autres grandes fêtes. En été, on y répandait des joncs et autres herbes vertes. Il n'y avait ni bancs ni chaises. L. S.)

(3) M. le marquis de l'Isle, possesseur actuel de la terre de Larré, a encore exercé ce droit en 1782, et a pris *la havée de bougies*.

Henri II, roi d'Angleterre et duc de Normandie ; on y voit que la donation de ces églises fut faite dans l'intervalle qui s'écoula entre la fondation de l'abbaye de Lonlai, et le règne de ce prince, qui confirme tous les biens aumônés à cette abbaye par le seigneur d'Alençon et par ses vassaux, *de Alenconio ecclesias patronatus, decimas et omnia alia jura.* Cette donation ne devait pas renfermer la totalité des dîmes, puisque Gérard II, évêque de Seès, donna ou confirma à l'abbaye de Saint-Evroult, un petit trait de dîme situé à Guéramé (1).

Nous ne pouvons fixer l'époque de la fondation de ces églises, ni décider s'il en avait existé d'autres que celles désignées dans la charte de Froger, évêque de Seès, sous le titre de Notre-Dame et de Saint-Léonard ; en voici les termes : *Frogerius Dei gratia Sagiensis episcopus. Noverit universitas vestra nos eleemosinas a Guillelmo Bellimensi ecclesiæ Longaii fundatore et a regibus et baronibus et ab aliis hominibus in episcopatu nostro rationabiliter eidem ecclesiæ datas, concessisse et præsentis scripti munimine confirmasse : videlicet ecclesiam Sanctæ Mariæ de Alenchon, et ecclesiam Sancti Leonardi, cum decimis et terris et omnibus ad eas pertinentibus.* <small>Cartul. Longaii, fol. 55.</small>

Les moines, suivant l'usage pratiqué alors, firent desservir, pendant quelque temps, ces églises par quelques-uns de leurs religieux, et y substituèrent dans la suite des prêtres séculiers. Le même évêque permit aux moines de Lonlai d'établir, dans chacune de ces églises, un vicaire perpétuel, après le décès de ceux chargés de la desserte, à la charge de prendre la collation des évêques de Seès. *Ecclesiæ filiis in perpetuum. Noverit universitas vestra me, de assensu et consilio domini Regis Angliæ et* <small>Cartul. Long., fol. 56.</small>

---

(1) *Apud Alenconem quamdam decimam de Vado-ramoso.* Les religieux de Saint-Evroul produisirent cette charte dans un procès contre le curé de Saint-Hilaire-sur-Rille, qui en attaqua vivement l'authenticité. <small>Charte de Gérard.</small>

*domini Rotrocis archiepiscopi, concessisse et in perpetuam eleemosinam donasse abbati et monachis de Lonlaio ecclesias de Alenconio, cum omnibus pertinentiis suis et toto beneficio earum per decessum Gerardi et Radulphi perpetuo possidendas, ita tamen quod abbas et monachi perpetuos vicarios Episcopo Sagiensi ad prædictas ecclesias præsentabunt, qui de manu episcopi curam animarum suscipient, quibus ipse abbas et monachi de beneficio earumdem ecclesiarum necessaria sufficienter ministrabunt*, etc.

Geoffroy de Mayet, évêque de Seès, unit, en 1243, les deux cures d'Alençon. Il ordonna que les deux églises ne seraient plus gouvernées que par un seul vicaire perpétuel : ce que le prieur et le chapitre de Seès confirmèrent par une charte particulière. Depuis ce temps, il n'y a plus eu qu'une seule paroisse pour la partie d'Alençon située en deçà de la Sarthe, malgré les tentatives que les habitants de Saint-Léonard ont faites, en 1688 et en 1701, pour faire de Saint-Léonard une paroisse.

<small>Cartul. Long. Gall. Christ., t. XI, col. 694.</small>

<small>Factum pour les habitants de Saint-Léonard.</small>

Le prieuré a été long-temps régulier (1). Le prieur Landri réclama la préséance et les honneurs de l'église. Le prieur fut maintenu dans le droit de faire le service divin les cinq fêtes principales et solennelles et de prendre, ces jours-là, les deux tiers des oblations. Il est tenu, depuis environ un siècle, en commande. Le prieur commendataire ayant voulu jouir des mêmes honneurs, le curé lui opposa la prescription et l'affaire fut décidée en sa faveur. M. l'abbé de l'Isle, prieur actuel, a des décisions con-

---

(1) Ce prieuré fut visité par Eude Rigaud, en 1250, 1255 et 1260. Il n'était habité que par trois et parfois deux moines. Leur conduite laissait à désirer ; ils n'observaient pas les jeûnes de la règle, mangeaient de la viande en tout temps (*passim*), laissaient des femmes entrer et manger dans le couvent. Il n'avaient pas non plus l'exemplaire obligé de la règle et des statuts du pape Grégoire. Rigaud prescrivit la réforme de ces abus. (L. S.)

<small>Registrum visitationum, p. 80, 254, 575.</small>

traires, et en conséquence a officié le jour de Pâques 1785 (1).

Le prieur perçoit les dîmes excepté sur un petit trait situé dans la Barre, qui est peut-être celui que Gérard, évêque de Seès, aurait donné ou confirmé à l'abbaye de Saint-Evroul ; il a différentes charges, entre autres l'entretien d'une partie du chœur fixé par une inscription posée à la voûte, le paiement de la portion congrue du curé et les honoraires des vicaires.

L'église de Notre-Dame paraît avoir toujours été sous la même invocation. Tant que les moines de Lonlai habitèrent le prieuré d'Alençon, elle leur servit d'église et de paroisse aux habitants. Lorsque les moines se retirèrent à Lonlai, elle était devenue insuffisante pour contenir les habitants augmentés en nombre ; ce qui détermina ceux-ci, vers le milieu du XIV<sup>e</sup> siècle, de jeter les fondements de la nef que nous voyons. Elle fut commencée sous le règne du roi Jean, alors prisonnier en Angleterre, sous la régence de Charles, dauphin et régent du royaume, dont on voit les armes en plusieurs endroits. L'architecte fut Jean Tabur l'aîné ; elle a 96 pieds de longueur sur 39 de largeur et 60 de hauteur. Les arcades qui la soutiennent sont trop basses, les piliers trop massifs. La partie supérieure est ornée de petites galeries en dedans, qui sont travaillées légèrement, ainsi que la voûte. On y remarque les armoiries de ceux qui contribuèrent le plus à la construction de l'édifice, ou qui ont rendu des services signalés à la patrie. Le projet était de continuer l'ouvrage, et les fondements en étaient jetés jusqu'à la *Poterne ;* mais les malheurs de l'Etat, occasionnés par la démence de Charles VII, la querelle entre les maisons

(1) Par la déclaration de 1726, les chanoines des églises cathédrales et collégiales furent maintenus dans ce droit, à la différence des religieux qui en furent exclus. Il n'y a que l'abbé en personne qui puisse exercer les droits de curé primitif. (O. D.)

d'Orléans et de Bourgogne et la guerre des Anglais, forcèrent les habitants de renoncer à leur entreprise (1).

On se borna seulement à construire les bas-côtés que nous voyons; ils ne répondent point à la nef; ils n'ont de clair que 14 pieds de largeur sur vingt-quatre de hauteur; celui du côté gauche fut construit le premier. Pierre de Chançai, religieux de Lonlai et prieur d'Alençon, céda, le 30 septembre 1475, aux habitants une partie de l'ancien jardin du prieuré, pour bâtir l'aile droite où sont les chapelles Sainte-Cécile, Saint-Gilles, Notre-Dame de Pitié et de l'Assomption, au moyen de quoi le prieur demeura déchargé des redevances qu'il faisait au clergé pour l'office canonical aux principales fêtes de l'année. Etienne Blosset, abbé de Lonlai, ratifia, le 8 juillet 1477, cette cession. On voit dans chacune de ces ailes quatre chapelles (2).

*Bull. Monum.,* t. III, p. 60, VI, p. 455. *Orne Archéol.,* p. 289.

(1) Il est évident, d'après le style de l'architecture et les moulures prismatiques qui s'y remarquent partout, sauf à la première arcade du bas-côté droit, que la nef n'a été construite qu'au xv$^e$ siècle.

La voûte, qui n'a guère que 12 à 15 centimètres d'épaisseur, offre une grande complication d'arceaux prismatiques croisés en tout sens. Ils s'élancent de chaque pilier au nombre de sept, dont cinq vont rejoindre les arceaux du pilier correspondant en décrivant une courbe gracieuse, et les deux autres s'appuient à une ligne droite qui va du sommet d'une fenêtre à l'autre. Malheureusement, ils s'appuient sur de maigres filets au lieu de chapiteaux luxuriants et riches. Une foule d'animaux fantastiques décorent les voûtes. Les écussons qui s'y trouvaient furent grattés pendant la révolution. Cette exécution, confiée à des ouvriers *intelligents et patriotes,* porte la délibération (20-24 juin 1794), coûta 174 liv. (L. S.)

(2) Il y avait avant l'incendie un plus grand nombre de chapelles que présentement, et dans presque toutes se trouvaient des tombes avec inscriptions que j'ai vu détruire en partie. Celles qui existent sont :

A droite en partant de l'autel :

La chapelle Saint-Jean ou des Tabur, où l'on voyait avant l'incendie les tombes des Tabur ; mais leurs descendants ayant

Le portail est beaucoup plus récent que la nef ; il est d'une architecture gothique moderne ; le travail en est léger et hardi. Il est composé de deux petites tours et de trois arcades, dont celles des côtés sont à pans coupés ; leurs couronnements sont des entrelacs à jour, contenus, à cause de la légèreté de l'ouvrage, par des armatures de

embrassé le calvinisme, les Desportes-Vauguimont s'en emparèrent. Les boulangers obtinrent la permission d'y placer la statue de Saint-Honoré.

La chapelle Sainte-Anne ;
La chapelle de la Trinité ;
La chapelle Sainte-Géneviève ou des représentants Bouvet. Les fonts baptismaux y sont présentement. M. de Marescot, petit-fils d'une demoiselle Bouvet, de la branche de Rosai, la possède.

A gauche :
La chapelle Sainte-Cécile. Lorsqu'on y enterra M<sup>me</sup> Guêtre, qui était du Perche en son nom, on trouva dans la fosse plusieurs petits pots de terre remplis de charbon.

La chapelle Saint-Gilles ou des Broussets. Cette famille y avait sa sépulture, et on y voit encore les tombes de quelques-uns de ses membres. On y transféra aussi le titre de la chapelle Saint-Denis, qui était anciennement au Château, lorsqu'on la détruisit, et le titulaire l'a desservie jusqu'à la Révolution.

La chapelle Notre-Dame de Pitié ou des Boislambert. On y voit plusieurs de leurs tombes. Cette famille étant devenue calviniste, le trésor a jugé à propos d'en disposer en faveur de M. Bourdon de Badoire (1).

La chapelle de l'Assomption ou des Pérou. Robert Pérou la fit construire, et obtint, le 10 avril 1502, la permission d'y faire dire la messe. Comme il était receveur à Alençon, il prit pour armoiries une bourse. Il est représenté dans le vitrail avec une bourse suspendue à sa ceinture. On voit dans cette chapelle les

PILATRE, *Compil. chron. Eccles. sag.*, mss.

(1) Le droit de banc et de sépulture dans cette chapelle, appartenait aux Boislambert, qui l'avaient dotée et fondée par des donations en faveur de la confrérie de Notre-Dame de Pitié, en 1499 et 1505. La branche aînée de cette famille se fit protestante, puis revint au catholicisme. Un procès très-vif s'engagea (1767-1775) entre Boislambert, juge consul, et Leconte La Verrerie, ancien maire d'Alençon, qui la représentaient, et Bourdon de Badoire, qui représentait la branche cadette restée catholique. Ce dernier, qui avait d'ailleurs la possession, gagna à Alençon et à Rouen. (L. S.)

*Mém. imprimés.*

fer. Ces ornements se terminent en pyramides. La principale face du frontispice est terminée de la même façon. Au dessus, on voit la Transfiguration de Notre Seigneur avec tous ses attributs. Le dessus de la porte représente

tombes de cette famille. Elle passa aux Truel, et de ceux-ci aux Klasten (1).

Il y avait encore, avant l'incendie, la chapelle Saint-Louis, aux Le Hayer ; la chapelle des Secrétaires, que la famille Le Coustellier s'était attribuée ; et aux deux premiers piliers de la nef, celle de Saint-Laurent, aux Le Sage de La Cornellière, et une autre qui, des Erard de Ray, avait passé aux Boullemer de Bresteau.

Enfin, Marguerite de Lorraine, duchesse d'Alençon, fit bâtir au commencement du XVI<sup>e</sup> siècle, un grand oratoire appelé la chapelle de *Madame,* et depuis la chapelle du *Rosaire.* Cette chapelle avait 25 pieds de longueur sur 17 de largeur et 34 d'élévation. Il y avait dans cette chapelle une cheminée pratiquée dans un pilier. C'est aussi dans cette chapelle qu'étaient inhumés les domestiques des ducs. Elle était à l'extrémité du latéral droit, à côté du chœur ; la chapelle de la Charité était de l'autre côté. (O.D.)

Les chapelles actuelles de la nef sont dans l'ordre suivi par O. D. :

A droite :

Sacré-Cœur de Jésus.

Saint-Donat, Notre-Dame de Grâce, Saint-Blaise, par translation de la chapelle de ce nom qui se trouvait au haut du faubourg de ce nom.

Sainte-Barbe,

Saint-Jean-Baptiste ou des fonts.

A gauche :

Sacré-Cœur de Marie,

Sainte-Anne,

Sainte-Elisabeth,

Visitation.

Aucune n'a donc gardé son ancien vocable. (L. S.)

*Mém. imprimés.* (1) Le comte de Klasten, « qui avait, disait-il, l'avantage d'appartenir par son origine à plusieurs têtes couronnées, qui appartenait à ce titre à notre souverain lui-même, » fit refaire les vitraux de cette chapelle par Guerrier, vitrier, en 1773. Il voulait changer les panneaux qui étaient en verre blanc et en losange, et en substituer d'autres avec une petite bordure de verres de couleur. Procès eut lieu pour le paiement et M. de Klasten le perdit. (L. S.)

l'arbre de Jessé (1). M. d'Argentré, évêque de Seès, avait fait fermer le portail d'une très-belle grille en fer, en décembre 1786.

La nef est très-éclairée ; la peinture sur verre était à son plus haut degré de perfection, lorsque les vitraux furent faits. Il y en a peu en France dont le coloris soit aussi beau. On doit faire une attention particulière à celui qui est le troisième à droite. On y voit Philippe d'Alençon, patriarche d'Aquilée, et Charles d'Alençon, jacobin et archevêque de Lyon, qui présentent le comte Pierre, Marie de Chamaillart, sa femme, et tous leurs enfants à

---

(1) Le portail de Notre-Dame appartient au style ogival quartaire ou gothique flamboyant. Il dut être construit à la fin du xv<sup>e</sup> ou au commencement du xvi<sup>e</sup> siècle. La saillie des trois arcades qui le composent, sur le pignon de la nef, est une disposition des plus heureuses et des plus rares : elle rappelle le portail, bien autrement célèbre, de la charmante église Saint-Maclou, à Rouen. Deux étages de galeries, dallées en larges carreaux de granit, se partagent le dessus du portail. Les statues qui représentent la Transfiguration sont largement drapées et les figures n'en manquent pas d'expression ; mais elles sont mal groupées et ne produisent, vues d'en bas, que très-peu d'effet. Celle de saint Jean tourne le dos à la rue pour regarder le Christ placé au-dessus de sa tête, et une vieille tradition veut que, lors du pillage de l'église par les protestants, en 1561, elle se soit ainsi subitement retournée au moment où leurs mains sacrilèges essayaient de l'abattre. Il est d'autant plus probable qu'elle n'occupait même pas alors la place où nous la voyons, qu'une statue de Saint-Sauveur, qui décorait le portail de Notre-Dame, *Annales de l'Ave Maria.* fut, en effet, arrachée par les protestants, et fracassa en tombant les jambes de l'un d'eux. Les arcades, qui menaçaient ruine de tous côtés, ont été refaites sur l'ancien plan et aux frais du gouvernement, de la ville et de l'église, il y a quelques années. La reconstruction en a été dirigée par M. Dédaux, architecte du département. L'arbre de Jessé, qui ornait le tympan de la porte principale, avait été entièrement détruit. On l'a remplacé par une statue fort médiocre de la Sainte-Vierge. Les statues qui décorent les voussures de cette porte sont d'un charmant travail. (L. S.

Notre-Dame de Pitié (1). L'orgue fut placé le 17 septembre 1537 (2).

(1) Ces vitraux furent peints de 1511 à 1543, et le peuple montre, sur la dernière fenêtre à gauche en entrant le portrait du peintre, suisse de nation, auquel il les attribue.

La fenêtre au-dessus de l'orgue paraît un peu plus ancienne que les autres. On y voit l'arbre de Jessé ; une nativité (celle de la Vierge, sans doute) ; des tanneurs, des bourreliers, des cordonniers occupés de leurs travaux, et dont la présence rappelle que cette fenêtre avait été donnée et était entretenue par la confrérie des tanneurs dite de l'Angevine.

Première fenêtre à gauche en entrant : La Création.

Deuxième : Chute d'Adam ; Adam et Eve chassés du Paradis ; Abel immolé par Caïn Cette belle verrière a été dessinée et et publiée par M. F. de Lasteyrie dans son grand ouvrage sur la peinture sur verre.

Troisième : Sacrifice d'Abraham.

Quatrième : Passage de la mer Rouge ; au bas deux inscriptions, l'une : Mᵉ Felix Brye, abbe de S. Evrolt et prievr de ceans, a donne cette presente... l'an 1535 ; l'autre : l'an 1624... presentes ont ete faites a la diligence de Mᶜ Salomon Thvavdiere, cvre de ceans, de Gvillavme Portes, escvyer sʳ de Brvllemail, lievtenant general cr. d'Alençon et Franc. Savary, margvilliers de cette eglise.

Cinquième : Le Serpent d'Airain.

Première à droite : Présentation de la Vierge au Temple.

Deuxième : Mariage de la Vierge.

Troisième : Notre-Dame de Pitié. La femme agenouillée aux pieds du Christ est sainte Madeleine, parfaitement reconnaissable à son auréole et au vase à parfums placé près d'elle. Nous ne savons sur quoi s'est fondé O. Desnos pour y voir Marie de Chamaillart. Cette princesse eut huit enfants, dont un fils qui périt à Azincourt, et sur le vitrail la donatrice n'est accompagnée que de quatre filles.

Quatrième : La Salutation angélique.

Cinquième : Mort de la Vierge. Ce vitrail, qui avait beaucoup souffert lors de l'incendie de 1744, a été restauré et refait en grande partie, en 1846, mais la restauration en laisse beaucoup à désirer.

*Art en province*, t. XI, p. 270. — *Bulletin monumental*, t. VIII, p. 103.

Nous avons publié une notice détaillée sur cette galerie de vitraux qui ne paraissent pas tous de la même main, mais dont l'ensemble est remarquable de couleur, de dessin et de conservation, et dont quelques-uns, notamment la Présentation au temple et le Mariage de la Vierge, sont véritablement magnifiques. (L. S.)

(2) Les protestants le détruisirent. Le buffet actuel fut placé au xviiᵉ siècle, augmenté et embelli en 1720. La restauration du jeu, en 1846-47, par M. Luce, a coûté 10,500 fr. (L.-S.)

Cet édifice est soutenu en dehors par douze arcs-boutants ornés de pyramides. Le comble est orné de balustres figurées à jour, comme ceux des bas-côtés ; ils étaient autrefois couverts en plate-forme, comme les trois vestibules du portail : tous ces ouvrages ont beaucoup souffert, en 1562, des ravages des protestants. Le feu du ciel les a aussi endommagés en différents temps. Il fut sur le point de consumer entièrement tout l'édifice, la nuit du 2 au 3 août 1744. Le tonnerre tomba sur la flèche qui était faite en forme de vis posée sur quatre piliers, ornée de quatre autres petites flèches surmontées de petites croix à chacun des angles. La flèche principale formait, vers les deux tiers de sa hauteur, une boule considérable. Son élévation était de 32 toises ; les cloches qu'elle renfermait furent fondues (1). L'ancien chœur des moines qu'on avait toujours laissé subsister ; la chapelle de Madame ou du Rosaire, celle de la Charité et une partie du comble de la nef furent tellement endommagés par le feu, qu'on a été obligé de reconstruire à neuf toutes ces parties sur les dessins de M. Perronet (2), alors ingénieur des ponts-et-chaussées dans la généralité d'Alençon. On a pratiqué deux arcades, qui ont 18 pieds et demi de hauteur sur onze de largeur, et cinq de profondeur, pour deux chapelles. La croisée a 52 pieds de longueur sur 26 de lar-

(1) Ces cloches avaient été placées en 1673 et 1678. Les six cloches actuelles formant une sixte majeure d'*ut* en *la*, et pesant ensemble 6,408 kilog., ont été bénites en 1853. (L. S.)

(2) Jean Rodolphe Perronet, né à Surène, près Paris, en 1708, mort le 27 février 1794, a laissé une grande réputation comme ingénieur-constructeur, comme mécanicien et même comme écrivain ; mais étranger à l'étude de l'architecture religieuse, partageant du reste tous les préjugés de son temps contre celle du moyen-âge, il gâta complètement l'église qu'il était chargé de restaurer ; ses restaurations n'ont pas même le mérite de la solidité. Il fut appelé, en 1747, à la direction de l'école des Ponts-et-Chaussées. (L. S.).

geur et 43 de hauteur. La tour est au centre, et terminée par un dôme ; le tout à 143 pieds de hauteur (1).

Le nouveau chœur est plus élevé, plus large et plus profond que l'ancien ; il a 52 pieds 10 pouces de longueur sur 28 de largeur et 53 de hauteur. Une inscription placée à la voûte fixe l'augmentation et les parties à la charge des gros décimateurs et des habitants.

Le caveau des ducs d'Alençon y est pratiqué (1). On en

---

*Journal du département de l'Orne, 5 juill. 1808.*

(1) La foudre frappa de nouveau le clocher de Notre-Dame le 1er juillet 1808, à 7 heures et demie du soir, pendant un orage terrible qui causa, dans le reste du département, d'immenses dégâts. La foudre arracha des murs d'énormes pierres et brisa la chaire avec un horrible fracas. L'église était alors occupée par un baptême et par deux enterrements. Une tradition populaire veut même que l'un de ces enterrements fût celui d'un individu que l'on baptisait en 1744, au moment du premier incendie ; personne ne périt. Des secours portés avec dévouement malgré l'extrême danger que couraient les travailleurs sous une pluie de madriers en flammes et de plomb fondu, préservèrent les charpentes du clocher. Le petit couronnement, qui surmontait le dôme actuel et qui en atténuait un peu la lourdeur, ne fut pas rétabli. (L. S.)

M. LIBERT, *Note sur le caveau des ducs d'Alençon*, dans les *Mém. de la Soc. des Antiq. de Norm.*, 1re série, t. X, p. 506. - L. DE LA SICOTIÈRE, *Note* dans l'*Hist. de Marguerite de Lorraine*, par l'ab. LAURENT, p. 41. — BELARD, mss. — LECONTE LA VERRERIE, *Annales*, mss.

(2) Ce caveau est creusé dans le chœur, sous l'autel. Il est recouvert d'une voûte en berceau légèrement aiguisée au sommet.

L'inscription placée sur le cercueil de René portait : CY GIST RENE DVC D'ALENÇON, QVI DECEDA EN LA MAISON DV PARC OV LA CHAPELLE EST EDIFFIEE, LE JOUR ET FESTE DE LA TOVSSAINCTS, L'AN 1492. IL AVOIT D'AGE 52 ANS LORS DE SON DECEZ.

On lisait sur le second cercueil : CY GIST CHARLES DVC D'ALENÇON FILS DV DVC RENE, LEQVEL CHARLES DECEDA EN L'AGE DE 35 ANS A SAINT-JVST SVR LION, DE RETOVR DE LA BATAILLE DV PARC DE PAVIE, LE 11 D'AVRIL 1524, AVANT PASQVES, ET FVT ICI APPORTE LE MERCREDI DES ROGATIONS ENSVYVANT ET INHVME A MOVLT REGRETS PLEVRS ET CLAMEVRS TRES DOVLOVREVX DE SES SVBJECTS ET DE LA GRANDE ASSAMBLEE D'AVLTRES GENS, PRELATS ET SEIGNEVRS QVI Y ASSISTERENT.

Sur le troisième : CY GIST MONSEIGNEVR JEAN DE NAVARRE, PRINCE DE VIANNE, FILS AINE ET VNIQVE DE HENRY IIe DE CE NOM, PAR LA GRACE DE DIEV ROY DE NAVARRE, ET DE MADAME MARGVERITE DE FRANCE, SOEVR VNIQVE DE FRANÇOIS Ier DE CE NOM, LEQVEL

fit la dernière ouverture, le 6 novembre 1749. Il a 7 pieds de profondeur, autant de largeur, sur six de hauteur. Il renferme trois cercueils. Celui du milieu contient le corps du duc René ; il est en plomb, et renfermé dans un autre de bois, garni de deux cercles de fer, avec deux poignées aux deux extrémités pour le porter, et au-dessus une lame de cuivre avec une inscription. Le second est posé du côté de l'évangile ; c'est celui de Charles IV, son fils ; au-dessus on lit une inscription sur une lame de cuivre. Le troisième, placé du côté de l'épître, est en partie de bois et en partie de plomb : une épitaphe, gravée sur une lame de cuivre, apprend qu'il renferme les cendres du

*Procès-verbaux des 20 mars 1675 ; 22 septembre 1675, et dernier septembre 1676.*

SEIGNEVR ET PRINCE TREPASSA LE 25 DE DECEMBRE L'AN 1530, EN LAGE DE 5 MOIS ET DEMI, ET FVST INHVME DANS CE LIEV LE 26 DV DICT MOIS DE DECEMBRE 1530.

Ces cercueils étaient posés sur des barres de fer scellées dans les murs et soutenues elles-mêmes par d'autres barres perpendiculaires.

Le caveau fut ouvert le 6 novembre 1649; le 20 mars 1673, par Julien Pasquier, curé d'Alençon, sur l'ordre de la duchesse de Guise ; le 22 septembre 1675 ; le dernier septembre 1676 ; le 6 novembre 1749, au moment de placer l'autel, et le 20 mars 1750. En septembre 1792, on y pénétra pour en arracher les cercueils de plomb. Enfin, vers 1838, des réparations faites aux marches de l'autel me permirent d'y descendre.

Le procès-verbal de 1673 rapporte qu'après avoir ouvert le cercueil de plomb, on trouva le duc René « en chair et en os, à plein
» le cercueil, comme s'il y eût été mis depuis deux ou trois heures,
» la chair palpable, la bouche petite et ouverte, les dents très-
» belles et blanches, les yeux un peu enfoncés, la peau aussi bien
» que les linceuls, basanée, couleur de baume. » En 1749, le corps de René était encore « tout entier, couvert de sa
» peau ressemblant à du parchemin, la tête couverte d'un bonnet,
» les linceuls bons et entiers, mais humides et de couleur de
» baume... » En 1838, je ne trouvai plus que des fragments d'ossements épars, des dents et quelques mèches de cheveux rougis sans doute par leur contact avec la chaux, gisant dans la poussière, pêle-mêle avec des débris de planches et de ferrements. (L. S.)

LECONTE LA VERRERIE, *Annales*, mss. — BELARD, mss.

prince de Viane. Quelques écrivains ont avancé que Louis-Charles, dit de *Marle*, comte de la Marche, troisième fils d'Antoine de Bourbon, roi de Navarre, et de Jeanne d'Albret, frère puîné de Henri IV, a été inhumé dans l'église Notre-Dame d'Alençon; ils insinuent encore que Marie-Françoise de Valois, duchesse d'Angoulême, mère de Louis-Joseph de Lorraine, duc de Guise, qu'ils prétendent être morte à Alençon le 5 mai 1695, y a été aussi inhumée; mais si ce prince et cette princesse avaient été inhumés à Alençon, on aurait trouvé quelque trace dans le caveau des ducs, ou quelque tombeau, ou enfin quelque inscription. D'ailleurs, Antoine, roi de Navarre, et Jeanne, son épouse, n'ont jamais possédé aucune portion du duché d'Alençon. La mère du duc de Guise mourut, le 4 mai 1696, dans l'abbaye d'Essai, où elle était pensionnaire depuis quelques années, et y fut inhumée (1).

<small>Dufourny, Hist. des gr. Officiers de la couron. (Édit. de 1712.) Ann. de la Monarch. Française, par DE LIMIERS.</small>

<small>Mém. de l'abb. d'Essai (extrait mortuaire).</small>

Marguerite de Lorraine fit élever, sur le tombeau du duc René son mari, un superbe mausolée; il est d'albâtre : sa hauteur, y compris la table de marbre noir qui en forme le couronnement, est de trois pieds un pouce; sa longueur de quatre pieds neuf pouces, et sa largeur de quatre pieds dix pouces; la table de marbre forme de tous côtés une saillie de six pouces huit lignes. Sur cette table sont couchées deux figures d'albâtre de grandeur naturelle; l'une représente le duc René et l'autre son épouse. Le premier est vêtu de son manteau ducal; on voit par dessous sa cotte d'armes semée de fleurs de lys et bordée de gueules, avec des bezans d'argent de distance en distance, un coutelas au côté. Sa tête est découverte et appuyée sur un carreau : ses pieds posent sur un lion couché sur le ventre, et tenant dans sa gueule une branche de pommier chargée de pommes. Marguerite porte le manteau ducal par dessus les habits du temps. Sa tête,

<small>L. DE LA SICOTIÈRE, Note citée.</small>

(1) Dans la place la plus apparente du cloître des dames Religieuses, sous une dalle de marbre noir sans inscription. (O. D.)

appuyée comme celle de son mari, est ornée du cercle ducal; ses pieds posent sur un chien. A la tête du duc, on voit deux anges qui portent son casque ; deux autres, placés de la même façon, soutiennent les armoiries de la duchesse qui sont parties d'*Alençon* et de *Lorraine*. Le reste du couronnement, du côté de la tête des figures, est rempli par deux grosses masses d'ornements gothiques à jour. Tout le contour du mausolée est décoré de bas-reliefs d'une architecture gothique qui forment des niches de distance en distance. On en voit à chaque angle, six sur chaque face et deux à chaque bout. Ces niches sont garnies de figures très-délicatement travaillées ; chacune a environ un pied de hauteur. La plus grande partie des ornements qui forment ces bas-reliefs sont dorés. Des ecclésiastiques ayant persuadé à M$^{me}$ la duchesse de Guise que ce monument nuisait au service divin, elle le fit transférer, en 1675, dans le sanctuaire du côté de l'évangile. Cette partie de l'église ayant été brûlée en 1744, M. Lallemant de Lévignen, alors intendant de la généralité d'Alençon, obtint, le 5 mai 1750, un brevet de permission pour le faire transférer dans un oratoire pratiqué exprès du côté de l'évangile, dans la partie de la nef qui venait d'être rétablie à neuf, avec une longue inscription (1) qui apprend ces particularités. Le marbrier, chargé de trans-

(1) En voici le début : CE MAUSOLEE DE M. RENE DE VALOIS, DUC DALENÇON, MORT EN 1492, ET M$^{ME}$ MARGUERITE DE LORRAINE, SON EPOUSE, ETOIT ANCIENNEMENT PLACE SUR LE CAVEAU DE LA SEPULTURE DE CE PRINCE SITUEE AU MILIEU DU CHOEUR DE CETTE EGLISE ; MAIS LA DUCHESSE, SON EPOUSE, N'Y A PAS ETE INHUMEE. SA SEPULTURE EST DANS L'EGLISE DE L'ABAIE DE SAINTE-CLAIRE D'ARGENTAN QU'ELLE AVOIT FONDEE EN 1517, OU ELLE SE FIT RELIGIEUSE EN 1519, ET OU ELLE MOURUT EN 1521. M. CHARLES IV DE VALOIS, DUC D'ALENÇON, LEUR FILS, DECEDE EN 1525 A LION, A EU AUSSI SA SEPULTURE DANS LE CHOEUR A COTE DU PRINCE SON PERE, AINSI QUE M. JEAN D'ALBRET MORT EN 1550, AGE SEULEMENT DE 5 MOIS ET DEMI, FILS DE HENRY II, ROI DE NAVARRE, ET DE M$^{ME}$ MARGUERITE D'ORLEANS, SON EPOUSE, SOEUR DE FRANÇOIS I ROI DE

porter et de nettoyer ce monument, que l'on croit de Michel Colomb, le premier sculpteur de son siècle, en a gâté et même brisé plusieurs pièces.

FRANCE, LAQUELLE ETOIT VEUVE EN 1ʳᵉ NOCE DE M. CHARLES IV DE VALOIS, DUC DALENÇON CY DESSUS.

CE MAUSOLEE DE M. RENE DUC DALENÇON FUT CHANGE DE POSITION PAR LA SUITE, etc

On lisait autour du mausolée cette inscription en caractères gothiques : CY GIST TRES HAVLT ET TRES PVISSANT PRINCE MONSEIGNEVR RENE DVC DALENÇON, PER DE FRANCE, COMTE DV PERCHE ET VICOMTE DE BEAVMONT, QVI DECEDA LAN DE GRACE MIL QVATRE CENT QVATREVINGT DOVZE LE PREMIER JOVR DE NOVEMBRE, PRIES DIEV POVR SON AME..... MADAME MARGVERITE DE LORRAINE DVCHESSE DALENÇON, SA COMPAGNE. Il paraît que Marguerite avait eu l'intention de se faire inhumer à côté de son mari.

*Monum. de la Monarch. Fr., t. IV., p. 59 et 60.*

On trouve dans Montfaucon une vue de ce tombeau qu'il place, par une erreur évidente, à gauche du maître-autel de Notre-Dame de Paris. O. Desnos, frappé de quelques dissemblances de détail dans les costumes, croyait qu'il existait deux tombeaux différents de René et de Marguerite, mais outre que les dessins de Montfaucon ne font guères autorité, ces prétendues dissemblances résultent tout simplement de ce que son dessinateur a représenté debout les deux personnages couchés sur le tombeau. Il est bien certain que le chœur de Notre-Dame de Paris ne renfermait point de mausolée élevé à René et à sa femme.

*Piganiol de la Force, Descr. de Paris.*

Nous croyons que les deux statues étaient en marbre blanc et non en albâtre. Les ornements et les figurines étaient en albâtre. Nous possédons une aiguille ou clocheton à crochets délicatement sculptés, qui terminait un des petits contreforts latéraux. Il est en albâtre doré. (L. S.)

Un Breton passant par Alençon annonça qu'un bataillon de gardes nationales, qui devait arriver le jour suivant, ravagerait l'église s'il y trouvait encore ce monument où l'on voyait plusieurs armoiries. M. Lalouette, alors curé d'Alençon, et les marguilliers eurent la faiblesse de se laisser persuader d'ouvrir la chapelle. Le désorganisateur non content de briser les armoiries, mutila les statues du duc René et de son épouse et arracha l'inscription. (O. D.)

*Libert, Note citée.*

Le même jour ou peu de temps après, le 8 septembre 1792, les statues et le reste du monument furent entièrement brisés, et les débris traînés par les rues. (L. S.)

La ville d'Alençon est redevable au zèle et au bon goût de M. de Lévignen de l'autel placé sur ce tombeau. Un magnifique baldaquin s'élève vers la voûte ; il est soutenu par des colonnes de marbre jaspé et couvre un autel à la romaine ou isolé sur lequel est placé un tombeau, aussi de marbre, qui porte une descente de croix; le tout travaillé avec délicatesse et enrichi de dorures. Une balustrade de fer clot le sanctuaire et une grille de fer fait la clôture des deux côtés du chœur (1).

Les bas-côtés de ce chœur sont formés par deux chapelles, l'une de la Vierge et l'autre de la Charité ; elles ont chacune quarante-cinq pieds cinq pouces de longueur, sur dix-huit pieds deux pouces de largeur et sur cinquante-sept pieds et demi d'élévation ; celle de la Charité est bâtie sur une voûte sous laquelle passe une

(1) O. Desnos ne parle pas de la chaire, fort curieuse pourtant, de l'église Notre-Dame. Elle est en pierre et porte la date de 1536. Des masques, des guirlandes, de petits pilastres dans le goût de la renaissance, quelques figures dans lesquelles on a cru à tort reconnaître les Evangélistes, de pieuses sentences en décorent les faces. L'escalier, fort incommode, mais curieux par sa singularité, est creusé dans l'épaisseur même du pilier auquel elle est adossée. Une tradition que rien ne justifie et qui en rappelle beaucoup d'autres du même genre, veut qu'elle ait été construite par un condamné à mort, auquel ce travail aurait valu sa grâce. LEQUEU, *Notes,* Elle fut restaurée et l'abat-voix placé en 1765. mss.

On voit aujourd'hui dans l'église d'Alençon, à laquelle aucun souvenir ne la rattache, la statue tumulaire, en marbre blanc, de Catherine Nogaret de la Valette, femme de Henri de Joyeuse. Cette statue provient du chœur des Cordeliers de Paris, où Catherine avait été inhumée, et fut envoyée à Alençon après la dispersion du musée des Petits-Augustins.

Il était d'usage de peindre dans l'église N.-D., sur les piliers et dans les chapelles, des litres ou ceintures funèbres chargées des armoiries des défunts. La duchesse de Guise, par une ordonnance *Titre orig.* du 23 juin 1678, les fit supprimer, « cet honneur ne devant être » déféré qu'aux ducs et duchesses d'Alençon. » Elle supprima également l'usage de laisser pendant plusieurs jours de suite les tentures de deuil exposées dans l'église. (L. S.)

rue. On y voit l'épitaphe de M. de Lévignen, intendant d'Alençon (1). Le service solennel, qui avait été transféré dans l'église des Capucins, recommença à Notre-Dame, le dimanche 11 juin 1752.

Un ancien missel de Seès fixe la première dédicace de l'église d'Alençon au 18 des calendes d'octobre.

Bélard, mss.

Le détail historique de toutes les confréries de cette église me conduirait trop loin ; d'ailleurs plusieurs ne sont pas étayées de lettres-patentes, telle entr'autre que celle des *Secrétaires*, fondée par les secrétaires de René, duc d'Alençon, sur le modèle de celle que Charles V permit aux secrétaires du roi de fonder dans l'église des Célestins de Paris. Je dirai seulement un mot des principales.

Celle de *La Présentation* fut fondée par les habitants. Pierre II, comte d'Alençon, en amortit les biens, par lettres-patentes du 20 octobre 1378, à la charge de dire chaque jour de l'année une messe à *notes*. Ses biens s'étant augmentés, on assujettit les chapelains à chanter l'office canonial, toutes les fêtes de Notre-Seigneur, celles de la Vierge et celles des Apôtres. Les confrères nommèrent, pendant long-temps, les chapelains. Les brigues et la cabale ayant souvent part à l'élection, il fut arrêté que l'administrateur et les chapelains s'assembleraient en chapitre, à chaque vacance, en présence du juge, et que là on nommerait deux sujets, dont un serait choisi par le duc d'Alençon ; ce qui fut confirmé par lettres-patentes du roi et de la reine de Navarre du 12 août 1527. Cette confrérie souffrit beaucoup des premiers troubles du Calvinisme : une partie des chapelains embrassa les nouvelles opinions ; les autres prirent la fuite. Ces troubles cessés, il se trouva qu'une partie des biens avait été usurpée. Les chapelains, qui avaient été au nombre de seize, avec quatre enfants de chœur et deux clercs, furent

(1) Elle a disparu. La chapelle n'est pas bâtie *sur* une voûte, mais simplement adossée à la voûte. (L. S.)

réduits à sept chapelains y compris le curé, quatre enfants de chœur et deux clercs. L'évêque de Scès ordonna, en 1625, que le service divin de la Confrérie consisterait dans l'office solennel le jour de la Présentation de la Vierge, compris les premières vêpres ; trois grandes messes le lendemain et deux messes chacun autre jour de l'année, l'une basse, qui devait être dite à cinq heures, et l'autre à notes, à huit heures et demie. Il y a bien longtemps que la messe basse a cessé. C'est aujourd'hui le lieutenant général qui choisit l'un des deux présentés pour remplir chaque place vacante (1).

La confrérie du *Saint-Sacrement* est ancienne. En 1506, elle avait sept chapelains. Elle a perdu, en 1728, la majeure portion de ses revenus (2) ; en sorte que ses offices sont réduits à une grande messe, avec exposition du Saint-Sacrement, les premiers jeudis du mois, et salut, le soir.

Celle de *Saint-Nicolas*, qui avait, en 1525, six chapelains, est presque anéantie. Le curé les nomme. On n'y fait plus d'office que le jour de la fête de Saint-Nicolas.

(1) En 1645, la confrérie payait 4 livres de rétribution pour une messe par semaine. La rétribution annuelle des chaplains était autrefois de 15 livres ; ils avaient 24 liv. en 1620 ; 18 liv. en 1626 ; 26 liv. en 1640 ; 30 liv. en 1644 ; 35 liv. en 1652 ; 40 liv. en 1658, et un boisseau de froment pour le pain des messes. En 1720, ils touchaient 70 liv. pour tout et quelque casuel. Le curé était premier et principal chapelain, mais il n'avait que le traitement des autres. (L. S.) — BELARD, mss.

(2) Toutes ses rentes furent amorties en billets de la banque de Law. Il lui resta 900 liv. au denier 40 sur l'Hôtel de Ville de Paris, et 1040 liv. au denier 50 sur les rentes provinciales. On commença alors des quêtes à la messe du Saint-Sacrement. Les chapelains, en 1506, avaient chacun 3 liv. Il y avait 3 messes hautes le jeudi, le vendredi et le samedi de chaque semaine. Le curé, pour assistance à un service, avait 3 s. 4 den. de rétribution. Chaque chapelain recevait 2 s. le Jeudi saint, 5 s. le jour de l'octave du Sacre, et 12 d. le jour de Saint-Pierre. En 1596, ils avaient chacun 4 l. de rétribution par an ; en 1682, 2 l. 10 s. ; en 1743, 4 l. (L. S.) — *Ibid.*

On choisissait anciennement un enfant qualifié de la ville qu'on habillait en évêque ; il était le roi de la fête, où il se faisait vraisemblablement bien des extravagances, comme dans d'autres églises où on célébrait la fête des Innocents et autres semblables (1).

Celle de *Notre-Dame-de-Pitié* doit sa fondation à l'ancienne famille des Boislambert, qui y fondèrent, en 1505, quatre chapelains ; on les augmenta jusqu'à huit. Elle se dessert dans une chapelle particulière, sépulture ordinaire de la famille ci-devant nommée. Le nombre des chapelains a été réduit ; le curé a deux chapellenies. On a profité du temps où une branche des Boislambert avait embrassé le calvinisme pour les dépouiller de leurs droits ; aujourd'hui qu'ils sont redevenus catholiques romains, il semble que les choses devraient être remises dans leur premier état (2).

La confrérie de l'*Assomption*, quoique fort ancienne, est presque anéantie (3).

Celle de la *Conception* fut fondée, le 14 octobre 1487, par Réné, duc d'Alençon ; il lui assigna une rente sur le

---

BELARD, mss.

(1) En 1525, les chapelains avaient 5 l. par an. Cette rétribution diminua progressivement. Le revenu de la confrérie n'était plus que de 11 l. 6 s. en 1725. (L. S.)

*Ibid.*

(2) En 1541, les chapelains avaient 6 l., et 5 s. pour la rétribution d'un service. En 1720, le curé avait 4 l. et les autres chapelains 2 l. Dans un règlement de 1625, il n'est question pour eux que du service du jour et de 3 obits. En 1674, la confrérie ayant été obligée de soutenir des procès, le curé et les chapelains firent remise de leurs traitements. Les obits cessèrent et furent remplacés plus tard par une messe de *Requiem* chantée le lendemain de la fête pour les bienfaiteurs. (L. S.)

*Ibid.*

(3) Elle avait, en 1569, neuf messes fondées par semaine et beaucoup de services. Elle avait eu jusqu'à neuf chapelains et il y en avait encore sept en 1602, et cinq en 1720. Le curé était chapelain. A partir de 1684, on ne fit d'autre service que celui de la fête de l'Assomption, avec 3 messes hautes le lendemain. (L. S.)

domaine d'Alençon et en accorda, en même temps, une autre aux chapelains de la *Conception* (1).

André Tabur, petit-fils de Jean, dont nous avons parlé, fonda celle de *Saint-Jean ;* il réserva pour lui et ses successeurs la nomination du chapelain. L'office ancien consistait dans le service solennel, le jour de la décollation de saint Jean-Baptiste, avec une procession dans la ville et une messe de *Requiem* le lendemain (2). L'auteur de ces *Mémoires* représente, par sa mère, le fondateur, et, en cette qualité, a le droit de présenter le chapelain (3).

La confrérie du *Rosaire* fut établie, le 6 octobre 1619, par Michel Vrandoux, docteur en théologie, prieur des dominicains du Mans et vicaire général de l'ordre ; le curé en est recteur ; elle est desservie, en outre, par sept chapelains (4).

(1) Il y avait 11 chapelains et le curé chapelain principal. Cette confrérie possédait 55 l. de rente sur le domaine : Le curé, premier chapelain, en avait 25 l. et devait dire une messe par semaine ; les autres chapelains, 28 l 10 s., et les clercs, 1 l. 10 s. (L. S.) — BELARD, mss.

(2) Cette confrérie n'avait que deux chapelains y compris le curé. Son revenu, très-modique, fut réuni en 1667 à celui de la confrérie de la *Présentation*. (L. S.)

(3) Jean et Guyon Tabur présentèrent, le 28 juin 1627, pour chapelains de la chapelle Saint-Jean, Jacques Bouchet, prêtre, au lieu du sieur Gaulart : l'héritière aînée de Guyon porta ses droits à la famille Rouillon. — *Minutes du notariat d'Alençon.*

(4) Elle obtint de l'évêque, en 1622, la permission de faire des quêtes, les 1er dimanche du mois et les fêtes de Vierge. Ces quêtes rapportaient, année commune, 30 l. L'entretien de l'autel et de la vitre était à la charge de la confrérie. L'enrôlement y était gratuit. Les confrères devaient entretenir dans la chapelle un grand tableau représentant la Sainte-Vierge et les 11 mystères du rosaire « qui sont les principaux de notre foi. » Cette confrérie faisait dire une messe chaque dimanche, à l'autel du Rosaire, à l'issue du prône de la messe paroissiale, et célébrer 6 anniversaires. En 1720, le curé touchait 15 l. et les autres chapelains chacun 4 l. 10 s. ; les serviteurs 8 s. pour chaque service, et 1 l. pour tendre et sonner les jours du Rosaire. (L. S.) — BELARD, mss.

Celle de *Sainte-Croix* est très-ancienne. Elle doit son origine à une portion de la vraie croix dont les confrères prétendent être dépositaires. On dit qu'elle fut apportée de Constantinople par Yves de Bellême, évêque de Séez, vers le milieu du onzième siècle, qu'elle passa ensuite aux comtes et ducs d'Alençon, et qu'enfin Marguerite de Lorraine en donna, vers l'an 1500, une parcelle à l'église Notre-Dame et une autre aux Cordeliers de Séez. M. d'Aquin, évêque de Séez, voulut constater l'authenticité de cette relique, en 1703. Il résulte de son procès-verbal qu'elle n'est point garnie de son authentique, et qu'elle est seulement honorée, sous le nom de la *Sainte-Croix*, depuis plus de trois cents ans, par les fidèles de la ville d'Alençon. Cette confrérie avait six chapelains; elle fut unie, en 1617, à celle de la *Charité*.

*Breviar. Sag.*

La confrérie de la *Charité* fut érigée en 1616. Le pape Paul V l'approuva, en 1617, et y accorda des indulgences. Il n'y eut d'abord que deux chapelains; on les augmenta, dans la suite, jusqu'à sept. Elle a eu de fréquentes contestations avec les curés, et surtout avec le curé Bourget. Elle obtint, au mois de septembre 1736, des lettres patentes du roi, vérifiées au parlement le 10 octobre suivant (1).

---

(1) La *Charité* se composait de treize frères, dont un prévôt et un échevin chargé de régir les biens de la confrérie pendant une année et qui passait ensuite prévôt. Ils étaient nommés pour deux ans.

BELARD, mss.

Les chapelains étaient nommés en l'assemblée des frères avec le concours du curé; mais l'évêque cassa, en 1664, une délibération des frères qui révoquait de leurs fonctions de chapelains Jacques Boucher et Guillaume Marignier. Les curés prétendaient être chapelains de droit, mais cette prérogative leur était contestée. La rétribution des chapelains qui n'était que de 27 l. en 1621, était montée à 43 l. en 1720. Ils avaient en outre un certain casuel. Leur rétribution pour chaque messe ou assistance aux services n'était dans le principe que de 5 s. Une sentence du bail-

Il y avait encore d'autres confréries : celle de *Sainte-Geneviève*, fondée par la famille de Bouvet qui subsiste dans les seigneurs de Louvigny au Maine ; celle des *Pélerins de Saint-Jacques*, qui devait son établissement au pélerinage que Jean II, duc d'Alençon, fit à Saint-Jacques en Galice ; celle des *Tanneurs* ou de l'*Angevine*, chargée

liage les avait condamnés à porter le chaperon en évidence sur le camail.

Les frères assistaient à l'inhumation des personnes distinguées, même de celles qui ne faisaient pas partie de la confrérie, et des protestants convertis dans leur dernière maladie, sans y être tenus. Ils assistaient aussi en corps aux processions des Rogations et aux autres processions, mais il y avait difficulté sur le point de savoir s'ils devaient précéder ou suivre immédiatement le clergé. Ils quêtaient tour-à-tour le dimanche pour les pauvres honteux.

Cette confrérie dans laquelle s'enrôlaient les personnages les plus importants de la ville, jouissait d'une grande popularité ; « toute la ville épouse bientôt leur parti, aussi il est à propos » que le curé les ménage autant qu'il est possible, » écrivait Belard.

Nous connaissons deux volumes publiés pour cette confrérie : l'un, *Règles et statuts de la confrérie de la Charité... approuvéz et autoriséz par R. P. en Dieu messire Jacques Camus, év. de Séès*. Alençon, Louis Hébert, 1624, in-16 ; en tête se trouve une épigramme dédicatoire en caractères grecs ; l'autre, *Lettres-Patentes du Roy qui approuvent.... la confrérie de Charité, données à Versailles au mois de septembre 1736*. Alençon, Malassis l'aîné, MDCCXXXVII, in-8° ; à la suite, quelques pièces et notamment le procès-verbal de la nomination des frères servants de la confrérie, faite en assemblée générale des habitants de la ville, convoqués à l'hôtel de ville au son de la cloche, le 23 novembre 1736, en présence du maire et des échevins.

Nous connaissons aussi deux *Mémoires* ou *Factum* pour les habitants d'Alençon, contre le curé Bourget qui s'opposait à l'obtention de lettres-patentes pour la confirmation de la Confrérie, 3 et 7 p. in-folio (vers 1735) ; un *Mémoire* du curé au Roi sur la même question, 13 p. in-folio (1735), et un autre *Mémoire* du même, 6 p. in-folio (s. d.), pour justifier l'ordonnance réglementaire de l'évêque. (L. S.)

du vitrail au-dessus de l'orgue ; celle de la *Rédemption des Captifs,* etc. (1).

<small>Anciens comptes de l'église Notre-Dame.</small>

On ne cessa de présenter le vin dans l'église de Notre-Dame, après la communion, qu'en 1649. On continua seulement aux grandes fêtes et à Pâques, jusqu'en 1670 que cet usage fut entièrement aboli (2).

L'abbaye de Perseigne donna le terrain voisin de l'église qui a servi de cimetière jusqu'en 1779 ; c'était auparavant une place publique (3). Plus anciennement, on enterrait dans le cimetière de Saint-Blaise, situé à l'extrémité du faubourg de ce nom, où l'on enterre aujourd'hui, depuis

<small>Belard, mss.</small>

(1) Les différents corps de métiers, les cordonniers, les boulangers, les menuisiers, les drapiers, les tailleurs, les serruriers, les carreleurs, les potiers, avaient des services, les uns fondés au trésor, les autres à la Charité, les autres non fondés dans l'église.

<small>Ibid.</small>

Les gens du Palais ne formaient pas une confrérie proprement dite, mais on leur disait, le jour de la fête de St Yves, 19 mai, une grand'messe dans la salle du Palais, préparée à cet effet avec les tapisseries de l'église. Le curé et son clergé s'y rendaient processionnellement de l'église. Le Palais fournissait le luminaire. Le curé n'avait d'autre rétribution que les oblations et les cierges.

Les confréries existant aujourd'hui dans l'église N.-D. d'Alençon, sont : le Scapulaire (N.-D. du Mont-Carmel), établi en 1804 ; le Rosaire, 1808 ; N.-D.-Auxiliatrice, 1819 ; le Sacré-Cœur de Jésus, 1820 (Statuts approuvés par l'évêque, le 16 juillet 1824) ; St Donat (indult du Pape Léon XII, du 30 avril 1824) ; le Rosaire Vivant, (autorisation de l'évêque du 1er janvier 1835) ; Association pour le salut de la France, avril 1852. (L. S.)

<small>Abbé Pascal Orig. de la Liturg. cath., p. 400. — De Caix, Not. sur le Prieuré de Briouze, 1856, p. 55.</small>

(2) On présentait dans beaucoup d'églises le pain et le vin après la communion. Ce pain, assaisonné de sel et d'épices, s'appelait pain de charité. Le vin était offert, soit comme un vestige de la communion sous les deux espèces, soit pour que l'hostie se détachât plus facilement du palais et des dents. Cet usage subsistait encore, peu d'années avant la Révolution, dans les églises d'Argentan et de quelques paroisses voisines. On l'observait aussi à N.-D. de Paris, aux grandes solennités, et dans beaucoup d'autres églises.

(3) Il y avait encore en 1509, droit de franchise pour les criminels qui s'y réfugiaient. (O. D.)

que le parlement de Rouen a interdit les enterrements dans les églises et dans les enceintes des villes (1).

On ignore absolument la première origine de ce cimetière. On sait seulement que M. Le Ferreur, seigneur de Mesnil-Haton, donna, avant 1400, un terrain pour l'augmenter. Il paraît y avoir fait bâtir une chapelle, que les curés d'Alençon prétendent avoir été succursale. Philippe, femme de Jean Chrétien, eut aussi part à la donation, et y donna une rente sur le fief Sebert ou Mesnil-Sebert, qui fut, ensuite, abandonné pour la rente, pour la fondation de quatre chapellenies. René, comte d'Alençon, amortit le 9 décembre 1400 cette donation, et acquit le droit de présentation et nomination. Les ducs d'Alençon y fondèrent aussi quatre chapelains. La perte des fonds a obligé de réduire ces chapelains à deux, dont l'un est à la nomination du duc d'Alençon, et le second à celle de la famille Dufriche, par le mariage d'une Le Ferreur avec Alleaume Dufriche. Tout joignant la muraille de la chapelle de Saint-Blaise, est celle de Notre-Dame-de-Grâce. On ne commence à en trouver des vestiges que vers 1600. Le curé fit ouvrir, en 1657, une communication de cette chapelle avec celle de Saint-Blaise. Jérémie Dubois, riche négociant de la ville, et Marie Rouillon sa femme, l'ont fait décorer en 1714, et mise en l'état où nous la voyons. Le P. Duplessis, jésuite, fameux missionnaire, fit planter, en 1745, un calvaire qui est adossé contre le pignon de cette chapelle (2).

L'église Saint-Léonard est fort ancienne, comme il

(1) Il fut supprimé vers 1812. En 1820, il fut question d'établir un hippodrome entre les routes de Caen et de Paris, sur l'emplacement très-aggrandi de ce cimetière. Le haras du Pin l'emporta et obtint l'hippodrome. Le champ de foire pour les chevaux fut alors établi. L'ancien cimetière en occupait la partie la plus rapprochée de la ville. (L. S.)

(2) On y lit sur une plaque de cuivre l'inscription suivante : INDULGENCE DE QUARANTE JOURS, LES FÊTES ET DIMANCHES, HORS LE TEMPS DES OFFICES, A CEUX QUI PRIERONT AU PIED DE CETTE

résulte des chartes de Froger, évêque de Seès. On prétend qu'originairement, à l'endroit où elle est bâtie, était déjà une chapelle Saint-Martin, qui subsiste encore, et que ce fut sous cet évêque qu'on en augmenta le bâtiment, qui fut mis sous l'invocation de Saint-Léonard ; ce devait être Saint-Léonard de Vandeuvre, dont Guillaume de Bellême, premier du nom, recouvra le corps, et en l'honneur duquel il fonda une superbe collégiale dans son château de Bellême (1). Ce solitaire avait choisi sa retraite à trois lieues d'Alençon, dans un lieu appelé Vandeuvre, et à présent Saint-Léonard-des-Bois (2). Son culte était encore si

CROIX, ÉRIGÉE EN L'ANNÉE 1745, RÉPARÉE EN 1750 ET 1776. CINQ PATER ET CINQ AVE POUR LA CONVERSION DES PÉCHEURS. (O. D.)

*Invent. des Reliques et bijoux de l'église Saint-Léonard, dressé en 1557.*

(1) Si l'on avait la grande image de saint Léonard en vermeil, ou son sceau qui étaient autrefois dans le trésor de cette église, on y pourrait retrouver la preuve de son vrai patron.

*Excursion à Saint-Léonard-des-Bois.*

*Hist. des Év. du Mans,* p. 153 et 154.

(2) Nous avons déjà dit un mot (p. 76), de ce site si cher aux promeneurs d'Alençon et des environs. Il a été souvent décrit et notamment par Paul Delasalle. La peinture qu'en a tracée Le Corvaisier dans son vieux style, est assez curieuse : « C'est une solitude affreuse à la veüe, inégale en sa situation et inaccessible en son abord, à cause des bois, des rochers et des précipices qui l'enuironnent de toutes parts.... La Sarthe détourne son canal pour suivre la route qui luy est ouuerte entre des montagnes qui la pressent des deux bords ; de là, passant au trauers d'une prairie où ses eaux sont retenües par quelques digues ou chaussées qui rendent son cours plus roide et plus violent, elle vient descendre pour faire mouuoir une forge qui fait esclater le résonnement de son bruit dans la concauité des rivages et des rochers qui entourent cette bourgade, laquelle, dans l'espace de ses maisons et terres adjacentes, a fort peu d'estendüe et de circonférence.... Depuis la sortie de Saint-Léonard jusques aux forges de la Bataille, soit qu'on suiue le canal de l'eau, soit qu'on prenne la trauerse, on ne void de toutes parts qu'une suite continuelle de rochers ou de montagnes couuertes en quelques endroits de bois taillis, et en d'autres, reuestues de mousse et de bruyères ; ce qui en rend l'aspect si sauuage, que l'on croid estre sous un autre climat et dans un païs étranger et détaché de la province. » (L. S.)

bien établi dans le pays, du temps de Saint-Louis, que l'église des Cordeliers de Seès fut consacrée sous son invocation, tandis que le culte de Saint-Léonard-de-Noblac, était absolument ignoré dans le pays. Il y a bien de l'apparence que l'église Saint-Léonard fut brûlée, ou essuya quelque autre malheur, qui obligea de faire, pendant long-temps, l'office dans la chapelle Saint-Martin. Peut-être même Geoffroy de Mayet, évêque de Seès, se trouva obligé, par cette raison, de l'unir vers l'an 1243, à l'église Notre-Dame, et d'en faire une simple succursale ou aide de cette église.

René, duc d'Alençon, fit commencer, vers l'an 1489, le rétablissement de l'église de Saint-Léonard, et laissa subsister l'ancienne chapelle Saint-Martin. Marguerite de Lorraine, après sa mort, fit continuer l'ouvrage. La dédicace en fut faite, le 19 juillet 1505, sous l'invocation de Saint-Léonard ; mais, comme le culte de celui de Vandeuvre était alors presque anéanti, on a toujours regardé depuis celui de Noblac, comme le premier patron. La voûte n'étant pas assez élevée, elle tomba le jour de Pâques 1645 : elle n'a jamais été relevée (1).

Marguerite de Lorraine avait enrichi cette église de vases sacrés, de châsses et d'ornements précieux, qui furent pillés, pour la plus grande partie, par les Huguenots. On y voyait encore, il y a peu d'années, une chappe faite du manteau ducal de cette princesse (2).

*Anc. Invent.*

---

(1) Cette église dont l'irrégularité et le délabrement étaient déplorables, a été restaurée en grande partie, et la réparation s'en continue sous la direction de M. Dédaux. On y remarque un très-beau vitrail, à la première fenêtre de gauche en entrant, et un autel en bois, dans le style du XVe siècle, sculpté avec talent par M. Blottière. Un vitrail moderne porte le nom du donateur, M. Maurice Astoud. (L. S.)

(2) Cette chappe fut fondue par un orfèvre qui était trésorier, en 1739, et l'argent en servit à acheter un ornement. (L. S.)

Lequeu, *Notes*, mss.

Il y a dans cette église, onze chapelles (1); celle de Saint-Martin, qui est derrière le chœur, est remarquable par son ancienneté (2). On y voit une tombe, sur laquelle est gravé un cœur. On la leva, en 1776 ; on trouva une espèce de petit caveau, qui contient une boîte carrée de plomb, vide, qui en avait renfermé une autre, où était un cœur. Ce fut donc là que fut déposé le cœur de René, duc d'Alençon (3), d'où il fut transféré dans l'église de Saint-François de Mortagne, fondée par son épouse, où il avait désiré qu'on le déposât. Elle n'était pas encore, à sa mort, en état de le recevoir.

L'église de Saint-Léonard a été décorée, depuis quelques années, par des libéralités de la famille Caget (4).

---

Champailly, p. 8.

(1) Les chapelles actuelles sont ainsi désignées : à gauche, les Fonts, St-Louis, St-Joseph, St-Léonard, Sacré-Cœur ; à droite, St-Etienne, Ste-Anne, Ste-Vierge.

On voit encore dans la muraille de l'ancienne chapelle St-Louis, aujourd'hui celle du Sacré-Cœur, une cheminée, basse, étroite et sans ornement, que Marguerite y avait fait pratiquer pour se pouvoir chauffer pendant ses longues dévotions du matin.

(2) Cette chapelle, qui forme aujourd'hui l'arrière-chœur, paraît du XIIIe ou du XIVe siècle, plutôt que du XIIe. Froger, dont O. D. la suppose contemporaine, occupa le siège épiscopal de Séès, de 1157 à 1190. (L. S.)

(3) « *Item*, un parement de velours noir pour mettre sur la
» tombe du cœur de monseigneur le duc d'Alençon... avec un
» écusson des armes dudit défunt, fait de broderie.
» *Item*, une tunique de velours noir à laquelle il y a un écus-
» son fait à broderie, qui a été faite du parement de velours, qui
» était sur la tombe dudit défunt. »

Lequeu, *Notes*, mss.

(4) Un lustre et une lampe donnés par M. Caget furent appendus le 5 novembre 1773 « au son des violons, des tambours et des
» orgues, au milieu d'un concours prodigieux d'assistants. »

L'ancien rétable, transporté plus tard dans la chapelle de l'Union, était l'œuvre de Valentin Périn, élève de Germain Pilon.

Arch. de l'Art Franç.

D'après une note extraite des mss. d'O. D., Germain Pilon eût été originaire de Mieuxcé, près d'Alençon où sa famille se serait longtemps conservée. Ses arrières-neveux auraient sculpté un tabernacle vendu, en 1752, à l'église St Léonard et détruit depuis long-temps. Le nom de Pilon est assez commun à Alençon et aux environs. (L. S.)

Il y a à Saint-Léonard des confréries, comme dans la plupart des églises. Celle de *Saint-Léonard* est la plus ancienne ; elle fut réunie, en 1504, à celle de *Toussaints* qui était alors desservie par quatorze chapelains : il n'y en avait plus que sept, en 1625. Les autres confréries sont celles de *Sainte-Catherine*, de *Sainte-Barbe*, de *Saint-Eloi* et du *Nom de Jésus* (1).

Le curé d'Alençon, son vicaire et la meilleure partie des habitants ayant embrassé le calvinisme, on n'osa faire la procession ordinaire avec le Saint-Sacrement le jour de la Fête-Dieu de l'année 1562. Hardouin du Bouchet, seigneur de Malèfre, escorté des bouchers armés de leurs outils de boucherie et accompagnés de leurs chiens, enhardit le vicaire de Saint-Léonard, le jour de la petite Fête-Dieu, à faire sortir le Saint-Sacrement. Ils firent si bien que tout se passa avec la plus grande tranquillité ; aucun huguenot ne se montra. Depuis ce temps, on continua, jusqu'en 1750, de faire la même procession, où le seigneur de Malèfre se trouve quelquefois, l'épée nue, et où les bouchers ne manquent pas (2). Mᵉ Julien Bourget, curé, l'interrompit cette année ; mais il fut obligé, dès

(1) La confrérie de *Toussaints* avait fini par absorber les autres confréries. Elle était importante et jouissait d'un certain revenu. Elle faisait célébrer une grand'messe chaque jour de l'année à 8 heures du matin et, en 1625, elle faisait, chaque jour aussi, célébrer une seconde messe basse. Le Pape Alexandre VII lui avait accordé des indulgences par bulles du 6 mai 1656. Ses chapelains, sous la présidence du curé d'Alençon, nommaient aux chapellenies vacantes.    BELARD, mss.

Sᵗ Léonard possède aujourd'hui les confréries suivantes :

Archiconfrérie de *l'Immaculé Cœur de Marie pour la conversion des pécheurs*, érigée le 1ᵉʳ avril 1839, et affiliée à celle dirigée par M. l'abbé Des Genettes, le 5 avril 1839. Elle est extrêmement nombreuse.

Archiconfrérie *pour la réparation des blasphèmes*. (L. S.)

(2) Les bouchers avaient en outre une fête particulière, dont la célébration entraînait parfois, dans l'église Saint-Léonard, de

l'année suivante, de reprendre l'ancien usage; il la transféra seulement au dimanche qui précède.

<small>Belard, mss.</small>

Saint-Léonard est desservi par un vicaire que le curé y place. Quelques-uns des vicaires s'étant fait pourvoir par l'évêque, quelques évêques de Sèès ont prétendu avoir droit de le nommer, ce qui a occasionné différentes contestations. L'affaire fut terminée à l'amiable, le 28 janvier 1692. Le curé choisit un vicaire agréable à l'évêque, et celui-ci lui donna une commission conçue en ces termes : *ad beneplacitum D. Sagiensis Episcopi aut alterius ad id potestatem habentis* (1).

<small>Belard, mss. - *Procès-verbal de l'Official.*</small>

Saint-Roch est une seconde succursale établie pour le hameau de Courteille, sur les ruines d'une ancienne chapelle, détruite vers 1660. Daniel Gautier passa, le 3 octobre 1679, un contrat, confirmé le jour suivant, par lequel il donna le terrain nécessaire et une rente foncière de 80 livres; ce qui fut accepté par le curé d'Alençon. L'évêque accorda, le 7 juillet de l'année suivante, les permissions nécessaires pour la construction de cette église, pour y faire le service paroissial, et administrer les sacrements, excepté celui du baptême. La duchesse de Guise fit les frais de la bâtisse de l'église, qui fut consa-

<small>Brière, *Journal* mss.</small>

graves désordres. Le 22 septembre 1728, les offices ne purent être célébrés; des rixes s'engagèrent, et un boucher fut tué dans la rue de la Mairie, par un gendarme. (L. S.)

(1) Parmi les pièces imprimées relatives aux nombreuses difficultés qui s'élevèrent entre les curés de Notre-Dame et les vicaires de Saint-Léonard, nous citerons : 1° l'Opuscule de Chanfailly, 1685, 58 p. in-16, publié à l'occasion de la Sentence de l'Évêque, en date du 27 juillet 1680, qui réduisait les limites du district de Saint-Léonard et les circonscrivait à la moitié de la rue de Sarthe; un *Factum pour les Trésoriers et Paroissiens de l'église Saint-Léonard d'Alençon*, appelans, sur la même question, vers 1698, 10 p. in-folio; 3° un *Factum* pour le curé Belard contre les Paroissiens de Saint-Léonard, en réponse au précédent, 12 p. in-folio. (L. S.)

crée sous l'invocation de Saint-Roch (1). Depuis quelques années, devenue trop petite pour le nombre des habitants, on a été obligé de l'augmenter.

La cure d'Alençon est aujourd'hui dignement remplie par M. Henri Loiseleur, natif de Rouen, que son éloquence, son zèle pour le bien public et ses charités rendent cher et précieux à tous les ordres de la ville (2).

(1) Cette église fut bâtie près des ruines d'une ancienne chapelle dépendant de la maison de la Boisselière où demeurait Daniel Gautier. Le vicaire de Courteille touchait, en 1720, 150 liv. de revenu, indépendamment de ses messes de la semaine. Le casuel appartenait au curé. (L. S.) — BELARD, mss.

(2) La liste chronologique des curés d'Alençon n'avait jamais été publiée. Nous l'avons dressée à l'aide de l'*Inventaire* manuscrit du curé Belard, des documents renfermés aux archives de l'Évêché et de ceux que nous possédions nous-mêmes. Il n'y reste que peu de lacunes à combler. — Commun. par M. l'abbé POIRIER.

1060. ROBERT.
1240. Guillaume HURÉ. Mécontent de son logement qui était près du Puits-des-Forges, il fieffa de l'abbaye de Perseigne, moyennant 50 s. de rente, une maison et une petite place à l'endroit où se trouve le presbytère actuel, pour en jouir lui et ses successeurs. — BOISLAMBERT, *Mém. hist.*, mss.
1420. Jean DE BOITRON.
1438. Philippe VIBERT.
144 . Guillaume GASTELIGNEUL.
1468 (2 Août). Edmond CLÉMENT.
.... Olivier DE SAINT-DENIS.
1505 (17 septembre). Robert CHEVREY.
1505 (2 août). Geoffroy LE GENTIL, pourvu de la cure par la cour de Rome.
1507 (27 août). Guillaume MYER, par résignation de Robert CHEVREY.
1509 (10 février) Jean LE MAIGNEN, professeur de théologie.
1521 (4 avril). Guillaume LE GAY.
..... Michel VARENDE, aumônier de Marguerite de Lorraine.
1526 (8 mai). Jean BAILLET.
1530. Pierre CAROLI; né à Rosai-en-Brie, docteur en théologie de la Faculté de Paris. Voici la curieuse notice que lui avait consacrée O. D., t. II, p. 544, de la première édition de ses *Mémoires* :

« S'étant rendu suspect d'hérésie dans le diocèse de Meaux où il prêchait, il fut poursuivi par le Parlement. Marguerite de Valois, duchesse d'Alençon, ayant passé en Espagne pour y voir le roi son frère (François Ier) qui y était prisonnier, on obtint du parlement de suspendre ses procédures contre Caroli et quelques autres docteurs suspectés comme lui d'hé-

*Titr. imprimé.* Marguerite de Lorraine, immédiatement après la mort de son mari, résolut d'exécuter le projet qu'il avait formé

résie. Le parlement arrêta des remontrances à la régente, et cependant continua la procédure ; en sorte que Caroli fut obligé de quitter le diocèse de Meaux et de se cacher pour se dérober aux poursuites. Il y a bien de l'apparence que ce fut dans les terres de la duchesse d'Alençon qu'il trouva un asile. L'orage se dissipa bientôt : Caroli put reparaître à Paris ; il y prêcha, il devint même prieur de Sorbonne. Noël Béda, qui en était syndic, connu par son caractère inquiet et turbulent, s'éleva bientôt contre lui ; mais Caroli non moins brouillon et aussi versé que lui dans les détours de la chicane, le promena de tribunaux en tribunaux, au parlement, au conseil, à l'officialité, et fatigua son zèle sans le rebuter. Enfin Béda fit tant, qu'il vint à bout de lui faire interdire la chaire, et quelques-unes de ses propositions furent censurées par la Sorbonne. La reine de Navarre vint encore à son secours ; elle lui donna une place de son conseiller, et lui procura celle d'aumônier du roi, son mari. La cure d'Alençon ayant vaqué en 1529 ou 1530, elle la lui fit obtenir. Il la quitta en 1536, pour embrasser le calvinisme, et fut fait ministre à Neufchâtel, où il se maria. Environ deux ans après, il rentra dans le sein de l'Eglise romaine, revint en France, et y fit son abjuration entre les mains du cardinal de Tournon. Dans la suite, il fit un voyage à Rome. Beze, qui dit beaucoup de mal de lui dans la vie de Calvin, prétend qu'il y mourut dans un hôpital ; d'autres veulent qu'il soit mort en chemin. »

*Gaillard, Hist. de France Ier.*

..... Pierre Duval, pendant six mois seulement. Il devint évêque de Seès en 1545.

..... Mathurin Quillet.

1540 (16 novembre). Théobald Thiboust.

1540 (7 décembre). Claude Regen ou Rigen ; conseiller et favori de la reine de Navarre, qui le fit un de ses maîtres des requêtes ordinaire, conseiller à l'Echiquier et au Conseil d'Alençon, et enfin évêque d'Oléron. Il fut appelé à Rome pour s'y purger du soupçon d'hérésie.

1547 (8 février). André Fremi dit Fermin, bachelier. Il résigna à Caget.

1554 (12 septembre). Luc Caget. Il se jeta dans le protestantisme avec Seurin, un de ses vicaires, et huit autres ecclésiastiques de la ville, et se réunit en 1562 à Montgommeri. Il aurait même pris part aux attaques des Protestants contre le couvent de l'*Ave Maria* d'Alençon.

La cure d'Alençon, vacante par sa fuite, aurait été confiée par l'Evêque, pendant quelques années, aux Jacobins d'Argentan.

1565 (26 novembre). Julien le Robinel.

1570 (11 février). Gervais Chollet, Jacobin d'Argentan, pourvu en cour de Rome, sur la demande des habitants à qui il était venu prêcher l'Avent et le Carême.

*Bailleul, mss.*

pendant sa vie de fonder, proche son château d'Alençon, un monastère. Elle choisit pour emplacement l'île de Ja-

<small>Gonzaga de orig. ord. S. Francisci, p. 593.</small>

Après sa mort, le bénéfice resta si long-temps vacant, que l'Evêque y pourvut à titre de dévolution.

1593 (12 mai). Jean DE SAINT-DENIS.
Il est douteux qu'il ait pris possession.

1595 (4 août). Macé BIGOT, Jacobin d'Argentan, pourvu en cour de Rome. Il résigna son bénéfice, moyennant 200 livres de rente à

1618. Pierre GAULARD, vicaire de Saint-Léonard, pourvu en cour de Rome. Il résigna à Nicolas CAGET.

1619 (1er mai). Salomon TUAUDIÈRE, oratorien, ancien curé de La Ferté-Bernard et de Beaumont-sur-Sarthe, au Maine. Il fit réparer les vitraux de N. D., et prépara l'établissement à Alençon, de religieuses chargées d'instruire les jeunes filles pauvres de la ville.

1626. Pierre FARCY, sr de Painel, qui résigna son bénéfice l'année suivante à PASQUIER, moyennant une rente de 300 livres, en sus de celle de 200 livres servie à BIGOT.

1627 (7 octobre). Julien PASQUIER aîné. Secondé par quatre filles pieuses de la ville, il établit à Alençon un couvent de Filles N. D. pour l'instruction des jeunes filles (1628). Il avait été cordelier et portait une longue barbe. Il demeurait sur la la Chaussée d'où il ne venait ordinairement à l'Eglise que le samedi soir ; il couchait dans la chambre au-dessus de la sacristie et s'en retournait chez lui après les vêpres du dimanche. Il résigna à son neveu, en se réservant une rente de 400 livres.

1646. Julien PASQUIER, IIe du nom, dit *la grande barbe*. Il avait été vicaire de Saint-Léonard, pendant quelques années, et s'était fait déposer par l'Evêque. Devenu curé de N. D., le scandale de ses mœurs ne fit qu'augmenter. La France entière en retentit (1). Vivement attaqué par le fameux théologal de Seès, Jean Lenoir, il fut défendu par les Jésuites, mis en prison à Seès par sentence de Dufriche, official, le 6 août 1650, et n'en sortit que le 25 août 1653, après une sentence de l'Évêque qui « sans le condamner ni l'absoudre, se bornait à
» lui faire défense de fréquenter les dénommées N. N. N. et
» autres, et à lui enjoindre de permuter ou résigner son bé-
» néfice, pour éviter à la continuation du scandale ». Pasquier en appela à la métropole. Une sentence du 18 juillet 1654 statua en ces termes : « Avons le dit Pasquier déclaré

---

(1) « Je me souviens, dit Fléchier dans ses *Mémoires sur les grands jours*, de la folie de ce curé d'Alençon, qui montoit en chaire tous les jours de l'an, et publioit le nombre des co... qu'il avoit dans sa paroisse ; et marquoit si l'année qui venoit de finir avait été bonne ou mauvaise ; en faisant la procession, il faisoit des cornes aux marguilliers qui le précédoient, et disoit en pleine église une oraison pour les jésuites contre les jansénistes, ce qui lui attira l'amitié de ces bons pères qui ont depuis sollicité pour lui dans un procès qui l'embarasse. »

<small>2e édit., p. 112.</small>

glolai, formée par la rivière de Briante, et fit mettre la main à l'œuvre. L'église fut dédiée sous l'invocation de la

» suffisamment atteint et convaincu d'avoir donné scandale
» par la hantise des femmes et filles mentionnées au procès,
» ensemble irrévérence en son ministère. Pour réparation
» de quoy, ayant égard à sa longue détention en prison, l'avons
» condamné à jeusner pendant un an tous les vendredis au
» pain et à l'eau et à réciter le *miserere* à genoux devant le
» crucifix et en 50 livres d'amende, moitié applicable au
» pain des prisonniers de cette cour. » Sa cure pendant ce temps avait été dévolutée à Le Noir ; mais « par le crédit des jésuites, dit Belard, il se tira de tout et fut paisible. » Il mourut le 3 juillet 1671. Le curé de Forges, doyen, célébra l'office mortuaire auquel assistèrent 75 ecclésiastiques et plus de 2000 habitants. « Il estoit aimé, dit encore Belard,
» parce qu'il estoit populaire... d'une humeur fort facétieuse,
» amateur de la compagnie, diseur de bons mots qu'il por-
» toit jusques dans la chaire de vérité. » Il avait lui aussi résigné à son neveu.

1671 (8 juillet). Julien PASQUIER, IIIe du nom, docteur ès-droits et long-temps vicaire de Saint-Côme de Paris. Il rétablit l'ordre dans les cérémonies et fit faire beaucoup de travaux dans le chœur de l'église.

« Il avoit, dit Belard, de beaux talents pour la chaire ; il
» avoit du monde et de la politesse ; mais il étoit trop rempli
» de lui-même et de sa place, ce qui lui attira beaucoup d'af-
» faires. Il se brouilla avec Mgr l'Archevêque de Narbonne
» dont il ne ménagea pas l'amitié et les aumônes ; avec Mme
» de Guise et S. A. R. Mme la grande Duchesse, sa sœur,
» dont on dit qu'il blâma indiscrètement les habillements en
» chaire ; avec l'évêque Forcoal, par l'appel comme d'abus
» qu'il interjeta de ses mandements ; avec les Frères de Cha-
« rité, etc., Tout cela lui attira un exil de la part du Roi, à
» Gergeau, proche Orléans, en 1678, où il mourut après six
» mois, regretté de beaucoup de ses paroissiens. »

1678 (16 décembre). Enguerrand LE CHEVALIER, né à Bazoches-au-Houlme, en 1631 ; ancien missionnaire, supérieur et comme second fondateur du Séminaire de Seès ; grand vicaire du diocèse ; auteur du *Chrestien champêtre* (Caen, Poisson, 1672, in-18), dont certaines propositions furent vivement critiquées comme entachées d'hérésie, et qui fut réimprimé avec des corrections et des changements en 1675, et d'*Œuvres spirituelles* en prose et en vers, 1721, dont nous possédons le manuscrit. Ne pouvant se partager entre le séminaire et la cure, il retourna à Seès. Homme de zèle et de piété, il n'était pas aimé. Ses longues et fréquentes prédications indisposaient le peuple qui lui reprochait aussi d'avoir pris part à l'exil de son prédécesseur. Il mourut à Bazoches le 21 août 1697.

1679. .... RONGÈRES. Il ne paraît pas qu'il ait pris possession.

1680 (19 avril). Pierre CHÉNART, docteur de Sorbonne, un des fonda-

D'ORVILLE, *Rech. hist. sur Séez*, p. 200.

sainte Vierge, le 11 août 1499. Elle avait obtenu, dès le 11 mars 1496, du pape Alexandre VI, les bulles nécessaires et directeurs du séminaire de Saint-Sulpice ; ancien missionnaire ; curé d'Ambrières-au-Maine, puis d'Alençon. C'était un prêtre de vertu et de savoir. Une mission qu'il fit donner aux protestants d'Alençon en 1685, et à laquelle il prit lui-même une part très-active, amena beaucoup de conversions. Ses infirmités ne lui permettant pas de se livrer activement à ses fonctions de curé, il publia les ouvrages suivants :

1° *Considérations sur les principales obligations de la vie chrétienne*, Paris, 1687, 1 vol., in-12.

2° *Considérations sur les principales obligations de la vie ecclésiastique*, Paris, 1687, in-12.

Ces deux ouvrages, dont le second fait suite au premier, ont été plusieurs fois réimprimés, et récemment encore sous ce titre : *Méditations sur les principales obligations de la vie chrétienne et de la vie ecclésiastique*, Paris, Adrien Leclère, 1847, 2 vol. in-12, avec beaucoup de corrections et d'additions.

3° *Considérations sur les principales obligations de la vie religieuse*, in-12, vers 1687.

4° *Instructions pour bien administrer et recevoir les sacrements, visiter les malades et se préparer à la mort*. in-18, Paris, 1687.

5° *Discours sur divers sujets de morale*, 4 vol. in-12, Paris, 1694. La plupart des sermons que renferme ce recueil furent composés pour être prêchés dans différentes missions.

M. Chénart possédait toute la confiance de la duchesse de Guise qui l'aidait en toute circonstance de ses aumônes et de son crédit. Elle lui faisait une pension de 600 livres et lui avait donné pour logement les vastes bâtiments où s'établit depuis l'*Union chrétienne*. Il était même son directeur ; mais elle le quitta, parce qu'il avait compromis son nom et son autorité dans diverses affaires et particulièrement dans ses difficultés avec l'Evêque de Seès, Savary, qui l'aimait peu et qui eût voulu ériger en église indépendante la succursale de Saint-Léonard.

Il mourut le 2 juin 1694, à Alençon, âgé de 48 ans seulement. L'Evêque assista à son inhumation et la princesse lui donna des larmes.

C'est pendant son administration que commença, en 1684, le concordat des prêtres de N. D. à l'instigation d'un nommé Gougeon, prêtre-sacristain, avec qui il était mal. Ce concordat avait deux objets, l'établissement d'une bourse commune pour se soutenir et se défendre mutuellement dans les procès qui intéresseraient leurs prérogatives, et la célébration de services après leur mort. Le second seul était avoué. Chénart, à qui son biographe anonyme fait honneur « d'être » parvenu, après bien des peines, à établir dans sa paroisse » une communauté de prêtres, à l'imitation de celle que » M. Olier avait formée dans la paroisse de Saint-Sulpice

F. LIBERT, *Notice sur l'ancien Monastère de S<sup>te</sup>-Claire*, dans le *Journal d'Alençon*, du 11 juin 1826.

*Not.* en tête des *Méditat.*

BELARD, mss.

*Ibid.*

saires ; et le 6 octobre 1498, elle avait fait expédier les lettres-patentes d'établissement. Onze religieuses de l'*Ave-*

» de Paris » n'eut pas la force de s'opposer à ce concordat et le signa malgré lui. Son successeur en différa l'exécution, et l'approbation de l'Evêque n'étant intervenue qu'en juin 1713 et dans des termes qui ménageaient peu l'indépendance des concordataires, le concordat fut abandonné.

Après la mort de Chénart, l'abbé de Lonlai présenta d'abord à M<sup>me</sup> de Guise le P. Grégoire Morel, d'Alençon, connu par ses liaisons avec Port-Royal et dont la notice biographique se trouve à la fin de cet ouvrage. M<sup>me</sup> de Guise ne l'agréa pas. Elle ne voulait pas pour curé un enfant de la ville. L'abbé présenta en second lieu M<sup>e</sup> Michel du Perche, d'Alençon, curé de Domfront et précédemment vicaire de N. D., depuis prieur d'Alençon. Il ne fut pas mieux accueilli, et M<sup>me</sup> de Guise ayant demandé à l'abbé une présentation en blanc, nomma

1694 (18 juin), Pierre Bélard, originaire de Rouen, docteur de Sorbonne, attaché à la communauté de Saint-Sulpice. La duchesse lui écrivit : « qu'il trouverait en elle une amie comme » une ouaille, » *ce qu'il a éprouvé*, écrivait trente ans après le digne prêtre. Elle le logea dans la maison d'Ozé (sur la place N. D.), dont elle payait le loyer.

<small>Abbé Laurent, *Not. sur Belard, dans le Journal d'Alençon* du 25 septembre 1856.</small>

« Il doit être regardé, dit O. Desnos, comme un des bien» faiteurs de la ville d'Alençon. » Il y organisa en congrégation religieuse les Sœurs de la Providence qui étaient venues à Alençon en 1640, et acheta pour elles, de son argent, en 1722, une vaste maison où elles établirent un ouvroir pour les enfants pauvres. Il contribua beaucoup à l'établissement de l'Hôpital général, où M<sup>me</sup> de Guise avait attaché seize Sœurs de charité et auquel il assura la rente nécessaire pour l'entretien d'une autre Sœur destinée à distribuer la portion des malades. Il le fit, en outre, son légataire universel.

Il enrichit son église de fonds baptismaux en 1712, et fit construire un bel autel en pierre blanche, dans la chapelle du Rosaire, en 1716.

Il se signala par l'ardeur de sa charité pendant les cruelles disettes de 1709, 1710 et 1726.

Quelques difficultés traversèrent sa longue carrière. A la mort de Savary, évêque de Seès, Morel, l'ancien compétiteur du curé d'Alençon, prononça dans l'église N. D., le 24 septembre 1698, une oraison funèbre que celui-ci crut devoir blâmer publiquement en chaire. Il reprochait à l'orateur d'avoir fait plutôt la satire que l'éloge du prélat et d'avoir attaqué la mémoire de M<sup>me</sup> de Guise. L'abbé Morel porta plainte de cette censure devant l'official de Seès qui condamna, le 18 mai 1699, M. Bélard « à être blasmé, avec défense d'en user ainsi à l'avenir et permission à Morel d'en faire inscrire l'acte sur les registres de l'officialité. » Les deux parties se rendirent appelantes, puis se désistèrent à la mé-

<small>Abbé Laurent.</small>

*Maria* de Paris, et deux de celui de Lille en Flandre arrivèrent à Alençon, le 18 juillet 1501 ; elles furent mises,

diation d'amis communs, et terminèrent l'affaire par une transaction. Plus tard, en 1726, dans une procession solennelle, Turgot, évêque de Seès, à côté de qui Bélard s'était placé revêtu de l'étole, lui ordonna de la quitter, « ce qu'il fit sur le champ, mais par obéissance, dit un contemporain, n'y étant pas obligé, comme il le fit voir ensuite à Mgr de Seèz. »

Belard mourut, usé par le travail plus que par les années, le 11 juillet 1729, à l'âge de 66 ans, « après avoir gouverné sa cure pendant 35 ans avec le zèle et la vigilance d'un vrai pasteur. » (O Desnos).

Ses obsèques furent célébrées au milieu d'un concours immense. Son oraison funèbre fut prêchée dans l'église N. D., par le P Lemée.

« On l'a vu, dit l'orateur, constamment fidèle aux obligations du ministère pastoral, instruire son peuple sans relâche avec des paroles simples, familières, mais solides, édifiantes et pleines de piété... Ses mœurs furent toujours graves et édifiantes. Évitant les entretiens du monde, il menait une vie sobre et retirée, toujours attentif à son église et à son troupeau, ne s'en éloignant que lorsqu'il y était contraint et ne le quittant jamais qu'à regret... » On lut ensuite son testament. Il y suppliait ses anciens paroissiens de lui pardonner ses vivacités d'humeur, leur promettant de ne pas les oublier devant Dieu. Il faisait des vœux pour qu'il lui fût donné un digne successeur. A cette lecture, des larmes coulèrent de tous les yeux

Belard fut inhumé dans la chapelle du Rosaire. Son cercueil fut découvert lors des réparations faites en 1750. Les assistants se disputèrent des fragments de ses vêtements et ses cheveux comme des reliques. Sa pierre tombale, presque effacée, est encore visible. Brière, *Journal* mss. — Boislambert, mss.

« Il a laissé, dit encore O. D. un manuscrit très-impor-
» tant pour l'Église, les curés et la ville même d'Alençon.
» En voici le titre : *Inventaire des titres, papiers et enseigne-*
» *ments concernant la cure d'Alençon, avec un Mémoire précis*
» *de toutes choses,* 1720. Henri-Julien Bourget, son succes-
» seur, homme d'un caractère inquiet, turbulent et processif,
» a mutilé cet ouvrage en quelques endroits qui ne se con-
» cilioient pas avec ses prétentions. Ce qui le rend aujour-
» d'hui très-précieux, c'est que, par je ne sais quel malen-
» tendu, on a brûlé généralement tous les titres, mémoires
» et documents sur lesquels M. Bélard avait travaillé. C'est
» ce manuscrit que nous citons fréquemment sous le titre
» de : *Mémoires* ou *Inventaire de M. Belard,* manuscrit. »

Il existe deux copies de cet inventaire, l'une dans la bibliothèque d'O. Desnos, l'autre dans celle de la ville d'Alençon. Ce dernier ne paraît avoir subi ni altération ni mutilation. Nous possédons nous-mêmes une précieuse correspon-

le lendemain, en possession de leur monastère, qui est le quatrième de l'ordre de Saint François qui a reçu la réforme de sainte Colette.

<small>Boislambert.</small>

dance de Bélard avec les évêques de Seès, qui lui témoignaient une extrême confiance, et d'autres personnages considérables sur son église et sur le diocèse de Seès, de 1696 à 1727, qu'il avait lui-même recueillie et annotée avec soin.

1729 (22 septembre). Henri-Julien BOURGET, bachelier de Sorbonne. Il eut de nombreuses contestations notamment avec les confrères de la Charité. Le succès d'un premier procès contre GUILLORÉ, à qui Bélard avait résigné sa cure peu de jours avant sa mort, l'avait mis en goût. Boislambert assure que ces procès dérangèrent sa fortune, au point qu'il ne pouvait payer son avocat, Bourdon de Badoire. Pour s'acquitter, il lui aurait cédé la chapelle N.-D.-de-Pitié, dans l'église N.-D., qu'il avait lui-même achetée des détenteurs, moyennant 80 l. Les protestants eurent à se louer de sa tolérance. Le souvenir de la hardiesse avec laquelle il attaquait en chaire les scandales arrivés dans sa paroisse, en en désignant assez clairement les auteurs, et de la frayeur qu'il inspirait, n'était pas encore entièrement perdu il y a quelques années. Il fit rendre par l'évêque de Seès une ordonnance réglementaire pour les enterrements qui se faisaient à Alençon.

<small>Emortuale Sagiense, p. 155.</small>

Le 3 décembre 1729 et le 30 décembre 1730, Louis GUILLORÉ et Pierre DU PERCHE avaient été pourvus en cour de Rome de la cure de N. D., mais Bourget la conserva. Mort le 28 février 1754, âgé de 66 ans.

1754 (19 mars) Jean-Louis-François RIPAULT remplaça Bourget. Il mourut le 20 février 1757.

1757 (25 février). Réné-Nicolas DUFRICHE DES GENETTES. Il opta pour la cure de Saint-Germain de Seès.

1758 (11 février). Henri LOISELEUR. Les éloges que lui donne O. Desnos, nous ont été confirmés par tous ceux qui l'avaient connu. Il mourut le 28 juillet 1787, à l'âge de 69 ans.

1787 (24 juillet). Louis-Guillaume BEAUDOIN, curé du Château d'Almenêches. Il n'exerça presque pas, et avant l'expiration de l'année d'option, il se prononça en faveur de son ancienne cure.

1789 (10 janvier). François-Edme LALOUETTE. Il était, dit-on, porte-Dieu à Paris. C'était un homme d'un caractère bon, mais faible et hors d'état de résister à l'entraînement des circonstances.

Il prêta le Serment que la grande majorité de ses confrères du diocèse de Seès avaient refusé.

<small>Abbé Perrin, Martyrs du Maine, t. 1, p. 190.</small>

Lors de l'émeute populaire qui coûta la vie au capucin Valframbert, le 6 septembre 1792, M. Lalouette fut appelé à l'Hôtel de Ville d'Alençon pour y recevoir le Saint-Sacrement dont ce malheureux religieux était porteur au moment de son arrestation. Il essaya en sa faveur quelques représentations timides et froides comme celles du Conseil de ville. Peu

Ces religieuses sont dirigées par des Cordeliers dont la maison fut bâtie sur le restant de l'île de Jaglolai que

*Titr. imprimé.*

d'instants après, la tête du capucin, sciée avec un mauvais sabre, était promenée par les rues au bout d'un bâton, et son cadavre traîné dans les ruisseaux. M. Lalouette fit de courageux efforts pour obtenir la remise de ces misérables restes. Il alla jusqu'à se jeter aux pieds des bourreaux qui finirent par les lui abandonner. Il leur rendit pieusement les derniers devoirs.

Peu de temps après, il tomba gravement malade. Un prêtre insermenté pénétra dans sa demeure, reçut sa rétractation et sa confession. Le malade expira le 12 mars 1793, dans les sentiments les plus vifs de repentir et de foi. Il n'avait que 46 ans.

*Abbé Perrin, Martyrs du Maine, t. I, p. 190.*

1793. L'abbé Sourcis, ancien vicaire de Colombiers, près Alençon, le remplaça. Sa nomination fut, assure-t-on, faite par quelques femmes grimpées dans la chaire de N. D. Il ne manquait ni d'esprit ni de réserve. Il fut incarcéré pendant quelque temps, puis il reprit ses fonctions et les conserva jusqu'à l'arrivée de M. de Boischollet, évêque de Seès après le concordat. M. de Boischollet ayant retiré les pouvoirs de tous les curés assermentés de son diocèse, pour ne les rendre qu'à ceux qu'il en jugerait dignes, nomma M. Nory desservant provisoire de N. D. L'administration, peu satisfaite de cette mesure, essaya de réintégrer M. Sourcis dans ses fonctions, mais la nomination de M. François vint bientôt mettre fin à ces collisions. M. Sourcis, après s'être associé à la protestation de ses confrères assermentés contre la conduite de l'évêque, passa dans le diocèse du Mans où les prêtres assermentés étaient plus favorablement traités que dans celui de Seès. Il est mort curé de La Suze, sous la Restauration.

*Mém. imprimés, an X.*

(Germinal an XI) 1803. Gabriel Sébastien François, né à Condeau (Orne). M. François réunissait toutes les qualités nécessaires pour rapprocher les esprits et rétablir l'ordre dans son église. Ancien curé du Mage-au-Perche avant la Révolution, il avait été député à l'Assemblée Constituante. Il y avait constamment voté avec la minorité ; mais sur les bancs opposés à ceux où il siégeait lui-même, il avait connu des collègues, notamment MM. Rœderer et Le Brun, qui, devenus des personnages politiques considérables, ne cessèrent de lui porter beaucoup d'estime et d'affection. « Il se conforme aux lois et » les fait respecter... Il réunit toutes les vertus de son état, » écrivait Rœderer à l'empereur en parlant de M. François. Lors du passage de l'Empereur à Alençon, en 1811, il fut décoré de la Légion d'honneur et une somme de 1000 fr. fut mise à sa disposition. Il mourut le 15 juillet 1815, âgé de près de 80 ans, regretté de tous ceux qui l'avaient connu.

*Rœderer, OEuvres, t. III, p. 482.*

Nous possédons de lui une *Lettre pastorale d'un curé plus patriote que les patriotes, à ses paroissiens*, 1791, 31 p. in-8°,

Charles IV donna au monastère de l'*Ave-Maria*, au mois de novembre 1609. Il confirma, en même temps, l'éta-

*Moniteur* du 10 août 1789.

sans nom d'imprimeur, écrite avec peu de correction, mais avec onction et clarté. Il avait été des premiers à l'Assemblée Constituante à demander la conversion des dîmes.

1813. Jean-Victor-Théodore Brière, né à Sées, le 12 octobre 1762, curé de Saint-Pierre de cette ville, chanoine honoraire.

Plein de vertu, de douceur et de piété, mais un peu faible de caractère, surtout dans les derniers temps de sa vie où sa santé était profondément altérée.

Mort le 6 septembre 1826.

1826. Pierre Mercier, né au Froult (Orne), le 30 octobre 1760, élève de Ste-Barbe, missionnaire à Cayenne avant la Révolution. Pendant la Révolution, il remplit secrètement les fonctions de vicaire-général de l'évêque de la Rochelle, avec beaucoup de zèle et de courage. Forcé de s'expatrier, il passa en Italie. A son retour, il fut curé de Colombiers près Alençon, puis de Mortagne (1813), puis enfin d'Alençon.

*Annuaire Normand* pour 1858, p. 411.

Il unissait une certaine fermeté à une grande modération et aux autres vertus de son état. On n'a pas oublié sa réponse à ceux qui le pressaient, en 1830, de faire disparaître une croix de mission placée sur sa paroisse : « Nous les plantons, » nous ne les abattons pas. »

Mort le 4 mars 1837.

1837. Delaunay, ancien curé de Montsort, puis de Mortagne.

Homme de bien, excellent prêtre, il emporta les respects, l'affection et les regrets de la ville entière quand le mauvais état de sa santé le força de la quitter.

Mort chanoine titulaire de Sées dans cette ville, le 21 mars 1855, dans sa 66e année.

1849. Arsène Jamot, curé de Marchainville, vicaire-administrateur puis curé de Saint-Léonard d'Alençon.

Le respect et l'amitié arrêtent ici notre plume. (L. S.)

Nous complétons cette liste par celle des vicaires et curés de l'église Saint-Léonard, dont nous avons retrouvé les noms. Les commissions étaient révocables au gré de l'évêque.

161. Gaulard.
1627 (26 sept.) Macé Maugier.
1628 (7 août). Julien Pasquier.
1631 (11 août). Pierre Le Roy.
1635 (2 juill.) Jean Lemaître.
1648 (28 déc.) François Lecomte.
1649 (26 oct.) Charles Poulain.
1684 (10 juin). François-Joseph Maillard.
1688 (5 nov.) Alexandre-Marie de Précarré.
1688 (13 déc.) Michel Treton.
1700 (18 sept.) Louis Quinel, pourvu en cour de Rome.
1711 (30 nov.) René Poitevin.
1717 (4 juin.) Jean Chesné.
1727 (10 juin.) Pierre-Michel Bidon

blissement fait par sa mère (1). Dès que la maison des Cordeliers fut en état, on y envoya douze religieux de l'étroite observance de saint François, qui faisaient leur office particulier dans leur chapelle. Le même nombre subsista jusqu'à l'établissement des Jésuites. Il n'y a plus aujourd'hui que le confesseur, son compagnon, et quatre frères pour faire la quête.

Tous les seigneurs de la cour du prince choisirent ce nouveau monastère pour leur sépulture. Alors le curé Jean le Maignen, quoique aumônier de la duchesse, prétendit que cette fondation diminuait son bénéfice. La duchesse transigea avec lui, le 6 avril 1510, et lui assigna une rente de 25 livres sur son domaine, à la charge de dire trois messes par semaine, auxquelles le curé s'obligea. Il renonça aux oblations, cierges, luminaires, draps qui seraient portés aux églises du monastère, lors des inhumations, se désista de la prétention qu'il avait eue de faire porter les corps aux églises de la paroisse, et s'obligea de les convoyer par lui-même ou par ses vicaires, jusqu'à la porte du monastère. Cet acte fut enregistré à la chambre des comptes d'Alençon, le 4 août 1516, et approuvé par l'évêque de Seès, le jour suivant. Il s'est élevé par la suite des contestations fréquentes entre le curé et les Cordeliers, faute de connaître cet acte.

1742 (4 mai.) Paul-Gaspard MANSON. Sa notice biographique
    est à la fin de cet ouvrage.
1742 (20 juill.) Michel DESPIERRES.
1754 (19 avril.) François BOISSIÈRE
1755 ........ VINCENT.
1762 ........ BLONDEL.
1778 ........ GRAINDORGE.
1780 ........ BONET.
............ POUPARD.
An XI ........ NOURY, curé.
1808 ........ Marie-Louis DESPIERRES.
1835 ........ Arsène JAMOT.
1849 ........ Auguste HUREL. (L. S.)

(1) Il y eut une nouvelle confirmation par lettres-patentes de Louis XIII, en mars 1632. La maison des Cordeliers appartient aujourd'hui à M. Huchet. (L. S.)

La fameuse Marguerite de France, reine de Navarre, à l'exemple de sa belle-mère et de son premier mari, chérit, toute sa vie, cette maison. Elle fit bâtir, en 1534, temps précisément où on l'a accusée d'avoir donné dans les nouvelles opinions, le réfectoire et la chambre du travail. Nos rois, qui descendent en ligne droite de la fondatrice, ont souvent confirmé et augmenté les bienfaits des premiers fondateurs.

Cette maison eut beaucoup à souffrir des premiers troubles du calvinisme. Les huguenots la pillèrent, au commencement du mois de juillet 1562, et forcèrent les religieuses d'aller chercher une retraite chez la dame d'Aché, proche d'Alençon (1). Comme les principaux officiers de la ville étaient eux-mêmes huguenots, ils protégeaient les auteurs des désordres et agissaient lentement contre eux ; ce qui obligea les Cordeliers de s'adresser à Catherine de Médicis, duchesse d'Alençon, qui accorda le 4 mars suivant, des lettres de sauve-garde et de protection aux religieuses et aux Cordeliers. D'un autre côté, le parlement de Normandie procédait contre les coupables, et avait ôté la connaissance de l'affaire aux juges d'Alençon.

CHANFAILLY, p. 32.

CHANFAILLY.

(1) Les Huguenots avaient débuté par troubler l'office des religieuses, briser les portes et les cloches. Ils finirent pas piller la maison, « en telle sorte qu'il ne demeura rien aux dites religieu-
» ses que les habits qu'elles avoient sur elles, et furent chassées
» et traînées de force hors le dit monastère. »

Elles se retirèrent d'abord chez M<sup>me</sup> Lelarge, veuve Ambroise Buhère, qui demeurait dans la maison du sieur d'Aché, rue du Valnoble, puis à Aché même, chez le père de l'une d'elles. En passant devant l'église Notre-Dame, elles trouvèrent des Huguenots qui s'étaient revêtus des habits des Cordeliers et qui voulurent les prendre par le bras et les conduire. Elles refusèrent de marcher avec eux et se jetèrent par terre, en sorte qu'il fallut les abandonner. Quelques femmes pieuses les accompagnèrent jusqu'à Aché, « par ce que les hommes n'osoient se montrer, et leur
» baillèrent leurs souliers, parce que les religieuses saignoient des
» pieds et ne pouvoient cheminer pour l'injure du temps. (L. S.) »

La paix ayant été conclue peu de jours après, les religieuses rentrerent dans leur maison. Elles obtinrent de nouvelles lettres de sauve-garde du roi Charles IX, le 20 décembre 1563, et du duc de Bouillon, gouverneur de la province, qui se rendit à Alençon, le 20 octobre 1564. Elles jouirent depuis de la tranquillité. Ainsi les auteurs du nouveau *Gallia christiana* se sont mépris en avançant qu'elles furent vingt ans absentes de leur maison; ils ont commis une foule d'autres méprises dans le peu qu'ils ont dit de ce monastère.

Les supérieures de cette maison sont qualifiées d'abbesses; elles sont électives, quoiqu'on les puisse changer tous les trois ans, elles conservent ordinairement la supériorité toute leur vie, excepté dans le cas d'infirmités. J'en donnerai ici la suite chronologique, le plus succinctement qu'il me sera possible, pour rectifier ce qu'on lit dans le *Gallia christiana* :

I. Jeanne de Nocé, religieuse de l'*Ave-Maria* de Paris depuis seize ans, fut élue première abbesse du monastère ; elle gouverna l'espace de vingt ans, et mourut le 2 août 1520.

II. Barbe Dreux, religieuse professe de l'*Ave-Maria* de Paris, lui succéda. Elle mourut le 2 octobre 1522.

III. Marguerite de la Haye, veuve de Jean, baron des Bordes, dame d'honneur de la duchesse, s'était fait religieuse après la mort de son mari. Elle mourut, le premier avril 1524.

IV. Marie Gougeon lui succéda. Etant devenue infirme, elle ne mourut point abbesse (1).

V. Gabrielle de Nocé, nièce de la première abbesse,

---

(1) Ce fut sous cette abbesse que mourut, en 1630, en odeur de sainteté, Agnès Viotte. Son corps, au bout de dix-sept ans, fut retrouvé aussi intact que s'il venait d'être mis en terre. Les historiens des Fransciscains l'ont mise au rang des bienheureux de l'Ordre, et on faisait mémoire d'elle le 15 juillet. (O. D.)

avait pris l'habit religieux dès l'âge de neuf ans ; elle fut élue abbesse au lieu de la précédente. Sa faveur auprès de la fameuse reine de Navarre, put contribuer à son élection. Elle mourut le 23 octobre 1558. Le P. de Gonzague dit qu'elle ne fut pas moins illustre par sa sainteté, que par son zèle pour l'accroissement de sa communauté.

*Gall. Christ., t. XI, col. 764.*

VI. Françoise de Barville avait succédé, selon M. de Gaignères, à la précédente, entre le 19 février et le 28 mai 1556. Elle gouverna peu de temps ; c'est, sans doute, la raison pour laquelle elle est omise dans les Mémoires de la maison.

VII. Guillemette de Launai fut cinq ans abbesse, et mourut le 17 août 1561.

VIII. Louise Aubert, originaire de la ville du Mans, se donna beaucoup de mouvement pendant les troubles de sa maison, se rendit auprès du roi Charles IX et auprès de Catherine de Médicis. Elle rentra dans son monastère, après une absence d'environ six mois. Elle mourut le 3 octobre 1579.

IX. Françoise du Corneiller lui succéda, et mourut le 23 février 1581.

X. Marguerite Duboulai mourut le 11 mars 1583.

XI. Marguerite de Quincé lui succéda, et fut fort peu de temps en place.

XII. Guyonne Denis gouverna pendant vingt-sept ans; devenue aveugle, elle se démit.

XIII. Rose Duhardas se fit religieuse à l'âge de douze ans ; elle gouverna vingt-huit ans, et mourut le 5 mars 1634.

XIV. Anne Duhardas, dite de la *Conception*, succéda à sa sœur, et mourut le 11 juin 1635.

XV. Marguerite Devaux, dite de la *Rédemption*, fut destituée peu après son élection.

*II. Reg. du Contrôl. du Domaine, fol. 24.*

XVI. Marguerite de la Croix la remplaça ; mais ses infirmités l'obligèrent de se démettre après 1638.

XVII. Marguerite Devaux fut rétablie, et gouvernait encore en 1647.

XVIII. Marie Gougeon lui succéda.

XIX. Jacqueline de Bardouil la remplaça, et mourut le 22 décembre 1659.

XX. Louise Sevin lui avait succédé dès 1653, et exerçait encore le 15 juillet 1662, accablée d'infirmités.

XXI. Barbe de Maridor la remplaça. Elle mourut le 27 octobre 1667.

XXII. Barbe Chauvin fut élue en sa place, et ne mourut pas abbesse.

XXIII. Françoise Josselin qui lui avait succédé, mourut le 7 octobre 1678.

XXIV. Agnès Moreau abdiqua.

XXV. Marie le Rousseau, dite de la *Nativité*, mourut le 20 juillet 1705.

XXVI. Marie de la Frette, dite de *Saint Laurent*, mourut le 27 septembre 1720.

XXVII. Marie-Marguerite de Sainte-Marie-Eglise, dite de la *Nativité*, mourut le 13 mai 1744 (1).

XXVIII. Marie-Madelaine Mancel, dite de *Saint Barthélemy*, mourut le 20 mai 1760.

XXIX. Marie-Claire Desventes, dite de *Saint Louis*, la remplaça ; sa mauvaise santé l'a obligée de se démettre ; elle est morte au mois de septembre 1785.

XXX. Marguerite Guilloraux de la Caillerie, dite de *Saint Hilaire*, mourut le 18 mai 1772.

XXXI. Geneviève-Perrine de Biars de l'Hommois, dite *Henriette de Sainte Félicité*, la remplaça et fut forcée par sa mauvaise santé de donner sa démission.

XXXII. N*** Duval, dernière abbesse (2).

(1) Elle fit imprimer un *Recueil de plusieurs exercices de piété, et prières de dévotions familières aux religieuses de Sainte-Claire, de l'Ave-Maria...* Alençon, 1758, in-32, 143 p. (L. S.)

(2) Les religieuses évacuèrent leur maison en octobre 1792.

L'église de l'*Ave-Maria* a été très-proprement décorée, depuis quatre ans, par les libéralités de M. Farcy, commissaire des guerres, mort en 1784 (1). On y voit différents tombeaux, dont le plus considérable est celui de François Fouquet, archevêque de Narbonne, frère de l'infortuné Nicolas Fouquet, surintendant des finances sous le règne de Louis XIV, dans la disgrâce duquel il se trouva enveloppé. Il mourut exilé à Alençon, le 19 octobre 1673.

On voit sur la première porte d'entrée qui donne sur la rue des Filles de Notre-Dame, les statues du roi Louis XII et d'Anne de Bretagne, son épouse (2).

Elle servit de lieu de détention, pendant la Révolution, pour les ecclésiastiques âgés et infirmes. (O. D.)

(1) Au fond du chœur de l'église existait un très-beau vitrail qu'un orage de grêle détruisit en 1757, il représentait le Christ en croix; de ses mains et de ses pieds découlait du sang recueilli par des anges dans des coupes d'or; à droite, René de Valois, duc d'Alençon, avec le prince Charles, son fils; à gauche, Marguerite de Lorraine, sa femme, fondatrice de la maison, avec les princesses ses filles. (L. S.)

Lequeu, *Notes*, mss.

(2) L'église a été pillée, les tombeaux brisés, les figures des portes et de l'église vendues en 1792.

Comme tous les monuments des églises détruites ont été brisés, je juge utile pour les curieux de donner ici la liste des principaux personnages dont les tombeaux étaient dans cette église :

Guillaume Brinon, seigneur de Querville et de Ménilerreux, chancelier de Charles IX et président de la Chambre des comptes, mort le 4 novembre 1527 : sa tombe à l'entrée du chœur.

Guillaume de Cagnou, seigneur de..., président de la Chambre des comptes d'Alençon, mort le 27 octobre 1534 ; sa tombe aussi à l'entrée du chœur.

Guillemette de la Poissonnière, femme de M. de Beauregard, première dame d'honneur de la Duchesse, morte en août 1704. Elle était représentée en marbre blanc sur sa tombe, au-dessous du crucifix.

Jacques de Bailleul, seigneur de Monnai, inhumé le 14 octobre 1548.

Marguerite de La Haye, veuve de Jean des Bordes, laquelle se fit religieuse dans son veuvage et fut la troisième abbesse du monas-

Salomon Tuaudière, curé d'Alençon, remarquant l'ignorance qui régnait, de son temps, parmi les jeunes personnes du sexe, se proposa d'y appeler des religieuses dont la profession fût de les instruire. Sa mort retarda cet établissement. Julien Pasquier, son successeur, y sup-

*Hist. des Religieuses de Notre-Dame, t. II, p. 542.*

tère, morte le 1er avril 1524. Elle était représentée en religieuse sur sa tombe.

Jean des Barres, baron des Bordes, mort le 11 juin 1522. Il est représenté sur sa tombe, mais l'épitaphe est presque effacée; près de la chapelle de Sainte-Catherine de Boulogne.

Marguerite le Maréchal, dans sa jeunesse fille d'honneur de la duchesse Marguerite de Lorraine, veuve de M. Du Bouchet, seigneur de Maléfre, morte le 16 juillet 1576, et inhumée dans le Chapitre des Dames, par permission des supérieurs majeurs.

Aimée de La Fayette, dame d'honneur de la reine de Navarre et veuve de François de Silli, baron de Lonrai, inhumée dans le chœur, le 28 août 15...

Frédéric de Foix, grand écuyer du roi de Navarre, mort le 1er juin 1537.

Marguerite de Chazière, dame du Perron, inhumée le 5 novembre 1557.

Marie de Saint-Denis, veuve du seigneur d'Aché, inhumée le 2 décembre 1566.

Marc Ferré, secrétaire de Marguerite de Lorraine, un des exécuteurs de son testament, mort le 15 décembre 1556.

Le cœur de Martin du Hardas, seigneur de Courtilloles, gentilhomme de la chambre, capitaine de cent hommes d'armes, tué en 1600, au camp devant Montmélian, où il avait été député par la noblesse du Maine.

François Fouquet, archevêque de Narbonne (1).

Philippe Gruin, seigneur et baron des Boteraux, receveur général des finances d'Alençon, mort le 22 juin 1673.

Charlotte Le Roy, femme de Pierre de Thiersault, intendant d'Alençon.

---

(1) Le tombeau de Fouquet, en marbre de diverses couleurs, était dans le sanctuaire, du côté de l'Evangile. En 1825, des fouilles pratiquées dans l'emplacement de l'ancienne église des Religieuses (à l'endroit où s'élève aujourd'hui la maison de M<sup>me</sup> Masson), firent découvrir un cercueil de plomb et un anneau d'or émaillé en blanc, dont le chaton renfermait une émeraude. On crut que c'était le cercueil et l'anneau de Fouquet. (L. S.)

*Libert, Not. cit.*

pléa. Il fut secondé par quatre filles pieuses de la ville. Ils tournèrent leurs vues sur les religieuses de Saint

Catherine Oursin, femme de Michel-Gervais-Robert de Pommereu, chevalier, marquis de Riccy, intendant d'Alençon, inhumée aux pieds de Fouquet, le 19 juillet 1724, en considération de la parenté. On lisait son épitaphe sur une tombe de marbre noir.

Plusieurs membres de la famille Le Hayer, et notamment quatre d'entre eux successivement procureurs du roi. Voici l'épitaphe, remarquable par ses mensonges, qu'on lit sur la tombe du dernier mort : CY GIT Mᵉ JACQUES-PIERRE LE HAYER, CHEVALIER, SEIGNEUR DU PERRON ET COULIMER, PROCUREUR DU ROI D'ALENÇON, DESCENDU DE Mᶜ LE HAYER, CHEVALIER DES ORDRES DU ROI, CONSEILLER D'ÉTAT, ET D'EMOND LE HAYER, GENTILHOMME INTENDANT DE MADAME DE LORRAINE, DUCHESSE D'ALENÇON, FONDATRICE DE CE MONASTÈRE, SOUS L'AUTORITÉ DE LAQUELLE IL L'A FAIT ÉDIFIER EN 1502, PAR SES SOINS ; EST MORT LE 22 JUILLET 1745. PRIES DIEU POUR LUI.

..... du Hardas, chevalier, seigneur de Hauteville, chevalier de l'Ordre militaire de Saint-Louis, ancien capitaine aux gardes, mort le .... 176.., et inhumé sous une tombe de marbre noir.

Un grand nombre d'autres personnes avaient eu la dévotion de se faire enterrer à Sainte-Claire ; on y voyait leurs tombes.

La coutume abusive s'est introduite depuis le commencement de ce siècle, de prendre dans les églises les tombes, les tables sur lesquelles reposent les représentations de ceux qui sont inhumés dessous, de les scier, de les briser, comme je l'ai vu arriver à Perseigne, lieu de la sépulture des anciens seigneurs d'Alençon, à Estival, lieu de la sépulture des vicomtes de Beaumont, dans l'église Notre-Dame, lors du dernier incendie, au couvent des Cordeliers de Seès, et, pour s'en servir en bâtisse, en pavés, en balcons, etc., ce qui est souvent non-seulement violer les dernières intentions des morts ou de leurs descendants qui avaient fait élever ces monuments, mais encore contraire aux vues utiles qu'on en pourrait tirer pour le bien des familles, la suite des seigneurs, l'histoire des grands hommes, et enfin pour l'éclaircissement de bien des points de l'histoire, d'antiquités, de géographie même qui demeurent obscurs faute de monuments certains. On devrait conserver avec le plus grand soin aux lettres, aux recherches des savants et à la religion même des monuments qui ne coûtent rien. Il semble qu'on s'attache à les détruire dans la crainte qu'ils ne rappellent des obligations auxquelles on ne veut point s'astreindre, ou

Benoît, appelées *Filles de Notre-Dame*. On s'adressa à Madame Chénel, supérieure de la maison de la Flèche, qui se chargea de tout, pourvu qu'on lui remît le consentement des habitants et la permission des évêques de Seès et d'Angers. Dès que la ville eût donné son consentement, elle acquit des religieux de Saint-Martin de Seès, une grande maison qui leur servait d'hospice. M. Le Camus, évêque de Seès, accorda, le même jour, 7 juin 1628, son agrément, à la charge que le nouvel établissement demeurerait sous sa juridiction, et sujet à la visite de ses successeurs. L'évêque d'Angers permit à trois religieuses converses de se rendre à Alençon. Elles furent installées dans leur nouvelle maison, le 27 juillet suivant (1). Marie Pelard fut la première supérieure.

Pour assurer la solidité de cet établissement, le roi accorda, au mois d'août 1635, des lettres-patentes qui furent vérifiées au parlement et à la chambre des comptes.

Les Filles de Notre-Dame firent bâtir, en 1699, la chapelle que nous voyons aujourd'hui. Elle fut consacrée, le 2 septembre 1705, sous l'invocation de la Vierge. Le P. Duplessis y planta un calvaire, en 1744. Benoît XIV, par sa bulle et son bref, accordés le 28 février 1749, a permis d'ériger dans leur église une confrérie en l'honneur du *Sacré Cœur de Marie*.

*Confrérie en l'honneur du Sacré-Cœur de Marie*, p. 4.

Cette communauté s'était accrue, depuis son établisse-

---

par une épargne mal entendue qui sauve la dépense de quelques pierres de taille dans la construction d'un bâtiment. (O. D.)

(1) Cette maison était située sur l'emplacement de la Halle au blé actuelle.

» Tout ce quartier était peuplé autrefois de couvents de Cordeliers et de Béguines, que, sans être enclin à porter un jugement téméraire, on pouvait trouver un peu trop voisines des bons pères, dit *L'Hermite en province*. » Rien de plus téméraire pourtant que ce jugement : ces divers couvents ont laissé une mémoire pure et vénérée. (L. S.)

*Basse-Normandie*, p. 145.

ment, par l'acquisition de la maison des gouverneurs d'Alençon, lorsqu'elle perdit la plus grande partie de sa fortune par les opérations du système de 1720. M. Turgot, évêque de Séès, engagea, en 1726, la plus grande partie des religieuses à se retirer chez leurs parents. Elles revinrent dans leur communauté en 1729.

Marie de la Motte d'Ozenne, religieuse de cette maison, avait rassemblé beaucoup de Mémoires pour l'histoire de son ordre, qui ont servi à la composition de l'*Histoire des Filles de Notre-Dame* en deux volumes in-4°. Elle a encore composé plusieurs autres ouvrages historiques qui doivent être conservés dans la bibliothèque de cette Communauté. Louise Bouvet de la Brière, autre religieuse de la même maison, a publié, en 1687, quelques lettres curieuses, adressées à ses deux frères.

Le P. Silvestre de Laval, visiteur des Capucins de la province de Paris, vint prêcher le carême de l'année 1602 dans cette ville. On en fut si satisfait que tous les ordres de la ville l'engagèrent à y former un établissement. M. de Morenne, évêque de Séès, accorda son agrément, et M. des Jugeries de l'Epinai donna dans le faubourg de Saint-Blaise, un terrain sur lequel fut bientôt bâti un hospice. Cet hospice ne devint un couvent en règle qu'en 1626. Le P. Esprit de Bosroger, célèbre par son *Histoire de la possession des religieuses de Louviers*, en fut le premier gardien. Il forma, en 1633, le projet de bâtir l'église que nous voyons. Louis XIII permit de prendre dans le Parc et au Château les pierres nécessaires, et dans les forêts, le bois. M. de Matignon, lieutenant-général en Normandie, en posa la première pierre, le 15 octobre 1635. M. Fromont de la Bénardière, contribua beaucoup aux frais de la bâtisse. Ses descendants ont leur sépulture dans un caveau qui est dans la chapelle de la Vierge. L'église ne fut consacrée que le 1$^{er}$ août 1667, sous l'invocation de la sainte Vierge. On avait apporté dans le sanctuaire de cette église, dès 1662, le cœur de François Desmoulins, seigneur de l'Isle, qui fut placé, du côté gauche, sous une table de marbre, avec l'épitaphe suivante :

« SISTE, VIATOR, ET CINERES, QUOS NESCIUS CALCAS,
» REVERERE ; HIC CONDITUM JACET, QUOD VIVENS, NUS-
» QUAM JACUIT, COR ILLUSTRISSIMI ET NOBILISSIMI VIRI
» FRANCISCI DESMOULINS, EQUITIS, DOMINI DE L'ISLE, QUI
» DUM VIVERET, PRIMO ACTUARIÆ NAVIS PRÆPOSITUS, DUX
» POSTEA STIPENDIATÆ MILITUM COHORTIS FIDUCIARIUS,
» CASTRORUM PRÆFECTUS DESIGNATUS EST ; QUI TANDEM
» URBIS CASTRIQUE BELLISMENSIS TOPARCHA, SEU GUBER-
» NATOR, AC REGIS CHRISTIANISSIMI LUDOVICI XIV IN
» ARCE MASSILIENSI LEGATUS, OBIIT QUADRAGENARIUS,
» OMNIUM DOLORE, ANNO REPARATÆ SALUTIS 1662.

» INTER ARMORUM SUCCESSUS, REGIS FAVOREM, REGNI
» PLAUSUS, MUNDI BLANDITIAS, NATURÆ SORTISQUE FAS-
» TIGIA, HAUD SALUTIS SUÆ IMMEMOR, QUOD DIVO FRAN-
» CISCO NASCENS COR DEDERAT, DEO SISTENDUM MORIENS
» SOLVIT. HUNC SIBI SERAPHICUS SACRUM IN BAPTISMO
» FRANCISCI NOMINE, AD SEPTIMUM HABITU, PER VITAM
» AFFECTU, POST MORTEM IN SERAPHICORUM ÆDIBUS
» SACRIS, QUIESCENDUM MASSILIÆ CORPUS, IBI COR,
» COELO ANIMAM RECEPIT. PARUM VIXIT, SI ANNOS COM-
» PUTES ; DIU, SI PRÆCLARA GESTA.

» REQUIESCAT IN PACE. »

On commença de bâtir la maison, en 1647 ; elle a reçu depuis différents accroissements, et est aujourd'hui l'une des plus belles que les Capucins aient dans la province (1).

(1) Devenue la caserne, cette maison est entièrement méconnaissable aujourd'hui.

Un des premiers supérieurs de la maison d'Alençon, qui prit une grande part aux nouvelles constructions, fut François Clouet, dit en religion le Père Basile, de Rouen, qui apostasia peu d'années après et se fit protestant. On a de lui une espèce d'apo-

L'église a été décorée très-proprement, au milieu de ce siècle, par les libéralités de Madame de la Houssaye (1).

Les Capucins ont rendu de grands services à la ville, tant dans les maladies contagieuses qui l'affligèrent en 1638, que lors de l'incendie de l'église Notre-Dame. Vingt de leurs religieux périrent dans la maladie épidémique, parmi lesquels on nomme les PP. Charles-François de Hotot, Isidore de Dieppe, Michel-Ange de Rouen, François-Henri du Hâvre, et André de Beaumont.

<small>Masseville, Hist. somm. de Normand., t. VI p. 542.</small>

On célébra, en 1714, aux Capucins d'Alençon, un chapitre général de l'ordre, auquel assista le Général. On y faisait, dans le même temps, la cérémonie de la canonisation de saint Félix (2).

logie sous le titre de *Déclaration*, où, en se défendant des reproches nombreux que lui a faits le Provincial des capucins de Normandie, dans une lettre adressée à un Élu d'Alençon, et notamment de celui de détournement de deniers, il rappelle les travaux qu'il avait fait exécuter dans cette maison et les économies qu'il y aurait laissées. (L. S.)

(1) C'est de l'église des Capucins que proviennent les quatre bas-reliefs en bois, représentant les quatre évangélistes, qui se voient à la Bibliothèque d'Alençon, et qu'on a attribués à Germain Pilon, ou même à Jean Goujon, mais dont le style et l'exécution, excellents du reste, rappellent plutôt le xviie siècle. (L. S.)

(2) Les processions pour la canonisation de saint Félix durèrent huit jours, avec grande pompe, drapeaux, tambours, violons, feux de joie et artifices.

<small>J. Brière, Journ., mss. Beland, ms.</small>

Le Général arriva accompagné de 113 capucins ; on lui rendit des honneurs princiers. L'intendant envoya un carrosse au-devant de lui jusqu'au Perron ; tous les carrosses de la ville étaient sortis à sa rencontre. Les bourgeois prirent les armes. On lui offrit le présent de ville. Tous les corps le complimentèrent. Le curé, accompagné de plusieurs prêtres en habit noir, alla le saluer et lui fit un compliment en latin. A une précédente visite du P. Général en 1680, le curé, d'accord avec l'évêque, avait refusé d'aller au-devant de lui « en clergé. » En 1714, le Général, Jean-Léopold, du sang impérial, édifia toute la ville par ses austérités, il ne mangeait que trois onces de pain par jour et ne dormait que deux heures par nuit. (L. S.)

La savante reine de Navarre fit naître chez les pères de famille de la ville d'Alençon le projet de former une école latine dans leur ville ; pour cet effet ils y appelèrent Jacques d'Artois, natif de Roie en Picardie, célèbre grammairien qui s'était fait connaître par une syntaxe latine, par ses voyages pour visiter les savants des Pays-Bas, de Hollande, et de Paris. Il composa pour la jeunesse d'Alençon un nouvel ouvrage qu'il dédia aux habitants sous ce titre : *Jacobi Artisiani Roiani Alenconicæ Scholæ pedagogi, de latinæ syntaxeos ratione libri undecim, ad cives Alenconicos.* Il fut imprimé en 1557, à Caen (1). Ces beaux commencements se dissipèrent bientôt en fumée.

<small>Jacobi Artisiani De latinæ syntaxeos epist. dedic.</small>

On tenta, dès 1564, l'établissement d'un collège dans la ville d'Alençon. Louis de Rabodanges, alors bailli, représenta, le 27 juillet, à une assemblée de ville, les lettres que le roi venait d'accorder pour son érection. On taxa les confréries ; elles soutinrent n'être pas en état d'y contribuer (2).

<small>Tit. origin. du bureau des finances d'Alençon.</small>

Les choses en demeurèrent là jusqu'au 9 septembre 1592, que les habitants présentèrent une requête à Henri IV, et lui demandèrent que l'intérêt d'une somme de deux mille écus, qu'ils devaient prêter, servît à l'entretien d'un collège. Le roi accorda, le 15 du mois suivant, des lettres-patentes pour faire l'imposition de la somme. Elles furent vérifiées, et le 31 août 1593, Pierre de Lafontaine fut élu principal. M. de Matignon, gouverneur et bailli, ordonna, en 1609, que les précepteurs catholiques percevraient, de la rente de 600 livres, trois cent cinquante

---

(1) *Ex officinâ Philipporum*, 281 p., petit in-8°. Rarissime volume.

L'auteur semble avoir voulu détrôner Despautère, dont il remplace les vers techniques par d'autres non moins obscurs, et qui régna longtemps encore après lui. (L. S.)

(2) Dans une remontrance adressée à l'Échiquier d'Alençon, en 1576, le célèbre avocat général Loisel gourmandait ainsi l'indifférence des habitants d'Alençon :

livres, et ceux de la religion prétendue réformée, deux cent cinquante (1).

Les habitants d'Alençon, connaissant la capacité des Jésuites pour l'enseignement de la jeunesse, obtinrent, le 12 mars 1620, de la reine Marie de Médicis, duchesse d'Alençon, la permission de leur donner leur collège : ce qui fut confirmé par le roi Louis XIII, le 15 mai suivant. Il ordonna que les deux mille écus, et les arrérages y seraient employés (2). Les habitants d'Alençon obtinrent encore, le 26 janvier 1621, des lettres-patentes, vérifiées à la cour des aides, qui les autorisaient à lever un octroi, dont une partie devait être employée aux réparations des murailles et du clocher, et l'autre à la construction d'un collège (3).

GAUTIER, *Hist. d'Alençon*, p. 217.

« Je m'ébahis du peu de soin que vous prenez de l'instruction de vos enfants, n'y ayant dans toute votre ville ni collèges, ni écoles d'instruction publique aux bonnes lettres et disciplines, ni une seule boutique de libraire, qui vous est grand reproche et vergogne, votre ville n'étant pas du nombre des petites..... Ce qui me feroit volontiers monter en la plus haute tour de la ville, et là m'écrier de toute ma puissance, afin d'être entendu de tous les quartiers de la ville : Que faites-vous, habitants d'Alençon ? Vous vous tuez les corps et les âmes pour amasser du bien à vos enfants de toutes parts, et vous ne pensez nullement à ceux pour qui vous les amassez !.... Vous me direz qu'ils faut de la dépense, des gages pour les précepteurs, que vous êtes courts et mal garnis en deniers communs en votre hôtel de ville ; et je vous répondrai en un mot : Evertuez-vous ; commencez seulement d'y vouloir entendre, et vous trouverez aide et secours... » (L. S)

Archives départementales.

(1) Cette rente donna lieu à de nombreux procès entre les Jésuites et les Protestants. Ceux-ci furent maintenus en possession, par arrêts du conseil en 1624 et 1665, mais après la démolition de leur temple et l'interdiction de l'exercice de leur religion à l'intérieur de la ville, un arrêt du 20 août 1668 adjugea la totalité de la rente à leurs adversaires. (L. S.)

(2) Les Jésuites s'obligèrent d'avoir trois ou quatre classes pour l'instruction des écoliers. Les habitants donnèrent 6,000 l. pour une maison, 2,000 liv. pour des meubles, 600 liv. de rente sur les tailles et 1,400 liv. de rente sur l'octroi. (L. S.)

(3) L'octroi proposé par l'assemblée générale de ville, où les

L'évêque de Séès donna son agrément, le 20 avril 1623 ; alors les Jésuites traitèrent avec les habitants ; ils acquirent une maison située dans la rue des *Étaux,* et firent l'ouverture de leurs classes, en 1625. Le P. Jean-Baptiste de Saint-Jure fut le premier recteur (1).

Les habitants et le roi leur accordèrent de nouveaux bienfaits, en 1627 et 1646. La reine-mère leur fit don du Petit-Parc du Château, le 15 juin 1637 (2), de la tour appelée

*III Registre du contrôle. etc., fol. 500.*

habitants les plus considérables entre les ecclésiastiques, gentilshommes et magistrats, se trouvèrent, devait être de 5 s. sur le cent pesant de pruneaux, 12 d. sur chaque charrette de bois, 6 d. sur chaque pot de vin et 3 d. sur chaque pot de cidre. (L. S.)

(1) Il est connu par quelques ouvrages ascétiques. D'autres jésuites plus célèbres, d'Avrigny, André, Charles de La Rue, La Sante, Ducerceau, Couvrigny, Claude de La Neuville, Bourdaloue même habitèrent la maison d'Alençon, et la plupart d'entre eux paraissent y avoir professé. Fréron fut aussi professeur à Alençon, pendant qu'il faisait son noviciat pour entrer dans l'ordre de Jésus. (L. S.)

(2) L'Intendant, M. Thiersault, dans un procès-verbal du 29 janvier 1637, faisait du Petit-Parc une description qu'on peut suspecter de complaisance en faveur des Jésuites. Le Petit-Parc occupait tout le terrain compris entre la Briante et le faubourg Lencrel, aujourd'hui bâti en partie et longtemps connu sous le nom de Prés du Collége. « Ce lieu, disait-il, est une place vague, estant en pâtis et pré fort bossu et inégal, contenant environ 6 à 7 arpents, dans lequel il y a environ 15 ou 20 arbres estant sur leur retour, raboteux et à demi pourris, faisant partie du Grand-Parc du Chasteau d'Alençon, néantmoins séparé d'yceluy d'un bout à autre d'un ruisseau assez large, jusque au bord duquel seulement continue le bois de haulte futaie du dit Parc et non plus outre. Le bas de la dite place est le plus souvent inondé de l'eau qui regorge du dit ruisseau. Elle est à présent possédée par le gouverneur du dit Chasteau, et est par lui affermée 250 l. à quelques particuliers qui y mettent leur bestial ; elle est de fort peu d'importance et ne sert aucunement à la symétrie et beauté du Grand Parc ni du Chasteau, estant escartée de l'aspect d'iceluy, au contraire estant retranchée rendra le dit Grand Parc plus régulier. Outre il est à remarquer que le Chasteau n'est point lieu de plaisir ni maison convenable pour loger Sa Majesté

*Archives.*

L. DE LA SICOTIÈRE, *Hist. du coll. d'Alençon.*

*Donjon*, et de tous les vieux bâtiments du Château ; mais le gouverneur s'opposa à la démolition du Donjon, et à l'enlèvement des matériaux du Château. La Chambre des comptes, dans son enregistrement du 28 novembre, y apposa d'autres modifications. Le roi Louis XIV leur accorda, le 12 juillet 1631, de nouvelles lettres-patentes, par lesquelles il confirma leur établissement, déclara le Collège fondation royale, et ordonna qu'il jouirait des mêmes honneurs et prérogatives que tous les autres collèges royaux.

L'archevêque de Narbonne, dont nous avons déjà parlé, acquit, au nom des Jésuites, en 1672, la maison où est actuellement le Collège, et leur en fit une donation particulière, le 30 août de cette année. Ils y joignirent, dans la suite, différents terrains voisins, soit par acquisition, soit par des concessions (1), et s'y établirent en 1675. Lorsque leur église, qui représente un vaisseau renversé, fut bâtie, ils obtinrent, le 14 mai 1700, un brevet du roi, qui leur permit d'y unir la chapelle Saint Joseph, fondée dans le parc par Marguerite de Lorraine, à la charge d'acquitter les fondations et d'établir, dans leur collège, une chaire de théologie. L'évêque de Seès accorda le décret d'union, le 27 octobre 1701, et le roi, des lettres-patentes, au mois de janvier 1702. L'église fut dédiée à saint Joseph. On y voit un superbe tableau de *Jean Jouvenet* qui

---

ni aucun prince, estant fort antique et sans ordre ni décoration. Ceste place pourra être baillée à cens et rentes avec deniers d'entrée ou sans deniers d'entrée, comme place vague ainsi que cy-devant il 'en a été faict dans et hors la dite place par les ducs d'Alençon, d'autres qui estoient proche du chasteau et plus commodes que n'est celle dont est cy-dessus faict mention, et pour cause, moins favorable, joinct que le collège que l'on y feroit bâtir apporteroit une grande décoration à la ville et au chasteau et une marque au temps à venir de la piété du Roy. » (L. S.)

(1) Ils firent démolir, vers 1680, une partie des murs de ville et le couronnement d'une tour voisine de la porte de Lencrel. Les anciens fossés leur furent aussi abandonnés en partie. (L. S.)

représente le mariage de la Vierge. Le P. de la Rue, qui aimait beaucoup la maison d'Alençon, lui en fit présent (1).

Les Jésuites commencèrent, en 1727 (2), la nouvelle maison qu'ils ont occupée jusqu'à l'arrêt rendu par le parlement de Normandie, le 18 juin 1762, qui les expulsa de son ressort, et ordonna qu'ils seraient remplacés, dans le Collège d'Alençon, par d'autres personnes préposées à l'instruction de la jeunesse. Le même parlement en rendit un autre, le 26 du même mois, par lequel il est dit que le Collège d'Alençon jouirait des revenus y attachés, sauf à faire, par la suite, s'il y échet, telle distribution qui serait jugée convenable pour le bien de la province. *Pourquoi sera supplié le seigneur roi de faire une déclaration qui confirme les unions de bénéfices faites aux collèges de Rouen, de Caen, et d'Alençon, occupés par les ci-devant*

---

(1) Ce tableau est daté de 1691 et peint par Jouvenet, de la main droite, avant la paralysie qui le frappa en 1693, puis en 1713, et par suite de laquelle il prit l'habitude de peindre de la main gauche. « C'est, dit un excellent juge, M. le marquis de Chennevières-Pointel, une belle composition de 18 figures remplissant un tableau d'environ trente pieds sur sept de large, d'une couleur assez éclatante et très-harmonieux d'effet et de lumière.» Il se trouve aujourd'hui au Musée d'Alençon. (L. S.) *Notes sur quelques peintures du département de l'Orne.*

(2) Les dépenses de la maison pour environ 3 ans, du 15 janvier 1726 au 1er avril 1729, présentent le chiffre suivant :

| | | | |
|---|---|---|---|
| Acheteur.................. | 1,736 l. | 19 s. | 3 d. |
| Boucher.................. | 2,177 | 6 | » |
| Boulanger ............... | 2,011 | » | » |
| Vin...................... | 2,044 | 15 | 3 |
| Cidre.................... | 714 | 4 | 6 |
| Beurre, lait, crême........ | 319 | 15 | 5 |
| Epiceries, huile, sel........ | 622 | 5 | » |
| Bois de chauffage et charbon. | 658 | 10 | » |
| Chandelle................. | 227 | » | » |

Les pensions n'auraient produit dans le même temps que 2,937 liv. ; les aumônes, 3,242 liv. 14 s.

Les Jésuites se vantaient cependant d'avoir eu jusqu'à 7 à 800 élèves, ce qui paraît très-exagéré. (L. S.) *Archives.*

*soi-disant Jésuites.* Le même parlement rendit un autre arrêt, le 27 août suivant, qui ordonna l'acquit des fondations des Jésuites, consistantes en trois messes par semaine, l'une de la nativité de Notre-Seigneur, l'autre de la nativité de la sainte Vierge, et la troisième de saint Joseph, fondée le 15 janvier 1505, par Marguerite de Lorraine, en exécution du vœu qu'elle avait fait en 1490, pour la guérison de son fils Charles, alors à l'extrémité ; et en controverses, une fois le mois, fondées par le testament de dame Catherine Poignet de Beauchesne, le 3 janvier 1683, et depuis, converties en petits sermons tous les mardis et samedis de carême, avec une bénédiction du Saint Sacrement, et une messe fondée, tous les troisièmes dimanches du mois, par M. l'archevêque de Narbonne, alors exilé à Alençon (1).

M. l'abbé de Maisons, conseiller au parlement et commissaire, mit, le premier juillet, en possession du collège, un principal et des prêtres séculiers. Il régla le bureau d'administration, qui est composé de M. l'évêque, du lieutenant général, du procureur du roi, de deux députés du corps-de-ville, de deux personnes choisies par la ville appelées *Notables* et du principal. Les régents ont été assujettis, par arrêt du parlement, du 11 mars 1766, à chanter l'office, fêtes et dimanches, avec le principal (2).

(1) Nous possédons les originaux sur parchemin des lettres ou brevets délivrés par le Général des Jésuites pour l'institution dans le collège d'Alençon de trois Congrégations sous le titre de l'Assomption (1626), la Purification (1640) et l'Immaculée Conception (1652), et leur affiliation aux mêmes congrégations établies dans leur collège à Rome. (L. S.)

(2) Les archives départementales possèdent deux registres assez intéressants des délibérations de ce bureau.

La pension était de 27 liv. 8 s. par mois, mais le temps des vacances était déduit.

Le Collège d'Alençon tomba entièrement pendant la Révolution. L'Ecole centrale du département de l'Orne fut transférée, en l'an VII, dans ses bâtiments devenus déserts et les occupa jusqu'en

La communauté des *Nouvelles-Catholiques*, ou l'*Union-chrétienne*, doit sa naissance à M$^{lle}$ Farcy, fille pieuse, sœur d'un trésorier de France. Elle rassembla des filles nouvellement converties, dans une maison particulière proche le collège. La duchesse de Guise favorisa cet établissement, et leur donna, en 1677, une maison. On les appelait alors la *Compagnie de la foi*. L'évêque de Seès approuva cet établissement, et la ville y donna son consentement. Le roi Louis XIV le rendit solide par des lettres-patentes du mois d'octobre 1679, par lesquelles il agrée et autorise l'établissement de deux maisons pour l'un et l'autre sexe des catholiques nouvellement convertis, sous le titre de l'*Exaltation de la Sainte-Croix*, et sous la direction de l'évêque de Seès, pour y recevoir tous ceux et celles qui auraient intention de se convertir, et leur donner tous les secours spirituels et temporels. « Veut
» S. M. que lesdites deux maisons jouissent des mêmes
» privilèges que les autres pareils établissements ; à con-
» dition qu'elles ne pourront être changées en maisons de
» profession religieuse, mais demeureront toujours en
» état séculier, selon les règles et les statuts de l'évêque ;
» et en cas que les hérésies vinssent à cesser, lesdites
» deux maisons et biens en dépendants, seront employés
» à retirer des enfants orphelins, sans pouvoir être con-
» vertis à un autre usage. » Ces lettres furent enregis-

BÉLARD, mss.

l'an X. A cette époque le Collége reprit son ancien titre et son ancienne destination. Il languit jusqu'en 1819, époque où MM. Frémy en prirent la direction et l'élevèrent bientôt à un haut degré de prospérité. A leur retraite, en 1836, il déchut sensiblement. En 1846, il devint de Collége communal, Collége royal ou Lycée. M. le comte de Salvandy, alors ministre de l'instruction publique, vint inaugurer, en personne, le 12 octobre 1846, le nouvel établissement, dont les succès répondirent promptement à ses espérances et ne se sont pas ralentis.

La plupart des constructions nouvelles ont été faites de 1829 à 1834, et de 1845 à 1848.

trées au parlement de Normandie, le 26 mars 1682, et à la Chambre des comptes, le 11 août suivant (1).

Le premier logement des Nouvelles-Catholiques devint bientôt trop serré ; elles allèrent habiter la maison, qui était appelée du *Bâtard d'Alençon*, à qui elle avait appartenu, occupée depuis par M. Dusaussay. Madame de Guise traita, quelque temps après, avec les dames de Saint-Chaumont, pour les mettre à la tête de la communauté des Nouvelles-Converties. La dame Bridière, supérieure de la nouvelle maison, obtint, lors de la révocation de l'édit de Nantes, une somme de dix mille livres, à prendre sur les biens qui avaient appartenu au Consistoire, dont on acquit en 1701, une maison située rue des *Granges*. Elles y ont réuni, en différents temps, plusieurs autres bâtiments ; en sorte que la maison, quoique grande, est fort irrégulière (2). Leur chapelle fut bénite par M. Daquin, évêque de Seès, le 14 septembre 1701. On l'a très-bien décorée en 1752.

Les dames de l'Union-Chrétienne sont parvenues, après plusieurs tentatives inutiles, à faire réunir à leur maison les Nouveaux-Catholiques, gouvernés par un directeur qui fut d'abord au choix des intendants, et ensuite à la nomination des évêques (3). Ils demeuraient dans la rue de *la Personne* (4).

*Ann. Normand. pour 1842.*

Nous avons publié, en 1842, une Histoire du Collége d'Alençon. 78 p. in-8°. (L. S.)

(1) Indépendamment des règles communes à tout l'ordre, la Communauté d'Alençon avait un réglement particulier, arrêté après communication à l'intendant, au curé, aux jésuites, aux capucins. Il est imprimé. (O. D.)

(2) C'est aujourd'hui la Caserne de gendarmerie. (L. S.)

*Belard, ms.*

(3) La pension des enfants dans chacune des deux communautés était, en 1720, de 120 liv. par an. Le roi la payait pour les pauvres. Il faisait en outre à chacune d'elles une rente annuelle de 100 livres. C'était le secrétaire d'Etat, et sous sa surveillance, le curé et l'intendant qui faisaient enfermer les enfants dans ces communautés, et qui les en faisaient sortir. (L. S.)

(4) On a appelé longtemps les curés *la Personne* ; ainsi cette

M. Pierre Belard, curé d'Alençon, forma, dans une maison qu'il acheta pour cet effet, en 1722, un établissement pour apprendre à travailler aux enfants du sexe. Cet établissement est appelé *les Dames de la Providence.* Elles ont acquis, depuis, une maison plus commode (1). Elles obtinrent en 1778, des lettres-patentes pour être sous la direction du trésor. Le Corps de ville s'opposa d'abord à l'enregistrement ; mais elles ont été vérifiées au Parlement, au mois de février 1780.

<small>Mém. de M. Belard, mss.</small>

La demoiselle Rose des Chapelles, après avoir travaillé, pendant longtemps, à obtenir l'établissement d'un couvent de Carmélites à Alençon, surmonta, en 1777, par la protection de Madame Louise de France, carmélite à Saint-Denis, tous les obstacles qu'on lui opposait. Monsieur et Madame en sont devenus, par leurs bienfaits, les fondateurs. Le roi leur accorda, en 1779, des lettres-patentes. En conséquence, cinq religieuses professes et une converse furent installées, le 22 décembre de la même année, par M. l'abbé Bigaut, grand-vicaire de M. l'archevêque de Cambrai, supérieur-général des Carmélites en France, dans une maison que M$^{lle}$ des Chapelles semblait avoir acquise pour elles, et qu'elle paraissait leur avoir donnée par un acte du 20 décembre 1777. Par une suite de l'inconstance de son caractère, ou par d'autres raisons qui ne sont point venues à la connaissance du public, peu de temps après elle s'est brouillée avec elles, et les a obligées d'aller chercher un asile chez les dames de l'Union Chrétienne, en attendant qu'une maison, qu'elles

---

rue prit ce nom, lorsque les religieux de Perseigne donnèrent pour le logement des curés la maison qu'ils habitent. Elle est aujourd'hui plus connue sous le nom de *Bercail,* à cause du marché des bêtes à laines qui y a tenu longtemps.

(1) Elle était située dans la rue de la Grande-Sarthe. Les Dames de la Providence revinrent à Alençon, en 1812. (L. S.)

ont acquise de M. de Martené, fût distribuée de façon à former une maison religieuse, et que les nouvelles lettres-patentes, obtenues au mois de mai 1780, fûssent revêtues des formalités nécessaires. Ces lettres ayant été déclarées subreptices par Arrêt du Parlement de Normandie du même mois et an, elles ont été obligées d'en obtenir de troisièmes, qui ont été vérifiées ; en conséquence, elles ont pris possession de leur nouvelle maison, au commencement de l'année 1781, et elles en bâtissent une très-commode (1).

<small>*Lib. rubrus S. Mart. Sag.*, ms.</small>

La chapelle de saint Eustice (2), qu'on nomme depuis longtemps, je ne sais pourquoi, saint Ysiges, fut fondée par les anciens seigneurs du fief de Ravigni (3). Guillaume et Hubert de Ravigni, frères, la donnèrent, avec le cimetière et quelque terrain, l'an 1095, à l'abbé et aux religieux de Saint-Martin de Seès, qui y joignirent d'autres terrains, et en formèrent un prieuré où ils mirent des religieux. Ceux de Lonlai voulurent s'y opposer, et y réclamèrent des droits. Gérard, évêque de Seès, termina l'affaire au désir des religieux de Saint-Martin. Ce

<small>*Titr. du Bur. des finances d'Alençon.*</small>

prieuré subsista jusqu'en 1358, que les Anglais menaçant Alençon d'un siège, Jean Boullet, bailli d'Alençon et souverain-maître des fortifications du comté, le fit raser, de crainte que l'ennemi ne s'y logeât. Les religieux de Seès ont conservé dans leurs mains le fief, et aliéné les fonds qui, par succession de temps, avaient passé à M. Des-

---

(1) Cette maison, située rue de la Juiverie, est aujourd'hui *la Manutention*. Elle fut abandonnée en octobre 1792. La dernière supérieure fut Catherine-Victoire *de Jésus*. (L. S.)

(2) *Apud Alercum capellam Sancti Eusticii cum toto cimeterio.*

(3) Ravigni (*Rufianicus, Ravigneium*) est une commune du département de la Mayenne, de l'ancien archidiaconé de Passais, de l'ancien doyenné de la Roche-Mabile, à 14 kil. environ d'Alençon. La seigneurie, dans les derniers temps, en appartenait à la famille de Vaucelles. (L. S.)

londes, et fait partie du terrain acquis par M^lle des Chapelles pour en faire une maison de Carmélites.

Marguerite de Lorraine, à l'occasion d'une maladie qu'eut le prince son fils en 1490, fit vœu de fonder, en l'honneur de saint Joseph, une chapelle, à l'extrémité du parc d'Alençon, ce qu'elle exécuta par contrat du 10 juillet 1504. Pour la doter suffisamment, elle avait acquis, dès le 15 avril précédent, la terre de Goupilli. Le Chapelain était tenu d'y dire trois messes par semaine, suivant le contrat de dotation du 15 janvier 1505 (1). *Bar, Antiquit. du Perche, ms. Titr. origin.*

Je ne parlerai point de la chapelle du Palais qui est une prestimonie fondée, en 1656, par le roi Louis XIV qui en accorda la présentation alternative au président du Présidial, et au Lieutenant-général (2). Les juridictions ayant été transférées au Château, M. l'évêque de Seès a fait, le 23 mai 1781, la bénédiction de la nouvelle Chapelle, sous l'invocation de saint Yves.

Il y a encore la chapelle de la Conciergerie fondée par les anciens ducs d'Alençon; celle du Bureau des finances fondée en 1657, et celle du Dépôt. Il y en avait encore anciennement quelques autres, telles que celle de l'Hospice

(1) La chapelle Saint-Joseph était placée à l'endroit où se trouvent aujourd'hui les massifs du haut des Promenades. Il paraît qu'elle aurait remplacé la chapelle Saint-Denis L'enclos de la chapelle Saint-Joseph devint lui-même le cimetière de l'Hospice et de la paroisse Saint-Léonard, et n'a été réuni au reste des Promenades que vers 1812 (L. S )

(2) Le Chapelain avait 200 liv. de pension sur le domaine, en 1720. Il devait dire la messe au Palais tous les jours, mais il ne l'y disait en réalité que les deux jours d'audience de bailliage et celui d'audience de la vicomté. On célébrait l'office de saint Yves avec une certaine solennité, le 19 mai, dans la grande salle du Palais. On la tendait avec les tapisseries de l'église. Le curé s'y rendait processionnellement de l'église. Le Palais fournissait le luminaire, et le curé, à qui le chapelain essayait parfois de disputer la préséance, avait les oblations pour lui tenir lieu de rétribution. (L. S.) *Beland, ms.*

*Titr. de l'abb. de Perseigne.*

des religieux de Saint-Martin de Seès, aujourd'hui les Filles de Notre-Dame; celle de saint Bernard, dans l'hospice que Jean Barat, noble citoyen d'Alençon, donna à l'abbaye de Perseigne, lors de sa fondation, et où les religieux de cette abbaye se retiraient souvent en temps de guerre. Elle est possédée présentement par M. de Bois-

Quentin Vavasseur, *Reg. du contrôle des rentes du domaine d'Alençon.*

genci. Il y en avait encore une dans celui de l'abbaye de Saint-André-en-Gouffern, vendue, en 1637, à Laurent le Paulmier. C'est peut-être la maison occupée aujourd'hui par M. Deschesnes.

Marguerite de Lorraine fit construire une grande maison pour loger son avocat-général, qui était alors Michel Crochart, et par cette raison, appelée la *maison Crochart*. On y voit, au haut d'un pavillon, une chapelle sous l'invocation de saint Michel.

*Titr. de l'Hôtel-Dieu.*

L'Hôpital, ou Maison-Dieu d'Alençon, est fort ancien. Il paraît qu'il doit son origine, comme la plus grande partie de ces établissements, au zèle des habitants. Robert III, comte d'Alençon, y fit, en 1204, différentes donations. La charte de ce seigneur nous apprend qu'il était alors desservi par deux chapelains, qui étaient, en même temps, chapelains de la chapelle du château. Saint Louis confirma, par sa charte donnée à Verneuil au mois de mai 1256, le chauffage de l'Hôtel-Dieu. Pierre II, comte d'Alençon, le fixa, le 21 octobre 1373, à cent quatre charretées de bois, tirées par quatre chevaux ou six bœufs, ce qui fut confirmé par ses successeurs. Henri d'Albret, roi de Navarre, par ses lettres expédiées à Alençon, le 23 avril 1544, y fit une nouvelle réduction. Henri Clause, grand-maître et général réformateur des forêts de France, fixa le chauffage, en 1603, à vingt-cinq cordes, et Louis XIV y a substitué vingt-cinq écus de rente.

La chapelle de l'Hôtel-Dieu était, dès 1204, sous l'invocation de saint Jean l'Évangéliste. Les deux chapelains furent réduits à un seul qui continua d'être à la nomination des seigneurs d'Alençon.

Il semble que, dans son origine, l'Hôtel-Dieu occupa une partie du terrain où nous le voyons. Les frères et sœurs s'y trouvant trop resserrés, firent construire, de l'autre côté de la rivière, dans le lieu appelé présentement *Champ-du-Roi*, une maison beaucoup plus vaste, et une chapelle sous l'invocation de sainte Catherine. Louis IX ayant été mis au nombre des saints, Charles, comte de Valois et d'Alençon, son petit-fils, fut un des premiers à élever, conjointement avec les habitants, une église en son honneur, dans la forteresse du *Boulevard*. On y attacha des chapelains, qui furent chargés de l'office de l'Hôtel-Dieu, et dès 1338, elle était devenue la chapelle de cette maison (1). Un grand nombre d'évêques y accordèrent différents privilèges. Les Anglais firent des courses aux environs d'Alençon ; on craignit qu'ils en fissent le siège : ce qui détermina Jean Boullet, souverain maître des fortifications, à ordonner, le 3 avril 1358, aux frères et sœurs de l'Hôtel-Dieu de rentrer dans la ville, et de raser leurs bâtiments situés de l'autre côté de la rivière. Ils fieffèrent, dans la suite, à un grand nombre de particuliers, une partie de cet emplacement, et travaillèrent à rétablir leur ancienne maison, où était la chapelle Saint-Jean ; mais à peine était-elle rétablie, qu'un incendie consuma une partie des bâtiments et les titres. Les maître, frères et sœurs, trop occupés à en réparer les dommages, négligèrent l'entretien de l'église Saint-Louis, en sorte qu'elle était presqu'en ruine dès 1393 ; pourquoi ils obtinrent de Pierre de Savoisi, évêque du Mans, de faire une quête dans son diocèse, et d'y faire

---

(1) Les papes Jean XXI ou XXII et Clément VIII y accordèrent des indulgences par bulles données, l'une à Avignon, le 4 mai 1318, et l'autre le 29 février 1393. (O. D.)

publier la bulle d'indulgences que le pape Clément VII avait accordée à l'église Saint-Louis, pour parvenir à à la rétablir. Quatre chapelains de Saint-Jean, qui n'avaient rien de commun avec l'ancien chapelain de l'Hôtel-Dieu, y faisaient l'office en 1400. Le curé de Montsort voulut les y troubler ; l'Hôtel-Dieu transigea avec lui, et s'obligea de lui faire, comme par le passé, 14 sols de rente (1)

Il paraît que le nombre de ces chapelains n'était d'abord que de quatre, puis de six ; mais il s'était tellement augmenté, que par sentence du Juge-vicomte, du 6 juillet 1487, il fut réduit à l'ancien nombre de six. Ils furent, pendant long-temps, logés à l'Hôtel-Dieu, y mangeaient en réfectoire et en commun, et faisaient l'office canonial dans la chapelle Saint-Louis qui était fort fréquentée, à cause des indulgences que les souverains pontifes y avaient accordées. Louis XI, prince superstitieux, en entendit parler ; il s'y rendit tout de suite, lorsqu'il arriva à Alençon, le 7 août 1473, pour prendre possession en personne du duché ; y fit sa prière, et visita ensuite les Chapelains que la *Chronique d'Alençon* et l'*Histoire du Perche* qualifient de Religieux. Comme ces Chapelains étaient fort à charge à l'Hôtel-Dieu, on cessa, en 1503, de les nourrir et de les loger. On y substitua de l'argent, du blé, du bois, des gélines, des chapons et des vignes. Le roi et la reine de Navarre, touchés de cet abus, firent, en 1530, 1540, 1544, des réglements qui anéantirent insensiblement leurs honoraires ; les Chapelains obtinrent la réduction de leur service, et ensuite son anéantissement. La chapelle Saint-Louis fut pillée pendant les premiers troubles du Calvinisme. On en fit un corps-de-garde pendant la guerre, et un jeu de boule en temps de paix. Le

*Bry, Hist. des Comt du Perche et d'Alençon, p. 337.*

(1) Les curés de Montsort élevèrent, à différentes reprises, la prétention d'être considérés comme directeurs-nés des hôpitaux d'Alençon, mais il en furent déboutés (L. S.)

service y fut encore une fois rétabli, et les Chapelains furent obligés d'y chanter, tous les matins à huit heures, une grand'messe, et d'y faire le salut sur les cinq heures. S'étant encore mal conduits, M. de La Vergne, évêque du Mans, rendit, le 20 août 1672, une ordonnance à laquelle ils ne se conformèrent pas : il interdit la Chapelle, en 1677, et permit, le 12 octobre 1690, de la démolir. Ordonn. de M. l'Év. du Mans.

L'Hôtel-Dieu avait été longtemps gouverné par une personne qui prenait le titre de *maître gouverneur et administrateur*. Il était nommé par la ville. On l'en mettait en possession par la tradition d'un livre. Le duc de Bedford, régent en France pour son neveu Henri VI, roi d'Angleterre, et qui jouissait du duché d'Alençon, voulut le nommer. Jean Fastolf, capitaine d'Alençon pour ce prince, termina la chose à la satisfaction de toutes les parties. Cet administrateur était tenu de rendre compte aux habitants, tous les ans au plus tard.

La régularité et le bon ordre subsistèrent dans l'administration de l'Hôtel-Dieu jusqu'en 1562. Cette année, les Huguenots y pénétrèrent, se saisirent d'une partie des titres, et enlevèrent ce qu'il y avait de plus précieux dans la maison et dans la Chapelle ; en sorte que le désordre s'introduisit tant dans le spirituel que dans le temporel. Madame la duchesse de Guise, pour y remédier, changea l'administration, en 1676, par un Réglement qui porte son nom, approuvé par l'évêque de Seès, homologué au parlement, et revêtu de lettres-patentes (1). Cette princesse ayant obtenu du pape des reliques de Saint-Victor, elles furent d'abord déposées dans l'église des Capucins. Mgr l'évêque Mém. des Filles de Notre-Dame, ms.

(1) Ce réglement fut imprimé avec d'autres pièces concernant l'Hôpital, à Alençon, chez P. Augereau, 1705, 26 p. in-4°, chez Louis Malassis, 1754, 26 p. in-4° et chez Malassis le jeune, 1789, 29 p. in-4°.

L'*Annuaire Normand* pour 1837 renferme une notice par M. Bellenger sur l'hôpital d'Alençon. (L. S.)

de Seès en fit la vérification, le 28 septembre 1678; on les porta, le lendemain, avec grande pompe, à l'église Notre-Dame, où le prélat officia, et après les vêpres, elles furent portées, avec le même cérémonial, dans la chapelle de l'Hôtel-Dieu. Madame de Guise fit bâtir, en 1693, la chapelle que nous voyons, dont saint Louis est le second patron (1). Elle y mit un second chapelain pour aider celui de Saint-Jean. Il est obligé de dire la messe basse tous les jours et d'assister les malades. Elle confia le soin de l'Hôpital à des dames de charité qu'elle fit venir au nombre de huit, auxquelles elle en ajouta deux, pour porter la portion, par son testament du 1er mars 1684. Deux ans après, elle fonda encore six sœurs. Depuis, M. Pigré en a fondé une, M. Belard, curé, une autre, et une inconnue en fonda une troisième, en 1719. Comme les meilleurs établissements de charité survivent peu aux fondateurs, les sœurs ont trouvé moyen de secouer l'assujettissement de porter la portion, et les pauvres malades ne tirent plus qu'un faible secours de cet excellent établissement.

La duchesse de Guise laissa encore, par son codicille du 30 mars 1695, à l'Hôtel-Dieu d'Alençon le palais qu'elle avait dans cette ville. Elle l'avait acquis de Charles Fromont de la Besnardière, receveur des tailles, et l'avait fort augmenté. Ses héritiers réclamèrent contre cette donation, et l'Hôtel-Dieu n'en eut que le tiers. Louis XV, acquit, en 1751, cet hôtel de l'Empereur, pour y loger les intendants. Les deux Intendants qui l'ont occupé y ont fait beaucoup de dépenses pour l'accroître et l'embellir, au moyen de fonds qu'ils ont été autorisés à lever sur la Généralité; et la ville est demeurée chargée de deux cents livres de rente envers l'Hôtel-Dieu pour son tiers de la

(1) On y employa les matériaux de l'ancien temple des Protestants. (O. D.)

maison (1). Les revenus de l'Hôtel-Dieu ne sont pas suffisants pour ses charges, en sorte qu'il est toujours arriéré pour ses affaires (2).

L'Hôpital général d'Alençon commença, en vertu de la déclaration du roi du 8 juillet 1725. M. de Pommereu, alors intendant, le plaça provisoirement au Château. On forma ensuite le projet de l'unir avec l'Hôtel-Dieu ; on acquit différents bâtiments, et on commença, en 1728, par les soins de M. de Lévignen, intendant, le grand corps-de-logis, au frontispice duquel on plaça l'inscription suivante, faite par l'Académie des inscriptions et belles-lettres, l'année précédente :

D. O. M.

LUDOVICUS DECIMUS QUINTUS REX CHRISTIANISSIMUS

HAS ÆDES

EXCIPIENDIS, ALENDIS ET AD LABOREM EXCITANDIS,

ET COERCENDIS ERRONIBUS, ET DESIDIOSIS

FUNDAVIT.

D. LUDOVICUS-FRANCISCUS LALLEMANT, COMES DE

LEVIGNEN, DOMINUS D'ORMOY, REGIS A CONSILIIS

LIBELLORUM SUPPLICUM MAGISTER,

ET APUD ALENCONIOS REI POLITICÆ PRÆFECTUS,

OPUS PROMOVIT,

FRATRE EJUS D. R. D. JACOBO-CAROLO-ALEXANDRO

LALLEMANT, EPISCOPO SAGIENSI.

(1) C'est aujourd'hui la Préfecture. La construction en est en briques, pierre blanche et granit, avec des ouvertures ovales au pavillon central, des lucarnes à frontons triangulaires, des alettes saillantes et régulières aux portes et fenêtres, et doit être du commencement du xviie siècle.

L'Intendance, « avec toutes ses appartenances et dépendances, » était louée en 1726, 600 l. (L. S.)

(2) Ce revenu était de 6 à 700 liv. en 1530, de 4,110 liv. en 1723, et le nombre des personnes qui habitaient l'Hôpital était alors de 244. Les revenus des deux maisons réunies s'élevaient,

La Chapelle fut bénite en 1741. On l'a depuis changée de place. Cinq sœurs de charité y ont soin des pauvres. Le roi Louis XV ayant jugé à propos d'appliquer à d'autres usages les fonds destinés pour cet établissement, l'Hôpital général a très-peu de revenu, et ne se soutient que par l'habileté de madame Renaud qui en est depuis long-temps supérieure (1).

Les deux Hôpitaux sont gouvernés par la même administration, fixée par le Réglement de madame de Guise.

On doit encore ranger parmi les maisons de charité le Dépôt de mendicité, qu'on a placé en 1777, et fini en 1781, dans un grand bâtiment, construit sur une portion du terrain qui formait anciennement le Parc.

Il nous reste à faire connaître les églises et les établissements qui sont sur le territoire du Maine et du diocèse du Mans, grand archidiaconé, doyenné de Lignières (2), où est situé un très-grand faubourg de la ville d'Alençon. Son nom de Montsort est tiré d'une éminence appelée tantôt *Sorro*, tantôt *Sorre*, sur laquelle on a bâti. Il comprend la paroisse de Saint-Pierre en entier, et une portion de celle de Saint-Paterne qui est à la campagne.

L'église Saint-Pierre de Montsort est très-ancienne,

MABILLON, *letera analecta*, etc., t. III, p. 66.

en 1835, à 38,744 fr. 09 c., et leur population était d'environ 300 personnes. Il était en 1856, de 47,258 fr. 37 c., et la population à peu près la même.

De grands travaux de reconstruction et d'appropriation ont été faits depuis quelques années à l'hospice d'Alençon ; mais il manquera toujours non-seulement d'aspect, mais d'ensemble et de régularité. Sa situation dans un des bas quartiers de la ville n'est pas heureuse. On a supprimé la rue qui séparait les deux maisons, qui n'en font plus qu'une, et le service y a beaucoup gagné. (L. S.)

(1) Ce revenu n'était que de 2,598 l. 9 s. 8 d. en 1749. (L. S.)

(2) Lignières-la-Carelle, *Ligneriæ*, *Linaria*, *Linerollæ*, commune du canton de la Fresnaie, ancien chef-lieu de doyenné et de l'archidiaconé de Sonnois. (L. S.)

si effectivement elle est une des dix-sept paroisses que Saint-Liboire, quatrième évêque du Mans, fonda, et dont il consacra les églises. Il lui imposa, pour l'entretien du luminaire et de la lampe de l'église cathédrale, une redevance de quatre livres de cire, et de six livres d'huile par chacun an, et pour les gardiens de l'église un tiers de sol. Il n'y a point, dans le diocèse du Mans, d'autre lieu appelé *Alencionnum* (1), et les curés de Montsort payent encore aujourd'hui une rente pour l'entretien du luminaire de Saint-Julien du Mans. Le Courvaisier, *Histoire des évêques du Mans*, p. 96.

L'église du Mans fut en proie à un seigneur puissant, nommé *Rotgarius*, ou Roger, qui fit son fils Gauziolène, évêque du Mans. Ils distribuèrent à des séculiers les biens des maisons religieuses, et même les églises ; nous ignorons à qui fut donnée l'église de Montsort d'Alençon, mais Charlemagne en ordonna, sous l'épiscopat de Mérole, la restitution : *villas aliquas, id est......... Alencion*. Le *Vetera analecta*, t. III, p. 248 et 249.

*Rec. des histor. de France*, t. V, p. 756.

(1) L'église d'Alonne, située dans la quinte du Mans, a beaucoup de rapport avec ce nom ; mais elle est beaucoup plus récente. Elle ne fut fondée que par l'évêque Hoël qui la donna au chapitre de son église, si on s'en rapporte à M. Le Paige, auteur du *Dictionnaire du Maine*. Il est certain qu'il y existe une tour vulgairement appelée *la Tour aux fées*, située au milieu d'un bois fort étendu. M. de Maulny, doyen des conseillers du Mans, y a trouvé des morceaux de marbre poli, des vestiges de peintures à fresque, des fragments de frises et de corniches qui lui ont paru d'ordre corinthien, et différentes médailles romaines ; une entre autres, consulaire, de Posthumius Albinus qui fut consul, l'an 602 de la fondation de Rome, suivant M. de Montesson l'aîné, treshabile dans la science des médailles, qui a mis en ordre le cabinet de M. de Maulny (1). *Lettre de M. de Maulny*, du 5 mars 1783.

(1) Nous avons dit (p. 69-70) que la plupart des historiens modernes du Maine, placent à Alonnes, la capitale primitive des Cenomans. Les anciens noms d'Alonnes *Alauna, Aloniacus, Alompna, Alonna* ne se rapprochent guères d'*Alencionum*. Il est admis aujourd'hui par presque tous les historiens que c'est bien Saint-Pierre de Montsort dont saint Liboire consacra l'église. (L. S.) Cauvin, *Géogr. anc. du dioc. du Mans*.

même prince confirma encore, par sa charte du 17 décembre 796, à l'église du Mans, Alençon, qu'il avait fait rendre en sa présence. Cependant, Guillaume III, comte d'Alençon, prétendit que le patronage de cette église lui appartenait, et il en fit don, l'an 1149, à l'abbaye de Saint-Martin de Seès. *Ego Guillelmus comes Pontivi, pro salute mea et parentum meorum, et pro anima Philippi filii mei, quem ipsi monachi in capitulo suo sepelierunt..... cum his supradictis dono, concedo et confirmo ecclesiam Sancti Petri de Montsor.*

<small>Titres de S. Martin de Seès.</small>

Quelques années après, l'abbé et les religieux de Lonlai y réclamèrent des droits. Gérard, évêque de Seès, termina l'affaire ; ces derniers se désistèrent. Les seigneurs de la Grande Barre ont prétendu aussi en être seigneurs directs, et que l'église était assise sur leur fief ; ce qu'ils n'ont jamais bien justifié. La tour fut rétablie en 1707, et le dôme en 1708 (1). L'église est basse, sombre et décorée de tableaux qui représentent les principales actions de la vie de saint Pierre. Le revenu de la cure est si faible, que Geoffroy, évêque du Mans, en réunissant à la paroisse de Saint-Paterne celle de Saint-Gilles-de-la-Plaine, en 1240, obligea le curé de Saint-Paterne de faire à celui de Montsort une rente en blé, orge et avoine d'un demi-muid, mesure d'Alençon (1).

<small>Lib. rubrus S. Mart. Sag.</small>

<small>Titre.</small>

Un nommé Benoît Picher ayant commis un sacrilège dans l'église Saint-Pierre de Montsort, le 18 décembre 1535, son procès lui fut fait, et le 23 du même mois, il

<small>Regist. des assises de la vicomté d'Alençon.</small>

---

(1) On remarque dans les murs d'une partie de cette église des pierres disposées en arête de poisson, appareil qui paraît avoir été employé dans notre pays aux XI$^e$ et XII$^e$ siècles. Elle était fort petite et fort laide. Le chœur et les transepts ont été reconstruits dans le style pseudo-grec et sur les dessins de M. Lebart, il y a peu d'années. Les tableaux qui représentaient la vie de saint Pierre avaient été placés en 1708, et ont disparu. (L. S.)

fut pendu à une potence plantée devant l'Église. Après sa mort, on lui coupa le bras, qui fut attaché à la potence, et tous ses biens furent confisqués (1).

Geneviève de Flotté, veuve de Charles de Vanssai, seigneur de Brestel (2), et de la châtellenie de Vanssai, ayant obtenu des supérieurs les pouvoirs nécessaires pour fonder une maison de Bénédictines, sous le titre de Sainte-Geneviève, fit don, le 19 mars 1636, d'une somme de douze mille livres, pour être employée aux bâtiments nécessaires, à condition que Renée de Vanssai, dite *de la Conception*, religieuse professe de l'abbaye de Montmartre, sa belle-sœur, en serait première supérieure. L'évêque du Mans accorda la permission, le 25 mars 1636. On travailla aussitôt à mettre en état de loger les religieuses, un grand bâtiment qu'on prit à loyer. La dame de Vanssai qui avait établi la réforme dans le monastère des Bénédictines de Saint-Malo et dans celui de Saint-Amand de

*Titr. de l'abbaye de Montsort.*
*IV Reg. du contrôle, etc., fº 135.*

---

(1) La paroisse et le faubourg Montsort ne furent réunis à la ville d'Alençon qu'en 1793.
Voici les noms de quelques-uns des derniers curés.

169.. Lenud.
     Riquier, pendant cinquante ans.
     Levilain.
1760. Thomas Gautier.
1778 Clogenson.
    . . . . .
    . . . . .
1802. Rivière, desservant provisoire.
1803. Fromentin.
1816. Dufriche-Desgenettes, aujourd'hui curé des Petits-Pères, à Paris
1819. Delaunay.
1827. Hurel.
1849. Crété.

(2) Commune de Rouessé-Fontaine (Sarthe), à 12 kilomètres d'Alençon. (L. S.)

Rouen, Anne de Fromentières et Elisabeth de Bouville furent mises en possession de leur maison, le 2 juillet. L'évêque du Mans approuva la fondation, le 4 juin 1638 (1).

La communauté était déjà nombreuse, lorsqu'elle prit possession, le 14 février 1643, de la maison qu'elle occupe aujourd'hui à l'extrémité du faubourg, sur la paroisse de Saint-Paterne. La chapelle fut consacrée sous l'invocation de Sainte-Geneviève. La maison n'était pas encore fort avancée, que les douze mille livres données par la fondatrice étaient plus que consommées. Les religieuses s'opposèrent à la continuation des bâtiments, et suscitèrent d'autres chagrins à la supérieure, qui prit le parti de se retirer. On choisit, pour la remplacer dans la supériorité, Marie Langlois. La misère des religieuses était telle, qu'elles étaient réduites à vivre du travail de leurs mains. Marie Dauvet, veuve de Jacques le Comte, marquis de Nonant, lieutenant-général au gouvernement de Normandie, vint à leur secours et leur fit don de dix-huit mille livres, à condition que ses deux filles, religieuses à l'abbaye de Caen, viendraient demeurer dans la maison de Montsort, et qu'elles pourraient prendre le titre de do-

---

(1) La première professe de cette maison fut Marguerite de Vanssai, fille de Jean de Vanssai et de Marguerite de Tulé. Elle prit le voile à l'âge de 10 ans, et mourut en 1643, âgée de 17 ans, 9 mois et 23 jours, en odeur de sainteté. Elle avait pris le nom de *Marguerite de Jésus*. On lisait dans le cloître cette épitaphe :

> Le château de Bretel a été mon berceau,
> La ville d'Alençon le lieu de ma victoire ;
> L'ordre Bénédictin tout rayonnant de gloire
> Me salue dans le ciel comme un astre nouveau.

On conservait dans la maison une vie manuscrite de cette religieuse. (O. D.)

natrice, réparatrice et seconde fondatrice. L'évêque du Mans fut présent à cet acte simoniaque, qui fut attaqué dans la suite. Cependant Marie le Comte avait été élue pour seconde supérieure perpétuelle, le 2 novembre 1655. On prétend qu'elle obtint, en 1659, (1) l'érection en abbaye du prieuré de Montsort. Elle mourut le 5 septembre 1676. Gabrielle de Nonant, sa sœur, obtint, le 12 octobre 1677, un brevet de nomination à l'abbaye des Bénédictines d'Alençon, prit possession le 2 août 1679, et mourut le 12 janvier 1694.

L'évêque du Mans commit Marie Dauvet, encore vivante, pour gouverner la maison pendant la vacance; elle faisait alors construire le grand bâtiment qui n'a point été terminé. Le roi nomma abbesse Louise Rousselet de Châteaurenaud ; elle s'ennuya bientôt à Alençon. Après avoir manqué le prieuré de Bonsecours, au faubourg Saint-Antoine à Paris, elle obtint, en 1706, l'abbaye de Port-Royal de la même ville. Elle eut part à la ruine de Port-Royal-des-Champs, et mourut le 25 août 1710.

Thérèse-Henriette-Perrine Rousselet de Châteaurenaud lui avait succédé dans l'abbaye de Monsort, par nomination du 6 octobre 1707. Elle mourut, le 11 novembre 1731, après avoir gouverné, pendant long-temps, son abbaye avec une grande sagesse, et dans la pratique de toutes les vertus.

Catherine-Françoise Desmoulins, fille de Louis-François Desmoulins, marquis de l'Isle, lieutenant-général des armées du roi, commandeur de l'ordre de Saint-Louis,

---

(1) D'autres Mémoires que j'ai eus sous les yeux, disent que le prieuré de Montsort fut érigé en abbaye par lettres-patentes données en 1655, et par bulle du pape Innocent XI. Ces deux pièces ne se trouvent plus dans les titres de la maison. On prétend que Renée de Vanssai, morte le 12 novembre 1664, avait emporté la plus grande partie des titres. Elle prit, ajoute-t-on, possession, en qualité d'abbesse, le 17 août 1659.

et commandant pour S. M. à Lille en Flandre, religieuse professe de la maison, fut nommée abbesse, le 12 avril 1732. Elle est morte, le 10 juillet 1767, et a emporté les regrets universels, tant de la Communauté que de tous ceux qui l'ont connue.

Louise-Françoise de Vieuxchâtel de Mardilli lui a succédé. Loin d'imiter la sage économie des dernières abbesses, elle a contracté des dettes de toutes parts ; ce qui lui a suscité des désagréments, qui l'ont décidée à se retirer, en 1774, au Val-de-Done à Charenton. Une sage administration a bientôt totalement réparé les brèches faites par cette abbesse à la fortune de la maison, qui a été sur le point de succomber.

Catherine-Françoise le Paulmier de la Livarderie, née dans la ville de Seès, a été nommée, sur la démission de la précédente abbesse, par Monsieur, à l'abbaye de Montsor, le 19 septembre 1784 ; elle a obtenu ses bulles du pape, le 4 octobre suivant, et a été mise en possesion le 18 janvier 1785 (1).

*Titr. de la Visitation.*

La ville d'Alençon obtint de la reine Anne d'Autriche, mère de Louis XIV, la permission d'avoir un couvent des dames de Sainte-Marie de la Visitation. Les lettres-patentes furent expédiées en 1659, et peu après vérifiées. L'évêque du Mans accorda la permission. Madame Loquet, première supérieure, accompagnée de sept religieuses de chœur, de trois novices et d'une sœur domestique, prit possession, le 7 juin de la même année, de la première maison que cette communauté a occupée. Elle était située

---

(1) Elle évacua la maison avec toutes ses religieuses le 1er octobre 1792. Cette maison fut vendue par la nation à M. Lermier de la Giroudière pour la somme de 36,000 livres. (O. D.)

M. le baron Mercier en devint propriétaire et y établit une filature de coton que remplaça une filature de chanvre. Un violent incendie la détruisit presque entièrement dans la nuit du 5 au 6 mars 1856. On achève de la raser (1857.) (L. S.)

rue *du Mans*. Elles en occupèrent ensuite une autre qui donne en partie sur la place *des Poulies :* elle se trouva bientôt trop petite pour loger la nouvelle communauté. Les Visitandines acquirent, en 1675, celle qui forme aujourd'hui l'Intendance. Elles étaient sur le point de s'y transférer, lorsque la duchesse de Guise la retira pour en faire sa demeure. Elles prirent alors le parti de faire construire la maison et les enclos qu'elles occupent, dans un emplacement dont une portion leur avait été fieffée par le Bureau des finances, le 10 décembre 1663. Elles en prirent possession le 11 janvier 1681, Madame d'Erard de Rai, sœur du président au présidial d'Alençon, étant alors supérieure. On publia une relation de la cérémonie. La chapelle est très-propre, et a été boisée en 1782 (1).

*Lettre de Mad. d'Erard, p. 9.*

Les croisés ayant apporté en Europe une maladie contagieuse, connue sous le nom de lèpre, on bâtit, pour les lépreux, dans toutes les villes et la plupart des bourgs, des hôpitaux auxquels on donna le nom de léproseries. Les habitants d'Alençon en fondèrent une à l'extrémité du faubourg de Montsort, sur la paroisse de Saint-Paterne. Le nombre des malades y dut être considérable. Guillaume III, comte d'Alençon, ayant fait le voyage d'outremer en 1145, et son petits-fils Robert III, en 1208, celui-ci accorda aux lépreux d'Alençon une foire franche chaque année, le droit d'avoir quarante porcs dans la forêt, et deux bourgeois dans la ville pour quêter avec eux. Il leur donna encore d'autres droits que Saint Louis leur confirma, en 1246.

*Il Reg. du contrôle, etc., fol. 501.*

*Ibid., f° 501.*

*Livre de Marie d'Espagne.*

---

(1) Ce couvent devint sous l'Empire la Sénatorerie, et le souvenir des brillantes fêtes qu'y donna M. Rœderer n'est pas encore effacé. Les jardins en ont été vendus à divers et forment tout un nouveau quartier. La maison est divisée en plusieurs habitations particulières. (L. S.)

Leur chapelle était consacrée à saint Lazare, et située un peu au-dessus des Bénédictines, du côté opposé ; elle était dirigée par un prêtre qui prenait le titre de curé. Il était à la nomination des habitants. Louis XIV en réunit les biens aux ordres de Saint-Lazare et du Mont-Carmel, et enfin, par lettres patentes du 20 juillet 1693, à l'Hôtel-Dieu. Madame de Guise fit détruire les bâtiments et la Chapelle : les matériaux servirent à la construction de la chapelle actuelle de l'Hôtel-Dieu. Julien Hamard, prieur de Cherisai et curé d'Arçonnai, était encore administrateur de la léproserie d'Alençon, en 1673.

*Récit de quelques particularités concernant la chapelle de N. D. de Nazareth, p. 5 (1).*

La chapelle Notre-Dame de Nazareth, située à l'extrémité du faubourg de Montsort, sur la paroisse de Saint-Paterne, ne diffère de celle qu'on voit à Lorette, dans toute sa structure, que par la petite sacristie qui est du côté du septentrion, que le fondateur jugea à propos d'y ajouter, pour représenter la grotte qui était jointe à cette chapelle, lorsqu'elle servait de demeure à la Sainte Vierge, à Nazareth. Elle fut fondée, le 23 novembre 1699, par Louis Sevin, ancien curé d'Ancines, doyen rural de Sonnois, et bachelier de Sorbonne. Elle fut décrétée par l'évêque du Mans, et érigée en bénéfice simple et perpétuel, le 19 mars 1700. L'évêque y unit, en même temps, une chapelle simple, fondée sous l'invocation de Notre-Dame dans l'église paroissiale de Béton, par Louis Sevin, sieur de Mézières, oncle du fondateur. Ce fondateur en accorda le patronage à son frère Nicolas Sevin et à ses descendants de mâle en mâle et d'aîné en aîné, portant le nom de Sevin, à perpétuité. L'évêque du Mans s'en réserva la collation et provision. Elle fut bénite le 24 mars 1700.

*Mém. communiqués par M. l'abbé Sevin.*

Le fondateur fit pratiquer, sous la sacristie qui est

---

(1) Alençon, Pierre Augereau, 1705, 12 p. in-4°; opuscule très-rare. (L. S.)

octogone, un caveau pour lui servir de sépulture et à sa famille. L'entrée est à la porte qui sert de passage de la sacristie dans la chapelle. Le fondateur mourut, le 27 janvier 1712, et y fut inhumé. On y voit son épitaphe gravée sur une lame d'étain appliquée du côté du levant.

On ignore le temps précis où fut fondée, dans le même faubourg, sur la paroisse de Saint-Pierre, la chapelle Sainte-Catherine. Elle a servi autrefois de chapelle à l'Hôpital qui a encore son cimetière aux environs. Elle fut démolie en avril 1739.

On voit, dans le même faubourg, une vaste et très-belle place, dont l'Hôtel-Dieu occupa, pendant quelque temps, une partie. L'armée de Henri V, roi d'Angleterre, y campa en 1417, et lui a laissé le nom de *Champ-du-Roi*. M. de Puységur ayant proposé de faire construire des casernes dans les principales villes du royaume, M. le duc d'Orléans, alors régent, donna ordre d'en construire à Alençon ; on choisit cet emplacement ; les fondements en furent jetés, en 1720 ; M. de Pomereu, intendant, en posa la première pierre, le 23 avril, sur laquelle fut gravée l'inscription suivante :

M. DCC. XX.
REG. LUD. XV. DOM. MICH. GERV. ROB. DE POMEREU, REG. A CONSILIIS, PRÆFECTO IN ALENCONIO ET PROVINCIA, ÆDES MILIT. CONSTRUCT. DIRIGENTE. P. S. Groult, Arch.

On se servit de la démolition de quelques tours du Château et de la ville, et des parapets des murs de ville. Les murailles étaient déjà à six pieds hors de terre, lorsqu'on abandonna l'ouvrage. On a aplani, depuis dix ans, cette place et comblé ces fondements (1).

(1) On les retrouve encore en différents endroits, à peu de profondeur au-dessous du sol. (L. S.)

Il y avait encore au faubourg de Montsort une autre place très-vaste, appellée *les Poulies*. Une grande portion de cette place appartenait anciennement aux religieux de l'abbaye de Saint-Martin de Seès. Ils la cédèrent aux comtes d'Alençon pour faire l'emplacement d'un jeu appelé les *Poulies*, qui était fort de leur goût, puisqu'ils en avaient un à Paris proche de leur hôtel, dans la rue qui en porte encore le nom, et dans presque toutes les villes où ils faisaient quelque résidence (1). Une partie du terrain qu'il occupait a été fieffée à différents particuliers, ou usurpée.

Il n'est pas facile de fixer l'époque précise où les nouvelles opinions en fait de religion, furent introduites dans la ville d'Alençon. Il y a bien de l'apparence que ce fut dans le voyage que la reine de Navarre y fit, en 1530 (2). Sa cour était alors l'asile de tous les savants persécutés, dont elle s'était déclarée la protectrice. Gérard Roussel, son premier aumônier, depuis évêque d'Oléron, passe pour avoir avancé, le premier, dans un sermon qu'il fit à l'*Ave-Maria*, des propositions peu orthodoxes; mais il n'est pas bien prouvé qu'il ait été ou Luthérien ou Luthéro-Zwinglien, comme l'ont avancé Florimond de Rémond et ses copistes.

<small>Le Clerc et Joli,*Remarques sur le Diction. de Bayle.*</small>

<small>*Annal. de l'Ave-Maria.*</small>

Le calvinisme fit des progrès si rapides à Alençon, qu'en 1562, les meilleures familles de la ville étaient toutes

<small>*Gargantua,* lib. I, ch. 22 et 23.</small>

<small>T. I, p. 172. T. II.</small>

(1) Rabelais, dans la longue énumération des jeux connus de son temps, ne parle pas de celui des Poulies. Ménage, dans son *Dictionnaire étymologique,* n'en dit rien non plus. Sauval, dans son *Histoire et recherches des antiquités de la ville de Paris*, et Piganiol de la Force, dans sa *Description de Paris*, ne parlent du jeu des Poulies que pour avouer qu'on ne sait en quoi il consistait. (L. S.)

(2) Je serais porté à penser que les opinions nouvelles auraient pénétré à Alençon avant 1530, car nous voyons qu'elles avaient causé dans le diocèse de Seès, dès 1524, une certaine inquiétude. (L. S.)

huguenotes. Le curé (Lucas Caiget), les vicaires et beaucoup d'autres ecclésiastiques avaient aussi embrassé les nouvelles opinions. Ils tinrent d'abord leurs assemblées au faubourg de Saint-Blaise, ensuite dans le jardin *Ricordeau*, puis au lieu appelé *l'Aumône* situé dans le Parc. Catherine Gervaiseaux, femme de Jean Erard Houssemaine, prêcha dans ces trois endroits. Les huguenots ayant obtenu l'exercice public de leur religion, par l'édit de janvier 1561, il y eut alors une église protestante à Alençon, dont Bidard-Poinçon paraît avoir été le premier ministre. Les troubles ayant commencé l'année suivante, l'exercice de la religion romaine fut interrompu à Alençon au mois d'avril. Les huguenots ayant abandonné le 12 juillet, Le Mans, dont ils s'étaient emparés le 3 avril précédent, une partie se rendit à Alençon sous les ordres de la Motte-Tibergeau et du seigneur d'Avoines. Ce fut alors que les églises achevèrent d'être dépouillées (1). Le monastère de l'*Ave-Maria* fut forcé et les religieuses obligées de l'abandonner. Sur les plaintes qui furent portées au bailli, il crut devoir leur défendre toutes assemblées. Ils commençaient à remuer de nouveau, au mois de mars 1563 (2), lorsqu'ils surent que l'amiral de Coligni était dans leur voisinage, et qu'après avoir mis à contribution Argentan, il pillait à Seès l'église cathédrale et l'abbaye

Journal de Fr. Bouvet, ms.

De Thou, Hist. t. II, p. 202.

---

(1) Un décret de prise de corps fut rendu, le 2 mai 1562, contre ceux qui avaient outragé les religieuses de Sainte-Claire.

Pierre du Perche et autres furent poursuivis à l'Échiquier tenu à Alençon en 1571, pour s'être emparés des reliques, joyaux et autres ornements des églises Notre-Dame, Saint-Léonard, Saint-Pierre de Montsort, etc. Il représenta un état d'un certain nombre de marcs d'argent qui en étaient provenus et dont il était resté chargé avec Guillaume Trouillard. On nomma des commissaires pour régler le tout dans deux jours, à fins civiles. Ce jugement fut rendu le 1ᵉʳ octobre. Ils prouvèrent que cet argent avait été envoyé au prince de Condé. (O. D.)

(2) Style nouveau, ou 1562 v. style. (O. D.)

E. Benoist, *Histoire de la révocation de l'édit de Nantes*, t. III, preuves, p. 170.

Reg. de l'Ech.

de Saint-Martin. La paix conclue le 19 de ce mois, les arrêta ; on leur accorda l'exercice de leur religion dans l'intérieur des villes, où il avait eu lieu jusqu'au 7 de ce mois. Les huguenots d'Alençon prétendirent dans la suite être dans ce cas ; les catholiques n'en convenaient pas ; ce qui occasionna des contestations entre les deux partis. Il est certain qu'alors ils faisaient à Alençon l'exercice public de leur religion ; mais on trouve que c'était tantôt dans l'intérieur de la ville, tantôt dans les faubourgs. Le roi de Navarre, s'étant échappé de la cour, au mois de février 1576, se rendit à Alençon, dont Hertré lui ouvrit les portes. La femme d'Isaac Caillard Deshayes, son médecin, étant accouchée, le roi consentit à présenter l'enfant au baptême. La cérémonie se fit dans une halle où les protestants faisaient alors le prêche. Dès que le roi fut entré, le ministre fit chanter le psaume 21, qui commence par ces paroles :

<small>*Hist. de la révocation de l'Édit de Nantes*, t. I, p. 44.</small>

<small>*Mém. de* SULLY.</small>

> Seigneur, le Roi s'esjouira
> D'avoir eu délivrance
> Par ta grande puissance.

Le roi s'informa s'il avait été chanté exprès : ayant appris que l'on n'avait fait que suivre l'ordre, il en tira un bon augure, et assista au prêche ; ce qui a donné lieu à Duplessis-Mornai de dire qu'il avait repris, dans cette ville, la profession de la religion prétendue réformée, et fait abjuration de la romaine (1).

<small>DE THOU, trad. t. XV, p. 379.</small>

Cette halle était, vraisemblablement, celle que Nicolas le Barbier, lieutenant-général, très-zélé partisan de la

<small>*Mém. pour les protest. d'Al. pour la conserv. de leur Temple*, p. 5.</small>

(1) On voit par la taxe, faite en 1582, par les commissaires du roi que l'église d'Alençon devait être très-considérable, puisque sa taxe était double de celle des plus fortes églises de la généralité de Caen. Cette imposition devait être pour le roi de Navarre en conséquence des articles secrets de l'édit de 1577. (O. D.)

Ligue, fit démolir, au commencement d'août 1588. Les protestants firent, dans la suite, l'exercice de leur religion, au lieu appelé le *Boulevard*. Il y continua jusqu'à l'édit de Nantes. On y tint, en 1597, un synode. Le lieu de leur exercice étant devenu trop petit, ils prirent à loyer un autre bâtiment, situé dans les fossés du boulevard de la porte de Seès.

MM. de Jamberville et d'Heudreville, commissaires nommés par le roi pour l'exécution de l'édit de Nantes en Normandie, se rendirent à Alençon, au mois de mai 1600, firent enregistrer et publier l'édit, ordonnèrent que l'exercice de la religion prétendue réformée se ferait dans l'enclos de la ville, et accordèrent aux huguenots une portion du cimetière de Saint-Blaise pour enterrer leurs morts. Ils assignèrent pour premier lieu de bailliage, la paroisse de la Place de Seès, et pour le second la ville de Laigle (1). *Hist. de la révocation de l'Édit de Nantes*, t. II, p. 598. *Pièces justific.*, p. 168.

Les protestants firent l'acquisition d'un fonds dans la rue qui porte encore aujourd'hui le nom de rue du *Temple*; ils y firent commencer la bâtisse d'un temple. M. de Matignon, qui commandait alors, voulut l'arrêter; ils en portèrent des plaintes au roi dans le cahier des remontrances, du 4 juillet 1603. Sa Majesté, par sa réponse, leva les défenses, et leur en fit expédier des lettres-patentes portant permission de continuer l'exercice de leur religion (2). Ils obtinrent, en 1637, la permission de tenir un

---

(1) Le syndic du clergé du diocèse de Seès appela, par le motif qu'il y avait plusieurs exercices publics et de possession. Il demanda aussi que l'exercice accordé dans un des faubourgs d'Alençon fût supprimé. Il succomba en première instance et en appel. (O. D.) BERNARD, *Explic. de l'édit de Nantes*, p. 94.

(2) Le synode de La Rochelle (1607) se plaignit vivement des troubles survenus à Alençon à l'occasion de placards injurieux qu'un capucin s'était permis d'y afficher contre les protestants. (O. D.) E. BENOIT.

synode national à Alençon. M. de Saint-Marc, conseiller d'état, et M. de Clermont-Galerande y assistèrent, le premier en qualité de commissaire, et le second comme député général. L'ouverture s'en fit, le 27 mai. Je n'entrerai point dans le détail de ce qui s'y passa (1). Les actes en sont imprimés dans le *Recueil des Synodes des églises protestantes*, par Aymont. Il y a encore eu à Alençon plusieurs autres synodes particuliers des églises de Normandie, un entr'autres, le 27 avril 1671.

<small>T. II, p. 527.</small>

Les protestants furent privés, par un arrêt du parlement de Rouen, du 23 octobre 1637, de la portion du cimetière de Saint-Blaise qui leur avait été accordée. Un autre arrêt du conseil, du 20 octobre 1664, ordonna la démolition du Temple situé dans l'intérieur de la ville, dans l'emplacement où est aujourd'hui le grenier à sel, et leur permit d'en construire un autre à l'extrémité d'un

<small>Nouvelles rech. sur la Fr., t. I. p. 245.</small>

---

<small>T. II, p. 569.</small> (1) On trouve aussi le récit de ce synode dans Élie Benoit. Benjamin Basnage, ministre de Carentan, présida avec beaucoup d'adresse et de prudence. Coupé était adjoint; Blondel et De Launay, secrétaires. La classe d'Alençon était représentée par Le Sauvage, Benoit et de La Conseillère, ministres, Duval de La Lemée, ancien, de Gilles, diacre. Le sujet de la grâce universelle en faveur de laquelle se prononçait le fameux Moïse Amyrault, ministre et professeur à Saumur et l'un des plus habiles théologiens de sa communion, fut vivement agité. Bon nombre de députés avaient reçu contre lui de sévères instructions. Quelques-uns même demandèrent qu'il fût déposé. Dumoulin était le chef de ses adversaires. Amyrault se justifia et fut renvoyé avec honneur à l'exercice de sa charge. Le synode imposa sur cette question un silence qui ne fut pas trop bien gardé. Jean Daillé, alors ministre à Saumur et depuis à Paris, publia contre un professeur de Leyde (Desmarests), qui attaquait Amyrault, une *Apologie des Synodes d'Alençon et de Charenton* qui raviva la querelle. L'ouvrage de Brachet de la Milletierre sur la réunion des deux religions, *Le moyen de la paix chrétienne*, que Daillé avait attaqué, fut condamné par le Synode. C'est encore dans ce Synode que les églises de Béarn furent incorporées dans les synodes nationaux. Il dura jusqu'au 9 juillet. (O. D.)

des faubourgs de la ville. Ils achetèrent un emplacement à l'extrémité de celui de Lancrel, et y firent travailler. Quelques catholiques fanatiques, à la faveur des ténèbres, cachèrent dans la nouvelle maçonnerie de petites Notre-Dames, pour avoir un prétexte de susciter de nouvelles affaires aux protestants. Ils en eurent vent. On démolit, on découvrit le piège, et il en fut dressé procès-verbal. L'ouvrage fut continué et la forme en était assez élégante. Les protestants en prirent possession, sur la fin de l'année 1665. L'église protestante d'Alençon fut presque toujours desservie par trois ministres. La plupart ont été très-habiles dans les langues savantes, et nous aurons occasion de parler de quelques-uns dans la suite. *Acte* déposé au notariat, du Chevain.

Les protestants de France, dont la destruction avait été arrêtée dans le conseil du roi, éprouvèrent à Alençon, depuis ce temps, chaque année, quelqu'évènement fâcheux. Ils étaient réduits à souffrir les insultes fréquentes d'une populace grossière ameutée par les fanatiques et à supporter toutes les injustices des catholiques, ou bien à se voir condamner. Le Lieutenant-général leur interdit, par sentence du 9 octobre 1684, l'exercice de leur religion, sous prétexte que le Consistoire n'avait pas fait la production fidèle de tous ses titres et papiers, aux termes d'une déclaration du roi. Le fameux Édit de révocation de celui de Nantes ayant été arrêté, le 18 octobre suivant, et enregistré, on démolit le temple d'Alençon ; les matériaux et les meubles furent donnés à l'Hôtel-Dieu, et les biens-fonds du Consistoire y furent réunis. *Sentence* imp.

La ville d'Alençon perdit, pendant le reste de l'année et les suivantes, environ le quart de ses citoyens les plus aisés. Benoit, témoin oculaire et l'un des bannis, nous assure, dans les *Mémoires* de sa vie (1), qu'il demeura Chausseiped, *Supplément au Dictionnaire de Bayle*, t I, p. 230.

(1) Ces *Mémoires* paraissent perdus, mais son *Histoire de l'Édit*

en France à peine la huitième partie de ceux dont l'église d'Alençon était composée. Ils allèrent chercher chez l'étranger le repos de leurs consciences, y portèrent beaucoup d'argent et les manufactures du pays (1).

Ce serait ici le lieu de parler des places de la ville. Nous en avons fait connaître deux. La plus considérable sera celle que l'on forme dans l'emplacement de l'ancien château, et sur laquelle sera la façade du nouvel Hôtel-de-ville qu'on bâtit. Il en existe une autre devant l'ancien palais. Les autres ne méritent pas qu'on en parle.

Les rues n'ont rien de remarquable. La *Grande rue* a été élargie en 1744 et dans les années suivantes, depuis l'église Saint-Léonard jusqu'à la porte de Seès. Elle a vingt-six pieds de largeur (1). Plusieurs des autres

---

de Nantes, Delft, 1693-1695, 3 tomes en 5 parties, in-4°, est pleine de renseignements précieux pour l'histoire d'Alençon. (L. S.)

(1) Beaucoup des fugitifs furent arrêtés, envoyés aux galères ou enfermés pour leur vie dans les prisons : de ce nombre furent le ministre Benoit et toute sa famille. Paul Cardel, ministre aux environs de Rouen et fils d'un avocat d'Alençon, fut enfermé à la Bastille, et de là conduit aux îles Sainte-Marguerite où il mourut le 13 mai 1674, âgé de 34 ans. Un autre de la même famille, après avoir été renfermé six ans à Vincennes, fut transféré, à l'âge de 55 ans, à la Bastille, où son esprit tomba dans une espèce d'égarement qui revenait par accès assez longs. Benoit cite encore parmi les protestants d'Alençon persécutés, Jean Cardel, avocat, et sa famille, Jacques Dornant et sa fille, la famille Gillot, Abraham Lecomte et sa famille, les familles Gilbert, marchand, et Dumas, François Billon de la Chambre, Madeleine Rouillon, la femme de Jean Rouillon de la Chevallerie et son fils, Pierre Alix, condamné aux galères, et sa famille. On sévissait même contre les cadavres. Celui de L'Ecu fut traîné sur la claie dans toutes les rues d'Alençon. (O. D.)

(1) Elle a été élargie et redressée du carrefour des Etaux à l'église Saint-Léonard, en 1855 et 1856. La route de Fresnai qui la continue et donne à ce quartier de la ville un si important dé-

rues ont quitté leur ancien nom pour en prendre de nouveaux. Par exemple, la rue *au Brille* quitta ce nom pour prendre celui de rue *aux Sieurs*, après la réduction de la ville sous l'autorité de son duc, parce que les quatre échevins y demeuraient. La rue aux *Goguets* prit le nom de la *Mairerie* (1) que Louis XI y établit. La rue de la *Personne* (du curé), se nomme aujourd'hui du *Bercail;* celle de la *Motte*, la rue *Étoupée*. La rue qui s'est appelée autrefois *Badoire*, est présentement la *Cave-au-Bœuf ;* celle aux *Belles-femmes* a pris le nom du *Cygne*, d'une auberge qui portait pour enseigne un cygne. La rue *Langlois* est la *Gueule-d'Enfer*. Quelques rues ont conservé leurs anciens noms. Celle de la *Juiverie* était le quartier que les Juifs habitèrent jusqu'à leur expulsion du royaume. Saint Louis, par ses lettres-patentes du mois de janvier 1268, enjoignit à tous les baillis de chasser de leur territoire et de faire chasser de ceux des seigneurs les *coarciens* (usuriers italiens) et les autres usuriers étrangers. Les autres marchands purent commercer en France; quelques-uns s'établirent à Alençon, dans la petite rue à laquelle ils ont donné leur nom (*Lombards*). Mais ne s'étant pas conformés au règlement prescrit par saint Louis, Philippe-le-Hardi les bannit du royaume. Le quartier du *Marais* a retenu le nom de ce qu'il était avant qu'on eût entrepris d'y bâtir (2).

Ducange, *Gloss.*, verbe *Coarcini*.

bouché, n'a été ouverte qu'en 1845. La place Saint-Léonard n'avait pas d'issue auparavant. (L. S.)

(1) Le peuple dit encore *Mairerie* : aujourd'hui on écrit *Mairie*. (L. S.)

(2) La rue du *Château* s'appela d'abord rue *Leconte*, puis rue de *M. le Duc*.

Celle de *L'Hérault (Air-haut)*, serait ainsi nommée (suivant O. D., dont l'opinion me paraît erronnée) de ce qu'elle est dans la partie la plus élevée de la ville.

Une petite rue communiquant du *Valnoble* (ainsi nommé des seigneurs qui l'habitaient du temps des Ducs) avec la *Mairerie*,

Alençon a eu, pendant long-temps, ses seigneurs particuliers, mais ils ne sont connus que depuis Richard I, duc de Normandie. Un écrivain, qui vivait au commencement du siècle dernier, prétend que Raoul, premier duc de Normandie, en fit don à un seigneur normand qui le seconda dans ses conquêtes, et que sa petite-fille le porta en mariage à Guillaume de Bellême. Il est plus probable que cette portion de la Normandie fit d'abord partie du domaine ducal, et n'en fut distraite qu'en faveur de la maison de Bellême.

<small>René Courtin, Hist. du Perche, ms. déposé aux Mathurins de Mortagne.</small>

Nous ignorons l'origine de cette maison. Comme un des premiers seigneurs connus portait le surnom de *Creil*, nous sommes fondés à croire qu'il était natif ou seigneur de quelqu'une des villes de France qui portent ce nom. L'histoire nous apprend seulement que cette maison était illustre. D. Briant qui a fait de grandes recherches sur l'histoire du Maine, dit (1) qu'un nommé Yves, fils de

<small>Vetera analecta, t. III, p. 197.</small>

---

fut usurpée, entre 1500 et 1520, par Charles, Bâtard d'Alençon, qui y bâtit une maison.

Le *Cours* fut aplani et planté d'ormes sur le bord du fossé de la ville, en 1692. Ces arbres, tombant de vétusté, furent abattus en 1758 et remplacés par des tilleuls, par les soins de M. de Lévignen ; mais après sa mort on les négligea entièrement.

Toutes les rues qui régnaient le long des remparts de ville furent supprimées dans le xvie siècle. Celle qui est près de la grange dimeresse fut usurpée par Thomas Duval. François, duc d'Alençon, ayant besoin d'argent pour son expédition de Flandres, vendit le terrain qui formait une place devant la porte du Château. (O. D.-L. S.)

(1) Je ne prétends pas connaître parfaitement bien la famille des premiers seigneurs de Bellême, du Corbonnois et d'Alençon. Je suis persuadé qu'il échappera à mes recherches un assez grand nombre de personnes qui en étaient issues ou qui avaient contracté des alliances avec elle. Par exemple, je ne puis dire par où Avesgaud, abbé de Saint-Vincent du Mans, et Avesgaud, abbé de la Couture, étaient parents de l'évêque du Mans du même nom. L'auteur de l'*Anglia sacra*, t. I, p. 476, parle d'un

Fulcois et de Rotaïs, du consentement de ses deux sœurs Billehende et Eremburges, de ses oncles Seifroi et Guillaume, et de plusieurs autres ses cousins, fit don à l'abbaye du mont Saint-Michel de neuf hameaux situés dans le Maine. La charte où on lit ces faits, nous paraît trop vicieuse, pour en déduire une généalogie, et faire Fulcoïs père d'Yves de Creil. Quelqu'ait été le nom du père d'Yves, il semble qu'il était devenu comte héréditaire du Corbonnois, soit par la libéralité de Charles-le-Chauve, de Robert-le-Fort, ou par usurpation. La preuve qu'il était comte de Corbonnois résulte de ce que nous voyons ses enfants posséder, à droit successif, la plus grande partie du Perche, la vicairerie de Sonnois, le terrain de la Ferté-Bernard et plusieurs autres cantons du Maine, qu'ils disent tenir en *bénéfice* ou en *alleu*. Ce comte héréditaire du Corbonnois avait au moins trois fils : Yves, dont je parlerai dans la suite, Seifroid, évêque du Mans, et Rotrou I, comte de Mortagne, mort jeune. Il y a bien de l'apparence qu'il eut encore un autre fils inconnu qui eut en partage la portion connue sous le nom de *Petit Perche* et depuis sous celui de *Perche-Gouet*, surnom qu'il prit de Gouet, un de ses seigneurs. Seifroid obtint l'évêché du Mans, par le crédit du comte d'Anjou (1), auquel il

*Cœnomania*, ms.

Bry, p. 34.

*Vetera analecta*,

Roger, évêque de Rochester, depuis 1163 jusqu'à 1180, issu par sa mère des seigneurs de Bellême. Il en est aussi parlé dans l'*Hist. littér. de la France*, t. VIII, p. 90. (O. D.)

(1) Ce comte d'Anjou ne pouvait être que Foulques Néra. Il est bien difficile de concilier l'existence contemporaine du comte Yves de Bellême, de Seifroi, de Hugues, comte du Mans, et de Bouchard, comte de Vendôme.

J'ai inutilement cherché à connaître l'origine des seigneurs de La Ferté. Une charte publiée par D. Martène m'apprend que Gosselin le Normand fut seigneur de cette ville, sans doute par la faveur de quelqu'un des comtes du Maine. Suivant Le Paige, Charles-le-Chauve aurait uni La Ferté, qui faisait partie du Maine, au comté du Perche, en 844, ce qui expliquerait les rapports des comtés de La Ferté avec la maison de Bellême. (O. D.)

*Amplis.*, t. I, p. 444.

T. I, p. 522.

donna plusieurs terres pour y parvenir. Il eut, dans la suite, de grandes contestations avec Hugues I$^{er}$, fils de David, premier comte héréditaire du Maine. Le comte le chassa de son siège, et le força d'aller chercher un asile chez Burcard, comte de Vendôme, dont il obtint la protection par l'abandon de domaines considérables dépendant de son église. Le comte de Vendôme prit les armes en sa faveur contre Hugues. L'évêque, considérant que la guerre ne tournait pas à son avantage, prit le parti de faire son accommodement, et retourna dans sa ville épiscopale. Il était déjà vieux ; ce qui ne l'empêcha pas d'épouser une femme nommée Hildeburge (1), dont il eut plusieurs enfants, tant garçons que filles, qui moururent tous, à l'exception d'Albéric, que son père enrichit du patrimoine de son église. S'étant trouvé indisposé, il se fit saigner, et eut l'imprudence de coucher la nuit suivante avec sa femme, ce qui augmenta beaucoup sa maladie. Voyant sa fin approcher, il prit l'habit monacal dans l'abbaye de la Couture, où il mourut en 994, et y fut inhumé.

*Cænomania, ms.*

Quelques écrivains prétendent que ces trois frères en

(1) *Ad cumulum damnationis suæ accepit mulierem nomine Hildeburgam....... nocte insecuta, dormivit cum episcopissa.* Ces termes ne permettent pas de douter du mariage. Rien n'est plus commun que de voir alors les évêques et les prêtres se marier, et laisser même leurs bénéfices à leurs enfants. Une partie du clergé avait abandonné le célibat, si recommandé par les canons. Bondonnet a donc, sans raison, fait un crime à Le Courvaisier d'avoir avancé que Seifroid, ou Sigefroid, évêque du Mans, épousa Hildeburge. Voyez ma note sur Radbod, évêque de Seès (1).

*Vetera analecta, t. III.*

*Vies des évêques du Mans, p. 399.*

(1) La *Dissertation sur le mariage de Radbod, évêque de Seès, et sur les mariages des prêtres dans le* XII$^e$ *siècle*, dont parle ici O. Desnos, n'a point été publiée. L'abbé Gautier paraît l'avoir connue. Nous nous bornerons à renvoyer pour l'examen de la question, si obscure encore, du célibat des prêtres dans les premiers siècles, aux livres IV et V d'Orderic Vital, et à la *Collection des meilleures Dissertations sur l'Histoire de France*, publiée par Leber, t. II, p. 59. (L. L.)

*Hist. d'Alenç., p. 213.*

eurent un quatrième à qui les évêques de Chartres inféodèrent les cinq baronnies du Perche-Gouet, et qui fut la tige des seigneurs du Perche-Gouet.

M. Doyen, qui vient de publier une histoire de Chartres, prétend que Clovis, ayant fondé l'abbaye de Saint-Père de Chartres, Clotilde, son épouse, la dota de grandes terres situées dans le Perche. Les Normands détruisirent, vers l'an 849, cette abbaye. Hélie, évêque de Chartres, les repoussa; mais pour récompenser les militaires qui l'avaient servi dans cette expédition, il enleva à Saint-Père les possessions qu'elle tenait de la reine Clotilde et les leur donna à titre de rachat : ce sont les cinq baronnies du Perche-Gouet, dont les Evêques de Chartres attachèrent la mouvance à la châtellenie de Pont-Gouet, que l'on nomme Pont-Gouin, dont ils traitèrent avec les enfants de Guillaume Gouet, dernier des mâles de sa maison, et y firent bâtir une maison de plaisance.

Yves de Creil, beaucoup plus connu dans l'histoire sous le nom de Bellême, fut également puissant et sage. Il était maître des arbalêtriers de France, lorsque Louis d'Outremer oublia qu'il devait son rétablissement sur le trône des Français à un duc de Normandie. Il conduisit son fils Richard I$^{er}$ à Laon où il le retint prisonnier. Yves, indigné de l'ingratitude et de la trahison du roi, à la cour duquel il se trouvait alors, conseilla à Osmond, gouverneur du jeune prince, d'engager son élève à feindre une maladie, et de profiter de la sécurité où serait sa garde, pour l'enlever dans un faisceau d'herbes où il serait caché. Osmond exécuta heureusement le projet, et emporta Richard d'abord au château de Couci, d'où le Comte de Senlis, son oncle de je ne sais quel côté, le tira. Richard, après avoir soumis ses ennemis, se rappela le service que lui avait rendu Yves, et lui donna ou à son fils Guillaume, pour lui et ses successeurs, l'Alençonois et une grande étendue de terre sur la frontière de Normandie, à la charge de lui en faire l'hommage, et de veiller de ce côté-là à la sûreté de ses états.

*Annales Metens. dans le Recueil des histor. de France, t. VII, p. 190.*

Si le comte de Corbonnois avait été originairement vassal immédiat de la couronne de France, il ne l'était plus comme je l'ai déjà dit, depuis que Charles-le-Chauve avait confié la garde du duché de France, à Robert-le-Fort, duc d'Anjou, tige de nos rois, pour s'opposer aux armes des Bretons et des Normands. Ce duché comprenait les villes et comté du Perche, le comté de Blois, l'Anjou, le Maine, et peut-être même le territoire d'Alençon ; ce qui a donné lieu à un écrivain moderne d'en faire un capitaine d'Alençon. Quoique les enfants de Robert eussent presque toujours possédé, depuis lui, le duché de France, à titre de gouvernement, ils n'en devinrent véritablement propriétaires héréditaires, que par la donation que le roi Louis en fit l'an 943, à Hugues, surnommé *le Grand*, petit-fils de Robert, et père de Hugues-Capet, qui réunit le duché de France à la couronne. Nous ne pouvons assurer qu'Yves ait vécu jusqu'à ce temps. Il avait réuni Mortagne, qui était échu en partage à son frère Rotrou (1), au Bellêmois, qui avait fait partie du sien.

T. X, 228 not.
Le Courvaisier, *Hist. des évêq. du Mans*, table.

Bry, p. 54.

Il fonda, dans son château de Bellême, situé alors au lieu qui porte le nom de Saint-Santin, une église en l'honneur de la Vierge (2). Il y donna plusieurs églises situées dans le Corbonnois, aux environs de Mortagne et de Bellême, où existait déjà le lieu appelé, comme aujourd'hui, Le *Vieux-Bellême*, et dans le Sonnois. On croit qu'il fut inhumé avec son épouse Godehilde dans cette église, qui fut donnée par la suite, à l'abbaye de Marmoutier. Nous

---

(1) Il y a bien de l'apparence que Thibaut, comte de Chartres, avait donné à ce Rotrou, Nogent et ses dépendances, à la charge de relever de son comté de Chartres, et sous la redevance du service militaire, pour l'engager à porter la guerre en Normandie sur les terres de Richard Ier.

(2) Voir page 60.

connaissons cinq enfants d'Yves. L'aîné des fils se nommait Guillaume; nous en parlerons tout-à-l'heure. Le le second, nommé Avesgaud, fut évêque du Mans, après son oncle Sigefroid. Il eut en partage le territoire de la Ferté-sur-Huisne, qui est la Ferté-Bernard, surnom qu'elle a pris de Bernard, un de ses seigneurs, et une portion du Sonnois. Il ne put faire à son église tout le bien qu'il aurait désiré. Herbert, surnommé *Éveille-chien*, avait succédé à son père dans le comté du Maine et dans sa haine pour les évêques du Mans de la maison de Bellême, dont la puissance lui portait ombrage. La possession du Sonnois était sans cesse l'objet de quelque querelle toujours fatale aux habitants de ce canton. Herbert se déclara l'ennemi d'Avesgaud. L'évêque fit fortifier le château de Duveli ou Duneau, proche Connéré, pour s'y mettre à l'abri de la fureur du comte; mais celui-ci s'en rendit bientôt maître, et força Avesgaud de se sauver dans le château de Bellême, auprès de son frère qui avait pris les armes pour sa défense. L'évêque prononça une sentence d'excommunication contre le comte, et lança un interdit sur le diocèse. L'affaire s'accommoda : l'évêque retourna au Mans, fit bâtir en pierre le palais épiscopal et l'Hôtel-Dieu qui n'étaient qu'en bois, et fit beaucoup d'autres biens tant à ses chanoines qu'à l'église Saint-Vincent. Il se brouilla de nouveau avec le comte, et ne se voyant pas en état de lui résister, il quitta la ville et donna quelques terres (1) à un vaillant chevalier, nommé Herbran, pour le seconder; celui-ci garda les terres de l'église du Mans, et s'acquitta mal de sa charge. Le comte pilla le palais de l'évêque, ravagea ses terres, emprisonna ses fermiers. Avesgaud eut encore une fois recours à l'interdit, et se fortifia dans son château de la Ferté, où il s'était retiré. Le comte rassembla toutes ses

*Vetera analecta,* t. III, p. 500.

(1) C'est peut-être l'origine du Vidamé du Mans.

forces, et appela à son secours Alain III<sup>e</sup> du nom, comte de Bretagne. Ils formèrent, l'an 1026, le siège du château où s'était renfermé l'évêque. Après s'être défendu le plus long-temps qu'il lui fut possible, il fut enfin obligé de capituler et de rendre la place. Avesgaud se réfugia à Chartres, auprès de l'évêque Fulbert, qui écrivit, en son nom et en celui de l'évêque du Mans, à l'archevêque de Sens, son métropolitain, et à celui de Reims, pour les engager d'écrire au comte, et de l'exhorter à restituer ce qu'il avait enlevé à l'évêque, et à le laisser vivre en paix, en le menaçant de nouvelles excommunications, s'il persistait à lui faire la guerre. Fulbert, accompagné d'Avesgaud, se rendit au Mans, écouta les raisons du comte et celles de l'évêque, et parvint à les réconcilier. Mais cette paix ne fut pas de longue durée ; le comte chercha de nouveau chicane à l'évêque, et celui-ci fut obligé de se retirer encore une fois à la Ferté. Il s'occupa à y méditer sur les fautes qu'il avait commises. On lui en reproche deux : l'une d'avoir aimé la chasse, exercice peu convenable à un évêque, et qui lui devint funeste, car étant un jour à la chasse du cerf, il tomba de cheval et s'écrasa le nez, dont il lui demeura un ulcère qui l'incommoda le reste de ses jours ; l'autre, d'avoir engagé ses chanoines à lui vendre deux églises, dont il fit don à chacune de ses sœurs. Ce fut, sans doute, pour les expier, qu'il partit pour le voyage de la Terre-Sainte. Il mourut, en revenant, dans la ville de Verdun, le 27 octobre 1035, et y fut inhumé dans l'église cathédrale à laquelle il fit plusieurs legs (1).

*Fuldeberti Epistol.*

*Vetera analecta, t. III, p. 501.*

D. Martene, *Ampliss. collectio*, etc., t. I, p. 599.

(1) Avesgaud, évêque du Mans, donna différents biens à l'abbaye de la Couture, du consentement de cet Yves. (*Ego Avesgaudus Dei gratia Cenomanensium præsul meusque frater Yvo*). Ces biens étaient de leurs propres, et consistaient dans une terre située paroisse de Colone (Colonard ?), le bois du Breuil, le territoire de *Cortis-Wadini*, et une demeure dans la paroisse de Curtillot (Courthioût ?).

Les autres enfants d'Yves de Bellême furent Yvon que l'on croit tige des seigneurs de Château-Gontier (1) et de Nogent-le-Rotrou; Godehilde qui porta en mariage l'alleu de Dame-Marie proche Bellême, le Vieil-Verneuil et plusieurs autres terres à Albert surnommé *le Riche,* seigneur de la Ferté-en-Beauce, dont elle eut Albert qui épousa Hildegarde, vicomtesse de Châteaudun, inhumée dans le cloître de l'abbaye de Saint-Pierre-en-Volée. Albert se fit alors religieux à Jumièges; il fut dans la suite abbé de Saint-Etienne et de Saint-Mesmin, proche Orléans. Il semble qu'elle épousa en secondes noces Isambart de Beauvoir, dont elle eut Hugues de Beauvoir. Albert fonda et donna à l'abbaye de Jumièges, où il s'était fait religieux, le prieuré de Dame-Marie proche Bellême (2). Hildeburge, le dernier des enfants d'Yves, épousa Aymon, seigneur du Château-du-Loir (3), d'où sortirent les seigneurs du Château-du-Loir et le célèbre Gervais qui succéda à son oncle dans l'évêché du Mans, où il essuya

*Rec. des Hist. de Fr.,* t. XI, p. 378.

(1) Château-Gontier s'appelait autrefois Bazoches ou Bazouges. Foulques Néra, comte d'Anjou, le fortifia et le donna à Gontier, dont ce château prit le nom, puis à Yvon ou Yves, fils d'Yves de Bellême, ou à Renaud I, fils de cet Yves, qui prit le nom de Château-Gontier. (O. D.)

(2) Roger de Montgomeri confirma, en 1044, la donation de Dame-Marie. Le prieuré de Dame-Marie subsiste encore en partie, mais il avait été rebâti au XV⁰ ou XVI⁰ siècle, ainsi que l'église qui y attient et dont la porte romane paraît seule remonter au temps de sa fondation. (L S.)

*Orne archéol.,* p. 105.

(3) Enfants de ce mariage : 1° Burchard, seigneur de Château-du-Loir, mort sans enfants; 2° Robert, seigneur de Château-du-Loir après son frère, père de Gervais de Château-du-Loir et aïeul de Mathilde de Château-du-Loir, femme de Hélie de la Flèche, comte du Mans; 3° Gervais, né en 1004, évêque du Mans pendant 20 ans, puis archevêque de Reims, mort le 4 juillet 1084; 4° Hildeburge, femme de Gundin dit le Vieux, seigneur de Malicorne; 5° Rotrude, Mariée à Guy II° du nom, seigneur de Laval. (O. D.)

*Art de vérifier les dates.*

les mêmes malheurs que ses prédécesseurs. Herbert Baccon, tuteur de Hugues II, comte du Maine, avait profité de la minorité de son neveu et pupille, pour s'emparer de la plus grande partie du comté. Le jeune comte trouva un défenseur dans la personne de l'évêque, qui lui avait donné le nom au baptême; mais il fut forcé à la fin d'abandonner son évêché. Il devint archevêque de Reims, et chancelier de France en 1059.

<small>Hist. littér. de la Fr., t. VIII, p. 572.</small>

<small>Guillel. Pictav. p. 183.</small>

Guillaume de Bellême, premier du nom, surnommé *Talvas* (1), recueillit de la succession de son père le Bellêmois, le Corbonnois et le Sonnois. Son père, ou lui, reçut de Richard I<sup>er</sup>, duc de Normandie, l'Alençonois. L'un ou l'autre fit bâtir les châteaux d'Alençon, de Seès, Mêle-sur-Sarthe, Essai et autres. Ce fut ce Guillaume Talvas qui fit élever un château sur une roche escarpée, couverte de bois; c'est Domfront (2). Toutes ces

<small>Ducange, Gloss.</small>

<small>Le P. Ignace, Hist. de Ponthieu, chap. 8, p. 55.</small>

(1) On le surnomma ainsi à cause d'une espèce de bouclier appelé *Talvas*, qu'il portait, et dont il fut peut-être l'inventeur. Ce surnom passa à plusieurs de ses descendants. Orderic Vital prétend qu'il avait été donné à cette famille, à cause de sa cruauté: *jure vocatus Talvatius ob duritiam*. C'est la suite de sa prévention contre la maison de Bellême, dont nous aurons beaucoup d'autres preuves. Si ce surnom avait été injurieux aux seigneurs de cette maison, Jean I<sup>er</sup>, comte de Ponthieu, n'aurait point désigné par ce sobriquet, son aïeul, Guillaume III, comte d'Alençon et de Ponthieu; voici ses termes: *Quoniam ea quæ litteris annotantur melius memoriæ commendantur, notum facio quod cum avus meus comes Willelmus Talvas*, etc. — Ducange, dans son histoire mss. du Ponthieu, a adopté l'opinion d'Orderic. M. Humet, dans ses *Chroniques* de Ponthieu, dit que ce nom venait de celui d'une terre considérable, située dans le Cotentin, que cette famille possédait. Elle est, dit-il, proche Valognes, chef-lieu d'une Sergenterie, et a été possédée longtemps par les Le Gris, barons d'Echauffour, dont l'héritier la vendit au capitaine La Chaux. Cette terre se nomme Tollevast et non Talvast. (O. D.)

(2) Quelques débris du donjon de Domfront subsistent encore.

forteresses avaient été construites pour s'opposer aux entreprises que les peuples voisins auraient pu former contre cette frontière de la Normandie qu'il était chargé de défendre.

*Willelm. Gemmet*

Il inféoda à ses officiers et aux militaires qui étaient à son service, une partie du terrain voisin de chaque château, aux charges de lui aider à le défendre, de l'accompgner à la guerre, de lui aider à rendre la justice et autres redevances. Ceux-ci sous-inféodèrent, à leur tour, une partie du terrain qui venait de leur être concédé; et les aînés de ces derniers concédèrent à leurs puînés des portions de leurs fiefs, pour les tenir d'eux pendant six degrés en parage masculin, qui avait lieu alors, comme il l'a aujourd'hui entre sœurs et leurs représentants, et les six degrés finis, ces puînés et leurs représentants les tenaient par hommage. Ces premiers possesseurs donnèrent à rente foncière ou seigneuriale, ou bien sous certaines redevances, une portion des héritages qu'ils avaient reçus, ou en abandonnèrent des portions pour en jouir en commun, sous certaines charges. Telle est l'origine des fiefs, des arrière-fiefs, des censives et des communes du duché d'Alençon. Il existait, peut-être, avant la donation de Richard, quelques-uns de ces fiefs et arrière-fiefs, dans lesquels Talvas confirma les possesseurs. L'obligation où il était de défendre la frontière ou marche de Normandie, nous donne la raison pour laquelle il est appellé, dans la donation qu'il fit à l'église de Seès, vers l'an 1020, de la moitié de la ville de Seès, de la terre de Boéville, présentement le Buot, et de Chailloué, *Fort-Mangis* (1).

*Titres de l'église de Seès.*

Il était carré, avec des contreforts plats. Les murs étaient en blocage non appareillé. Des restes de fossés et de murs, relativement modernes, rappellent le château d'Essai. De celui de Seès il ne reste qu'une sorte de motte ou de cavalier, sous lequel on a trouvé beaucoup de débris romains, près de l'ancienne porte d'Alençon; de celui du Mêle, pas le moindre vestige. (L. S.)

(1) C'est-à-dire, *Fortis-marchio*.

Ce seigneur jouit de la plus haute faveur auprès des rois de France, et des ducs de Normandie Richard I$^{er}$, Richard II et Richard III. Il accompagna le roi Robert, lorsqu'il fit le voyage d'Arles, pour aller épouser Constance, fille du comte d'Arles. Il campait dans une abbaye de Bénédictins, nommée Abbeville : un militaire de la troupe voulut s'établir dans la cave pour y boire à discrétion ; il y pénétra malgré le refus du supérieur qui invoqua son saint patron : *grand saint Benoît, souffrirez-vous,* dit-il, *qu'on traite ainsi vos serviteurs? Dormez-vous, ou êtes-vous fâché contre vos enfants ?* Le malheureux n'en but pas moins jusqu'à tomber mort-ivre dans une maison voisine où il se traîna. Le feu y prit par accident, et il y devint la proie des flammes. Bellême ayant appris son sort, bénit le Seigneur et le saint patriarche qui venait de prouver qu'il n'était ni assoupi ni indifférent sur le sort de son troupeau. Bellême se saisit d'un des fils de ce prince qui s'était révolté contre son père, et le retint prisonnier, jusqu'à ce qu'il eût reçu des ordres du père : c'est ce que nous apprend Fulbert, évêque de Chartres, dans une lettre écrite au roi ; il ne nomme point ce fils (1).

AYMONIUS, *de Miracul. S. Bened.*, lib. II, dans le *Recueil des Hist. de Fr.*, t. X, p. 541.

Epist. 94.

(1) Les écrivains sont partagés sur celui des trois fils du roi que ce seigneur fit prisonnier. Ce partage vint de ce qu'ils se révoltèrent tous trois contre leur père. Les auteurs de la *Bibliothèque des Romans*, prétendent que ce fut Hugues, l'aîné. « La reine » Constance, disent-ils, le laissant manquer de tout, le mit dans » le cas d'être constitué prisonnier par un petit comte de Bel- » lême qui était son créancier. » Il n'est pas probable qu'on ait constitué prisonnier pour dettes un prince que son père venait de faire couronner roi de France. Les auteurs de l'*Histoire des grands officiers de la couronne*, croient que ce fut Robert, depuis duc de Bourgogne, que la reine Constance voulut élever sur le trône, au préjudice du roi son frère. M. Dreux du Radier croit que ce fut Henri, que les mauvais traitements de sa mère forcèrent de s'évader de la cour, et qui se rendit maître de Dreux. D. Bouquet a tranché la difficulté en se servant d'un exemplaire

Bibliothèque universelle des Romans, fév. 1778, p. 187.

T. III, p. 284.

Anecd. des Reines de Fr., t. I, part. 2, p. 548.

Il fut long-temps en guerre avec Herbert *Eveille-chien*, comte du Mans, tant pour les intérêts de son frère l'évêque du Mans, que par rapport au Sonnois qui fait partie du Maine. Elle se soutint sous les règnes de Hugues-Capet et du roi Robert son fils. Giroie, fils d'Ernaud-le-Gros, seigneur de Courcerault-au-Perche, où s'était établi Abbon, seigneur breton, son père, lui rendit de grands services dans cette guerre. Guillaume ayant été entièrement défait par le comte et obligé de prendre la fuite, Giroie, qui s'était rendu également célèbre par sa probité et par sa valeur, fit ferme, arrêta le comte dans ses conquêtes, remporta sur lui une victoire et le força de prendre à son tour la fuite.

<small>Willelm. Gemet, l. VIII, cap. 33. Ord. Vital., p. 224.</small>

Plusieurs écrivains ont avancé que Guillaume était gouverneur de Normandie sous Richard II. Ils ont été induits en erreur par l'expression dont il se sert dans une charte : *Guillelmus Bellismensis provinciæ principatum gerens;* elle ne veut rien dire autre chose que *seigneur de Bellême* ; ce qui nous semble prouvé par la souscription à la même charte : *Willelmus princeps* (1).

<small>Bry, p. 42.</small>

---

des *Epitres* de Fulbert, où on lit *sui*, au lieu de *tui*. Je ne vois pas qu'il eût été fort important pour lui d'apprendre que Bellême avait mis son fils en prison : *dignum est scire te negotia regni tui.* C'était, de la part des fils du roi, un acte de perfidie, de prendre les armes contre un aussi bon père. Nous ne voyons aucun des enfants de Bellême avoir usé d'une pareille ingratitude. Nous croyons donc, avec M. l'abbé Velly, que ce fut Hugues qui se déroba secrètement de la cour de son père, se joignit à plusieurs seigneurs de son âge, et fit le dégât sur les terres du domaine royal ; Hugues que Constance laissait manquer de tout, malgré son couronnement, réduit à la fin à mener une vie de brigand, s'était jetté sur le Perche où Bellême osa l'arrêter prisonnier. Ce fut vraisemblablement Bellême qui raccommoda le fils avec le père. Le jeune prince obtint de rentrer en grâce auprès de ses parents. Fulbert mourut en 1029. Il ne put donc être témoin que de la révolte de l'aîné. (O. D.)

<small>Recueil des Hist. de Fr., t. X, préf., p. 137 et 174.

Hist. de Fr., t. II, p. 314.

Glaber dans le Rec. des Hist. de Fr., t. X, p. 39.</small>

(1) Je m'écarte ici de l'opinion des savants auteurs de la *Nou-*

Richard III, duc de Normandie, donna en partage à son frère Robert, le comté d'Hiesmois, bien moins étendu alors qu'il n'avait été sous la seconde race de nos rois ; ce prince se révolta contre son frère (1). Le seigneur d'Alen-

velle *Diplomatique*, qui prétendent que ce seigneur, quoique vassal des ducs de Normandie, prenait le titre de *princeps* pour trancher du souverain. Pour moi, il me semble que le mot *princeps*, ne signifie ici que *seigneur*. Les écrivains de l'histoire de Normandie, pour désigner les barons, les principaux seigneurs, les appellent ordinairement du nom *Principes* (1).

(1) Il est probable qu'il prétendait avoir reçu Alençon à titre d'Aleu (2). La révolte, à la même époque, de Robert, archevêque de Rouen, comte d'Évreux, et de Hugues de Bayeux, comte d'I-vri, aurait eu la même cause. Les barons normands, jaloux de leur indépendance, luttaient à chaque moment pour se soustraire aux lois du vasselage. Lors du traité conclu en 1090 entre Guillaume-le-Roux, roi d'Angleterre, et Robert-le-Libéral, duc de Normandie, son frère, on voit, de chaque côté, douze barons des plus puissants se rendre garants de l'exécution du traité. Neuf barons du côté de Philippe-Auguste et neuf du côté du roi Jean jurèrent le traité de paix conclu, en 1200, entre ces deux princes et en garantirent l'exécution, promettant que, si leurs souverains en violaient les articles, ils se déclareraient contre l'infracteur. Les compagnons de Rollon, en partageant avec lui la Normandie, avaient reçu leurs portions aux mêmes conditions que Rollon la sienne. Il avait rendu hommage pour eux et pour lui. Leur descendants se regardaient donc comme les égaux des ducs qui, de leur côté, tâchaient, à chaque mutation, d'affermir leur autorité. Les rois de France, les comtes d'Anjou, le roi d'Angleterre, lorsque la Normandie était séparée de sa couronne, appuyaient toujours leurs prétentions. Les autres barons favorisaient sous main le rebelle, ne fournissaient à l'ost du souverain que ce à quoi ils étaient obligés par la nature de leur tenure féodale, et à l'expiration de leur service qui était ordinairement de 40 jours, se retiraient, sauf à intercéder pour le rebelle s'il était accablé. Il pa-

Wailly, *Élém. de Paléogr.*, t. I, p. 185.

Bouteiller, *Somm. rurale.*

(1) Cet usage ou cet abus était général. Ce titre qui, dans son acception rigoureuse, ne convenait qu'aux grands feudataires jouissant de l'autorité suprême, avait fini par être pris par beaucoup de simples gentilshommes. (L. S.)

(2) « Tenir en Aleu, si est tenir terre de Dieu tant seulement, et ne » doivent cens, rente, ne relief, ne autre redevance à vie ne à mort. »(L. S.)

çon accompagna, l'an 1027, le duc au siége de Falaise, et contribua beaucoup à la prise. Peu après la réconciliation des deux frères, le duc mourut subitement : on soupçonna son frère qui lui succédait de l'avoir empoisonné (1). Le nouveau duc chercha bientôt une occasion de se venger de Bellême : il le somma de lui rendre hommage de son fief d'Alençon (2). Guillaume crut que ce serait contribuer à le faire jouir du fruit de son crime ; il refusa l'hommage. Il se flattait d'être secouru par le roi de France, et comptait encore sur d'autres amis et sur ses richesses. Le duc rassembla toutes les forces de la Normandie, et vint mettre le siége devant Alençon, vers l'an 1029. Il réduisit bientôt le seigneur à s'humilier, jusqu'au point de demander pardon en chemise, pieds nus et une selle de cheval sur les épaules (3), comme

<small>WILLELM. GEMET., lib. VII, cap. 4.</small>

rait même que la punition des seigneurs normands révoltés n'allait jamais jusqu'à la mort ; c'était ordinairement la prison et la mutilation des membres, Les ducs de Normandie étaient forcés d'employer vis à vis d'eux d'extrêmes ménagements. (O. D.)

(1) D'autres ont attribué, avec moins de fondement, l'empoisonnement de Richard III à Hugues, comte du Maine, (O. D.)

(2) La *Chronique de Normandie* mss., appartenant à M. le Marquis d'Avernes, dont les continuateurs de D. Bouquet ont publié quelques extraits, et une autre *Chronique* de la même province, imprimée en gothique, disent que le duc Robert lui avait confié la garde d'Alençon. Mais l'autorité de Guillaume de Poitiers, et celle de Guillaume Calcul, moine de Jumièges, doivent l'emporter. <small>Rec des Hist. de France, t. X, p. 523.</small>

(3) Hugues, comte de Châlons-sur-Saône, assiégé par Richard, fils de Richard II, et Geoffroy-Martel, poursuivi par son père Foulques-Néra, en usèrent de la même façon ; car « telle était l'ordonnance, dit la *Chronique manuscrite de Normandie*, qu'un homme desconfit se raudait une selle à son col, afin que son vainqueur le chevauchât, s'il lui plaisait. » L'auteur du *Roman de Rou et des ducs de Normandie*, s'exprime ainsi : <small>Rec. des Hist. de France, t XI, préf., p. 495. Ibid., p. 320. T. X, p. 510.</small>

> Une sele à sun col pendue,
> Sun dos offri à chevalchier,

<small>t. I, p. 568.</small>

pour lui servir de monture. Le duc se laissa fléchir. La paix ne fut pas de longue durée. Il semble que le duc s'était engagé par un des articles du traité, de donner en mariage une de ses sœurs naturelles, avec le château de Ballon (1) pour dot, à un des fils de Guillaume. Il changea tout à coup d'avis, et la fit épouser à Mauger, fils de Néel de Saint-Sauveur, vicomte du Cotentin. Ce fut le signal d'une nouvelle guerre. Foulques et Robert, fils de Guillaume, eurent le commandement des troupes de leur père. Ils ravagèrent une partie de la Normandie et du Maine. Le duc fit marcher contre eux toutes ses forces sous les ordres de Néel. Il en vint aux mains avec les troupes du seigneur d'Alençon dans les bois de Blavou (2), et non pas de Ballon ou de Blèves, comme l'ont avancé tous les historiens. Les troupes de Guillaume furent défaites : Néel atteignit d'un coup de lance Foulques, et le perça de part en part : Robert, dangereusement blessé, prit la fuite avec son jeune frère. Le père, qui était fort âgé et déjà malade lorsqu'il reçut cette nouvelle, expira

Ne pout plus sei humelier.<br>
Si esteit custume à cel jur<br>
De querre merci è seignur.

(1) Le château de Ballon, à cinq lieues de la ville du Mans, faisait partie du comté du Maine, et je ne trouve en aucun autre endroit que les ducs de Normandie en aient possédé la seigneurie ou le domaine utile. Aussi partout où l'on trouve *Castrum Balaium*, il faut le rendre par Blèves ou Blavou. Blèves était à la portée des Normands. Il y existait un château entièrement détruit. Il subsiste de celui de Ballon deux belles tours jumelles dans une situation des plus pittoresques. (O. D.—L. S.)

(2) *Intrà saltum Blavonis cruentum eis prælium commiserunt.* Cette forêt était alors considérable ; elle a encore subsisté longtemps depuis. Les seigneurs d'Alençon, en fondant les abbayes de Seés et de Perseigne, accordèrent aux religieux de ces monastères des droits d'usage dans cette forêt. Elle a été depuis entièrement essartée ; mais on en reconnaît l'emplacement par deux paroisses qui en ont conservé le surnom.

de douleur; il fut inhumé dans l'église Notre-Dame-sur-l'eau de Domfront, dont il avait bâti le château. On y voit encore aujourd'hui son tombeau où il est représenté en ronde bosse, couché sur une table de pierre blanche; il a les pieds appuyés sur un lion, et la tête sur un oreiller; il porte la cotte de maille, une épée à son côté, et point de bouclier. Ce tombeau était anciennement dans le chœur; on prétendit qu'il nuisait aux cérémonies, et en conséquence il a été transféré dans la nef (1). Willelm. Gemet., lib. VI, p. 259.

Guillaume, malgré les occupations de la guerre qui remplirent une grande partie de ses jours, nous a laissé de grands monuments de sa piété. Nous savons qu'il fit un voyage à Rome pour y obtenir la rémission de ses fautes. A son retour, il fonda, dans son château de Bellême, une superbe église collégiale, où il fit transférer le corps de saint Léonard, solitaire à Vandeuvre, aujourd'hui Saint-Léonard-des-Bois proche d'Alençon, qu'il eut le bonheur de recouvrer. Cette église ne devait être soumise qu'au Saint-Siége et desservie par des chanoines. L'acte de sa dédicace a été copié par Bry sur l'original conservé à Marmoutier; mais il paraît plus que suspect (2). Il fonda

---

(1) Cette statue, d'un mauvais travail, est du XV<sup>e</sup> siècle, et peut-être n'y faut-il voir que la tombe de quelqu'un des gouverneurs ou des seigneurs du pays de Domfront.

L'église *Notre-Dame-sous-l'Eau*, du style roman le plus pur, était fort intéressante. La nef en a malheureusement été abattue il y a quelques années. Elle renferme un autel en pierre fort ancien (L. S.) Orne Archéol. p. 128.

(2) Le seigneur de Bellême y dit qu'il se confessa dans Rome au pape Léon, depuis l'anti-pape Léon VIII, mort en 966. Il n'y a point eu d'autre pape de ce nom que Léon IX, élu en février 1049. Il ajoute que le roi Robert et Richard, duc de Normandie, furent présents à la dédicace de Saint-Léonard, et que leur seing se trouve à son acte; ce roi mourut en 1031; Richard II, duc de Normandie, en 1026 ou 1027, et son fils Richard III fut empoisonné en 1028. On trouve, dans les signatures de cet acte, les noms de prélats, dont les uns ne vivaient plus en ce temps-là, et Hist. des gr. Offic. de la couronne, etc., p. 284.

*Neustria pia,* encore, dans le voisinage de son château de Domfront,
p. 424. vers l'an 1020, l'abbaye de Lonlai, et lui donna de grands

les autres n'étaient pas encore sacrés. Richard, évêque de Seès, présent à l'acte, y paraît comme consentant à l'exemption de la collégiale de Saint-Léonard; il était mort longtemps auparavant. Sigefroid souscrivit à la fondation de l'église de Lonlai, que la plus grande partie des historiens fixent à l'an 1020, et d'autres, du nombre desquels est D. Mabillon, à l'an 1026. Celui-ci eut pour successeur Radbod. On fait assister à la même cérémonie, et souscrire à l'acte, Radolphe, archevêque de Rouen, et Hilduin, archevêque de Sens : le premier était mort avant le 26 avril 1030; le second ne fut sacré archevêque, que le 18 octobre 1033; par conséquent ni l'un ni l'autre n'avaient pu se trouver à cette cérémonie avec Robert, roi de France, et Richard, duc de Normandie. Elle fut faite le 26 juin, suivant un ancien martyrologe de Marmoutier. Il est dit dans l'acte que Fulbert, évêque de Chartres, s'y trouva : ce prélat mourut le 10 avril 1028; il faut donc qu'elle ait été faite, au plus tard, en 1027. Il est vrai que, dans l'acte, il est fait mention de Fulbert, comme d'un homme mort, (*beatæ memoriæ dominum Fulbertum*), ce qui peut donner à penser que le seigneur de Bellême fit cet acte de reconnaissance quelque temps après la cérémonie; mais dans les signatures de tous ceux qui y avaient été présents, il n'est fait mention que du seul Fulbert, comme d'un homme mort Les signatures du roi Robert, du duc Richard et des autres prélats y sont apposées comme celles d'hommes vivants, parmi lesquelles se trouve la dernière de toutes, celle de Gilduin, archevêque de Sens, qui certainement n'occupait point encore ce siège du temps du roi Robert, encore moins de celui du duc Richard. Ces anachronismes n'ont pas permis au savant Mabillon de disconvenir que cet acte est vicieux. Il peut cependant être défendu par les principes établis dans la *Nouvelle Diplomatique*. (O.-D.)

La controverse a continué sur l'authenticité de cette charte. L'abbé
*Antiq. Perch.,* Fret la défend, en supposant que la première dédicace aurait eu
t. 1, p. 514. lieu vers 1014 ou 1015, que la charte de Guillaume remonterait à cette époque et que Gilduin et autres l'auraient, plusieurs années après, confirmée de leur signature, sans indiquer la date de cette nouvelle souscription. Ce serait au moins fort étrange.

M. H. Beaudoin, dans sa *Notice sur le prieuré de Saint-Martin*
p. 10 et suiv. *du Vieux-Bellême*, Mortagne, 1854, penche aussi pour l'authenticité de la charte attaquée. Il se fonde principalement sur une note

biens (1). Parmi les seigneurs qui souscrivirent la charte, outre le fondateur, sa femme, ses trois fils, Foulques, Warin et Guillaume, on trouve un Achard, un seigneur du nom de Domfront, Foulques de Hauterive, etc. Il confirma toutes les donations que ses vassaux firent à la même abbaye, et entre autres, celle du prieuré d'Alençon par les seigneurs de Larré, et y prononce, selon l'usage, un anathème perpétuel contre les violateurs, mais d'après les évêques et pour le cas seulement où les coupables ne viendraient pas à résipiscence.

Son épouse se nommait Mathilde. Les *Chroniques de*

en forme d'appendice apposée sur une copie du xiie siècle qui se trouve aux archives de l'Orne. D'après cette note, le roi Philippe aurait apposé son propre sceau en remplacement de celui de Robert, brisé par accident, sur la charte originale. Mais cette note, ne figurant que sur une copie, ne nous paraît nullement prouver la sincérité de l'original. M. Saint-Ange Mévil, dans *L'Orne Archéologique,* adopte, sans hésiter, l'opinion de Mabillon. Une autre copie de cette charte a été restituée récemment aux Archives de de l'Orne d'où elle avait disparu pendant longues années. Elle est évidemment contemporaine de celle où dut figurer le sceau du roi de France, Philippe, mais elle ne porte pas la note additionnelle. Cette copie n'est pas non plus conforme entièrement pour le texte ni à la précédente, ni à la version publiée par Bry de la Clergerie, ni à celle donnée par Courtin dans son *Histoire du Perche*. Il faut remarquer notamment que les mots si importants *solæ Romanæ ecclesiæ subjectam* ne s'y trouvent pas. On pourrait de ces faits tirer quelques inductions nouvelles en faveur de l'opinion de Mabillon.

p. 254.

Liv. III, c. 5, p. 43.

M. Desulis, archiviste de la préfecture de l'Orne, a relevé sur une autre charte relative au Prieuré de Saint-Martin-du-Vieux-Bellême (donation par Hugues de Rosset de l'église Saint-Martin aux Religieux de Marmoutier, vers 1037), cette annotation singulière et qui pourrait expliquer les difficultés qui précèdent : « Cecy vault mieux teu que dict, affin qu'autre que le Roy ne soit » recogneu fondateur de Saint-Martin-du-Vieux-Bellesme. » (L. S.)

*Coup-d'œil sur les Archives de l'Orne.*

(1) Nous avons donné la description et l'histoire de cette abbaye dans les *Mémoires de la Société des Antiquaires de Normandie*, 2e série, t. II, et dans *L'Orne Archéologique*, p 44. (L. S.)

*Normandie* disent qu'elle était de la race de Ganelon de Mayence, traître fameux dans les anciens romans de chevalerie. René Courtin la fait petite-fille d'un prétendu seigneur normand, qui avait eu en partage, sous le duc Raoul, le territoire d'Alençon. Elle eut cinq fils. Foulques, qui paraît l'aîné, fut tué au combat de Blavou ; le second, nommé Warin ou Guarin, reçut de son père, par avancement de succession lors de son mariage, le Corbonnois, dont Mortagne devint la capitale après la ruine de Corbon, ville considérable, qui avait donné son nom au pays, aujourd'hui chétif hameau (1). On prétend qu'ayant fait couper la tête à Gouhier, ou Gauthier, chevalier de mérite, natif de Bellême, un ami de celui-ci le vengea, en étranglant son meurtrier. Les moines n'ont pas manqué de mettre cette exécution sur le compte du Démon. Il laissa de son mariage avec Melisende, vicomtesse de Châteaudun, fille de Hugues, vicomte de Châteaudun, et de Hildegarde (2), et sœur de Hugues, archevêque de Tours,

(1) *L'Orne Archéologique* renferme une notice sur cette localité intéressante sous le rapport historique, mais dont aucun monument, aucune ruine ne rappelle l'ancienne importance.

(2) Cette Hildegarde avait épousé en premières noces Ernaud, seigneur de la Ferté-Ernaud, aujourd'hui la Ferté-Vidame, et Hugues en secondes. Elle eut un fils, Hugues, archevêque de Tours, que les uns croient issu de son premier mariage, mais que je crois plutôt du dernier. Elle donna, de son consentement, à Saint-Père de Chartres, la terre de Beaumont et ses dépendances, à la charge que les religieux l'enterreraient dans leur cloître, afin qu'ils la foulassent constamment aux pieds en passant sur son tombeau, où l'on voyait encore, il y a quarante ans, une tombe d'ardoise. Je crois que son premier mari était fils d'Albert le Riche et de Godehilde de Bellême, et frère d'Albert, moine de Jumiège, puis de Micy.

L'historien de Chartres donne une autre origine à ces vicomtes. Rampon, dit-il, qui vivait en 978, eut pour fils Geoffroi, qui épousa Hermengarde. Ils eurent trois enfants, Hugues, Geoffroi et Rotrou Ier, qui succéda à son père et épousa Harvise d'Evreux, laquelle se remaria à Robert, comte de Dreux. Les erreurs de

vicomte de Châteaudun, qui vivait encore le 15 décembre 1031, Geoffroy I<sup>er</sup> du nom, vicomte de Châteaudun, seigneur de Mortagne et de Nogent. Il aurait dû, après la mort de son aïeul, être seigneur de Domfront, mais un de ses oncles l'en dépouilla. On prétend que, loin d'imiter l'attachement et la fidélité de son aïeul pour la race de Hugues-Capet, il refusa, avec David, comte du Maine, de reconnaître son fils Robert pour roi de France, parce qu'il était de race bourguignonne ; ce qui obligea ce prince de faire passer une armée dans le Perche, où Corbon fut détruit (1), le château de Mortagne assiégé et pris. C'est de lui que descendaient les vicomtes de Châteaudun,

<small>Hugo de Clericis, *de Majoratu*.</small>

cette généalogie, depuis ce prétendu Rampon, me font douter de son existence. (O. D.)

(1) Je crois que Corbon fut plutôt détruit par les Normands, et que ce trait d'histoire copié par les historiens les plus célèbres, est suspect. Le roi Lothaire avait donné, l'an 957, le comté du Maine à David qui mourut, à ce que l'on prétend, vers l'an 970 : il ne put donc se révolter contre le roi Robert que son père associa au trône et fit sacrer le 1<sup>er</sup> janvier 988. Mais, en supposant que David ait vécu jusqu'au temps du roi Robert, ce ne put être Geoffroy-Grise-Gonnelle, comte d'Anjou, qui fit le siège de Mortagne, et à qui le roi Robert fit don du Maine, comme le dit Hugues de Clères, puisque ce comte était mort dès 986 ou 987. Ce ne put donc être que son fils Foulques Néra, qui vint au secours du roi Robert, en supposant qu'un comte d'Anjou ait fait le siège de Mortagne. Il n'est pas plus probable que Geoffroi, fils de Warin, qui assista à la dédicace de l'abbaye de Lonlai, en 1020 ou 1026, fût en possession du Corbonnois, au temps où ce David, comte du Maine, put se révolter contre un roi de France ; et si la révolte de Geoffroi fut contre le roi Robert, il ne put avoir pour compagnon de sa révolte David, comte du Maine. Dans le premier cas, Geoffroi aurait possédé par avancement de la succession de son père, le Corbonnois, plus de cinquante ans pendant sa vie, et plus de soixante-dix pendant la vie de son aïeul. D'ailleurs l'aïeul et le père furent toujours bien avec les rois de France. Ainsi on doit faire peu de cas de l'ouvrage de Hugues de Clères, et de l'écrit du comte d'Anjou, où on trouve le même fait.

<small>Rec. des Hist. de France, t. X, p. 248; t. XI, p. 492 et 631.</small>

<small>Gr. Offic. de la Couron., t. IV, p. 20.</small>

et les comtes de Mortagne, dont nous aurons souvent occasion de parler.

Le troisième fils de Guillaume fut Robert I$^{er}$; le quatrième, Guillaume. Nous parlerons de l'un et de l'autre dans la suite, après avoir dit un mot du cinquième, connu sous le nom d'Yves de Bellême.

<small>D. Martene, Ampliss. collec, t. I.</small>

Il eut en partage le Sonnois et quelques autres terres ; il embrassa l'état ecclésiastique, et fut élevé sur le siège épiscopal de Seès, après la mort de l'évêque Radbod de de Flers. Il était beau, bienfaisant, savant, éloquent, affable et d'un caractère gai. Il chérit autant la paix que ses frères aimaient le tumulte des armes. Il rechercha l'amitié des seigneurs voisins qui avaient eu le plus à se plaindre de ses frères. Il n'y eut que les enfants de Guillaume Sorenge (1) à qui il ne put inspirer les mêmes sentiments. Ses trois fils, Richard, Robert, Avesgaud, se mirent à la tête d'une troupe de brigands et pillèrent les environs de Seès, sans égard pour ce qui appartenait à l'église cathédrale. Elle devint un repaire de voleurs et un lieu de prostitution. L'évêque, consterné de cette profanation, en revenant un jour de la cour du jeune duc Guillaume le Bâtard, rassembla, aux environs d'Exmes, quelques troupes, et accompagné de Hugues de Grantemesnil, Robert de Vieuxpont et de quelques autres barons, suivis de leurs vassaux, il assiégea sa cathédrale. Les Sorenge se défendirent vaillamment : par les ouvertures, ils trouvaient le moyen de blesser à coups de traits les assiégeants. Yves, voyant qu'il n'avançait point, s'a-

<small>Ord. Vital., p. 469.</small>

<small>Willelm. Gemet., lib. VI, cap. 14.</small>

---

(1) Je soupçonne ici une erreur de nom. Il y a dans le diocèse de Seès, archidiaconné d'Hiesmois, doyenné d'Annebecq, une paroisse de Solenges ou Sorenges (1), dont un seigneur eut trois fils qui pourraient bien être ceux dont il s'agit ici (O. D.)

<small>Ord. Vit., p. 465.</small>

(1) Ou plutôt Soulanges, aujourd'hui supprimée. Celle de Soulangi (*Solengiacum*) subsiste encore, arrondissement et canton de Falaise. (L. S.)

visa de faire mettre le feu à quelques baraques voisines; la flamme, poussée par le vent, gagna l'église et la consuma. Les Sorenge profitèrent de la confusion pour s'évader; mais ils ne tardèrent pas à subir la punition qu'ils méritaient (1). Yves fit travailler aussitôt au rétablissement de la cathédrale; mais, l'année même où l'ouvrage venait d'être parachevé, les murailles, calcinées par le feu, s'écroulèrent, et la ruine fut totale. Le souverain pontife, au concile assemblé à Reims, l'an 1049, reprocha vivement à l'évêque, le malheur qui lui était arrivé: » Qu'avez-vous fait, méchant homme, lui dit-il? Quelle » punition ne méritez-vous pas pour avoir osé brûler » l'église votre mère? » Yves lui exposa comment ce malheur était arrivé, se soumit à la pénitence que le pape voudrait lui imposer, et s'engagea de rétablir son église (2). Il forma alors le projet de bâtir une nouvelle cathédrale. L'évêque Azon s'était servi des pierres des murs de la ville détruite par les Normands, pour bâtir celle qui avait été brûlée. Yves, avant de mettre la main à l'œuvre, passa en Italie pour implorer le secours de ses parents et de ses amis, qui y avaient de riches établissements, et ensuite à Constantinople, où l'Empereur lui fit

(1) Un vaillant chevalier, nommé Richard de Sainte-Scolasse, dont ils avaient pillé les terres, poursuivit Richard, l'aîné, le força de s'enfuir au travers d'un vivier, au sortir duquel un paysan, qu'il avait longtemps tenu dans les fers, le tua d'un coup de hache. Le second s'en retournait chargé d'un riche butin qu'il avait fait aux environs d'Ecouché, lorsqu'il fut assommé par des paysans; et Avesgaud, le troisième, étant entré à la Cambe dans la maison d'Albert Fletel, ou de Flers, y fut tué d'un coup de pilon qu'on lui laissa tomber sur la tête. WILLELM. GEMET., lib. VI, cap. 14.

(2) Anselme, moine de Reims, et témoin du concile dont il a laissé une relation très détaillée, constate bien la présence d'Yves à ce concile, mais ne dit rien des reproches qu'il y aurait essuyés, tout en parlant des censures adressées aux autres évêques; ce qui me rend suspect le récit de Guillaume de Jumièges et de ses copistes. (O. D.) P. LABBÉ, Conciles, t. IX.

présent d'une portion de la vraie Croix. Il revint à Seès, chargé de riches présents, et commença la cathédrale que nous voyons. Lui, et ses trois successeurs immédiats purent à peine la finir (1).

<small>Gallia Christ., t. XI, instr., c. 151.</small>
Ce prélat eu beaucoup de part au rétablissement de l'abbaye de Saint-Martin de Seès, fonda le prieuré de Sainte-Gauburge au Perche (2), dépendant de l'abbaye de Saint-Denis en France, et fit beaucoup de libéralités aux autres églises de son diocèse et des diocèses voisins (3). Il était si étroitement lié avec Hugues, évêque de Lisieux, et Guillaume, évêque d'Evreux, qu'ils exerçaient les fonctions épiscopales sur le territoire les uns des autres. Il mourut en 1070, et fut inhumé devant le maître-autel de la cathédrale.

<small>MÉNAGE, Hist. de Sablé, p. 52.</small>

<small>MORÉRI.</small>

<small>M. RANGEARD, Hist. d'Anjou, ms.</small>
Outre les enfants que nous venons de nommer, quelques écrivains donnent encore à Guillaume une fille qu'ils appellent *Græcia* de Bellême, mariée en premières noces à Berlai I<sup>er</sup>, ou second du nom, seigneur de Montreuil, et en secondes noces, à Geoffroi-Martel II du nom, dont nous parlerons dans la suite. Si la filiation de cette *Græcia* était certaine, elle nous fournirait la cause de la guerre que Geoffroi-Martel porta dans le Passais et l'Alençonois (4); mais elle est fausse; elle était fille de Guil-

<small>L. DE LA SICOTIÈRE. — Not. sur la Catédr. de Seès.</small>
(1) La cathédrale de Seès, dont on place la dédicace au 19 mars 1126, ne peut être antérieure au xii<sup>e</sup> siècle dans ses parties les plus anciennes. Le style ogival y est employé dans toute son élégance, sa pureté, sa maturité. On a, du reste, retrouvé l'épitaphe de Jean de Bernières, évêque de Seès, mort en 1293 ou 1294, où il est qualifié de constructeur de cette basilique, *hujus basilicæ edificator*. (L. S.)

<small>Orne Archéol., p. 100.</small>
(2) Les bâtiments de ce prieuré et son église, qui paraît du xiv<sup>e</sup> siècle, offrent beaucoup d'intérêt. (L. S.)

<small>BRY — Gall. Christ., t. XI, p. 68.</small>
(3) Il favorisa la fondation du prieuré de Saint-Martin du Vieux-Bellême faite par Hugues de Rosset, et y donna un verger et des dîmes pour le repos de l'âme de son neveu Robert (O. D.)

(4) La véritable cause de cette guerre fut le secours donné

laume IV, comte de Poitiers, et d'Almodie de la Marche. Il est beaucoup plus certain que Guillaume laissa un bâtard, nommé Seifroi, qui fut témoin d'une charte de donation faite par son frère Yves à l'abbaye de Saint-Martin de Seès, et qui donna aux moines de Marmoutier un bois devant la porte de leur maison à Bellême (1). *Gallia Christ., t. XI, col. 756.*

Robert de Bellême I<sup>er</sup> du nom, succéda à son père dans la seigneurie d'Alençon. A peine était-il rétabli des blessures qu'il avait reçu au combat de Blavou, qu'il recommença la guerre contre le comte du Maine. Le Sonnois en était toujours le sujet. Le seigneur d'Alençon remporta d'abord quelques avantages, et prit le château de Ballon. La fortune changea de face ; Ballon fut repris, et lui-même eut le malheur d'être fait prisonnier dans une rencontre près de cette place. Il y avait déjà deux ans qu'il languissait dans sa prison, lorsque Guillaume Giroie résolut de l'en tirer. Son père avait rendu, comme nous l'avons vu, de grands services à Guillaume I<sup>er</sup> ; il en avait reçu pour récompense Hauterive et plusieurs autres terres. Etant sur le point d'épouser la fille et unique héritière de Helgon, seigneur d'Echaufour et de Montreuil-l'Argilé, elle mourut avant la consommation du mariage. Le seigneur d'Alençon qui jouissait de la plus haute faveur auprès de Richard I<sup>er</sup>, lui avait présenté Giroie ; et le duc, à sa recommandation, lui avait fait don de tous les biens de Helgon. Son fils rassembla la noblesse du Perche et des autres terres de Robert, entra dans le Maine, battit le comte, et fit prisonnier Gautier de Saldaigne et deux de ses fils. Ils furent pendus, malgré les représentations de

*Gall. Christ., t. XI, p 756.*

*Willelm. Gemet.-Ord. Vit.*

par Guillaume-le-Bâtard au roi de France pour assiéger Mouliherme près Beaugé, qui appartenait au comte d'Anjou. (O. D.)

(1) On lui donne encore pour filles Cécile de Bellême, mariée en 1031 à Robert de Joué, et Hildeburge, mariée à Gui II, sire de Laval, fondatrice avec lui du prieuré de Saint-Martin d'Avesnières et de l'hôpital de Théval. (O. D.)

*Dict. du Maine, t. I, p. 383 et 489.*

Giroie. Les autres enfants de Gautier n'eurent pas plutôt appris le malheur de leur famille, qu'ils coururent à la prison, et fracassèrent, à coups de hache, la tête du malheureux Robert.

Guillaume de Bellême II du nom, surnommé *Talvas*, comme son père, succéda à son frère, en 1033 ou 1034. Il reconquit, par le moyen de Giroie, tout ce que son père et son frère avaient perdu, et fit ensuite la paix avec ses voisins. L'exemple de son père le rendit toute sa vie circonspect à l'égard du duc de Normandie, quoiqu'il ne l'aimât pas. Passant un jour par Falaise, celui qui avait soin d'élever le jeune enfant que le duc avait eu d'Arlette, le lui fit voir. Talvas, après l'avoir bien considéré, s'écria : *Chroniq. de Normand.* « Maudit sois-tu de Dieu, car je suis certain que par toi et » ta lignée, sera encore mon pouvoir et mon honneur » abaissé ! » Il le quitta tout pensif, et fut longtemps sans proférer un seul mot.

Nous sommes peu instruits des autres actions de ce seigneur; nous savons seulement que, secondé par Giroie, il reprit les places que les Manceaux avaient enlevées à son frère et à lui dans le Perche et le Sonnois. La mort de son oncle Avesgaud, évêque du Mans, qui pendant sa vie avait occasionné plusieurs guerres entre les seigneurs d'Alençon et les comtes du Maine, et les troubles que Geoffroi-Martel causa à ses autres voisins, permirent à Talvas de jouir quelque temps de la tranquillité.

Willelm. Gemet., lib. VII, cap. 10. Le duc Robert se disposant à partir pour la Terre-Sainte, sans doute pour expier l'empoisonnement de son frère, dont il était violemment soupçonné, exigea que les seigneurs normands prêtassent serment de fidélité à son fils, encore enfant, sorti, comme nous venons de dire, d'Arlette, fille d'un pelletier de Falaise. Celui d'Alençon s'en acquitta comme les autres. Dès que la plupart de ces seigneurs eurent appris que le duc était mort dans son voyage (1), ils tinrent peu de compte de leur serment, et la province devint le théâtre d'une multitude de guerres particulières et de révoltes contre le jeune duc. Le canton d'Alençon fut le seul qui ne s'en ressentit point, ou du moins très-peu, et seulement à cause du voisinage, dans la révolte de Roger de Toéni, seigneur de Conches, dans celle de Toustain Gos, fils d'Onfroi-le-Danois, seigneur d'Argentan (2), qui s'était rendu maître de Falaise, et dans celle de Roger, sire de Montgommeri Ier du nom. Nous verrons, dans la suite, que le seigneur d'Alençon n'en devint pas moins la victime de son attachement pour son prince.

Il eut quelque différend avec Geoffroi II, seigneur de Mayenne, mort en 1059, au sujet des limites de leurs seigneuries, qui se joignaient, tant du côté du Sonnois que du côté de Domfront. Il en résulta une guerre ouverte : nous en ignorons les détails; nous savons seulement que Talvas fit prisonnier Geoffroi, pour lequel s'était déclaré Giroie, qui avait si bien servi la maison d'Alençon. Bellême ne voulut jamais consentir à la liberté de son prisonnier, que le château de Montagu ne fût rasé (3). Giroie, qui le tenait

---

(1) Il mourut au mois de juillet 1035. Il faut toujours se souvenir, dans la suite de cet ouvrage, que l'année commençait en Normandie et en Angleterre, à Noël, et dans la plus grande partie de la France à Pâques : je suis l'ancien calcul.

(2) On croit que ce seigneur était petit-fils de quelqu'un des principaux compagnons de Raoul (Rollon), et qu'il eut en partage le territoire qui forma la vicomté de Montgommeri. C'est par ce Roger que commence d'être connue cette illustre maison. Après la prise de son château, il fut forcé de se retirer en France avec ses enfants et se rendit à Paris. Il eut au moins cinq enfants. (O. D.)

(3) Ce château, que certains écrivains ont placé dans la Manche, d'autres près de Bais (Mayenne), était situé dans la commune de la Poôté. On en voit encore quelques restes sur une sorte de promontoire qui domine la vallée de la Sarthe. Il existait

du seigneur de Mayenne, eut la générosité de le faire raser sur-le-champ. Geoffroi ne se piqua pas moins de reconnaissance ; il lui fit bâtir, dans la suite, le château de Saint-Céneri, à deux lieues et demie d'Alençon, et y attacha des vassaux pour aider à le défendre.

*Rec. des hist. de France*, t. XI, p. 559.
*Chron. de Normand.*, ms.

On prétend qu'Alençon fut, peu de temps après, le théâtre de deux scènes barbares qui doivent donner une idée bien désavantageuse de son seigneur. Il avait épousé en premières noces Cudefort, fille d'Arnulphe, chevalier très-distingué. Elle n'avait pour règle de ses actions, que la crainte et l'amour de Dieu. Elle tâchait d'inspirer la même façon de penser à son mari, et désapprouvait souvent sa conduite. Talvas, fatigué de ses représentations, la fit saisir un jour, lorsqu'elle allait à la messe, et étrangler en pleine rue, en présence de tout le peuple (1).

WILLEM. GEM., t. VII, c. 10.

Talvas contracta une seconde alliance avec Hildeburge,

en ce lieu une chapelle à la présentation de M. de la Fournerie, seigneur de la Ferrière (O. D. — L. S.)

(1) Je ne m'arrêterai point à réfuter la fable outrageuse et insipide qui attribue à ce seigneur d'avoir fait traîner par les cheveux, à la queue d'un cheval, sa première femme, autour de la ville, d'où est venue la croyance populaire que cette dame rôde toutes les nuits aux environs du Château. On fait le même conte de Guillaume-le-Conquérant à l'égard de la reine Mathilde. Mathieu de la Dangie de Ranchi, célerier de l'abbaye de Saint-Etienne de Caen, mort en 1657, réfuta cette fable dans son *Apologie pour la défense de Guillaume-le-Conquérant*. Le nouvel historien de Ponthieu attribue cette atrocité à Guillaume III, comte d'Alençon et de Ponthieu, et place la scène à Rouen. (O. D.)

*Hist. litt.*, t. VIII, p. 491.

La romance de Marie Anson, qui se chante à Alençon comme à Caen et dans quelques autres villes, rappelle cette tragique aventure. Cette romance a été publiée pour la première fois par Bouchaud et plusieurs fois réimprimée. La version que nous en avons trouvée à Alençon offre des variantes fort remarquables, que n'a pas connues M. Eugène de Beaurepaire, le dernier et savant éditeur de cette curieuse romance (L. S.)

*Antiq. poët.*, p. 278.
*Orne archéol.*, p. 228.
*Étude sur la poés. popul. en Norm.*, p. 72.

veuve de Thescelin, seigneur de Montrevau, et fille de Raoul II, seigneur de Beaumont, vicomte du Mans, et d'Emme ou Emmeline de Montrevau. Il invita à ses noces les seigneurs voisins, et entre autres, Guillaume Giroie, avec lequel il paraissait très-bien réconcilié. Raoul, surnommé *Male-Couronne,* son frère, fit son possible pour le dissuader de se rendre à Alençon ; Giroie n'y eut point d'égard, et arriva accompagné seulement de douze chevaliers. Il ne pensait qu'à s'amuser et à partager avec son ami les plaisirs de la fête, lorsque Talvas le fit arrêter comme traître, et enfermer dans une tour du château, appelée depuis ce temps, *Tour du chevalier Giroie,* et détruite en 1782 ; et il partit, avec les autres convives, pour une partie de chasse, durant laquelle ses satellites coupèrent le nez et les oreilles, et crevèrent les yeux à l'infortuné Giroie, en présence de quelques personnes qui fondaient en larmes. Orderic ajoute qu'ils lui enlevèrent la faculté de se reproduire. Ord. Vit., p. 460.

Dès que les parents et les amis de Giroie furent instruits de son malheur, ils s'assemblèrent, et déclarèrent la guerre à Talvas. Ses parents étaient nombreux. Raoul et Robert étaient les seuls des sept frères de Giroie qui vécussent. Vauquelin, seigneur de Pont-Echenfré, Robert, seigneur de Grantemesnil, Roger, seigneur du Merlerault, et Salomon de Sablé, ses quatre beaux-frères, Robert de Saint-Céneri, fils de Foulques Giroie et neveu de Guillaume, les enfants et descendants d'Hildiarde, sœur de Giroie père, et enfants d'Ernaud-le-Gros, seigneur de Courcerault-au-Perche, au nombre de trois fils et douze filles, toutes mariées honorablement, et un grand nombre d'amis de Giroie, attaquèrent, chacun de leur côté, le seigneur d'Alençon, pour venger l'affront que le chef de leur maison venait d'essuyer. Ils pénétrèrent de toutes parts sur ses terres, qui devinrent bientôt la proie du fer et des flammes. Chacun d'eux pillait, emmenait

Chron. de Normand.

Ord. Vit., p. 465.

Willelm. Gemet., lib. VII, cap. 11.

prisonniers ses vassaux et brûlait leurs maisons, pour forcer Talvas de tenir la campagne et d'en venir aux mains ; mais ils ne purent jamais l'y attirer. Voyant l'inégalité de ses forces, il demeura constamment renfermé dans ses forteresses, et essuya ainsi, pendant longtemps, les insultes de ses ennemis. Ses propres vassaux et les habitants d'Alençon, las de son joug, ne cherchaient qu'une occasion pour le secouer.

Pendant ce temps le malheureux Giroie avait confié le soin de ses plaies à son frère Raoul, surnommé *Male-Couronne*, l'un des plus savants hommes de son temps dans l'art de guérir (1). Dès qu'il avait été rétabli, il était parti pour le voyage de la Terre-Sainte, en action de grâces de sa guérison. Il en avait déjà fait une fois le voyage avec le duc Robert. A son retour, il alla cacher son corps mutilé sous l'habit monacal dans l'abbaye du Bec ; mais il ne s'en occupa pas moins des affaires du monde. Hugues et Robert de Grantemesnil, ses neveux, avaient commencé, pendant son absence, de bâtir un monastère dans leur terre de Norrei (2) ; il arrêta l'ouvrage,

ORD. VIT., p. 464.

(1) Il venait de disputer, dans l'école de Salerne, sur la médecine. C'était un des plus savants hommes de son siècle. Il ne faut pas être étonné de voir ainsi les plus grands seigneurs ecclésiastiques se livrer à l'étude de la médecine. Les anciens médecins appelés physiciens ou mires, étaient alors presque tous ecclésiastiques. Quelques-uns des premiers médecins de nos rois étaient évêques ou archevêques. Gilbert Maminot, chapelain et médecin de Guillaume-le-Conquérant, était évêque de Lisieux ; Pierre Lombard, chanoine de Chartres, fut médecin de Louis VII ; Jean Tabari, chanoine de Paris, médecin de Charles VI, fut évêque de Térouanne, etc. La Faculté de médecine de Paris compte parmi ses professeurs plusieurs docteurs en théologie qui étaient aussi curés des principales paroisses de cette capitale. Cette coutume, quoique prohibée par les conciles, dura jusqu'au temps de François Ier. (O. D.)

*Hist. de la prov. de Vermandois*, t. II.

L. DU BOIS, *Hist. de Lisieux*, t. I, p. 575.

(2) Norrei (*Nuceretum*) entre Grand-Mesnil et Falaise. On y voit encore, au lieu dit la Baronie, l'emplacement de l'ancien

*Stat. monum. du Calvados*,

et leur persuada de rétablir celui où saint Evroul avait autrefois habité dans le pays d'Ouche. On mit la main à l'œuvre en 1050 (1).

Giroie engagea toute sa famille et ses amis à doter richement le nouveau monastère, et leur en donna l'exemple. Quelques années après, il passa dans la Pouille, pour des affaires importantes, et mourut à Gaëte, très-âgé. Voici le portrait que nous en a laissé un écrivain de ses amis : il joignait le courage à l'éloquence, la libéralité à la gaîté; il était affable pour tous ceux avec qui il n'avait rien à démêler, redoutable à tous ceux qui osaient lui résister, mais singulièrement fidèle à ses seigneurs (2).

Il avait épousé, en premières noces, Hiltrude, fille de Fulbert de Beine, qui avait fait bâtir, sous Richard I$^{er}$, le château de l'Aigle, auquel il avait donné ce nom à cause d'un nid d'aigle qui y fut trouvé; et en secondes noces, Emme, fille de Vauquelin de Tanie (3). Il laissa, de

château des seigneurs de Grantemesnil. Ces seigneurs jouèrent un grand rôle au xi$^e$ siècle et obtinrent de Guillaume le Conquérant de nombreuses possessions en Angleterre.

t. II, p. 407; — Ord. Vit., édit. publ. par M. Le Prévost, t. II, p. 19.
*Domesday-book.*

(1) Il ne reste que bien peu de vestiges de cette ancienne et magnifique abbaye. Les ruines en ont été rachetées en 1853 par l'évêque de Sées, pour y établir une maison de missionnaires diocésains. (L. S.)

(2) Un seigneur qui tenait, dans ces temps-là, des fiefs sous différents seigneurs en guerre les uns contre les autres, se trouvait très-embarrassé. Il ne lui suffisait pas de fournir à chacun de ces seigneurs, un certain nombre d'hommes armés; il devait souvent à l'un et à l'autre le service personnel militaire, accompagné d'un certain nombre des vassaux du fief qu'il tenait de chacun d'eux. Si son penchant naturel ou des raisons de politique le décidaient à rendre ce service à l'un plutôt qu'à l'autre, souvent ce dernier devenait un ennemi irréconciliable. Telle était la position de Giroie, qui tenait des terres du duc de Normandie, des fiefs considérables des seigneurs d'Alençon, d'autres des seigneurs de Mortagne, des châteaux dans le Maine et sous la seigneurie de Mayenne.

(3) Ou plutôt Tennie (*Tania. Tanidium. villa Tanida*). Cette

la première, Ernaud, seigneur d'Echaufour, dont nous aurons occasion de parler, et de la seconde, Guillaume, qui fut surnommé le *bon Normand* dans la Pouille, où il porta l'étendard de saint Pierre, et se rendit célèbre par ses exploits contre les Lombards et contre les Grecs (1).

La défense de la frontière de la Normandie, du côté du Passais, de Saint-Céneri et d'Alençon, avait déjà attiré bien des querelles aux seigneurs d'Alençon, tant avec les comtes du Maine qu'avec les seigneurs de Mayenne et leurs alliés. Un nouvel orage se formait, et devenait d'autant plus dangereux pour la maison d'Alençon, que la famille des Giroie s'était réunie à ses ennemis. Geoffroi-Martel, comte d'Anjou, avait rendu son nom célèbre par ses victoires et par ses crimes; il avait fait une guerre sanglante à Gervais du Château-du-Loir, évêque du Mans, qui s'était déclaré le protecteur de Hugues II, comte du Mans; et après avoir tenu long-temps ce prélat prisonnier, il lui avait, à la fin, accordé la liberté, aux conditions qu'il ne rentrerait plus dans le Maine; en sorte qu'il avait été obligé de chercher un asile auprès du duc Guillaume, qui l'avait très-bien accueilli. Le comte d'Anjou avait ensuite achevé de se rendre maître de tout le comté du Maine. Il prétendait que la suzeraineté de ce comté avait été accordée à ses prédécesseurs, lors de la donation

PESCHE, *Dict. topogr.* commune, située à 22 kilomètres du Mans, possède une jolie église romane et la motte entourée de fossés de son ancien château. (L. S.)

(1) L'arrivée des Normands en Italie n'eut lieu qu'en 1016, et non en 1002, comme le prétendent plusieurs écrivains modernes. Parmi les fables qui se mêlent au récit de leurs exploits, il faut mettre le siège de Salerne par trente chevaliers normands.

Il faudrait rechercher si ce *bon Normand* ne serait pas le père d'Odon dit le *bon marquis* dont parle Orderic Vital, et dont le fils Tancrède épousa Cécile, fille de Philippe Ier, roi de France. (O. D.)

du duché de France, dont l'Anjou avait fait partie, et que le comte du Maine n'était qu'un fief relevant de ce comté. D'un autre côté, Raoul, usurpateur de la couronne de France, l'avait donné aux ducs de Normandie. Sans doute le comte du Maine, ou plutôt ses tuteurs, n'avaient voulu reconnaître ni l'un ni l'autre pour suzerain, de crainte de s'attirer le courroux de l'un d'eux ; ils n'y avaient rien gagné. Geoffroi-Martel, après avoir soumis le Maine, voulut faire éprouver sa vengeance au duc de Normandie, dont il avait reçu divers sujets de mécontentement, entre autres du puissant secours que Guillaume avait mené au roi, lorsqu'il faisait le siège de Moulin-Herle (Mouliherme) qui appartenait à Martel, et de ce qu'il avait bien reçu à sa cour Gervais de Château-du-Loir, son ennemi. Il avait d'ailleurs des sujets de courroux contre la maison d'Alençon en particulier, dont ses alliés ne cessaient de lui porter des plaintes, entre autres les Giroie et le seigneur de Mayenne, à quoi se joignit ensuite la jalousie.

Il semble que le Passais était encore regardé, malgré la cession faite aux Normands par les comtes du Maine et par Martel même, comme une dépendance du comté du Maine, et Domfront en était la place la plus considérable. Cette ville a pris le nom d'un solitaire appellé *Front*, qui s'était retiré sur un rocher couvert de bois, où Talvas I<sup>er</sup> du nom, avait fait bâtir un château, des églises et fondé un prieuré. La rivière de Varenne coule au pied de la roche, qui n'est accessible que par deux sentiers étroits, pratiqués au travers des rochers dont le pays est hérissé (1).

<small>Guillelm. Pictav. dans le *Rec. des hist. de France*, t. XI, p. 79.</small>

---

(1) Ces rochers sont des grès, à strates obliques, séparés par une gorge tellement étroite et à parois tellement escarpées, que quelques personnes s'imaginent qu'elle a été creusée de main d'homme pour la défense du château. De pareils accidents ne sont pas rares dans ces sortes de roches. On en trouve des exemples aux environs de Mortain et de Falaise. De violentes commo-

Geoffroy-Martel se rendit maître de cette place et d'Alençon, avec d'autant moins de difficulté, que les habitants de ces deux villes, las de la domination des Bellême, ou corrompus par les promesses de Geoffroi, n'opposèrent aucune résistance. Talvas, d'ailleurs, n'avait pas assez de forces pour oser faire tête au comte d'Anjou. Cette conduite des habitants d'Alençon et de Domfront a donné lieu à un des plus exacts historiens anglais, de les accuser d'avoir une disposition naturelle à la perfidie (1). L'historien latin des ducs de Normandie prétend que ces mêmes habitants d'Alençon et de Domfront se trouvèrent disposés à entrer sous la domination du comte d'Anjou, pour pouvoir exercer impunément toutes sortes de brigandages, qui auraient été sévèrement punis sous les ducs de Normandie (2). Un historien moderne rapporte la chose bien différemment. « Martel, dit-il, avait tourné
» ses entreprises du côté du Maine et du Perche, où le
» ravage de ses troupes avait déjà jeté l'épouvante jus-
» qu'aux frontières de Normandie. On marquait, en
» même temps, au duc qu'on avait arrêté à Rouen deux
» Angevins, qu'on soupçonnait être les espions du comte
» d'Anjou, et qui ne s'en étaient défendus que par des
» excuses qui avaient augmenté les défiances. L'un était
» homme de robe, et le prétexte qu'il avait apporté,
» pour justifier son séjour à Rouen, ayant été le dessein
» de recueillir quelques papiers qui concernaient ses
» affaires, on avait trouvé, en recherchant ses traces,

*Chron. de Normand., ms.*

*Chron. de Normand. goth.*

WILLELM. MALMESBUR. dans le *Rec. des hist. de France*, t. XI, p. 178.

GUILL. PICT., *ibid.*, p. 182.

*Hist. de Guillaume-le-Conquérant*, par l'ab. PRÉVOST, t. I, p. 87.

---

tions et l'action incessante des eaux expliquent ce qu'on a vainement attribué à de gigantesques travaux militaires. (L. S.)

(1) *Pronis in perfidiam habitatoribus.*
(2) *Deserere haudquaquam volebant dominum, sub quo licenter quæstum latrociniis contraherent, quali causa fuerunt seducti inhabitantes Alentium; non ignorabant quam in Normannia esset invisus latro vel prædo, quam recto usu uterque supplio addice:etur, et quod neuter parvo absolverentur : suis maleficiis eumdem legis mutuebant usum.*

» qu'il s'était attaché à découvrir tous les titres qui ap-
» partenaient à la terre de Domfront. Personne n'ignorait
» les efforts que le comte d'Anjou avait faits pour s'em-
» parer de cette ville ; et sans pénétrer les raisons qui lui
» en faisaient désirer la conquête, on ne doutait pas qu'il
» n'y rapportât toutes ses vues. L'autre espion avait
» gagné secrètement deux des principaux officiers du
» duc ; on avait pris le parti de les faire arrêter tous
» deux.

» Guillaume se rendit droit à Rouen. La première nou-
» velle qu'il y apprit, fut la perte de Domfront, qui avait
» été enlevé par artifice au seigneur de Bellême ; le comte
» d'Anjou y avait mis une forte garnison, et s'étant em-
» paré d'Alençon par les mêmes voies, il avait trouvé l'art
» de faire approuver son entreprise aux habitants, et de
» se les attacher encore plus par les caresses que par la
» force de ses armes... On effraya les espions par la vue
» des supplices ; ils firent enfin leur confession, qui
» causa beaucoup de surprise à ceux qui avaient pris
» Martel pour un homme dur et farouche. Il était amou-
» reux d'une fille de Domfront, qu'il avait connue dans
» un voyage qu'elle avait fait en Anjou avec sa famille.
» Il avait fait des efforts inutiles pour lui faire accepter
» une condition fort heureuse à sa cour, et n'ayant pu
» l'empêcher de retourner dans sa patrie, il avait conti-
» nué de la solliciter par ses courriers et par ses lettres.
» Enfin, cette fille, qui n'était qu'une bourgeoise, lui
» avait fait déclarer que rien n'étant capable de lui faire
» perdre le goût qu'elle avait pour le lieu de sa naissance,
» ni de lui faire oublier la distance qu'il y avait entre elle
» et un comte d'Anjou, elle ne voyait qu'une seule voie de
» lever ces deux difficultés ; c'était de la rendre maîtresse
» de Domfront, et de la mettre dans un état qui la ferait
» paraître moins indigne de ses bienfaits. S'étant même
» remplie d'une chimère qui s'était perpétuée dans sa

» famille, elle s'imaginait que cette terre avait appartenu
» à ses ancêtres, et que ne l'ayant perdue que par les
» malheurs de la fortune, il n'était pas impossible de re-
» trouver les titres, sur lesquels on pourrait fonder ses
» prétentions. C'était pour la satisfaire, que le comte
» d'Anjou employait à Rouen un de ses plus habiles ma-
» gistrats à cette recherche, et dans cet intervalle, ayant
» surpris le seigneur de Bellême, à qui Domfront appar-
» tenait, il s'était déjà mis en état de flatter l'ambition de
» sa maîtresse par l'offre de la terre qu'elle avait désirée. »
Je ne rapporte point les autres circonstances romanesques dont il a plu à l'abbé Prévost d'orner cet évènement de la vie du duc de Normandie (1).

Bellême pressé de tous côtés par Geoffroi-Martel, par le seigneur de Mayenne, par les Giroies, et se défiant de ses vassaux et de son propre fils, si nous voulons nous en rapporter à quelques anciens historiens, traîna pendant quelque temps une vie errante, et à la fin, se réfugia auprès de Roger II du nom, sire de Montgommeri, proche parent du duc qui l'honorait de la plus haute faveur (2).

Ord. Vit., p. 555.

(1) Je conduisis, en 1758, cet écrivain, qui passa quelques jours à Alençon, au Boulevard et au Château, pour avoir occasion de m'entretenir plus longtemps avec lui sur ce trait historique et sur plusieurs autres. Je lui demandai pourquoi il s'écartait si souvent des écrivains contenus dans la collection de Duchesne et des historiens Anglais. Il me répondit bonnement que c'était pour s'accommoder au goût du siècle, où l'on ne cherchait, dans une histoire, que la frivolité et les anecdotes amusantes, et que ces sortes d'ouvrages étaient les seuls dont on fît de l'argent. Je le pressai sur les sources où il avait puisé ses récits différents de ceux des autres historiens. De vieilles chroniques de Normandie, manuscrites et inconnues, avaient toujours été ses guides. Il eût mieux fait d'avouer que c'était son imagination et son génie naturellement romanesque qui entraînaient sa plume. Ainsi, on ne doit pas s'étonner si, dans la suite, je n'ai aucun égard aux récits historiques de l'abbé Prévost.

(2) Ce jeune prince, dès la sortie de l'enfance, avait annoncé

Ce jeune seigneur lui avait fait oublier, par ses services, les crimes de sa famille. Son aïeul, Roger 1er, avait été un des premiers seigneurs qui avaient conspiré contre lui pendant son enfance. Alain, comte de Bretagne, avait été empoisonné, en 1040, devant Montgommeri, dont il faisait le siége, et était mort à Vimoutiers le 1er octobre. Guillaume de Montgommeri, l'un des fils de Roger 1er, avait eu l'audace de pénétrer dans la chambre du duc même, alors au Vaudreuil, et d'y assassiner Osbern, grand maître de Normandie, fils d'Herfast, frère de la duchesse Gonnor, tandis que le duc dormait profondément. Talvas fit épouser à Montgommeri sa fille Mabile, et passa tranquillement chez lui le reste de ses jours.

Dès que les affaires du duc le lui permirent, et qu'il eut achevé de soumettre les rebelles au Val-des-Dunes dans l'Hiesmois (1), il résolut de reprendre ce que Geoffroi-Mar-

ce qu'il devait être un jour. Ses premiers essais dans le gouvernement de ses peuples avaient annoncé un génie actif quoique réfléchi, une âme ardente, avide de gloire, ferme, inébranlable et ne laissant à la fortune que ce que la prévoyance ne pouvait lui dérober. Les secours dont le roi l'avait aidé contre ses ennemis avaient imprimé dans son âme sensible le souvenir des bienfaits du monarque; il s'était fait un devoir de rester fidèle à la main qui l'avait protégé. Henri ayant été offensé de propos injurieux que Geoffroi-Martel avait tenus sur son compte, résolut de l'en punir. Le duc de Normandie, qui n'attendait que l'occasion de se montrer reconnaissant et fidèle, accompagna, comme nous l'avons dit, le roi dans cette expédition qui paraît s'être bornée à la prise de Mouliherne, place assez forte; mais après avoir soumis les seigneurs normands qui avaient voulu contester ses droits, il résolut de se venger du comte d'Anjou, qui avait expulsé du Maine Herbert et sa mère, qui furent obligés de chercher un asile en Normandie, et dont les garnisons, qu'il avait mises à Alençon et Domfront, faisaient des courses fréquentes et désolaient les misérables habitants des campagnes. Il avait d'ailleurs de vieilles prétentions sur le Maine et en particulier à la mouvance de Domfront, usurpée sur les ducs de Normandie, ses prédécesseurs. (O. D.)

(1) La position du Val des Dunes ou plutôt de Val-ès-Dunes

224  MÉMOIRES HISTORIQUES SUR ALENÇON

tel lui avait enlevé, et de porter, à son tour, la guerre dans ses états (1). Il assigna le rendez-vous de ses troupes à Falaise, et à la tête d'un détachement, alla reconnaître Domfront (2). Il y passa quelques jours à en bien examiner la situation, ce qui ne l'empêchait pas, dans certains moments, de goûter le plaisir de la chasse. S'étant assuré des difficultés qu'un siège dans les formes ne pourrait manquer d'entraîner, il prit le parti de faire élever quatre forts devant cette place pour en fermer toutes les issues ; et quoique abandonné, sur ces entrefaites, par son oncle Guillaume, comte d'Arques ou de Talou, il prit la route d'Alençon.

<small>Guillelm. Pictav., dans le Rec. des hist. de France, t. XI, p. 79.</small>

<small>Chron. de Normand., ms., ibid., p. 556.</small>

Un parent de Grimoult du Plessis (3), qui avait été un chefs de la révolte contre le duc, trouva le moyen d'en

<small>Statist. rout. de la Basse-Norm., p. 173.</small>

qu'ignorait O. D. a été déterminée avec une grande précision par M. de Caumont. La bataille s'engagea à l'Ouest N. O. de Billi, sur le bord de la route de Caen à Lisieux, et se termina auprès du mont Saint-Laurent. Une borne commémorative a été érigée près de ce lieu par M. de Caumont, en 1841. (L. S.)

(1) C'est ce qui me fait croire que Domfront et le Passais Normand ne faisaient pas encore partie de la Normandie. Voici comme s'exprime Guillaume de Poitiers : *Guillelmus tueri sufficiens jus paternum et avitum, quin etiam diffusius protendere, adibat cum exercitu terram Andegavensem, ut reddens talionem primo adalienaret Gaufrido Danfrontium, post reciperet Alentium.* Guillaume de Malmesbury dit la même chose : *qua is* (Guillelmus dux) *iratus injuria, par pari retulit et Danfrunt quod tunc erat comitis Andegavorum, obsidione coronat.* La *Chronique de Normandie,* manuscrite, plusieurs fois citée, dit au contraire, que le Passais était alors de Normandie.

(2) Les historiens ne sont point d'accord sur les circonstances des sièges d'Alençon et de Domfront. Je m'arrête principalement aux récits de Guillaume de Poitiers, de Guillaume de Malmesbury, de Guillaume Calcul et de la *Chronique de Normandie* manuscrite.

<small>Hist. d'Anglet., t. II, p. 8.</small>

(3) C'est contre le texte des écrivains presque contemporains, que Rapin Toiras attribue cette perfidie à quelqu'un des habitants d'Alençon.

informer la garnison d'Alençon. Les Angevins se mirent en embuscade sur la route que devait tenir le duc. Guillaume, qui marchait toujours sur ses gardes, aperçut ses ennemis et les surprit eux-mêmes : à la tête de sa petite troupe, il les poursuivit de si près, qu'ils eurent bien de la peine à rentrer dans Alençon. Il atteignit d'un coup de lance le connétable du château, et le perça de part en part. Après avoir reconnu la place, il retourna à Falaise, pour donner ses ordres à son armée. Il fit bientôt avancer vers Alençon un gros corps de troupes, avec ordre d'élever trois forts pour en former le blocus. Martel, de son côté, y fit filer des troupes qui prirent poste du côté du Maine, sur les bords de la Sarthe. Elles devaient rafraîchir la garnison, et interrompre les travaux des assiégeants. Le duc, en étant informé, se rendit à Alençon avec le reste de son armée, qu'il fit camper vis-à-vis des Angevins, la Sarthe entre deux (1). Aussitôt que ceux-ci aperçurent le duc, plusieurs d'entr'eux s'arment de peaux, et vont frapper contre les palissades du fort qui joignait le camp Angevin, en criant : *à la pel! à la pel!* Par là, ils voulaient insulter à la naissance du duc, qui avait pour mère Arlette, fille d'un pelletier de Falaise, dont le duc Robert avait été amoureux. Robert Wace raconte ainsi cet épisode : Le prince irrité, jure par la *resplendeur de la lumière de Dieu*, son serment ordinaire, qu'il punira, avec la dernière sévérité, les coupables, et ordonne, sur-le-champ, qu'on prépare tout pour l'assaut. Le fossé est bientôt comblé par les fascines et par les décombres des bâtiments voisins; les Normands assaillent, en même temps, le fort et le camp des Angevins ; ceux-ci se défendent vaillamment ; malgré leur résistance, les retranchements sont forcés; un grand nombre d'Angevins

*Chron. goth., ch. 99.*

---

(1) Le camp du duc devait être assis dans le terrain qui forme aujourd'hui les Marais, les jardins de l'Hôtel-Dieu et de la Barre.

tombent victimes du fer et des flammes ; le reste n'échappe à un pareil sort que par une prompte fuite. Trente-deux, pris dans le fort du Boulevard forcé, ont pieds et mains coupés par ordre du duc (1) Il fait jeter les membres mutilés dans le château, et menace d'un pareil traitement la garnison, si elle ne se rend sur-le-champ ; intimidée par cet exemple, elle se soumet.

<small>WILLELM. GEMET., lib. VII, cap. 18.</small>

Le duc après y avoir établi une bonne garnison, prend la route de Domfront, avec une partie de son armée, malgré la rigueur de l'hiver et les mauvais chemins, tandis que le reste de l'armée devait suivre plus lentement. Pendant sa route, il tomba dans une embuscade que les Angevins, avertis par un seigneur de son armée, lui avaient tendue (2). Le duc ne les aperçut qu'au moment où ils commencèrent de tomber sur son arrière-garde. Il ordonne à sa troupe de faire volte-face, et renverse du premier coup,

<small>GUILLELM. PICTAV., ibid.</small>

---

(1) Le nouvel historien de Guillaume noircit ici, contre la foi de l'histoire, l'action du duc en ajoutant : « Pour ne pas violer » son serment, il leur fit crever les yeux par un second ordre ; » après quoi il les fit jeter dans la ville et dans le château d'Alen- » çon, où le reste des Angevins s'était retiré. Ce barbare présent » fut accompagné d'une menace encore plus terrible »

<small>Ibid., p. 79.</small>

(2) Un écrivain dit qu'elle était composée de 300 chevaux, et 700 fantassins. Il y a peu d'apparence : ce qu'on lit dans le roman de Rou est plus vraisemblable :

<small>Rec. des hist. de France, t. XI, p. 556.</small>

Alencon ert de Normendie
E Danfronz del Maine partie (1).
. . . . . . . . . . . . . . .
Quant de Danfront furent issus
Lez un teltre se sunt tenu ;
Li Dus les a tost aparcheuz,
Li lances vit è les escuz.
. . . . . . . . . . . . . . .
Alencon est sor Sartre asiz,
Iloec devize le païz.

<small>Roman de Rou, T. II, p. 48 et suiv.</small>

(1) Erreur : jamais Domfront n'a fait partie du Maine (L. S.)

le plus hardi qui vient pour le charger. Aussitôt tout le reste de la troupe prend la fuite et regagne, comme il peut, Domfront.

Cependant Martel, pressé par les Domfrontois d'accourir à leur secours, avait rassemblé ses forces. Il vint camper assez près des Normands. Guillaume détacha trois jeunes chevaliers, Guillaume-Fitz-Osbern, Montgommeri et Guillaume-Fitz-Thierri, pour aller reconnaître les forces de l'Angevin, avec ordre de lui parler, s'ils le pouvaient. Introduits auprès du comte, Montgommeri porta la parole, et lui dit que, si son projet était de ravitailler la place, le duc de Normandie en gardait la porte, et qu'il s'y trouverait le lendemain pour le recevoir. Le comte répondit qu'il ne manquerait pas au rendez-vous; et pour qu'on pût mieux le reconnaître, désigna la couleur du cheval qu'il monterait, et l'armure dont il serait couvert. Montgommeri lui risposta sur le même ton, en lui disant que le duc lui épargnerait le voyage, et qu'il le verrait arriver de bon matin sur un cheval bai, portant un écu *tout vermeil* (1), *et au bout de sa lance, une guimphe à dame pour lui en essuyer le visage.* Chron. de Normand.,

Pendant la nuit, on se prépara des deux côtés au combat; mais le duc voulut essayer si, par une ruse, il ne pourrait point épargner le sang de ses Normands. Comme Martel était le lendemain matin occupé à assigner à chacun des siens son poste, on aperçut deux chevaliers normands qui disaient à ceux qui étaient les plus proches, que le comte prenait une peine inutile, et que le château s'était rendu pendant la nuit. Le comte reprit aussitôt la route de l'Anjou, où sa présence était nécessaire pour

---

(1) Il est bien certain qu'au temps de ce siège, les armoiries n'étaient pas encore en usage (1). (O. D.)

(1) Il paraît au contraire à peu près certain que l'usage des armoiries remonte à la moitié du X$^e$ siècle. (L. S.) Magny, Sc. des armoiries.

s'opposer à Néel de Cotentin, qui y avait pénétré, et y faisait du dégât (1). Ceux qui gardaient le château de Domfront, informés de sa retraite, n'eurent plus aucun espoir de secours, et se rendirent au duc de Normandie (2). Ce fut ainsi, (ajoute son historien) qu'il exécuta, sans peine, une entreprise qui paraissait très-périlleuse, et qu'il put dire, comme César : VENI, VIDI, VICI. Tout ceci se passa sur la fin de l'année 1048, et peut-être en partie au commencement de la suivante.

Guillelm. Pictav., p. 183.

Le duc rendit Alençon à Talvas ; il le rétablit également dans la possession de Domfront, malgré les prétentions de Warin, dont nous aurons occasion de parler dans la suite. Nous ignorons le temps précis de la mort de ce seigneur d'Alençon. Une charte de son frère Yves de Bellême, évêque de Seès, donnée au synode assemblé à

D. Martene, Ampliss. collect., t. I, col. 420.

(1) Le duc, non content de ce succès, poursuivit l'armée de Martel qui, quoique fatigué, tachait de gagner un bois qui était sur la route, dans le dessein de s'y retrancher et d'attendre l'ennemi. Il s'y mit en effet en embuscade. Le duc de Normandie, qui le poursuivait vivement, fit prendre les devants à son avant-garde, composée d'une foule de braves officiers impatiens de combattre. Ceux-ci se jettent imprudemment dans le piége et tombent pour la plupart sous les coups des Angevins. Là dessus leur chef arrive, et furieux de la perte de tant de braves gens qu'il voit étendus à ses pieds, s'élance au milieu des bataillons du comte d'Anjou, l'aperçoit, pénètre jusqu'à lui, le frappe, lui coupe une oreille. Martel, étourdi de sa chute, se relève, et tandis que le bataillon qui l'entoure soutient le choc terrible de Guillaume et de ses Normands, il se retire de la mêlée et fait sonner la retraite. Il la fit avec d'autant plus d'ordre que le duc, après le malheur arrivé à son avant-garde, craignit de s'enfoncer davantage dans le bois qu'il ne connaissait pas. (O. D.)

(2) Guillaume fit démolir les tours en bois (bertesches) qui avaient servi à bloquer Domfront, et de leur débris fit construire le château d'Ambrières, pour couvrir de ce côté sa frontière de Normandie. Il y laissa une bonne garnison et dans la suite en augmenta beaucoup les fortifications. Il ne subsiste plus de ce château que quelques pans de murailles. (O. D.—L. S.)

Seès, l'an 1050, prouve qu'il vivait encore en cette année. Il y donna à Avesgaud, abbé de Saint-Vincent du Mans, l'église de Courgains en Sonnois, du consentement de son frère Guillaume, de ses neveux Olivier, Warin ou Guarin, et Raoul. Talvas avait eu de son premier mariage : 1° Robert, mort vers l'an 1035, pour le salut de l'âme duquel Yves, son oncle, donna, cette année, quelques biens à l'abbaye de Marmoutier ; 2° Arnulphe, ou Arnould qui suit; 3° et Mabile dont nous parlerons dans la suite. Nous ignorons s'il laissa des enfants de sa seconde femme; mais il eut, au moins, trois bâtards : Olivier, Warin ou Guarin, et Raoul, qui devaient, en ces temps-là, avoir quelque portion dans la succession paternelle, puisque leur oncle requit leur consentement pour une donation qu'il fit à Saint-Vincent du Mans et à Avesgaud qui en était abbé, leur parent. Peut-être aussi eut-il pour filles Cécile de Bellême, qui, suivant la généalogie de la maison de Goué, épousa Robert de Goué, dont trois des fils puinés, Thomas, Guyon et Alain, passèrent en Angleterre avec leur oncle, Roger de Montgommeri, et Hildeburge de Bellême, qui épousa Gui III, seigneur de Bellême (1).

*Gall. Christ., t. XI, col. 120.*

*D. Martène. Ampliss., coll. t. I, col. 420.*

*Le Paige, t. I, p. 545.*

Arnulphe ou Arnould de Bellême a été accusé par quelques historiens (2) de s'être révolté contre son père, d'a-

*Willelm. Gemmet., lib. VII, cap. 10 et 11.*

---

(1) Jeanne, bâtarde d'Alençon, qu'on donne pour fille à Talvas, vivait deux siècles après l'extinction de la maison de Bellême.

On trouve un Dreux de Bellême, présent au don que Raoul, vicomte de Beaumont, fit de l'église Saint-Hippolyte de Vivoin (Maine) à l'abbaye de Marmoutier, en 1062; mais rien n'indique qu'il appartînt aux Talvas.

Avesgaud, abbé de Saint-Vincent du Mans, présent, en 1059, au sacre du roi Philippe; Avesgaud, abbé de la Couture de la même ville, après 1061 ; Avesgaud, mort évêque du Mans en 1036, étaient peut-être de cette maison. (O. D.)

(2) La partialité de l'interpolateur de Guillaume de Jumièges et celle d'Orderic Vital se décèlent manifestement, toutes les fois

*La Roque, Hist. de Harcourt, t. I, p. 870.*
*Ménage, Hist. de Sablé, p. 278.*
*Ménage, ib. p. 24.*

<small>Ord. Vit., lib. 6, t. III,</small>

voir pris les armes contre lui, de l'avoir chassé de ses domaines pour s'en emparer. Nous avons fait voir que ce fut le comte d'Anjou, uni aux habitants d'Alençon et de Domfront, qui força le père et le fils d'abandonner leurs domaines. Il paraît qu'Arnulphe s'était retiré auprès de l'évêque de Seès. Il souscrivit, en 1048, avec ce prélat et plusieurs autres seigneurs, une charte du duc en faveur de l'abbaye de Saint-Riquier. On trouve encore sa sous-

<small>D. d'Achery, Spicileg., t. IV, p. 575.</small>

cription à quelques autres chartes de son oncle. Nous ignorons l'année précise de sa mort. On prétend qu'ayant enlevé un jour un petit cochon à une recluse qui l'élevait, et ayant refusé de le rendre, il fut trouvé mort dans son lit le lendemain matin. Les moines ne manquèrent pas de publier que cette mort était l'effet de la vengeance céleste; mais on constata, par la suite, qu'il avait été étranglé par son frère naturel, Olivier, qui continua, encore longtemps, de servir son prince dans les armées, et se fit ensuite religieux dans l'abbaye du Bec, où il parvint à une extrême vieillesse.

<small>Guil. Pict., Gesta Guill. ducis, p. 486.</small>

Mabile (1) de Bellême succéda à son frère, et non pas Yves, évêque de Seès, comme une foule d'historiens l'ont

que ces écrivains ont occasion de parler de la maison de Giroie et de celle de Bellême; ce qui m'a décidé à préférer l'autorité de la *Chronique manuscrite de Normandie*, appartenant à M. le

<small>Rec. des hist. de France, t. IV, p. 575.</small>

marquis d'Avernes, et d'une autre imprimée en gothique. Voici les termes de la première; *le lignage (des Giroie) escilla toute la terre de Guillaume Tallevas, et le chassa hors, et exilla son fils meismes qui Arnoul avoit à nom.*

<small>D. Martene, Ampliss. collec. t. I, p. 454.</small>

(1) Elle est appelée *Amabilis* dans une charte donnée par son mari, dans leur château de l'Urson, l'an 1060.

Le château de l'Urson ou d'Ortieuse, *Orticosa*, est placé par O. D. (1re édit. T. I p. 158 et T. II, *Table*, p. 23), par le dernier éditeur d'Orderic Vital (T. IV, p. 40), par M. Pesche (V. *Urson*) et par M. Cauvin (*Géogr. anc. du dioc. du Mans*), dans le taillis du Bois-Barrier, appartenant à M. de Viennay, commune du Val, où nous n'avons pu en découvrir de traces. ( L. S. )

avancé, pour avoir mal entendu un passage d'Orderic Vital (1). Elle avait épousé Roger de Montgommeri II du nom, déjà puissant par les biens qui lui étaient échus de la succession de ses père et mère. Son père était Hugues, sire de Montgommeri, vicomte d'Exmes, et sa mère Josseline de Pont-Audemer, nièce de Gonnor, seconde femme de Richard Ier, duc de Normandie. Le mari et la femme jouirent toute leur vie de la plus grande faveur auprès du duc Guillaume. Comme ils étaient chargés de la conservation de la marche ou frontière de Normandie, tant du côté du Maine et de l'Anjou, que du côté de la France par le Perche, ils se virent souvent exposés au courroux de Henri Ier qui régnait alors en France, et aux attaques de Geoffroi-Martel, comte d'Anjou, et de ses alliés. Ils devaient encore surveiller Guimond qui tenait Moulins, surnommé *la Marche*, à la charge de défendre de ce côté la frontière de Normandie : ce Guimond avait déjà eu part à la révolte du comte de Talou, et reçu dans sa place Gui, frère du comte de Poitiers, et un corps de Français ; mais ils avaient évacué la place et pris la fuite à la nouvelle de la prise d'Arques. Le duc lui avait pardonné et s'était borné à une légère punition, ce qui ne l'empêcha pas dans la suite de faire, malgré la défense expresse du duc, la guerre à Enguerrand-Oyson, seigneur de Courtomer.

Henri attaqua la Normandie, en 1054, avec deux armées formidables : il était à la tête de la plus considérable, qui pénétra d'abord dans l'Hiesmois, et alla assiéger le château de Montgommeri (2), défendu par Gilbert, frère

---

(1) *Yvo..... hæreditario jure ex paterna successione, fratribus suis Warino, Roberto atque Willelmo deficientibus, Bellismense oppidum possidebat.* Ce passage dit seulement qu'Yves eut en partage Bellême. — Ord. Vital.

(2) *Gomercium.* Le continuateur du *Recueil des historiens des* — Recueil des hist.

du seigneur. La ville, le château et l'église furent réduits en cendres (1). Pendant le tumulte, un des quatre chanoines qui desservaient l'église, où Gilbert avait déposé, quelque temps auparavant, le corps de saint Josse (2), qu'il avait volé, enleva de l'église ce dépôt précieux, pour le préserver des flammes : il fit rencontre de Robert Meslebren, soldat de Raoul du Coudrai, l'un des chefs de l'armée française, qui le lui enleva et le déposa dans l'église de Pernes, au diocèse de Lisieux. L'armée française se porta ensuite dans l'évêché d'Evreux ; le duc, qui avait rassemblé ses forces, la suivait. Il apprit alors que les Normands avaient battu les Français à Mortemer. Il trouva le moyen de répandre cette nouvelle dans l'armée française. Henri lui-même en fut si effrayé qu'il demanda la paix, et abandonna au duc tout ce qu'il avait conquis ou pourrait conquérir sur Martel (3).

Ce seigneur, s'était emparé, à plusieurs reprises, de la ville du Mans, et l'avait pillée et brûlée sous Hugues II, comte du Maine, qu'il en avait souvent chassé. Après la mort de ce comte, arrivée en 1053, il s'était toujours sou-

*Gaules et de la France,* prouve assez bien que c'est Montgommeri, et j'ai adopté son opinion.

(1) Le château de Montgommeri fut promptement rebâti. Rasé en 1574, après la condamnation du comte de Montgommeri, il offre encore des ruines remarquables. Le plateau, où se trouvaient l'enceinte à angles obtus et presqu'arrondie et les sept tours qui la composaient, n'a pas moins de 230 pas de circonférence, et s'élève à 20 mètres au-dessus du fond des fossés. Les terres du *vallum* sont soutenues par des murs en pierre. (L. S.)

(2) *Sanctus Judocius.*

(3) *Quasi dono quodam dux jure perpetuo retineret quod Gaufrido Andegavorum Comiti abstulerat, quodque valeret auferre.* C'est, je crois, depuis l'époque de ce traité que Domfront et le Passais normand ont fait incontestablement partie de la Normandie. On voit même que les châtellenies de Lassai et d'Ambrières, dans le Passais manceau, en ont fait partie, et que la coutume de Normandie y a eu lieu quelque temps.

tenu dans son usurpation. Il avait pour fidèles alliés le seigneur de Mayenne, Robert Giroie, et plusieurs autres.

La veuve du comte du Maine s'était réfugiée avec ses enfants en Bretagne. Elle se nommait Berthe, et avait eu pour premier mari Alain III, comte de Bretagne, mort empoisonné au siège de Montgommeri. Le comte d'Anjou et ses alliés obligeaient Mabile à être continuellement en garde contre les entreprises qu'ils ne cessaient de former sur la frontière. Le comte se réunit avec le roi Henri qui cherchait à se venger de la défaite de Mortemer ; il pénétra en Normandie par Saint-Céneri, malgré Montgommeri, qui se trouva trop faible pour lui résister. Il joignit Henri dans l'Hiesmois ; ils mirent ensemble le siège devant Exmes. Ceux qui étaient chargés de le défendre s'en acquittèrent si bien que l'ennemi fut forcé de se retirer. Henri et Martel ravagèrent le plat pays jusqu'aux bords de la mer. Lorsqu'ils voulurent passer la Dive à Varaville, le duc qui avait rassemblé toutes ses forces, tomba sur les Français et les Angevins et en fit un horrible carnage : une partie périt dans les eaux, un grand nombre demeurèrent prisonniers. Henri se retira en France, et mourut peu de temps après ; Martel regagna, comme il put, l'Anjou.

Le duc résolut, à la sollicitation de Montgommeri, de punir Robert Giroie qui tenait les châteaux de Saint-Céneri et de la Motte-d'Igé. Il était le quatrième des fils de Giroie dont nous avons parlé, et de Gisle, fille de Turstin de Bastenbourg, dans les Pays-Bas. Il avait eu l'audace, pendant l'enfance du duc, d'assassiner, à la sollicitation de Raoul de Gacé, un des fils de l'archevêque de Rouen, Gilbert, comte d'Eu, tuteur et proche parent du prince, pendant qu'il s'entretenait amicalement avec Wascelin de Pont-Echenfrai, son compère. Foulques Giroie, l'un des frères de Robert, avait été tué avec son frère qu'il accompagnait. Giroie avait trouvé, dans la suite, le moyen de rentrer dans les bonnes grâces du duc, qui lui fit épouser Adelaïs, une de ses parentes, et Guillaume Giroie, son frère, lui avait cédé pour partie de son partage, Saint-Céneri (1). Depuis ce temps, il avait toujours été lié avec le seigneur de Mayenne et avec Martel. Ses places étaient toujours garnies de bon nombre d'Angevins, et de tout ce qui était nécessaire pour une longue résistance. Le duc, accompagné de toutes les forces de Normandie, arriva devant Saint-Céneri à la fin d'octobre de l'année 1060 (2). Giroie se défendit avec beaucoup de valeur. Un jour, il se chauffait avec sa femme, qui tenait dans sa main quatre pommes; il en prit deux par plaisanterie, et ignorant qu'elles étaient empoisonnées, les mangea, quelque effort que fît la femme pour l'en empêcher. Le poison fit bientôt son effet ; il périt le cinquième jour, qui était le six du mois de février. Il emporta les regrets de tous ceux dont il avait mérité l'estime par un grand nombre de belles actions (3). Ernaud, seigneur d'Echaufour et de Hauterive, son neveu, se chargea de la défense de Saint-Cénéri ; il employa prières et menaces pour engager les habitants à le bien seconder. Le duc trouva le moyen de négocier avec eux, et les détermina, par de belles promesses, à entrer en accommodement. Ernaud même fut engagé par ses amis à accepter les propositions du duc ; il lui prêta serment de fidélité, et le duc qui avait fait saisir les terres

ORD. VIT., p. 464, 478.

ORD. VIT., p. 463.

(1) La preuve qu'il en était propriétaire, et non pas simple châtelain ou capitaine, se tire de la donation qu'il fit à l'abbaye de Saint-Evroul des patronages de Saint-Céneri, de la Poôté-des-Nids, avec les dîmes de Sainte-Marie-de-Vartolin (peut-être Gandelain), et de la dîme de Ciral, et de ce qu'il confirma la donation que Raoul, fils de Godefroid, fit à la même abbaye du patronage de Radon, proche d'Alençon, et toutes celles de ses frères et parents.

(2) La quinzième année de son règne.

Idem, p. 464.

(3) *Post multas mirandasque probitates quas gessit.*

de Montreuil, d'Echaufour, de Hauterive, de Gâprée et autres, les lui remit avec Saint-Céneri. Robert de Grantemesnil, nouvellement abbé de Saint-Evroul, vint trouver le duc, et le supplia de lui permettre d'inhumer le corps de son oncle que l'on conservait depuis trois semaines. Le prince fit d'abord quelques difficultés, mais, à la fin, il y consentit. On le transporta à Saint-Evroul ; il n'avait laissé qu'un fils de même nom, dont nous aurons occasion de parler par la suite.

Martel était mort dès le 16 novembre précédent. Il avait laissé sa succession à ses deux neveux, Geoffroi-le-Barbu, et Foulques-Rechin. Alors Berthe revint dans le Maine avec son fils encore jeune et sa fille Marguerite. Le jeune comte rentra en possession du patrimoine de ses pères ; mais trop faible pour résister seul aux entreprises des Angevins, il passa en Normandie, par le conseil de sa mère, implora pour lui et pour son comté le secours du duc, lui fit hommage (1), arrêta le mariage de sa sœur, qui l'accompagnait, avec Robert fils aîné du duc, et lui fit don de son comté, au cas qu'il mourût sans enfants ; ce qui arriva en 1062. Avant d'expirer, il recommanda aux Manceaux de ne reconnaître d'autre seigneur que celui qu'il leur avait choisi, en les assurant qu'il les gouvernerait avec douceur, mais qu'il n'en serait peut-être pas de même s'il était obligé d'employer la force pour les soumettre. Alors le duc fit célébrer le mariage de son fils avec la sœur du comte, quoiqu'elle n'eût pas encore atteint l'âge nubile (2).

*Hist. Andeg. Ant. Fulcone Com. Andega. dans le Rec. des hist. de France, t. XI, p. 158.*

*Ord. Vit., p. 487.*

*Guillelm. Pict. dans le Rec. des hist. de France, t. XI, p. 85.*

(1) Voilà encore une preuve frappante que le duc de Normandie se prétendait suzerain du comté du Maine, puisque le comte lui en fait hommage. Mais le comte se prétendait également suzerain, et ses titres étaient, au moins, aussi constants, puisqu'on voit ensuite le fils aîné du duc de Normandie, lui en faire hommage, en présence même du duc son père, qui avait reçu, quelques années auparavant, l'hommage du même comté.

(2) Les auteurs de l'*Art de vérifier les dates* ont fait de Margue- *Rec. des hist.*

Geoffroi-le-Barbu, comte d'Anjou, approuva le mariage, donna l'investiture du Maine au jeune prince, et en reçut l'hommage dans la ville d'Alençon, où son père s'était rendu, accompagné des principaux seigneurs de Normandie. Le nouveau comte du Maine en prit possession ; Marguerite mourut quelque temps après (février 1060), et le duc fut soupçonné de l'avoir fait empoisonner.

Il prétendit que le Maine lui appartenait ; mais les Manceaux, qui redoutaient sa fermeté, commencèrent à remuer. Geoffroi, seigneur de Mayenne, Hubert, vicomte de Beaumont, et plusieurs autres grands de la province, mandèrent Gautier, seigneur de Pontoise, qui avait épousé Berthe du Maine, après qu'elle eût été répudiée par Thibaut, comte de Champagne. Elle était fille de Herbert Ier, tante de Hugues II. Le seigneur de Saint-Céneri était entré dans le complot, sans y paraître ; mais Roger et Mabile qui le surveillaient, en avertirent le duc, ce qui a donné lieu à Orderic de les accuser d'avoir abusé de leur crédit pour rendre suspects leurs voisins. Le duc fit citer, en 1063, à comparaître à sa cour, Raoul de Toéni, seigneur de Conches (1), Ernaud Giroie, Hugues de Grantemesnil, et son frère l'abbé de Saint-Evroult. Aucun d'eux n'ayant obéi à la sommation, le duc les fit chasser de Normandie, confisqua leurs biens et en donna la confiscation à Montgommeri et à son épouse ; mais, peu de temps après, le seigneur de Conches et Hugues de Grantemes-

*Acta Episcop. Cenomanens. cap. 53.*

Ord. Vit., p. 481.

*de France,* t. XI, p. 656.

rite la fille du comte du Maine. Cette erreur s'est reproduite jusques dans les dernières éditions. Il paraît bien certain qu'elle n'était que sa sœur. (O. D.)

(1) Peu de noms ont été plus défigurés que celui de ce personnage. Le traducteur de Guillaume de Jumièges le nomme Roger du Ternois ; plusieurs historiens le font descendre de Malahulce, oncle de Rollon, tandis que le texte de Guillaume de Jumièges porte *de la mauvaise race de Hulce* (*de mala stirpe Hulcii*). Toéni est dans l'arrondissement de Louviers (Eure). (O. D.—L. S.)

nil, à la sollicitation de leurs amis, trouvèrent le moyen de rentrer en grâce et d'être remis en possession de leurs biens. Comme nous aurons souvent occasion de parler des Grantemesnil, il est nécessaire de faire connaître quel était alors l'état de cette famille, puissante dans le pays.

Ord. Vit., p. 484.

Elle avait pris son nom de la terre de Grantemesnil proche Argentan. Robert de Grantemesnil avait servi fidèlement sous les trois ducs de Normandie du nom de Richard, et avait rendu son nom célèbre. Il servit également le duc Robert ; mais, après sa mort, il fut un des premiers seigneurs qui prirent les armes contre son fils. Il s'unit à Roger, seigneur de Conches, et aux autres rebelles. Roger, seigneur de Beaumont, surnommé, depuis lui, *le Roger*, était demeuré fidèle au jeune duc : il livra bataille aux rebelles du côté du Sap ; elle fut sanglante ; le seigneur de Conches y fut tué, avec ses deux fils, Helbert et Hélinand ; Grantemesnil y reçut une blessure au ventre, dont il mourut trois semaines après, et fut inhumé dans l'église de Norrei ; il avait épousé Haduise, seconde fille de Giroie, qui se remaria à Guillaume, troisième fils de Robert de Normandie, archevêque de Rouen, comte d'Évreux, dont sortirent deux filles, Judith, mariée à Roger I, père de Roger II qui prit d'abord le titre de duc et comte, puis de roi de Sicile, l'un de ces fameux Normands qui venaient de conquérir une partie de l'Italie, et Emme mariée à un autre comte de ce pays ; quoiqu'elles eussent vécu, l'une et l'autre plusieurs années, sous le voile religieux dans l'abbaye de Saint-Evroul. Haduise avait eu de son premier mariage, trois fils et autant de filles ; l'aîné des fils était Hugues de de Grantemesnil, dont il s'agit ici. Montgommeri, jugeant qu'un pareil voisin lui était incommode, trouva un moyen honnête de s'en débarrasser ; il lui procura de la libéralité du duc, le gouvernement de Neufmarché, avec la propriété de la moitié de cette place ; ce seigneur se

*Ibid.* p. 465.

signala par la suite à la conquête d'Angleterre, où il reçut, pour récompense, de vastes possessions et les plus grandes dignités.

<small>Ord. Vit., p. 481 et suiv.</small>

Le second, nommé Robert, servit, en qualité d'écuyer, pendant cinq ans, le duc de Normandie, et mérita, par sa valeur, d'être armé chevalier de sa main (1). Il en reçut plusieurs dons. Conjointement avec son frère aîné, il rétablit l'abbaye de Saint-Evroul, et s'y fit ensuite religieux. Il parvint bientôt à la place de prieur. Comme il joignait à beaucoup d'excellentes qualités, un esprit vif, opiniâtre, porté à la raillerie, et qu'il se prévalait trop de sa naissance, il eut quantité de différends avec le bienheureux Thierri de Mathionville, son abbé, qui n'entendait pas trop le gouvernement du temporel. Les choses furent portées au point que le bon vieillard se retirait à Seès des semaines entières, sous prétexte de veiller à la construction d'une maison qu'on y bâtissait, mais, au fond, pour se consoler des mortifications qu'il essuyait dans son cloître. La maison de Seès finie, il partit pour Jérusalem et mourut dans le voyage. Le mérite de Robert, étayé de son nom et de sa qualité de fondateur, le fit choisir pour successeur de Thierri. Le duc lui donna l'investiture du temporel de son abbaye par la crosse d'Yves de Bellême, évêque de Seès. Guillaume, évêque d'Evreux, lui conféra la juridiction spirituelle par la cérémonie de la bénédiction. Il remplit, pendant trois ans, cette place avec autant de sagesse que de piété; mais son penchant pour la raillerie l'ayant emporté jusqu'à ne pas épargner le duc son souverain, un de ses religieux, nommé Rainier, qu'il avait fait prieur de sa maison, et pour lequel il n'avait rien

---

<small>La Curne de Ste-Palaye, Mém. sur l'anc. cheval.</small>

<small>(1) Le grade d'écuyer était une sorte de noviciat, et c'était alors le seigneur suzerain qui conférait la chevalerie : Guillaume-le-Bâtard est armé chevalier par le roi de France; Robert de Bellême, au siége de Fresnai, par Guillaume; Geoffroi, fils du seigneur de Château-Gontier, par Geoffroi-Martel, etc. (O. D.)</small>

de caché, le déféra au duc. Ce fut alors que ce prince le fit citer à comparaître à la cour ou échiquier, pour se justifier. Il se disposait à le faire, lorsqu'on lui fit sentir que son frère et ses autres parents venaient de s'attirer l'indignation du prince, qui avait exercé contre eux la plus sévère justice ; qu'il devait craindre qu'il ne le fît servir d'exemple aux autres ecclésiastiques, par la mutilation de la langue ou de quelqu'autre partie ; il prit le parti de quitter la Normandie avec quelques-uns de ses moines, et de se rendre à Rome. Alors le duc fit remplir le siège de Saint-Evroul par Osbern, religieux de Cormeilles, avec l'approbation du célèbre Lanfranc, abbé du Bec, et de plusieurs autres prélats (1).

Cependant le pape Nicolas, qui était français d'origine, reçut favorablement Robert et ses moines, et leur accorda sa protection. Ils se rendirent ensuite auprès de Guillaume de Montreuil, surnommé le *bon Normand*, cousin de Robert ; il portait le guidon du pape, et avait conquis la Campanie. Charmé de revoir un de ses proches parents, il lui fit le meilleur accueil. L'abbé se rendit ensuite chez Richard Quarrel. Ce seigneur était fils d'Anquetil Quarrel, chef d'une des plus considérables familles des environs d'Alençon, qui a laissé son nom à Linière-la-Quarrelle, à Vilaines-la-Quarrelle, et à plusieurs autres lieux, et qui a possédé longtemps la seigneurie de Condé, proche Alençon. Richard s'était rendu célèbre par la conquête de la principauté de Capoue, que ses descendants ont possédée longtemps. L'abbé Robert en fut bien accueilli ; mais, par une suite de son humeur inquiète, il s'ennuya auprès de lui, et fut trouver Robert Guiscard, autre fameux Normand. Après avoir passé quelque temps en Ca-

---

(1) M. Charma, doyen de la faculté des lettres de Caen, a publié sur Lanfranc une excellente *Notice biographique, littéraire et philosophique*. (L. S.) *Mém. des Ant. de norm.*, 2ᵉ sér., t. VIII.

labre, il retourna à Rome pour y prendre des lettres apostoliques ; par une faveur beaucoup plus singulière, il obtint du pape de se faire accompagner de deux cardinaux jusques sur les frontières de la Normandie, pour procurer son rétablissement sur le siége de Saint-Evroul, et juger entre lui et Osbern que le duc avait fait élire.

Le duc tenait alors sa cour à Lillebonne : l'abbé Robert eut la hardiesse de s'y rendre, sans avoir prévenu le prince de son arrivée et de celle des légats. Dès que le duc entendit parler des légats qui venaient pour se mêler des affaires monacales de ses états, il entra dans une colère furieuse, et menaça *de faire pendre au plus haut chêne de la forêt* le premier moine ou autre qui oserait rien entreprendre contre son autorité. Robert reçut ordre de sortir promptement de ses états ; il se hâta de passer en France, alla visiter l'abbé de Saint-Denis, son parent, et les autres proches et amis qu'il y avait en grand nombre. Ils s'employèrent pour lui procurer l'évêché de Chartres, pendant qu'il cherchait à se venger de son compétiteur. Robert lui écrivit d'abord, et le somma de se rendre à jour fixé, dans un lieu du diocèse de Chartres qu'il lui désignait, pour recevoir le jugement des deux commissaires du pape ; il le menaçait des extrémités les plus violentes, s'il refusait d'obéir. Osbern offrit d'abord de porter sa défense à la cour de Rome ; mais, changeant d'avis par l'ordre du duc, il demeura dans sa maison. Robert, alors, ne gardant plus de mesure, l'excommunia par l'autorité du pape, dont il se prétendait revêtu, et enjoignit à tous les moines de Saint-Evroul de quitter leur monastère pour le suivre. Tous ceux qui étaient sains et robustes obéirent : il ne resta à Saint-Evroul que les enfants et les malades ; mais quelques-uns revinrent ensuite dans leur monastère.

Alexandre II avait succédé sur le Saint-Siége au pape Nicolas. Il reçut, avec la même bonté que son prédéces-

*marginalia:* Ord. Vit., p. 482.

sœur, l'abbé Robert accompagné de onze moines, qui avaient surmonté avec lui toutes les difficultés de la route. Il résolut de les fixer à Rome, en les établissant dans l'église Saint-Paul, en attendant qu'il pût leur donner une retraite plus commode. S'étant ennuyés du séjour de Rome, Robert de Montreuil leur abandonna la moitié de la ville d'Aquin. L'abbé se rendit dans la suite auprès de Robert Guiscard, fils de Tancrède de Hauteville, qui lui donna l'église Sainte-Euphémie dans les ruines de l'ancienne ville de Brixe (1), où il bâtit un monastère en l'honneur de la Vierge.

Cependant l'abbé Osbern avait des scrupules; il s'adressa au pape Alexandre pour l'absoudre. L'abbé Robert se rendit, dans le même temps, à Rome, où le pape, après avoir mûrement examiné l'affaire, lui donna, à la prière de Robert même, l'absolution, et lui ordonna de continuer tranquillement de gouverner l'abbaye de Saint-Evroul. L'abbé Robert fonda un nouveau monastère en l'honneur de la Sainte-Trinité à Venuse (2), et un troisième en l'honneur de Saint-Michel à Melite (3), et enfin mourut dans l'abbaye de Sainte-Euphémie, après l'avoir gouvernée pendant dix-sept ans.

Le troisième des fils de Robert de Grantemesnil passa dans la Pouille, où il se signala sous le nom d'Ernauld de Grantemesnil. Leurs sœurs firent des établissements avantageux. Agnès épousa Robert, seigneur de Moulins-la-Marche et de Bonmoulins, qui prenait le titre de Mar-

---

(1) Aujourd'hui Brescia. M. Le Prévost fait remarquer avec raison que le bourg de S<sup>te</sup>-Euphémie n'est pas situé dans l'emplacement de l'ancienne ville de *Brixia*, mais dans celui de *Lampetia*, et qu'Orderic Vital l'a confondu avec un autre village du même nom, situé dans les environs de Brescia, à l'autre extrémité de l'Italie (L. S.)

(2) Venosa (L. S).

(3) Nelitto (L. S.)

quis, parce qu'il était chargé de la défense de la frontière ou *marche* de Normandie, dans ce canton. Adelize épousa Onfroy de Tillol, qu'on prononce aujourd'hui Tilli (1). J'ignore l'alliance de la troisième (2). Reprenons la suite de ce qui se passait à Alençon et aux environs.

Les seigneurs Manceaux, qui avaient appelé Gautier de Pontoise et son épouse, lui avaient ouvert les portes de la ville du Mans, dont ils s'étaient saisis. Le duc se rendit à Alençon, où il rassembla ses forces : de là il entra sur les terres des révoltés, détruisit, à plusieurs reprises, les vignes, et pilla le plat pays. Il trouva le moyen de se rendre maître de Gautier et de son épouse : on ignore si ce fut de vive force ou par trahison. Il les fit conduire à Falaise, où ils périrent l'un et l'autre de poison, au bout de quelques jours.

Le duc revint à Alençon, et à la tête d'une puissante armée, il se rendit maître de la ville du Mans, dont l'évêque lui était demeuré fidèle ; et ensuite dépouilla le seigneur de Mayenne, Geoffroi III, auquel il avait déjà rendu le château d'Ambrières. Après un long siège, il brûla la ville de Mayenne, et punit ainsi son seigneur, dont il avait longtemps dissimulé les perfidies.

Edouard, roi d'Angleterre, mourut quelque temps après. On prétendit qu'en mourant il avait légué son royaume au duc de Normandie. Ce prince assembla à Lillebonne tous les grands de ses Etats, pour les consulter sur le testament du roi mort. Montgommeri fut un des seigneurs qui opinèrent le plus fortement pour la conquête ; il arma le plus grand nombre de ses vassaux qu'il

*Dict. de la Nobl.* v° TILLY.

(1) *Urfridus de Telliolo*; M. Le Prévost traduit ce nom par *du Tilleul*. Il y a deux Tilleul, l'un dans le canton de S.-Pierre-sur-Dives (*Calvados*), l'autre dans celui du Merlerault (*Orne*). Les Tilleul se confondent avec les Tilli. (L. S.)

(2) Il y a encore dans le Maine une famille Giroie qui se prétend descendre des anciens Giroie et Grentemesnil, et dont le chef, le marquis de Giroie, m'a demandé beaucoup de renseignements (O. D.)

ET SUR SES SEIGNEURS. 243

lui fut possible, et équipa des vaisseaux à ses frais, mais il n'accompagna pas le duc à cette première expédition (1). Ce prince le choisit pour demeurer auprès de la duchesse et l'aider de ses conseils dans l'administration de ses états, pendant son absence; mais plusieurs autres seigneurs du pays suivirent le duc. Le plus considérable de tous fut Geoffroi, fils du comte de Mortagne. Son père était occupé à parachever le couvent de Saint-Denis de Nogent, que Geoffroi I$^{er}$, en mourant, avait laissé imparfait. Parmi les autres seigneurs qui furent de l'expédition, on voyait les Vieuxpont, les Grantemesnil, les Tillol (Teilleul), ou Tilli, les d'Aché, les l'Aigle, les Mallet, les Ferrière, les

Du Moulin, *Hist. de Norm.*

*Chroniq. de Normand.* — *Hist. de Guill.-le-Conquérant*, t. 1, p. 260.
Dumoulin, *Conquêtes et trophées des Normands.*
Ord. Vit. p. 509, 522.
Camben, *Britannia.*
Bry, p. 63.
*Chroniq. de Normand. goth.* fol. 145.
Pilatre, *Compilat. chronol. eccles. Sagiens.* Pars I, mss.
*Monasticon Anglican.*, t. II, p. 546.

T. II, p. 98.
*Hist. de Norm.*, t. II, p. 232 et 412.
*Chron. des ducs de Norm.*, t. III, p. 176.
T. I, p. 354.

(1) Quelques écrivains ont avancé, sans fondement, qu'il commandait avec Guillaume Fitz-Osbern, l'avant-garde de l'armée à la bataille de Hastings. Ce devait être Roger de Montgommeri, oncle de celui dont il s'agit (1) Nos chroniques disent que Guillaume lui fit épouser la comtesse de Glocester, dont il n'eut point d'enfants. Il commandait une partie de l'armée que ce prince envoya, en 1074, dans le pays de Galles contre Canut. Il se donna une bataille à Cardif; il y fut tué avec Néel, vicomte du Cotentin. Plusieurs autres seigneurs de la maison de Montgommeri, issus vraisemblablement de Roger I$^{er}$, mais dont on ignore la filiation, passèrent, avec Guillaume-le-Conquérant, en Angleterre. De ce nombre furent Goscelin de Montgommeri, qui donna à l'abbaye de Saint-Martin de Seès, l'an 1090, la dîme de toute la terre qu'il tenait du comte Roger, et reçut vingt sols monnoie de Rouen; Guillaume de Montgommeri, témoin à plusieurs actes, et qui fit des donations à la maison de Peveleye, par charte, sans date; et Radulphe de Montgommeri, témoin à une charte de Mathilde, femme de Guillaume, roi d'Angleterre.

(1) Cet observation d'O. D. est parfaitement juste. Elle a échappé aux annotateurs du *Roman de Rou*, et à Licquet, qui confondent en un seul les deux Montgommeri. M. Francisque Michel signale la contradiction qui lui paraît exister entre Wace, faisant figurer Roger Montgommeri à la bataille d'Hastings, et O. Vital, déclarant positivement et à plusieurs reprises qu'il était resté en Normandie. Augustin Thierry, dont la belle *Histoire de la conquête de l'Angleterre par les Normands* est beaucoup trop sobre de détails sur ce qui regarde la conquête proprement dite et notamment la fameuse bataille d'Hastings, ne nomme pas Roger. Il faut bien admettre que le combattant d'Hastings était l'oncle du comte d'Alençon et de Bellême. (L. S.)

Moulin, les La Ferté, les Bailleul, les Harcourt, les Bardolf, les Achard, qu'on écrivait alors *Archer*, les Bures, les Corbet, les Fréville, les Saint-Léger, les Briouze, et un grand nombre d'autres. Montgommeri ne passa en Angleterre qu'au second voyage du roi ; il n'en fut pas moins bien récompensé : le roi lui donna le château d'Arundel et la ville de Chichester. Il y joignit depuis le comté de Salop (1), et d'autres possessions en différentes provinces (2). Roger en fit part à ceux de ses vassaux normands qui avaient mérité des récompenses, par des services rendus au duc ou par leur attachement. Il fit épouser sa nièce à Warin (Guérin) le Chauve, lui donna la présidence de Shrewsbury, et le commandement des troupes qu'il envoya contre les Gallois et leurs voisins ; et de ses conquêtes, forma le comté de Montgommeri au pays de Galles. Guillaume Pantolf [Pantoul] (3) reçut un terrain considérable, ainsi que Picot de Sai (4), Corbet (5), ses deux fils

(1) Il avait appartenu à Edric, comte de Salop, défait par Raoul de Mortemer.

(2) Roger possédait, la vingtième année du règne du Conquérant, c'est-à-dire en 1086, outre ces biens, de vastes domaines dans les provinces de Sussex, de Surrey, de Hampshire, de Wight, de Hereford, de Glocester, de Worcester, de Kent, de Warwirk et de Stafford. Quelques écrivains ajoutent qu'il fut fait grand-sénéchal d'Angleterre. Nous n'osons assurer, avec Ducange, que Guillaume l'établit gouverneur de son nouveau royaume pendant son absence.

(3) Seigneur de Noron près Falaise. (L. S.)

O. Vit., édit. de M. Le Prévost, t. II, p. 420.

(4) Sai, *Saia*, est une commune voisine d'Argentan, qu'il ne faut pas confondre avec le fief de Sai, à Alençon, dont nous nous occuperons plus tard. A la famille Picot de Sai, dont le nom disparaît bientôt de l'histoire, semble se rattacher celle des Picquot, seigneur de Norrei dès la fin du xiiie siècle, et dont une branche s'étant établie à Magni-la-Campagne, près Falaise, finit par en prendre le nom. M. du Feugray, de Caen, s'était livré à d'intéressantes recherches sur la généalogie des Picquot ou Picot de Magny. (L. S.)

(5) Roger Corbet figure dans le *Domesday-Book* parmi les arrière-tenants du Shrospire. (L. S.)

Roger et Robert, et beaucoup d'autres. Arnulphe, un des fils de Roger, fit d'autres conquêtes sur les Gallois, où il fit bâtir le château de Pembroke, et forma le comté de ce nom. Roger le Poitevin obtint l'honneur de Lancastre. Je n'entrerai point dans le détail des services que le père rendit au Conquérant, en Angleterre, lors de la révolte des habitants d'Exeter, contre les Gallois, et dans plusieurs autres circonstances.

Les Manceaux avaient profité, en 1067, des occupations du duc, pour secouer, une seconde fois, le joug de sa domination. Ils firent venir d'Italie Azon, marquis de Ligurie, sa femme Gersende, fille aînée de Herbert-*Eveille-chien*, comte du Maine, et Hugues, un de leurs fils, encore enfant, à qui le père destina le comté du Maine. Les rebelles égorgèrent Onfroi, grand sénéchal du roi, qui commandait au Mans, Turgis de Traci (1), Guillaume de la Ferté, et presque tous les Normands qui se trouvaient dans le Maine. Roger de Montgommeri n'avait pas de forces à leur opposer. L'évêque du Mans, qui n'avait point de part à cette révolte, passa en Angleterre pour en informer le roi.

*Acta. Episc. Cenomanens.* cap. 33.

D'un autre côté Ernaud Giroie, qui, après son expulsion de Normandie, s'était retiré chez Giroie, seigneur de Courville, son proche parent, et chez les autres parents et amis qu'il avait dans le Perche, profitait de l'absence des troupes normandes pour faire des courses dans l'évêché de Lisieux et se venger de son exhérédation. Il y mit, pendant trois ans, tout à feu et à sang, et ne se retirait jamais sans être chargé de butin, et sans emmener un grand nombre de prisonniers. Accompagné de quatre soldats seulement, il se présenta devant le château

Ord. Vit. p. 408.

---

(1) Traci est une commune des environs de Vire. On y voit encore les ruines d'une forteresse considérable. (L. S.)

d'Echauffour (1), et trouva le moyen d'y pénétrer en poussant des hurlements affreux. Une garnison de soixante hommes, qui le gardait pour le roi, le croyant suivi d'un corps de troupes considérable, fut saisie d'une telle frayeur, qu'elle abandonna le château, et laissa la liberté à Ernauld d'y mettre le feu ; ce qui causa un grand dommage à ses ennemis. Il en fit autant au bourg de Saint-Evroul, et partit ensuite pour la Pouille. A son retour, il fit solliciter sa grâce auprès du roi. Ce prince, charmé de sa valeur et touché de son infortune, lui pardonna, et promit de le rétablir dans les biens de ses pères.

*Ord. Vit. p. 489.*

Mabile en fut bientôt informée. Sachant qu'il passerait par Echauffour pour se rendre dans le Perche, elle lui fit préparer un breuvage empoisonné : il en fut averti par un de ses amis. Gilbert de Montgommeri, frère de son mari, avala, tout de cheval, la liqueur destinée pour Ernauld, et mourut trois jours après à Rémalard. Mabile ne se rebuta point ; elle suborna Roger Goulafre, écuyer d'Ernauld, et lui remit un autre breuvage pour en faire usage, à la première occasion favorable. Dès qu'ils furent arrivés à Courville, Goulafre donna le breuvage empoisonné au seigneur du lieu, à Guillaume Gouet, seigneur de Montmirail (2), et à Ernauld. Les deux premiers guérirent par les prompts secours qu'ils trouvèrent dans leurs familles, mais Ernauld en mourut. Emme, sa veuve, fille

*Neustria pia, p. 622.*

de Turstin (Toustein) Halduc (ou Haldue), qui fonda l'abbaye de Lessai, se retira chez son frère Eudes, grand sénéchal de Normandie, où elle vécut encore près de trente ans, et, sur la fin de sa vie, reçut le voile religieux des mains de Robert, abbé de Lessai. Elle avait eu de son mariage

P. 227.

(1) Échauffour, *Excalfo, Excalfoium,* canton du Merlerault. *L'Orne pittoresque* renferme une notice sur cette localité. (L. S.)

(2) Nous avons publié sur Montmirail et son château une notice étendue dans le *Maine historique, archéologique et pittoresque.* (L. S.)

Guillaume d'Echauffour, qui, dans sa jeunesse, fut écuyer de Philippe, roi de France, qui l'arma chevalier, après quoi il passa dans la Pouille ; Renaud qui se fit religieux à Saint-Evroul ; Pétronille qui se fit religieuse en Anjou ; Grève, religieuse à Caen, et plusieurs autres fils et filles.

Je ne parlerai point de la guerre civile qui s'était élevée dans le Maine pendant ce temps, et depuis qu'Azon avait jugé à propos de retourner en Italie et de laisser sa femme et son fils sous la tutelle du seigneur de Mayenne qui était devenu l'amant de Gersende, morte vers l'an 1072. J'observerai seulement que le Conquérant profita d'un moment de tranquillité dont jouit l'Angleterre à la fin de la même année ou au commencement de la suivante, pour repasser en Normandie avec une armée d'Anglais, à laquelle se joignirent les Normands. Il se rendit à Alençon avec Roger de Montgommeri, et Robert de Bellême, un des fils de ce seigneur : ils entrèrent alors dans le Maine, qui fut bientôt soumis par le fer et les flammes.

*Acta Episcop. Cenom.*, ibid.

Ord. Vit., p. 533.

Montgommeri se retira alors à Bellême : il y célébra, en 1074, avec la plus grande pompe, la fête de Saint-Léonard-des-Bois (1) ; il y confirma à l'abbaye de Saint-Evroul toutes les donations que lui avait faites Guillaume Pantolf.

Foulques-le-Réchin, qui tenait prisonnier son malheureux frère, voulut profiter, en 1077, de l'absence du duc, pour accabler quelques seigneurs Manceaux qui étaient toujours demeurés fidèles au roi. Il commença par Jean, seigneur de la Flèche. Le conquérant envoya à son se-

(1) Il la célébra encore en 1082 avec une pareille pompe. (O. D.)

Cette fête, instituée en l'honneur des reliques de Saint-Léonard, abbé, et en commémoration de la dédicace de l'église bâtie pour les recevoir, continua de se célébrer avec grande pompe le 26 juin de chaque année. (L. S.)

cours Guillaume, seigneur de Moulins-la-Marche, et Robert de Vieuxpont, avec plusieurs autres gentilshommes d'une valeur éprouvée. Il se rendit lui-même, l'année suivante, à Alençon, où était le rendez-vous de son armée; il était sur le point d'en venir aux mains avec Foulques, lorsque Montgommeri et le comte d'Evreux trouvèrent moyen d'arrêter l'effusion du sang, et de conclure la paix. Robert, fils aîné du roi, fit un nouvel hommage à Foulques-le-Réchin, du comté du Maine, et tous les Manceaux, qui avaient pris les armes pour ou contre, furent rétablis dans leurs possessions.

Ce fut vers ce temps-là que commença la guerre entre la maison d'Alençon et le seigneur de Mortagne. Geoffroi I$^{er}$, vicomte de Chateaudun, seigneur de Mortagne, de Gallardon et d'Illiers, dont nous avons déjà parlé, avait eu de grandes contestations avec Fulbert, évêque de Chartres, au sujet des châteaux d'Illiers et de Gallardon. Il paraît que les violences du vicomte avaient été poussées fort loin. Il les avait, sans doute, réparées dans la suite, puisque, dès l'an 1028, il avait été un des seigneurs qui souscrivirent la confirmation des donations à l'abbaye de Coulombs, au diocèse de Chartres, faites par le roi Robert, ce qui prouve, en même temps, qu'il était raccommodé avec ce prince. Il avait fondé l'église du prieuré du Saint-Sépulcre de Châteaudun, qu'il donna depuis au prieuré de Saint-Denis de Nogent; il le fonda la première année du règne du roi Henri, qui était 1031, et non pas 1030, comme le dit Bry. Il avait aussi fait quelques donations à l'abbaye de Saint-Pierre-en-Vallée. Il fut massacré, en sortant de l'église de Chartres, par les habitants de cette ville. Il avait eu pour femme Eleusie, qui est aussi appelée Helvise, dont étaient sortis Hugues, mort jeune, et Rotrou dit le I$^{er}$, quoiqu'il fût le second seigneur de Mortagne de ce nom, vicomte de Châteaudun, et seigneur de Mortagne.

*Marginalia:*
Fuldeberti, Epist., 70, 105.
Gr. Offic. de la Cour, t. III, p. 557.
Bry, p. 148.

Rotrou était encore jeune lorsqu'il avait succédé à son père, dont il voulut, dans la suite, venger la mort, en faisant la guerre à l'évêque de Chartres et aux habitants de cette ville. Le prélat, voyant ses terres ravagées, et que ses fréquentes remontrances et celles de son clergé étaient inutiles, excommunia le seigneur de Mortagne, qui, par permission divine, s'il faut en croire Orderic Vital, devint sourd pour le reste de ses jours.

Ce seigneur demanda à Mabile de Bellême de lui rendre Domfront et ses dépendances usurpés par son père sur ses prédécesseurs. Il semble que la guerre fut fort vive; mais on ne nous a pas conservé les détails des expéditions de Rotrou ni de Roger de Montgommeri. Il faut croire que Guillaume Pantolf qui avait été si avant dans les bonnes grâces de Roger qu'il l'avait emmené en Angleterre, où il l'avait fait gouverneur du comté de Salop, et qui avait obtenu de Mabile le château de Pérai dans le Sonnois (1), favorisa le parti du seigneur de Mortagne, ainsi que Hugues de Jalgei (2), à qui elle avait aussi donné le château de la Motte-d'Igé (3), dont elle avait dépouillé

ORD. VIT.

ORD. VIT.

(1) Pérai ou Perrai, *Perraium, Peretum, Praium,* canton de Marolles-les-Braults (Sarthe). On y voit deux tombelles ou mottes en terre en forme de cône tronqué et d'une hauteur d'environ 25 mètres. Elles sont en terre, sans trace aucune de maçonnerie. La principale, qui n'a pas moins de 33 ares de superficie à son sommet, est défendue par un parapet en terre fort élevé, formant une sorte de redoute avancée, et par des fossés profonds. On y trouva une monnaie de Constantin, en 1834, mais l'opinion générale attribue aux Saxons ces singuliers ouvrages. Pérai était un des points principaux de la ligne de circonvallation des *Fossés Robert le Diable,* dont nous avons déjà parlé (p. 89), et peut-être n'y devrait-on voir, comme dans ces fossés, qu'un travail des comtes de Bellême. (L. S.)

CAUVIN; PESCHE

(2) O. Desnos et les historiens français écrivent Salgei. Le texte d'Orderic Vital porte *Jalgeium.* (L. S.)

(3) *Castrum quod est in rupe Jalgei.* L'auteur de la collection des *Historiens des Gaules et de la France* rend ces expressions

T. XII, p. 607, t. XI, p. 228.

les Giroie. L'un et l'autre devinrent suspects à Mabile, qui les dépouilla de Pérai, de la Motte-d'Igé, et de toutes les places qu'ils tenaient de ses bienfaits.

Le seigneur de Mortagne, malgré les guerres qu'il avait à soutenir, faisait parachever le monastère de Saint-Denis de Nogent, qui prit de Rotrou I$^{er}$, ou de ce seigneur, le surnom de *Rotrou*. Il y fit de nouvelles donations, du consentement de Thibaut, comte de Champagne et de Chartres, de qui relevaient alors Nogent et ses dépendances. Il rappela, dans l'acte, la fondation faite par son père le 15 décembre, et fit faire, vers l'an 1076, la dédicace de l'église par Geoffroi, évêque de Chartres, et Arnaud, évêque du Mans. Ses cinq enfants souscrivirent l'acte.

Bry, p. 147.

Cependant Hugues de Jalgei épiait l'occasion de se venger de Mabile. Ayant appris qu'elle était allée passer quelque temps avec Hugues de Montgommeri, son fils aîné, dans son château de Bures-sur-Dive (1), accompagné par *la motte d'Igé ou Mont-Jallu* (1); mais il place mal à propos le lieu dont il s'agit proche Neuf-Châtel en Sonnois. Robert de Saint-Céneri le possédait en 1050; il l'avait perdu par sa révolte contre le duc. La maison de Giroie y rentra dans la suite.

Ord. Vit., p. 478.

(1) *Bur; Burum; Buræ.* — Le château de Bures, depuis longtemps détruit, paraît avoir occupé l'emplacement de la ferme du Pavillon, près de l'église, autour de laquelle on remarque des traces d'anciens fossés. La tradition populaire veut qu'elle soit hantée par les revenants pendant le temps de l'Avent, qui est précisément celui de l'assassinat de Mabile. (L. S.)

De Caumont, Stat. Monum. du Calv., t. II, p. 69.

(1) Il ne faut pas confondre Igé, dans le canton de Bellême, avec le Mont-Jallu, dans la commune de Champaissant (Sarthe), distante de la première d'environ 8 kilomètres. Jamais le Mont-Jallu n'a porté le nom de Motte-d'Igé. Il a été longtemps célèbre par les fouilles que des chercheurs de trésors, parmi lesquels on a cité M. Fay, l'acteur, et M$^{me}$ de Balzac, la mère du célèbre romancier, y firent exécuter, sous la direction de somnambules, et qui n'ont abouti qu'à la destruction complète du monticule où ces trésors, qu'on supposait cachés par les Anglais, avaient dû être enfouis.

Pescue, V. *Mont-Jallu* et *Champaissant*.

Nous verrons bientôt dans une note sur la Roche-Mabile, que plusieurs savants ont placé, mais croyons-nous sans motifs suffisants, *Jalgeium* dans cette localité. *Jalgeium* doit être le mont Jallu. (L. S.)

de ses trois frères, il trouva le moyen de pénétrer dans le château, gagna un appartement où Mabile venait de se mettre au lit, à la sortie du bain, et lui coupa la tête. Son fils, accompagné de seize cavaliers, poursuivit les assassins; mais ils avaient déjà pris de l'avance, et avaient eu la précaution de rompre les ponts par où ils avaient passé. Ils quittèrent bientôt la Normandie, et se réfugièrent dans la Pouille. Ce meurtre arriva le 2 décembre 1082. Mabile fut inhumée dans l'abbaye de Troarn, et Durand qui en était abbé, fit graver sur son tombeau l'épitaphe suivante :

> *Alta clarentum de stirpe creata parentum,*    Ord. Vit.,
>   *Hac tegitur tumba maxima Mabilia.*    p. 578.
> *Hæc inter celebres famosa magis mulieres*
>   *Claruit in lato orbe sui merito.*
> *Acrior ingenio, sensu vigil, impigra facto,*
>   *Utilis eloquio, provida consilio,*
> *Exilis forma, sed grandis prorsus honestas ;*
>   *Dapsilis in sumptu, culta satis habitu.*
> *Hæc scutum patriæ fuit, hæc munitio marchæ ;*
>   *Vicinisque suis grata vel horribilis.*
> *Sed quia mortales non omnia possumus omnes,*
>   *Hæc periit gladio, nocte perempta dolo :*
> *Et quia nunc opus est defunctæ ferre juvamen;*
>   *Quisquis amicus adest subveniendo probet.*

La fermeté que Mabile avait toujours montrée pour la défense de la frontière de Normandie, tant contre les seigneurs Manceaux toujours infidèles au duc, que contre les autres seigneurs voisins de la frontière qu'elle était chargée de conserver, et surtout contre les Giroie, a décidé Orderic Vital à en tracer un portrait tout différent de celui qu'en a fait Durand qui l'avait également connue. « Elle se plaisait, dit Orderic, dans le meurtre et le sang, babillait sans cesse, employait la ruse pour parvenir à ses

P. 481.

fins lorsque la force lui manquait (1). Livrée uniquement au monde, elle détestait tous les moines, excepté le bienheureux Thierri, premier abbé de Saint-Evroul, Raoul d'Escures et les moines de Seès. » Nous la voyons cependant participer à la fondation de cette dernière maison, à celle de Troarn, à celle d'Almenêches et à une foule de donations de son mari. Ils donnèrent conjointement à Avesgaud, abbé de Saint-Vincent du Mans, l'an 1060, tout ce qu'ils pouvaient réclamer dans l'église de Nonant, par une charte donnée dans leur château de l'Urson (2). Ce fut elle qui fit bâtir le château et la ville de la Roche-Mabile, proche Alençon ; elle lui donna son surnom, que cette place, détruite depuis longtemps, conserve encore présentement (3). Son mari et elle y fondèrent le prieuré de Saint-Nicolas, et le donnèrent aux religieux de Saint-Martin de Seès, qui y ont longtemps entretenu une communauté en règle.

On fit les plus grandes recherches pour découvrir les

(1) Les auteurs du *Recueil des historiens de France*, font de Mabile la fille de Guillaume Talvas, dont elle n'était que la petite fille, et l'accusent de s'être rendue « fameuse dans l'art des empoisonnements ; » nous ne connaissons d'elle qu'un seul empoisonnement. (O. D.)

(2) *De Ursione* ; c'est aujourd'hui le Bois-Barrier. (V. p. 230.)

(3) *Rocha-Mabilia* ; *Rupes-Mahildis*. — Les ruines du château de la Roche-Mabile hérissent de tous côtés un rocher en pain de sucre, qui s'élève au milieu des prairies ; l'aspect en est des plus pittoresques. L'église de la Roche-Mabile offre à l'extérieur des traces d'appareil en arrête de poisson, et à l'intérieur quelques restes de fresques assez anciennes. Cette bourgade garda, jusqu'à la Révolution, certains privilèges. Elle était le chef-lieu d'un doyenné relevant de l'évêché du Mans et de l'archidiaconné de Passais. M. Stapleton veut que *Rupes Jalgiensis* soit la Roche-Mabile. MM. le Prévost et Delisle hésitent sur cette attribution. O. Desnos et Cauvin la rejettent absolument. Nous sommes de leur avis. *Rupes Jalgiensis* doit-être le Mont-Jallu. La Roche-Mabile portait, dès le XIIIe siècle, le nom de *Rupes Mahildis*. (L. S.)

assassins de Mabile. Les soupçons tombèrent sur Guillaume Pantolf, tant parce qu'elle l'avait dépouilllé du château de Pérai en Sonnois, que parce qu'il avait passé dans la Pouille, immédiatement après le meurtre, et qu'il était lié d'amitié avec le véritable assassin. Montgommeri et ses enfants le cherchèrent inutilement, et firent saisir toutes ses terres. Se fiant sur son innocence, il refusa trois villes dont Robert Guiscard, duc de la Pouille, lui offrit la propriété, pour l'engager, avec Robert de Cordai son neveu, à demeurer auprès de lui, et revint en Normandie. Il se cacha, pendant quelque temps, lui, sa femme et toute sa famille, dans l'abbaye de Saint-Evroul. Comme il persistait à soutenir son innocence, que, d'ailleurs, il n'y avait aucune preuve contre lui, il fut condamné par la cour du Duc, qui était l'Échiquier, à subir l'épreuve du fer rouge, en présence du clergé. Il s'y soumit, et porta, suivant l'usage, le fer rouge dans sa main nue, sans la moindre marque de brûlure (1).

ORD. VIT., p. 584.

(1) Ce seigneur avait donné de grands biens à l'abbaye de Saint-Evroul, où ces sortes d'épreuves se faisaient fréquemment. C'est même d'après un manuscrit de cette abbaye, que D. Bouquet a publié le cérémonial le plus exact de ces épreuves. Cette maison pouvait avoir un secret pour préserver de la brûlure. On prétend qu'un mélange de pur esprit de soufre, de sel ammoniac, d'essence de romarin et de suc d'oignon en est un préservatif. Il y a encore d'autres compositions auxquelles on attribue le même effet. J'ai vu, le 20 mai 1787, à l'aspect de tout le public, marcher sur un large fer rouge sans la moindre marque de brûlure. Cette épreuve fut renouvelée pendant quinze jours. M. Duclos discute, dans le 24e vol. des *Mémoires de l'Académie des Inscriptions et Belles Lettres,* le ridicule, l'ignorance et l'artifice de plusieurs des épreuves qui eurent le plus de crédit, et conclut en disant que, si nous étions instruits des circonstances de toutes ces épreuves, elles nous en donneraient l'explication et les feraient regarder comme des fables ridicules. — Une des plus célèbres est celle d'Emme, fille de Richard II, duc de Normandie, veuve d'Ethelred, roi d'Angleterre et mère du bienheureux Edouard, aussi roi d'Angleterre. Accusée d'impudicité avec l'évêque de

Journal des Savants, année 1682.

J'aurai occasion, dans la suite, de toucher, en passant, quelques autres événements de la vie de Roger, comte de Salop ; j'observerai seulement ici, qu'étant à Alençon en 1082, il y fit son testament, par lequel il donna à l'abbaye de Saint-Evroul trente sols mançais de rente, à prendre sur la prévôté d'Alençon, et différents autres objets. Robert, Hugues, et Philippe *le Grammairien*, trois de ses fils, le souscrivirent, avec Gilbert, son connétable, Renaud de Bailleul son neveu, et un grand nombre d'autres seigneurs. Cette action ne pouvait manquer de lui rendre favorable la plume des moines ; c'était, selon celui de Saint-Evroul, un homme sage et modéré, qui aimait la justice et chérissait la société des personnes prudentes et sages. Il avait pour chefs de son conseil trois ecclésiastiques, Godebaud, Odeliri (1) père d'Orderic Vital, et Herbert. Le moine de Jumiéges dit à peu près la même

ORD, VIT., p. 579.

Winchester, son parent, et condamnée par son fils à se justifier par le feu, elle marcha, nu pieds, entre deux évêques, sur neuf coutres de charrue rougis au feu, pour elle, et sur cinq autres, pour l'évêque, sans éprouver le moindre mal. Les yeux levés au ciel, elle ne voyait pas les instruments de l'épreuve, et elle demanda si elle en était proche, quand elle les avait déjà franchis. Le roi Edouard se mit à genoux devant sa mère, lui demanda pardon et voulut, pour réparer l'offense qu'il lui avait faite ainsi qu'à l'évêque de Winchester, recevoir de la main des évêques la discipline sur ses épaules nues. Les coutres furent enterrés dans le cloître de Winchester. — Agobard, archevêque de Reims, avait combattu fortement cet usage. Il fut défendu dans un concile tenu à Worms en 829. Un manuscrit contemporain en attribue l'institution au pape Eugène II, de peur qu'on ne jurât sur les reliques ou qu'on ne mît la main sur les autels. — Le *Mémoire* de Duclos a été réimprimé dans la collection Leber. On peut encore consulter sur les épreuves judiciaires les *Origines du droit français*, par Michelet, p. 340 ; Legendre, *Mœurs et coutumes des François*, p. 46 ; une excellente notice de M. P. Marchegay, sur le *Jugement de Dieu par l'eau bouillante*, et le mss. inédit d'O. Desnos, *Cérémonies singulières*. (O. D. — L. S.)

THÉOPH.

FLEURY, *Hist. ecclés.* t. 47, n° 30.

T. VI.

*Arch. d'Anjou,* 1, 432.

(1) Mauvaise traduction du nom latin *Odelerius*. (L. S.)

chose ; il joignait, selon lui, la valeur à la probité et à la prudence. Voici quelques traits qui devaient encore lui rendre les moines favorables.

Hugues de Montgommeri, son père, avait fondé une collégiale à Troarn : le fils en chassa les douze chanoines, pour raison de leur inconduite, et y substitua des religieux de Saint-Benoît, auxquels il donna de grands biens. Il rétablit l'abbaye de Saint-Martin de Seès, détruite par les Normands, et celle d'Almenêches (1), habitée autrefois par Sainte-Opportune, détruite aussi par les Normands, et transférée de nos jours à Argentan. Il fonda, en Angleterre, le couvent de Saint-Pierre de Shrewsbury, et celui de la Madeleine de Quatford, en exécution d'un vœu que sa seconde femme, dans le plus grand danger de faire naufrage en passant en Angleterre, avait formé, de faire bâtir un monastère au premier endroit où elle rencontrerait son mari, si elle échappait au péril dont elle était menacée. Il rétablit celui de Wenloc, dans le comté de Salop, qui avait été habité par des religieuses, et y mit des moines de Cluni (2). Il rétablit encore celui d'Acton-Burnel. Il fonda le prieuré de Burton, qu'il donna à celui de Horseleghen au comté d'Essex, qu'il avait aussi fondé, conjointement avec Robert de Romilli ;

*Monasticon Anglican*, t. I, p. 375.
Ord. Vit., pp. 579, 581, 594.
Brompton, col. 982.
*Monastic. Anglic.*, 1655, p. 613.
Ibid., p. 604, et passim.
Cambden, *Brit.* p. 252.

---

(1) Deux communautés célèbres subsistaient, aux sixième et septième siècles, dans le territoire d'Almenêches. L'une, dont la bienheureuse Lantilde fut abbesse, était située où les Montgommeri firent bâtir, depuis, le château d'Almenêches. Le monastère devait sa première fondation à Saint-Evroul ; on le nommait Almenêches *l'ancien*. L'autre, plus petit, se nommait, par cette raison, *monasteriolum*, nom comparatif ; c'est de celui-ci que Sainte-Opportune fut abbesse (1).

(2) La bienheureuse Milburge avait habité ce couvent sous la domination des Saxons ; elle y avait été inhumée. Il était alors détruit. (O. D.)

(1) On peut consulter sur l'histoire d'Almenêches l'*Orne pittoresque* et la *Notice historique* publiée par M. Beaudouin, Alençon, 1854, 18 p. in-4°. La translation dont parle O. D. eut lieu en 1756. (L. S.)

Cambden, *Brit.* p. 249.
Brompton, *Chron.*

P. 293.

ces deux seigneurs donnèrent l'un et l'autre à Saint-Martin de Troarn. Il fonda aussi le prieuré de Tifford, qu'il donna à Saint-Martin de Seès; celui de Saint-Jean d'Autington, dans le comté d'Yorck, qu'il soumit aussi à Saint-Martin de Seès; celui de Levenestre qu'il donna à Almenêches; celui de Wingal au comté de Lincoln, qu'il donna à Saint-Martin de Seès, et plusieurs autres maisons religieuses de l'un et de l'autre sexe, dont on trouve le détail dans le *Monasticon Anglicanum*. Il donna la baronnie de Trun et la forêt d'Auge à l'abbaye de Saint-Étienne de Caen (1); il fit de grandes libéralités à Cluni. Il n'existe guère de donations faites par ses souverains ou les seigneurs ses contemporains, où l'on ne trouve sa souscription. Il s'en trouve plusieurs où elle est la première des seigneurs laïques, même avant celle du comte de Mortain, frère utérin du roi. Il favorisa la fondation du prieuré du Vieux-Bellême, et celle du prieuré de Céton (2), par Gautier Chenel (3). Se trouvant incommodé dans un voyage qu'il fit en Angleterre, il fit partir Réginald, prieur de Shrewsbury, pour aller chercher à Cluni la tunique de saint Hugues; et du consentement de sa femme, il

(1) V. l'*Histoire de l'abbaye de St-Étienne de Caen*, publiée par M. Hippeau. Le revenu de cette baronnie, non compris les bois d'Auge était, en 1754, de 1,200 livres « et 12 perdrix de genêt, au choix du bailleur de les prendre en essence ou de les faire payer 30 sous pièce. » (L. S.)

(2) *Centon; Ceto; Cetonium; Cetonum*. — Le revenu de ce prieuré était, avant la Révolution, d'environ 200 l. (L. S.)

(3) Robert Ceneau lui attribue la fondation du monastère de l'Isle-aux-Dames dans le diocèse d'Avranches. (O. D.)

Il confirma avec sa seconde femme, *Amabilis*, par une charte donnée au château de l'Urson la donation à Avesgaud, de l'église de Nouans, au Maine, *annuente Rogerio suo parvulo filio*, et en présence de Hugues de Larré et de Guillaume, fils de Marfred. Cette église a été rebâtie; quelques parties cependant, notamment le latéral droit, peuvent remonter au temps de Roger de Montgommeri. (O. D. - L. S.)

prit l'habit monacal dans l'abbaye de Shrewsbury, où il mourut le 28 juillet 1094 ; il y fut inhumé. Brompton.

Il avait eu de son premier mariage : 1° Robert de Bellême qui suit ; — 2° Hugues, qui succéda à son père dans le comté de Salop et dans une partie de ses autres biens d'Angleterre, tué d'un coup de flèche, le 11 février 1098 ; — 3° Roger, surnommé *le Poitevin*, parce qu'il épousa Almodie de la Marche qui, par la mort de son frère Bozon IV, comte de la Marche, arrivée en 1091, devint héritière de ce comté : ce Roger avait eu en Angleterre, du don de Guillaume II, le comté de Lancastre, où il fonda un prieuré, qu'il donna à Saint-Martin de Seès. Dépouillé de ce comté par le roi Henri, il se retira à Charroux en Poitou (1), où il passa le reste de ses jours. Il laissa plusieurs enfants rapportés dans l'*Histoire des grands officiers de la couronne*, et une fille, appelée Sibille, inconnue aux auteurs de cet ouvrage, qui souscrivit à la charte de son père pour l'abbaye de Seès ; — 4° Arnulphe ou Arnoul qui obtint, par le crédit de son père, le comté de Pembrock. Il en donna, en 1098, le château et l'église de Saint-Nicolas à la même abbaye, qui en fit un prieuré. Il épousa Lafracoth, fille d'un roi d'Irlande (2). Après la mort de son beau-père, il mit tout en œuvre, mais inutilement, pour obtenir

T. III.<br><br>*Monastic. anglic.*, t. I, p. 566.<br><br>*Cartul. S. Martini Sag.*

---

(1) V. sur Charroux, son abbaye et les ruines de la curieuse tour de l'église St-Maurice, une intéressante notice, par M. de Chergé. Il ne faut pas confondre Roger *le Poitevin* avec Roger, comte de Limoges, fondateur, réel ou supposé, avec Charlemagne, de l'église St-Maurice, et dont la statue colossale en décorait le parvis. L'inscription latine qui accompagnait cette statue se voit au musée de Poitiers. (L. S.)

(2) Ce roi, nommé par certains historiens Moriertach-O-Brien, monta sur le trône d'Irlande en 1089 et mourut en 1120. Arnulphe était comte d'Arundel et fut le véritable fondateur de Pembrock, où il construisit d'abord un petit bâtiment *ex virgultis et stipite*, et plus tard un autre plus important dont il fit connétable Gérard de Windsor. (O. D.)

*Mém. de la Soc. des Antiq. de l'Ouest*, t. 1, p. 255.<br><br><br>Cambden, p. 275.

son trône ; c'est de lui que les derniers Montgommeri ont prétendu descendre (1) ; — 5° Philippe, surnommé *le Grammairien*, à cause de sa science (2). Il suivit le duc de Normandie dans son expédition de la Terre-Sainte, où, à l'exemple de son prince, il se signala (3), surtout au combat où le duc Robert tua de sa main Curbanach (Kerbogâ), un des principaux chefs des infidèles, et où Warin de Tannei, seigneur manceau (4), fut tué. Les uns prétendent qu'il mourut à Antioche, les autres à Jérusalem : on doute s'il fut marié, mais il laissa une fille, nommée Mathilde, qui fut abbesse d'Almenêches ; — 6° Emme de Montgommeri, abbesse d'Almenêches, morte en 1113 ; — 7° Mathilde, mariée à Robert, comte de Mortain et de Cornouaille, frère utérin de Guillaume le Conquérant (5). Il

WILLELM., TYRIUS.

(1) Une généalogie manuscrite de la famille Montgommeri, conservée à la Bibliothèque du roi, dit que ce Roger de Montgommeri épousa (il fallait donc que ce fût en premières noces) la comtesse de Corfliastel dont descendent les comtes d'Égland, en Écosse. On y qualifie Roger, son père, de connétable de Guillaume le Bâtard, titre qui ne se trouve dans aucun contemporain.

Il eut de longues guerres à soutenir contre Hugues VI de Lusignan, surnommé *le Diable*, cousin de sa femme Almodie, qui lui disputait la Marche. Guillaume Taillefer, troisième du nom, comte d'Angoulême, défendit courageusement les droits de la comtesse. Cette querelle passa en héritage à leurs enfants.

Almodie mourut au plus tôt en 1116, car, en 1115, elle fonda, avec deux de ses fils, Aldebert et Boson, le prieuré de Chastain, dans la Basse-Marche.

Montgommeri laissa un troisième fils nommé Eudes, avec deux autres filles, Ponce, mariée à Wulgrin II, comte d'Angoulême, et Marquise, femme de Gui IV, vicomte de Limoges.

Il vécut au moins jusqu'en 1123, puisque, cette année, il assista à l'installation de Clarus, deuxième abbé d'Ahun. (O. D.)

*Art de vérifier les dates.*

(2) Quelques-uns ont même prétendu qu'il était clerc. (O. D.)

(3) *Robertus cum Philippo palmam retulit. Philippus hac militia præcluvus (præclusus) sed Jerosolymis, ut fertur, bono fine functus, præter exercitum equestre litteris clarus.* — Ce n'est point le fameux Kerbogâ qui fut tué par Robert. (L. S.)

(4) Ou plutôt normand, ainsi que l'établit M. Delisle. (L. S.)

(5) De ce mariage sortit Guillaume, comte de Mortain, fait pri-

WILLELM., MALMESBUR., *De gest. reg. Ang.*, 186.
MICHAUD, *Hist. des crois.* T. IV, p. 564.

semble, par une charte de l'abbaye de Grestain, qu'elle eut en dot Sainte-Scolasse, qui avait fait partie de l'Alençonnais, et que son mari y fonda un prieuré, membre de Grestain (1); — 8° Mabile de Montgommeri, mariée à Hugues, seigneur de Châteauneuf en Thimerais, de Brezoles, de Rémalard, de Sorel, etc.; — 9° et Sibille de Montgommeri, qui épousa Robert Hamon, comte de Glocester et de Bristol. Il était fils de Hamon, surnommé *le Hardi* ou *aux dents,* seigneur de Torigni et de Creulli en Normandie, et devint célèbre par ses exploits militaires, et surtout par ses victoires sur Résus, prince de Galles (2).

sonnier à la bataille de Tinchebrai, qui laissa trois filles, l'une mariée à N..... de Vitré, une autre à Gui de Laval, et Emme, mariée à Guillaume, comte de Toulouse. (O. D.)

(1) Grestain ou Grêtain, *Grestanum,* était une abbaye d'hommes, de l'ordre de St-Benoît, située à l'embouchure de la Seine, près d'Honfleur. Elle avait été fondée par Herlain de Conteville, second mari d'Herlève, mère de Guillaume le Conquérant. Il n'en reste presque aucun vestige. (L. S.) Vastel, *Essai hist. sur Honfleur,* p. 19

(2) Il était fort jeune lorsqu'il accompagna, avec ses deux frères, Richard, comte de Grainville, en Normandie, et depuis de Bedford, en Angleterre, et Hamon, depuis grand-maître d'hôtel du roi, à la conquête d'Angleterre, le duc Guillaume qui lui donna en récompense de ses services la terre de Glocester. Il ne rendit pas de moindres services à Guillaume le Roux. Il entra dans le pays de Galles, qui s'était révolté, avec un certain nombre de braves, défit l'armée des rebelles, tua leur roi, conquit tout le comté de Clamorgan et obligea les Gallois à payer tribut. Le roi, par reconnaissance et parce qu'il était son parent, le créa prince libre de tout ce pays conquis, pour le tenir, lui et ses héritiers, en foi et hommage de la couronne d'Angleterre. Hamon partagea ensuite ses conquêtes avec les douze barons ou chevaliers qui l'avaient accompagné, du nombre desquels était son frère Richard, seigneur de Grainville. Il semble qu'il eut de son mariage un fils qui fut exclu de la succession de son père, sans que nous en sachions la raison, et quatre filles. Henri I fit épouser Sibille, l'aînée, à Robert de Kent, un de ses fils naturels; une autre fut mariée à un comte de Bretagne; les autres furent abbesses de Ventone (1) et de Salisbury. (O. D.)

(1) *Wintonia,* Wincester. (L. S.)

Robert fonda, à la sollicitation de son épouse, le monastère de Theokesbury. Ayant été blessé à la tête, au siége de Falaise, il perdit la raison, et mourut l'an 1107, en Angleterre où on l'avait transporté. Sa veuve fit de grandes largesses à l'ordre des Templiers (1) : on croit qu'elle se remaria encore à Baudouin de Bosc, seigneur de Tendos (2).

Monastic. anglic.
La Roque.
*Hist. généal. de la maison de Harcourt*, t. IV.

Roger de Montgommeri, après la mort de Mabile, s'était remarié à Adélaïs ou Adélaïde de Puiset, fille d'Evrard, seigneur de Puiset en Beauce (3), et de Hedearde ou Hedegarde : elle mourut le 17 janvier, j'ignore de quelle année. De ce mariage, sortit Evrard de Montgommeri, qui embrassa l'état ecclésiastique et fut aumônier des rois Guillaume le Roux et Henri Ier. La mère et le fils firent de grandes libéralités à l'abbaye de Saint-Martin de Seès, et ont mérité par là les éloges du moine de Saint-Evroul. « Elle se rendit recommandable, dit-il, » par sa douceur, sa sagesse et sa piété. » Elle donna plusieurs ornements en broderie, du travail de ses mains, à l'abbaye de Saint-Martin de Seès (4).

*Martirolog. S. Mart. Sag.*, mss. 17 avril.

---

Monastic. anglic., t. II, p. 546.
Cambden, p. 200.

(1) Elle est aussi appelée *de Raines : Sibilla de Raines, filia Rogerii Comitis, dedit hospitariis Sancti Joannis in Anglia præceptoriam de Shenegey*..... anno 1140 ; elle s'était remariée à Jean de Raines. (O. D.)

(2) Je crois que l'historien *de la maison de Harcourt* s'est mépris ici, comme dans cent autres endroits. M. le marquis de Radepont, de la famille du chancelier du Bosc, évêque de Bayeux, n'aurait pas oublié cette alliance dans la généalogie de sa maison, imprimée, et réimprimée dans le *Dictionnaire de la Noblesse*. (O. D.)

(3) Il était vicomte de Chartres et comte de Breteuil. Il se fit charbonnier par humilité, et alla finir ses jours, en 1076, dans l'abbaye de Marmoutier. Il avait, selon Mabillon, deux frères, Hugues, qui lui succéda dans la vicomté de Chartres, et Galerand, dans le comté de Breteuil. (O. D.)

(4) L'abbaye de St-Martin de Seès, ordre de St-Benoît, avait été reconstruite au xviiie siècle et sert aujourd'hui de grand

Robert de Bellême II⁰ du nom, naquit vers l'an 1056. Sa mère qui aimait le bienheureux Thierri de Matonville, abbé de Saint-Evroul, Robert, abbé de Saint-Martin de Seès, et les religieux de cette maison, voulut qu'ils le présentassent au baptême. Comme les surnoms n'étaient pas encore constamment héréditaires, il a joint, dans la suite, au nom qu'il avait reçu au baptême, le surnom de *Bellême,* sous lequel sa mère avait été connue dans le monde. Il s'attacha, dès sa tendre jeunesse, au sort de Robert, fils aîné du Conquérant, qui fut investi du comté du Maine. Foulques-Réchin, comte d'Anjou, fit si bien auprès de la plus grande partie des seigneurs du Maine et des habitants de la province, qu'ils se révoltèrent et tuèrent ou chassèrent les Normands. Guillaume le Conquérant résolut de les punir sévèrement. Il rassembla, en 1073, les Normands et les Anglais, et entra dans le Maine, où il fit un cruel ravage. Pendant qu'il faisait le siége de Fresnai (1), il arma chevalier (2) Robert de Bellême

Ord. Vit., p. 469.

*Ibid.*, p. 532.

---

Séminaire. C'est un vaste édifice, d'une imposante régularité, entouré de beaux jardins et d'un parc magnifique. On y voyait encore, il y a quelques années, les débris d'une ancienne église ou chapelle offrant, sculptées à l'extérieur, des arcades romanes dont l'intersection produisait des ogives, curieux spécimen d'une combinaison architectonique sur laquelle se fondent plusieurs savants pour soutenir que l'ogive est née en France. La bibliothèque d'Alençon renferme un cartulaire de St-Martin de Seès, et je possède l'histoire de cette abbaye composée par Don Carrouget, un de ses religieux (L. S.)

(1) Il ne subsiste plus du château de Fresnai que deux petites tours servant de pavillon d'entrée, dont la construction ne paraît pas remonter au delà du XVI⁰ siècle, et quelques pans de murs. (L. S.)

(2) *Cingulum militiæ præcinxit.* C'était la cérémonie la plus essentielle que ce prince observait lorsqu'il accordait la chevalerie personnelle ou d'honneur. Il abrégea le surplus.

Les cérémonies de la chevalerie n'étaient pas simplement honorifiques et rémunératoires. Il serait plus juste d'y voir une sorte d'investiture et de représentation de l'hommage que le vassal

*Hist. de la pairie,* p. 278

qui l'accompagna dans cette expédition. Bellême le suivit également, quelques années après, lorsqu'il vola au secours de Jean de la Flèche, vivement pressé par Foulques, pour être demeuré fidèle au roi et à son fils (1).

Guillaume, dans une maladie qu'il avait eue avant la conquête d'Angleterre, avait fait reconnaître pour duc Robert, son fils aîné. Robert de Bellême, Yves et Albéric de Grantemesnil et quelques autres seigneurs de son âge lui suggérèrent de solliciter son père de le mettre en possession du duché de Normandie et du comté du Maine. Le père lui refusa l'un et l'autre. Le jeune prince revint plusieurs fois à la charge, mais il trouva toujours le duc inexorable. On prétend qu'il avait excité sourdement la dernière révolte des Manceaux. Il engagea Hugues, seigneur de Châteauneuf, et plusieurs autres à prendre les armes contre son père ; et lui-même, vers l'an 1075 (2), suivi de Robert de Bellême, de Guil-

*Ord. Vit., p. 569.*

*Ibid., p. 570.*

*Ibid., p. 575.*

doit à son suzerain. « En effet, dit Le Laboureur, le chevalier
» proposé paraît sans manteau, sans épée et sans éperons ; il en
» est revêtu après l'accolée, de même que le vassal, après la con-
» sommation de l'acte de son hommage, reprend son manteau
» qui est la marque de la chevalerie ou vasselage ; la ceinture
» qui est l'ancien baudrier militaire, aussi bien que les éperons ;
» et enfin son épée qui est la marque du service qu'il doit à son
» seigneur. On en peut dire autant du baiser qui se pratique en
» l'une et l'autre cérémonie. » C'est pour cette raison, plutôt
que par un raffinement de galanterie, que l'on peut expliquer que
les dames, et notamment la veuve de Duguesclin, aient pu, dans
de très-rares circonstances, conférer la chevalerie. (L. S.)

La Curne de S. Palaye, t. I, p. 55.

(1) En 1078, suivant les auteurs de *l'Art de vérifier les dates*. (O. D.)

(2) On n'est pas d'accord sur la date des deux révoltes du jeune prince. J'ai suivi la chronologie du *Recueil des historiens de France*. Je n'admets que deux révoltes de ce jeune prince. L'auteur de *l'Art de vérifier les dates* en distingue trois, et fixe la première à l'an 1073. Je crois que ce fut deux ans plus tard ; ce fut d'ailleurs avant 1078, puisque l'archevêque de Trèves, son oncle, avec qui il se retira, mourut le 11 novembre 1077. Le siége de Ger-

laume de Breteuil, de Roger, fils de Richard de Bienfaite, de Robert de Molbrai (1), de Guillaume de Moulins, de Guillaume de Rupierre et de plusieurs autres jeunes seigneurs, résolut de se joindre aux ennemis de son père, et de sortir de Normandie à la première occasion favorable. Il passa ainsi près de cinq années, dans une espèce d'exil, dans les États voisins de ceux de son père (2) ; et ne sachant plus que faire, il parvint à engager le vicomte du château de Gerberoi en Beauvoisis, de le recevoir lui et ses partisans. Alors, assuré d'une retraite, il se mit à faire de fréquentes courses en Normandie, ce qui détermina son père, accompagné du roi de France, Philippe Ier (3), à faire le siége de Gerberoi ; les deux rois étaient depuis trois semaines devant la place, lorsque, dans une sortie, le père et le fils se trouvèrent aux mains : tous deux combattirent avec intrépidité ; le jeune prince blessa au bras le roi, que son armure dérobait à ses regards, et le renversa de dessus son cheval ; le fils reconnaît alors la voix de son père ; il se précipite à ses pieds, implore son pardon, et aide à le remettre sur son propre cheval. Le roi furieux ne l'écoute pas, et quitte son armée, dont il laissa le commandement à Roger de Montgommeri. Ce seigneur, dont le fils aîné, Robert de Bellême, accompagnait le jeune prince, Hugues comte de Cestre, Hugues comte de Grantemesnil, et Roger de Beaumont se donnèrent tant de mouvement pour cal-

*Rec. des hist. de France,* t. XI, p. 604.

---

beroi eut lieu en 1079 suivant le calcul des Normands et des Anglais. (O. D.)

(1) Robert de Montbrai, *de Molbraio,* neveu de Geoffroi, évêque de Coutances (L. S.)

(2) *Externa regna ferme quinque annis pervagatus est ;* ce qui doit faire supposer qu'il s'agit ici de la seconde émigration de Robert, ainsi que le remarque M. L. Delille. (L. S.)

(3) Puisque ce prince accompagnait à ce siège le père, les historiens ont taxé mal à propos ce prince d'avoir entretenu la révolte du fils contre son père.

Ord. Vit.

mer le courroux du père, qu'il consentit, à la fin, de rendre ses bonnes grâces à son fils et à ceux qui l'avaient suivi. Ce raccommodement ne fut pas de longue durée, malgré la lettre que le pape Grégoire VII lui adressa à cette occasion pour l'en féliciter, et pour l'exhorter tendrement d'être toujours fidèle à son père ; le fils conçut bientôt de nouveaux mécontentements des reproches que le duc lui faisait de sa nonchalance.

<small>Labbe, Concil.</small>

Le Roi, à la tête d'une armée et accompagné de ses fils, se proposait d'entrer sur les terres de Rotrou, quoique son fils Geoffroi lui eût rendu de grands services dans la conquête d'Angleterre, dont le Conquérant l'avait récompensé par de vastes possessions dans ce royaume. On croit que cette brouillerie survint vers 1081, à l'occasion de la guerre que Rotrou faisait aux seigneurs d'Alençon, dont le Conquérant embrassait les intérêts.

Le roi accompagné de ses trois fils et suivi d'une armée considérable, était déjà à l'Aigle, éloigné de Mortagne de quelques lieues, lorsqu'une plaisanterie faite à Robert par ses frères, et envenimée par les jeunes seigneurs qui l'approchaient, le décida à s'évader. Il était accompagné de Raoul de Conches, de Robert de Bellême et d'un grand nombre d'autres jeunes seigneurs, et tira vers Rouen. Le roi informé de cet événement ne passa pas outre. Il reçut bientôt la nouvelle que le jeune prince avait fait une tentative pour se rendre maître du château de Rouen ; mais qu'ayant manqué son coup, Bellême lui avait procuré une retraite chez son beau-frère Hugues, seigneur de Thimerais, qui avait lieu de se plaindre du roi.

<small>Ord. Vit. p. 546.</small>

Le Thimerais a pris son nom de Thimer, place autrefois très-forte (1) ; c'est un canton du Perche enclavé entre le

---

(1) Thimer n'est plus qu'un faubourg de Châteauneuf, qui commença par un fort bâti vers l'an 1056 ; d'où est venu le nom de *Châteauneuf*. (O. D.)

Drouais, le pays Chartrain, et le Perche Gouet ou Petit Perche, composé de cinq baronies (1).

Comme j'aurai plus d'une fois occasion de parler des successeurs de ce Hugues, je crois à propos de donner ici succinctement la suite des seigneurs du Thimerais, jusqu'ici très-mal connue.

Ribauld, surnommé de Dreux, vraisemblablement à cause des grands biens qu'il possédait dans la ville de ce nom, est le premier seigneur connu de ce pays. Il fonda l'église de Saint-Germain de Brezolcs. Il laissa, entre autres enfants, Albert surnommé Ribauld, et Gaston, qui partagèrent sa succession.

Albert surnommé Ribauld, vassal des rois de France, des comtes de Chartres, de Dreux et du Perche, par ses différentes seigneuries, embrassa le parti des rois de France contre Guillaume le Bâtard. Ce prince, pour l'en punir, entra sur ses terres, s'empara du château de Thimer, où il laissa pour gouverneur un nommé Richard, qui, par ses exactions, fit jeter un interdit sur le Thimerais. Henri I$^{er}$, roi de France, voulut venger Albert Ribauld ; il assiégea, en personne, en l'année 1058, le château de Thimer, s'en rendit maître, et le fit raser. *Rec. des hist. des Gaules, t. XI, p. 431, 602.*

Il eut pour successeur son neveu Hugues I$^{er}$, sorti de son frère Gaston ou Guazzon, et de son épouse nommée Frodelinde ; il épousa Mabile de Montgommeri, fille de Roger, sire de Montgommeri et de Mabile de Bellême. Il osa, à l'exemple de son oncle, mesurer ses forces avec Guillaume le Conquérant, qui le dépouilla du château de Rémalard (2). Il paraît avoir été fondateur de l'abbaye de

(1) Ces cinq Baronies étaient Alluie *la Belle* où *la P...*, Montmirail *la Superbe*, La Basoche *la Gaillarde*, Brou *la Riche* et Authon *la Pouilleuse*. (L. S.) *Maine illustré; Art. Montmirail*

(2) Ce Château était situé sur une éminence, presqu'au centre du bourg actuel. Il fut détruit par le comte de Salisbury en 1428. (L. S.)

Bellomer (1). Il eut de son mariage un fils mort jeune, Mathilde, première prieure de Bellomer, et Mabile qui porta en mariage le Thimerais et les autres biens de sa maison à Gervais I$^{er}$, dont on ignore la famille. Il embrassa le parti des rois de France contre les rois d'Angleterre, ducs de Normandie, et leur fit toute sa vie la guerre. Henri I$^{er}$, pour s'opposer à ses incursions, fit fortifier Verneuil (2), Illiers et Nonancourt. Quoique dépouillé de Rémalard, nous lui connaissons encore les forteresses de Châteauneuf, bâti depuis la ruine de Thimer, celle du Bourg-Aubert proche Digni, celle de Fontaine-les-Ribouts, par corruption de Ribauld, le château de Brezoles, celui de Marcouville, celui de Sorel, celui de Montlandon et celui de Gallardon (3). Ives de Chartres, en ayant reçu quelques mécontentements particuliers, l'excommunia ; mais ayant eu l'honneur d'être admis à la table du roi, le prélat leva l'excommunication. Il paraît qu'il ne mourut que vers 1140.

ABBÉ FRET,
Chron. percher.
t. III, p. 428.

(1) Bellomer était un prieuré de filles, de l'ordre de St-Benoît, uni à Fontevrault. Il était situé dans la forêt de Senonches, à une lieue de La Loupe. (L. S.)

(2) Verneuil comprenait trois enceintes distinctes fortifiées, outre le Château ou la *Tour grise*. Cette tour subsiste presque entière. Elle était ronde ; les murs en avaient 4 mètres d'épaisseur, sur 33 mètres environ de hauteur, y compris les créneaux. Le diamètre intérieur était d'environ 9 mètres. Elle renfermait un puits. Deux portes opposées y donnaient accès. Leur sommet présente une ogive très-surbaissée. Des grisons bien taillés, de 22 centimètres sur 11, et placés par assises, plein sur vide, c'est-à-dire le milieu d'une pièce sur la jointure des deux autres, donnent à cet édifice un aspect de solidité et même d'élégance. Les murailles qui formaient l'enceinte extérieure de la place se voient encore ; elles étaient défendues par beaucoup de tours, auxquelles l'invention de l'artillerie fit ajouter plusieurs bastions, et qui ont presque toutes disparu. (L. S.)

(3) On voit encore à Sorel une ancienne tour, et à Gallardon une tour et une porte dépendant de leurs anciens châteaux. (L. S.)

Hugues II, son fils, jouissait de Châteauneuf, de son vivant; c'est pourquoi il est toujours appelé *de Castello*. Il avait épousé Albérée, fille de Robert, comte de Meulan, et embrassa les intérêts de Guillaume Cliton, fils de Robert, duc de Normandie, en 1123 ; mais l'année suivante, il eut le malheur d'être fait prisonnier au combat de Bourgtheroulde (1), et conduit prisonnier en Angleterre, où il demeura cinq ans captif. Henri, pour se l'attacher, avait voulut lui faire épouser Marie, une de ses filles naturelles ; mais Ives de Chartres prétendit que ce mariage serait incestueux, étant parents du six au six. Les malheurs qu'il avait éprouvés en combattant contre Henri Ier, ne l'empêchèrent pas, ou peut-être son fils de même nom, de se déclarer pour Henri le jeune, contre Henri II. Il passa en Angleterre avec le comte de Leicester, pour en faire la conquête pour ce jeune prince ; mais ils furent défaits, et Hugues fut fait prisonnier. Il ne recouvra la liberté qu'à la paix, à la sollicitation du roi de France. Sur la fin de ses jours, il crut expier ses brigandages par de grandes libéralités aux maisons religieuses.

ORD. VIT., t. XII, p. 740, 742.

Hugues III suivit, comme son père, le parti de la France contre les rois d'Angleterre. Henri II, à la sollicitation de Gilbert de Tillières, prit et brûla le château de Brezoles et celui de Maluterville ou Marcouville. Sa femme se nommait Marie, dont il eut :

Gervais II qui embrassa également le parti d'Auguste, et fut une des cautions de ce prince, en 1194 et 1200. Il fit le voyage de la Palestine, d'où il rapporta le chef de saint Mathieu, la tête de saint Christophe et plusieurs autres reliques. Il épousa Marguerite de Donzi, dont il eut Hugues IV qui suit, et Hervé, seigneur de Brezoles,

---

(1) Ce combat fut livré sur le territoire de Rougemontier, *in territorio Rubri-monasterii*. (L. S.)

ORD. VIT.

qui passa aussi en Asie, fut chanoine de Chartres, puis évêque de Nevers (1).

Hugues IV épousa Eléonore de Dreux, fille aînée de Robert II, dit le jeune, comte de Dreux. Il mourut vers 1230, et laissa un fils nommé Jean, chevalier, mort sans postérité, et qui laissa la majeure partie de sa succession à ses sœurs. L'aînée épousa Hervé, de Léon en Bretagne, qui prit alors le titre de seigneur de Châteauneuf. Leur fils Hervé de Léon, cinquième du nom, seigneur de Châteauneuf et de Noyon-sur-Andelle, échangea, conjointement avec son épouse Mahaud de Poissi, tout ce qui lui pouvait appartenir aux terres de Châteauneuf en Thimerais et de Senouches, avec le roi Philippe le Hardi, qui leur donna en contre-échange, au mois de septembre 1281, 400 livres de rente à prendre sur le Temple à Paris, et qu'il transporta, l'année suivante, sur le Pont Saint-Pierre. Eléonore, la seconde, épousa Richard de la Roche, dont sortirent Richard II et Constance, mariée à Gérard, seigneur de Longni.

<small>La Roque, Hist. généal. de la maison de Harcourt, t. II, p. 1730.</small>

Richard II, seigneur de la Roche-de-Châteauneuf, en partie vicomte de Dreux, épousa Ænor, dont on ignore la famille : de ce mariage, sortit Etienne, dit Gauvain de la Roche, seigneur de Châteauneuf et de Senonches en partie, de Baussat et de la Ferrière, et vicomte de Dreux, valet tranchant et depuis maître-d'hôtel du roi, qui épousa une femme nommée Jeanne, dont sortirent deux filles Elisabeth et Jeanne de la Roche, dont j'ignore l'alliance.

Marguerite de la Roche porta Châteauneuf en partie à Jean de Dreux, son mari. Leur fils, Jean de Dreux, III du nom, eut en partage la portion du Thimerais qui avait appartenu à sa mère, et que leur fils Gauvin de Dreux

<small>Grands officiers t. 1, p. 474.</small> (1) Il avait d'abord épousé Alix de la Ferté-Arnaud et de Villepreux. (O. D.)

abandonna à ses sœurs. Philippe, mariée à Jean de Pont-Audemer, eut les deux tiers de Châteauneuf : Ænor épousa Nicolas Bahuchet (1), et Marie épousa Amauri de Vendôme, vidame de Chartres. Ce Jean de Pont-Audemer eut un fils nommé Robert, avec lequel il traita de ce qui appartenait à sa mère dans la seigneurie de Châteauneuf, et le vendit par contrat du 26 septembre 1370, à Pierre II, comte d'Alençon. Hugues IV laissa peut-être une troisième fille mariée à Aimeri de Rochefort. Revenons à la suite de la révolte du jeune prince.

Hugues livra aux rebelles Châteauneuf, Sorel (2), Brezoles, Rémalard et ses autres places, d'où ils se mirent à dévaster les frontières de la Normandie. Tous les seigneurs de la province prirent parti pour le père ou pour le fils. Les Français, les Manceaux, les Angevins et les Bretons hésitaient sur le parti qu'ils devaient prendre, lorsqu'on apprit que le roi avait conclu la paix avec Rotrou.

Ce prince avait engagé, à force de présents, ce seigneur de l'accompagner au siége de Rémalard qui relevait de lui. Rotrou s'y prêta d'autant plus aisément que c'était une occasion de se venger des alliés de son ennemi le seigneur d'Alençon, contre lequel il continuait la guerre. Le Conquérant forma le siége de la place, et fit élever quatre forts pour empêcher que rien n'y pût y entrer ou en sortir (3). Un accident imprévu en accéléra la prise.

Ord. Vit.,

(1) Ce Bahuchet ou Béhuchet était trésorier de France et l'un des deux amiraux qui perdirent la bataille de l'Ecluse (1340). Le vainqueur le fit pendre (L. S.)

H. Martin, *Hist. de Fr.*, t. V, p. 51.

(2) Sorel-Mousset, *Sorellum*, près de l'Eure, canton d'Anet, arrondissement de Dreux. (L. S.)

(3) On voit quelques restes de ces forts à la Ganneterie en Dorceau, où il existe une tour forte et élevée ; à la Butte en Bellou, où l'on montre un cavalier entouré de fossés pleins d'eau ; au Chatelier, dont le cavalier, environné de fossés, est aujourd'hui couvert de constructions. Le quatrième, se trouvait, suppose-t-on, au nord de Rémalard, sur la pente des Bois-Clairs (L. S.)

*Orne pitt.*, p. 260.

Aimeri de Villerai (1), un des principaux vassaux de Bellême, accompagné de trois chevaliers, était allé reconduire le grand-maître ou sénéchal de France, qui était venu le visiter. Comme il était sur le point de rentrer dans son château, où il avait reçu les rebelles, quatre cavaliers de l'armée du roi l'attaquèrent et le tuèrent. Ils chargèrent son cadavre sur un cheval et le conduisirent au camp, où ils le jetèrent devant la tente de Roger de Montgommeri, contre lequel il avait longtemps porté les armes. Gulfer (Gouffier), son fils, qui commandait dans Rémalard, fut si effrayé du malheur de son père, qu'il fit la paix avec le roi, et le servit depuis, lui et ses enfants, pendant quarante années. Robert de Normandie prit alors le parti de chercher d'autres asiles. Il parcourut différentes cours.

On ne sait pas le temps précis que Rotrou survécut à cet événement. Il eut un différent avec l'abbé de Saint-Pierre-en-Vallé, qui prétendait que le monastère de Saint-Denis de Nogent devait dépendre de lui, attendu qu'il lui avait demandé un de ses moines pour en faire le premier prieur. L'affaire portée devant l'évêque de Chartres, Rotrou y envoya des députés pour soutenir la cause de son monastère ; l'abbé fut débouté de ses prétentions. La querelle fut renouvelée depuis aux conciles de Troyes et d'Autun, où l'abbé perdit son procès, et, dans la suite, le pape Pascal la jugea définitivement, en 1107.

*Bry, liv. III, ch. 5 et 4. Biblioth. de Cluny.*
*Bernier, Hist. de Blois, p. 225*

Rotrou avait pour femme Adeline. Il en eut, 1° Geoffroi II, comte de Mortagne ; — 2° Hugues, vicomte de Châteaudun, dont les descendants possédèrent longtemps cette vicomté ; — 3° Rotrou, seigneur de Montfort, proche le Mans ; — 4° et 5° Fulcoïs et Havoise, nom-

*Orne pitt., p. 260.*

(1) Villerai, *Vilereium*, était une forteresse dont quelques traces subsistent encore dans la commune de Condeau et qu'a remplacé un château moderne. (L. S.)

més dans la charte de leur père pour le monastère de Saint-Denis.

Bellême avait perdu sa mère, dont il était le principal héritier. Pendant sa révolte et tandis qu'il accompagnait Robert, le roi avait mis garnison à Alençon et dans toutes les autres places qui lui devaient appartenir, et Roger de Montgommeri en percevait les revenus. Ces places devinrent très-utiles au Conquérant, dans la guerre qu'il entreprit à la fin de l'année 1083, contre Hubert, seigneur de Beaumont, vicomte du Mans. Ce seigneur lui avait donné d'abord quelques sujets de mécontentement : il attaqua ensuite les troupes normandes qui gardaient les places du Maine ; le roi y fit filer des troupes. Hubert abandonna Fresnai et Beaumont, et se retira à Sainte-Suzanne, place très-forte pour ce temps-là (1) ; le roi s'y rendit en personne; ses affaires l'obligèrent d'abandonner la conduite du siége à Alain-le-Roux, comte de Bretagne, qui commandait son armée. Hubert se défendit si bien, pendant près de quatre ans, contre toutes les forces du roi et de ses alliés, que le prince prit alors le parti de lui proposer un accommodement qu'il accepta : il fut rétabli dans tous ses biens. Cette guerre avait coûté beaucoup de grands seigneurs à la Normandie : Robert de Vieux-Pont et Robert d'Uxé (2) y furent tués ; Richer de l'Aigle y fut

ORD. VIT.

---

(1) Sainte-Suzanne a conservé les restes d'un donjon très-élevé et très-fort qui doit-être contemporain de ce siége. Il offre un quadrilatère de 18 mètres environ de largeur, à l'intérieur, sur 10. Les murs ont 3 mètres d'épaisseur. Le rez-de-chaussée avait plus de 6 mètres d'élévation. L'enceinte de la ville est assez bien conservée et garnie de tours nombreuses, mais la construction ou la restauration en est bien postérieure au xi$^e$ siècle. C'est dans cette enceinte qu'existe un gros bloc de ces murs vitrifiés dont nous avons parlé p. 43. (L. S.)

(2) Ou plutôt Ussi près Falaise, *Uxeium*. On voit dans les bois du Post et d'Ussi, dans cette commune, deux enceintes fortifiées qui furent sans doute occupées par les anciens seigneurs. (L. S.)

blessé d'une flèche qui lui fut décochée par un enfant caché derrière un buisson, et en mourut. Guillaume, comte d'Evreux, y fut fait prisonnier.

Nous ignorons le temps où Robert de Bellême se sépara du jeune prince pour rentrer dans ses terres. Il était de retour en 1086. L'abbé de Jumiége et celui de Saint-Maximin d'Orléans, qui réclamaient tous deux le prieuré de Dame-Marie, le prièrent d'assembler sa cour féodale pour juger leur différend. Robert, abbé de Saint-Martin de Seès, Mainier, abbé de Saint-Evroul, Johel, abbé de la Couture du Mans, Olivier du Merle, Rainaud de Nonant, Gervais de Domfront, Gouffier de Villerai, Picot de Sai, et plusieurs autres, se rendirent à Bellême, et décidèrent en faveur de l'abbaye de Jumiége, le dimanche après la Pentecôte de 1085 (1).

<small>René Courtin, Hist. du Perche. mss., p. 51. Bry, p. 51.</small>

Cependant la santé du Conquérant s'affaiblissait de jour en jour. Quoi qu'il eût, à différentes reprises, maudit son fils aîné, et qu'il lui eût souhaité beaucoup de maux, il lui laissa, en mourant, le duché de Normandie; et, à son frère Guillaume, le royaume d'Angleterre. Il expira le 9 septembre 1087. Aussitôt que Robert de Normandie, qui était alors chez Gui, comte de Ponthieu, beau-père du seigneur d'Alençon, fut informé de sa mort, il prit la route de Normandie.

<small>Gall. Christ., t. XI, col. 959</small>

Bellême, de son côté, était en route pour se rendre auprès du Conquérant, avec lequel il avait à traiter d'affaires importantes. En arrivant à Brionne, il apprit la mort du roi; il retourna sur ses pas, se rendit incontinent à Alençon, et chassa (2) la garnison que le roi y avait mise. Il en fit autant à Bellême, et dans toutes les autres villes

(1) Dame-Marie était un alleu qui provenait de Godehilde de Bellême, mariée à Albert, seigneur de la Ferté-Vidame, dont était fils Albert, fondateur du prieuré de Dame-Marie.

(2) *Improvisos regis satellites statim de prætorio ejecit.* Les

qui lui appartenaient. Il partit ensuite pour se rendre auprès du nouveau duc pour lequel il avait abandonné le Conquérant, qui l'avait longtemps chéri, comblé de bienfaits, et qui lui avait fait épouser Agnès, fille et unique héritière de Gui, comte de Ponthieu.

Bellême trouva auprès du duc, Odon évêque de Bayeux, comte de Kent, à qui le feu roi, avant d'expirer, avait rendu la liberté. Le duc mit son oncle à la tête du conseil, et épuisa bientôt son trésor par des largesses outrées, tant aux églises pour prier Dieu pour son père, qu'aux seigneurs qui lui avaient été attachés. Pour le remplir, il vendit le Cotentin à Henri, son jeune frère, à qui son père n'avait laissé pour partage que de l'argent. Sim. Dunelm., *Hist.* col. 214.

Les seigneurs qui environnaient le duc, à la tête desquels étaient Odon, Bellême et Eustache, comte de Boulogne, sentant qu'il leur serait impossible d'être longtemps sujets de deux maîtres, et qu'il faudrait nécessairement finir par abandonner ou leur ancien patrimoine ou leurs nouvelles acquisitions, vu les dissensions des deux frères, jugèrent qu'il fallait nécessairement opter entre l'un ou l'autre, et que le duc de Normandie étant le plus traitable des deux, il convenait de lui donner la préférence, avec d'autant plus de justice qu'ils lui avaient prêté, depuis longtemps, serment de fidélité, et de faire tous leurs efforts pour réunir dans sa main le royaume d'Angleterre au duché de Normandie. Bellême avait toujours été tendrement attaché à Robert qu'il avait accompagné dans ses deux révoltes. Le duc reçut avec joie la proposition qu'ils lui en firent : il fut arrêté qu'ils passeraient incessamment en Angleterre, pour tout dis- Ord. Vit.

---

ducs de Normandie, quoique bien avec leurs principaux vassaux, avaient droit de mettre des garnisons dans leurs places, toutes les fois qu'ils le jugeaient à propos; mais Bellême ne se borna pas à reprendre ses places, il usurpa celles de ses voisins. D. Martene, *Ampliss. coll.* t. I. Ord. Vit., p. 664.

poser, et qu'il les suivrait au printemps, à la tête d'une nombreuse armée.

<small>Ord. Vit., p. 666.</small>

<small>Willelm., Malmesb.</small>

Tous ces seigneurs s'étant rendus en Angleterre, après les fêtes de Noël de l'année 1088, sous différents prétextes, travaillèrent à mettre les places qu'ils possédaient en état de défense. Ils parvinrent à mettre dans leurs intérêts Roger de Montgommeri, comte de Salop, qui abusa, dans cette circonstance, de la confiance du feu roi, qui l'avait choisi pour un des conseillers ou tuteurs de Guillaume. Hugues de Grantemesnil, vicomte de Leycester, Robert de Rodelent (Rhuddlan), et un grand nombre d'autres seigneurs puissants suivirent l'exemple de Roger; mais aucun d'eux ne se déclara ouvertement. Le jeune roi ne donna pas le temps aux rebelles de rassembler et de réunir leurs forces. Il plaça, au centre de son armée, le comte de Salop et ceux dont il se défiait, et marcha droit vers les places des révoltés. Il affectait d'ignorer la trahison du comte, et sembla redoubler de confiance dans plusieurs entretiens particuliers qu'il eut avec lui ; il déclara qu'il était tout prêt à descendre du trône, si lui et ses autres tuteurs le jugeaient convenable. Enfin, il fit si bien auprès du comte de Salop, qu'il parvint à le détacher véritablement du parti rebelle. Tout plia devant l'armée royale, et le duc qui leur avait promis de venir à leur secours avec une armée puissante ne paraissant point, ils furent forcés de chercher à faire la paix. Il ne restait plus à soumettre que le château de Rochester que Bellême avait surpris, et où il s'était enfermé avec deux de ses frères, Odon et le comte Eustache de Boulogne. Le roi en forma le siége au mois de mai ; les assiégés furent bientôt forcés de demander à capituler. Le roi furieux refusa d'abord toute proposition d'accommodement, mais, à la fin, les seigneurs qui étaient enfermés dans la place (1), lui firent

<small>Chroniq. de Brompton, col. 984.</small>
<small>Sim. Dunelm. ibid.</small>
<small>Radulph., de Diceto Chronic. p. 489</small>

<small>Ord. Vit., p. 668.</small>

---

(1) Erreur. Ce sont les assiégeants, *qui obsidebant cum rege*

entendre qu'il ne pouvait faire mourir son oncle et un évêque; que Bellême, le plus puissant seigneur de Normandie, avait été chéri du roi son père et comblé de ses bienfaits; qu'il pouvait quelque jour lui être utile, et qu'il était de la prudence du roi de se l'attacher en lui pardonnant. Le roi se rendit à leurs raisons : tout le poids de sa colère tomba sur son oncle, qu'il chassa pour toujours d'Angleterre et dont les biens furent confisqués. Bellême, à la sollicitation d'amis puissants, recouvra les bonnes grâces du roi.

Aug. Thierry, t. II, p. 302.

Odon, évêque de Bayeux, s'était rendu auprès de son neveu le duc de Normandie. Il profita de cette circonstance pour l'indisposer contre le compagnon de sa vie errante, qui avait sacrifié la faveur du feu roi à son service, et qui venait, tout récemment, d'exposer sa vie pour lui procurer un trône : lui et ses partisans ne cessèrent de répéter au duc que la réconciliation de Bellême avec le roi serait sa perte, et qu'il s'y était engagé par serment. Le duc, trop facile et qui ne pouvait se persuader qu'on cherchât à le tromper, se décida enfin à assembler son conseil. Odon, jaloux de ce que Bellême avait trouvé grâce et possédait ses biens d'Angleterre, d'où il venait d'être chassé honteusement, craignait le retour de ce seigneur et qu'il ne lui enlevât la confiance de son neveu. Il fut arrêté qu'on s'assurerait de sa personne, et à son retour d'Angleterre, d'où on savait qu'il devait bientôt revenir. Effectivement, il profita de l'automne et du vaisseau sur lequel Henri, comte de Cotentin, revenait en Normandie. A peine Bellême toucha-t-il le rivage, qu'il fut arrêté, conduit au château de Neuilli (1) sous la garde du prélat, et de là transféré à Falaise.

Ord. Vit.

(Ord. Vit.), et non les assiégés qui intercédèrent auprès du roi. (L. S.)

(1) *Noilleium;* Neuilli-l'Evêque, canton d'Isigni, arrondissement de Bayeux. (L. S.)

*Hist. de Guillaume-le-Conquérant*, t. II, p. 322.

C'est sans doute cet évènement qui a donné lieu à l'abbé Prévost de dire que le premier acte de justice du duc fut le supplice de Bellême ; mais il en a brodé le récit à sa manière. « Raoul de Talvas, (dit-il,) petit-fils de Guil-
» laume, seigneur de Bellême et de Seès, et d'une race,
» par conséquent, déjà célèbre par ses cruautés, autant
» que par sa haine pour la maison ducale, avait conçu
» une affection criminelle pour une de ses sœurs, nom-
» mée Halbis, mariée au seigneur de Préci, dont elle
» était aimée avec une violente passion. On la soupçon-
» nait d'aimer moins son mari que son frère, et la fami-
» liarité qu'elle avait entretenue avec lui, jusqu'à le
» souffrir sans cesse à sa suite, et lui accorder un loge-
» ment dans sa maison, semblait autoriser les soupçons
» du public. Le mari était le seul qui n'en eût point
» formé, quoiqu'il fût continuellement le témoin d'un dé-
» réglement qui n'était plus ignoré de personne. L'opinion
» qu'il avait d'une femme uniquement aimée, lui ferma
» les yeux si longtemps, que n'en étant pas moins pas-
» sionné pour Halbis, ses assiduités, qui ne diminuaient
» point, parurent insupportables à Raoul de Talvas, et
» lui firent prendre la résolution de s'en délivrer. Il atta-
» qua son beau-frère avec l'avantage du nombre et des
» armes. L'ayant abattu d'un coup mortel, il eut encore
» l'horrible cruauté de répondre à ses plaintes, qu'il le
» tuait par un mouvement de jalousie, et pour le punir
» d'avoir usé trop souvent des droits que le mariage lui
» donnait sur sa femme. Une action si barbare ayant été
» commise immédiatement après la mort du roi, Raoul
» se flattait qu'elle aurait peu de suites..... Mais cette
» race cruelle avait insulté trop d'honnêtes gens pour
» être sans ennemis. A peine Robert fut-il de retour à
» Rouen après les funérailles de son père, que le crime
» de Raoul fut déféré à la justice. Le prince haïssait lui-
» même le sang de Guillaume de Talvas, dont il n'igno-

» rait pas que l'imprécation avait regardé le feu roi et
» tous ses enfants. Il fit punir Raoul avec une rigueur
» que l'historien croit encore supérieure à son crime,
» quoiqu'il n'explique point le genre du supplice (1). »
Laissons le roman, pour continuer de nous occuper de
l'histoire de Bellême.

Dès que le comte de Salop, son père, avait été informé de la détention de son fils, il avait obtenu la permission de se rendre en Normandie. Il garnit Alençon, Bellême et toutes les autres places fortes qui appartenaient tant à son fils qu'à lui, d'hommes, de vivres et de toutes les munitions nécessaires pour une vigoureuse défense. Il se fortifia de l'alliance des Manceaux, qui refusaient déjà de reconnaître le duc pour leur comte.

Odon furieux attribua cette audace au roi son neveu. Déjà il croyait le voir venir fondre sur la Normandie, où le comte lui ouvrirait toutes ses forteresses. Le duc hésita longtemps sur le parti qu'il devait prendre. A la fin, il se laissa entraîner par la crainte que son oncle sut lui inspirer. « Rassemblez promptement vos forces, lui dit-il,
» marchez contre le Maine qui est révolté ; vos troupes
» sont en garnison dans la forteresse du Mans bâtie par
» votre père. Ses habitants et le vénérable Hoüel, leur
» évêque, n'ont point de part à la révolte et vous attendent
» avec impatience. Mandez aux seigneurs qui sont de-
» meurés fidèles de les joindre ; flattez-les, et leur faites

Ord. Vit.

---

(1) Si l'abbé Prévost eut nommé cet historien, il se serait déchargé des méprises sans nombre dont son récit est farci. Il confond la maison de Bellême avec celle de Montgommeri ; il change le nom de Robert en celui de Raoul ; il lui donne une sœur et un beau-frère qui jamais n'ont existé : les historiens contemporains ne lui ont jamais reproché l'inceste. Il vécut encore longtemps après le prétendu supplice dont il le fait mourir. C'est un malheur pour l'histoire qu'elle ait pu prêter à ce célèbre romancier des sujets propres à donner carrière à sa trop féconde imagination.

» éprouver vos bontés : soumettez par la force tous ceux
» qui refuseront d'obéir ou de vous livrer leurs places ;
» assiégez ensuite le Mans : le Maine une fois soumis,
» attaquez le comte de Salop, et chassez-le pour toujours
» lui et sa postérité de la Normandie. Ne craignez rien ;
» armez-vous de cet ancien courage dont vous avez
» donné tant de preuves, et mettez toute votre confiance
» dans le Seigneur. Persévérez dans votre résolution, et
» vous éteindrez bientôt la race entière des Talvas qui
» sème le trouble partout. Cette race est maudite; le
» crime y est héréditaire, et aucun d'eux ne périt comme
» le reste des mortels ; leur fin funeste est toujours mar-
» quée du sceau de la vengeance divine. Si vous balancez
» à en consommer l'entière extinction, craignez qu'elle ne
» vous devienne quelque jour fatale, et de n'être plus en
» état de la soumettre. Considérez combien elle possède
» de forteresses: jetez un coup-d'œil sur les plus consi-
» dérables ; Bellême, l'Urson (aujourd'hui Bois-Barrier)
» Essai (1), Alençon, Domfront, Saint-Céneri, Mont-
» Jallu (2), Mamers, Vignats (3) etc., et songez qu'elles

(1) C'est Essai : les auteurs du *Recueil des historiens des Gaules*, etc. ont traduit *Axeium* par *Assé;* mais cette place appartenait aux vicomtes de Beaumont (1).

(2) Ou la Motte-d'Igé. Il ne faut pas confondre cette place avec Mont-Jallu en Bretagne. (V. p. 250 et 252.)

(3) Les auteurs du *Recueil des historiens des Gaules*, etc., ont traduit *Junacium* ou plutôt *Vivacium*, par *Vivoin*, qui appartenait aussi aux vicomtes de Beaumont. C'est Vignats, qu'on appelle aujourd'hui Vieux-Vignats. (O. D.)

GALERON, *Stat. de l'arr. de Falaise.*
DE CAUMONT, *Stat. monum. du Calvados.*

Vignats, *Vinacium*, *Vignatiœ*, est dans l'arrondissement de Falaise. Le château fut rasé au XVI<sup>e</sup> siècle, après le supplice du fameux comte de Montgommeri. Il s'élevait sur un tertre taillé

(1) Il y a deux Assé; Assé-le-Boisne, canton de Fresnai, où se trouve une motte élevée et bien conservée, et Assé-le-Riboul, canton de Beaumont. Les débris du château d'Assé-le-Riboul étaient, il y a peu d'années encore, fort curieux et fort pittoresques. (L. S.)

» sont l'ouvrage de Robert de Bellême et de ses pères,
» ou qu'ils les ont arrachées par force et par violence à
» leurs possesseurs légitimes. Ceux qui se flattaient d'être
» de leurs meilleurs amis, qui n'avaient pour règle de
» conduite que la probité, sont devenus les victimes de
» leurs noirs complots et de leurs machinations. Ils ont
» fait périr les uns, réduit les autres en captivité. Le
» moment est arrivé où vous pouvez les dépouiller juste-
» ment de leurs forteresses et de ces demeures superbes
» qui ont coûté tant de sueurs à leurs malheureux vas-
» saux. Vous vous couvrirez d'une gloire immortelle, et
» vous suivrez les traces glorieuses de votre père. Tant
» qu'il a vécu, il a tenu dans sa main ces forteresses et
» n'en a confié la garde qu'à des hommes affidés. A l'ins-
» tant de sa mort, ce même Bellême que vous tenez dans
» vos chaînes, a eu l'audace de les chasser et de vous en
» dépouiller. Réfléchissez, en bon père, sur le tableau
» que je viens de mettre sous vos yeux ; rendez la paix à
» l'Eglise ; tendez une main secourable au pauvre et au
» faible. Alors vos peuples goûteront le fruit de la paix,
» vous béniront et ne cesseront d'adresser leurs vœux
» au ciel pour votre conservation. Tous les ordres de
» l'Etat se livreront sans gêne aux exercices de la reli-
» gion, et partout régnera la loi du Seigneur. »

Tous les courtisans applaudirent au discours hypocrite du prélat ; chacun offrit ses services au duc. Il donna, sur le champ, ses ordres pour assembler une armée, et marcha vers le Maine. Il était accompagné de son oncle, de Guillaume comte d'Evreux, de Raoul de Toeni, seigneur de Conches, de Guillaume de Breteuil, etc. A son

en glacis, escarpé et sans fossés de défense du côté de l'Orne, mais défendu par de larges et profonds fossés, dont la direction est encore apparente, du côté de la plaine. On l'a quelquefois désigné sous le nom de Château de Fourches, parce qu'il est très-rapproché de cette dernière localité. (L. S.)

arrivée dans le Maine, le clergé et ceux qui lui étaient demeurés fidèles le reçurent avec les plus grandes démonstrations de joie. Plusieurs des principaux seigneurs de la province vinrent le joindre; entre autres, Robert-*le-Bourguignon,* seigneur de Sablé; Geoffroi, seigneur de Mayenne; Hélie, fils de Jean, seigneur de la Flèche. Geoffroi, comte de Mortagne, se disposait, d'un autre côté, à profiter de la circonstance favorable, pour faire valoir ses prétentions contre les seigneurs d'Alençon.

Payen de Montdoubleau et les autres rebelles se jetèrent dans le château de Ballon, et s'y défendirent vigoureusement contre l'armée commandée par le duc. Il y perdit Osmond de Gâprée (1), qui y fut tué, le premier septembre, et dont le corps fut porté à Saint-Evroul. Après une belle défense, les rebelles prirent le parti de capituler, firent leur paix et accompagnèrent le duc au siége de Saint-Céneri.

Cette place était située à douze kilomètres d'Alençon, sur un roc escarpé, environnée de trois côtés par les anfractuosités de la rivière de Sarthe qui y reçoit le Sarthon (2). Ce lieu a pris son nom d'un solitaire, originaire

---

(1) *De Gaspreio* : c'est Gâprée, non Guépré (1).

(2) On peut consulter sur l'histoire du bienheureux Céneri et du château qui porte son nom, le *Voyage pittoresque dans les Comtés du Perche et d'Alençon,* par M. Patu de Saint-Vincent; l'*Excursion à Saint-Cénery,* par P. Delasalle, Alençon, 1842, plusieurs fois réimprimée, et l'*Orne Pittoresque.* Moins sauvage et moins grandiose que celui de Saint-Léonard-des-Bois (v. p. 126), le site de Saint-Céneri n'est pas moins intéressant. Une église du style roman le plus pur et de l'intégrité la plus parfaite avant les fâcheuses restaurations qu'on lui fit subir vers 1829, domine le cours de la rivière qui se replie en forme de fer à cheval entre des collines boisées et pittoresques. A l'intérieur de cette

---

(1) Gâprée, *Gaspreium, Gaspreia,* est dans le canton de Courtomer; Guéprei, *Waipratum,* dans celui de Trun. (L. S.)

d'Italie, qui vint s'y fixer sous le règne de Clotaire III. Sa cellule fut bientôt changée en un monastère, où l'on vit jusqu'à cent quarante moines qui chantaient, à toutes les heures du jour et de la nuit, les louanges du Seigneur. Il mourut, vers l'an 666, sous l'épiscopat de saint Milchard, évêque de Seès. Ce prélat paracheva l'église que le solitaire avait commencée, et la consacra en l'honneur de saint Martin. Ce monastère fut pillé par les troupes d'un de nos rois, qui passaient dans le voisinage. Pendant les irruptions des Normands, il échappa longtemps à leur fureur ; puisqu'on y transporta comme dans un asile assuré les corps de saint Godegrand, évêque de Seès, et de plusieurs autres saints. A la fin il subit le sort des autres maisons religieuses du pays, vers l'an 870 ; mais on eut le temps de transférer ailleurs ces dépôts précieux (1).

*Vita. S. Godegr. autore Herald, inter acta SS. septembr.*

église, on a découvert récemment des fresques fort anciennes et fort curieuses, représentant, entr'autres sujets, quelques traits de la légende de saint Céneri. Une petite chapelle du xv⁰ siècle, où l'on montre comme le lit du bienheureux une grande pierre renversée (peut-être un ancien peulvan), s'élève au fond de la presqu'île. Une motte d'ancien château ou peut-être un *tumulus* gaulois, et quelques pans de murs, les uns renversés, les autres encore debout, rappellent seuls l'ancienne forteresse dont le nom reviendra souvent dans la suite de ces *Mémoires*. (L. S).

(1) C'est à Château-Thierri-sur-Marne que furent transférées les reliques du saint. Il paraît toutefois qu'un bras avait été laissé ou rapporté à Saint-Céneri, car, en 1094, les moines de Saint-Martin-de-Seès le prirent et l'emportèrent dans leur monastère

On découvrit en 1857, dans le chœur de l'église de Saint-Céneri, sous l'autel qu'on voulait transférer dans l'abside, une fosse murée grossièrement, de 2 m. 05 c. de longueur sur 0 m. 68 c. de largeur à la tête, 0 m. 62 c. aux pieds, et environ 1 m. de profondeur, remplie de débris de toute espèce, parmi lesquels se trouvaient même des ossements d'animaux, qui avait été probablement le tombeau primitif de Saint-Céneri. On sait en effet par l'auteur anonyme de sa vie, écrite avant le ix⁰ siècle et publiée par les Bénédictins, qu'il avait été enterré dans son église, sous l'autel, et que les tombes en pierre des moines qui

*Bullet. Monum. t. XXV, p. 138.*

Le territoire de Saint Céneri fit partie du domaine concédé par Richard Ier à la maison d'Alençon, et le seigneur d'Alençon l'inféoda avec ses dépendances à Giroie. Ce fut en faveur d'un de ses fils, comme nous l'avons dit, que Geoffroi, seigneur de Mayenne, y fit bâtir un château et y attacha de nouveaux fiefs, situés de l'autre côté de la Sarthe, et qui relevaient de Mayenne. L'art s'était réuni à la nature pour en faire une place-forte, qui était encore une des clefs de la Normandie sous Charles VII ; on le surnomme *le Géré* par corruption de *le Giroie*.

Robert Quarrel (1), seigneur de Condé, frère ou parent très-proche de celui qui avait conquis la principauté de Capoue, que sa postérité a longtemps conservée, y commandait pour le seigneur d'Alençon. Le comte de Salop

s'étaient groupés sous sa conduite au nombre de 140, remplissaient l'église et ses alentours. Or, ces dernières tombes entourent l'église actuelle, ce qui prouve que l'église n'a pas dû changer de place, et que la fosse dont il s'agit, qui fut nécessairement celle d'un personnage considérable, se trouve à peu près au lieu même où avait été déposé le corps du Bienheureux. En 1858, quelques parcelles des reliques conservées à Château-Thierri ont été octroyées à l'église de Saint-Céneri, sur les instances de M. l'abbé Retours, curé de cette église, et une fête a eu lieu à l'occasion de leur translation. (L. S.)

(1) Cette famille était illustre : Richard Quarrel fils d'Anquetil, seigneur de Villaine, de Lignières, de Montgoubert(1), etc., avait eu part avec les fils de Tancrède de Hauteville à la conquête d'Italie ; il avait épousé une de leurs sœurs : il eut pour sa part de la conquête la principauté de Capoue ; Jourdain, son fils, lui succéda et épousa une des filles du prince de Salerne, dont sortit Richard II, prince de Capoue, qui fut dépouillé de ses états et chassé par son cousin Roger II, comte de Sicile. Cette famille puissante dans le Sonnois a laissé son surnom à plusieurs paroisses.

(1) Montgoubert est situé dans la commune de Saint-Julien-sur-Sarthe, canton de Pervenchères (Orne). C'était un fief d'une certaine importance. (L. S.)

avait tant de confiance dans la valeur et l'habileté de ce chevalier, que toute la famille de Bellême s'y était retirée. Il soutint longtemps les efforts de l'armée commandée par le duc en personne ; mais les vivres étant totalement épuisés, et le comte de Salop n'ayant pu rassembler assez de forces pour attaquer le duc, il fut forcé de se rendre à discrétion. Le duc, irrité d'avoir consumé beaucoup de temps devant cette place, fit crever les yeux à Quarrel, et la plupart de ceux qui l'avaient secondé furent condamnés, par la cour ducale ou échiquier, à être mutilés. Geoffroi de Mayenne et les autres seigneurs Manceaux qui avaient accompagné le duc au siège, lui présentèrent Robert fils de Giroie, dont nous avons vu la fin malheureuse. « Voici, (lui dit le seigneur de Mayenne)
» un de vos parents qui a été forcé de s'expatrier pen-
» dant longtemps ; il a trouvé un asile chez les seigneurs
» Normands de la Pouille, ses parents ; il se prosterne
» aujourd'hui aux pieds de son seigneur et de son pro-
» che ; il vous offre ses services, et réclame une place
» qui lui appartient à droit successif de son père. » Le duc qui n'avait jamais pu refuser une grâce, lui remit le château de Saint-Céneri. Giroie fit travailler aussitôt à y faire des retranchements et à en augmenter les fortifications. Il le posséda environ trente-six ans.

Ceux qui étaient chargés de la défense d'Alençon et des autres places de Bellême, intimidés par le supplice de Quarrel et de ceux qui avaient défendu avec lui Saint-Céneri, tinrent conseil et arrêtèrent d'ouvrir leurs portes au duc, dès que ses troupes paraîtraient ; mais le duc jugea que son armée avait besoin de quelque repos. Roger profita de ce moment favorable, et pendant cet intervalle négocia avec tant d'habileté, qu'il fit revenir le duc des préventions que son oncle lui avaient inspirées. Roger et son fils promirent tout ce qu'on voulut. Bellême recouvra la liberté et fut bientôt mieux que jamais il n'a-

Ord. Vit., p. 675.

vait été avec son prince, pour lequel il avait tant fait de sacrifices.

<small>Ord. Vit. Ibid.</small>

Bellême, plus fier que jamais, ne songea plus, si nous voulons en croire un écrivain contemporain, son ennemi déclaré, qu'à se venger pleinement et à longs traits de ceux qu'il croyait lui avoir rendu de mauvais offices. Il exerça, pendant quinze années, sa vengeance, et remplit la Normandie de troubles. « Il aliéna, (continue l'écrivain » que j'abrège) par des menées sourdes, du service de son » prince, ses plus zélés serviteurs, et eut le secret d'ac- » croître ses possessions de quelques portions du duché » que les ducs avaient destinées pour former le domaine » inaliénable de leur couronne. Il était d'une taille au-dessus » de l'ordinaire, et sa force répondait à sa taille. Il était » subtil, fourbe, trompeur, entreprenant, redoutable les » armes à la main, d'un excellent conseil. Il avait le don de » la parole, était le plus habile ingénieur de son temps et

<small>Willelm., Malmesb., de gestis, Reg. Angl. p. 89.
Henric., Huntington, Epist. in Spicileg., t. VIII, p. 187.
Ord. Vit., p. 707.</small>

» infatigable : mais tant de belles qualités étaient ternies par » l'avarice, la lubricité et la cruauté. Il fut cruel au point » d'éprouver de la volupté, en contemplant le supplice des » malheureux qu'il faisait mourir à longs traits. On le vit » arracher, avec ses propres ongles, les yeux d'un jeune » enfant, son filleul, pour une faute légère de son père. Il » n'avait pour l'Eglise ni le respect, ni la tendresse d'un fils : » il la traitait en marâtre, l'opprimait, la désolait et la dé- » pouillait impitoyablement. » Voici encore comme le même historien s'exprime dans un autre endroit : « Robert était, » avec raison, surnommé *Talvas*, à cause de sa dureté : en- » durci comme Pharaon, loin de se laisser attendrir par » les plaies ou les remèdes qu'employaient les évêques, il » en devenait plus audacieux à commettre toutes sortes de » crimes. Comme Ismaël, il avait toujours le bras levé pour » frapper rudement ses voisins. Moines, ecclésiastiques, » habitants des villes et des campagnes sans défense, trem- » blaient sans cesse de devenir les victimes de sa tyrannie,

» soit par les pertes qu'il leur faisait essuyer, soit par les
» affronts dont il les couvrait. Ses amis, même les plus at-
» tachés, n'étaient pas à l'abri de sa brutalité, qui le leur
» rendait souvent insoutenable. Il faisait indistinctement
» crever les yeux, couper les oreilles, les bras, les jambes,
» ou mutiler quelque autre partie, et assistait à ces horri-
» bles spectacles. On le voyait, comme Phalaris, tyran de
» Sicile, tressaillir de joie à la vue des malheureux qui su-
» bissaient quelque nouveau genre de supplice de son in-
» vention. Plus cruel que les Nérons, les Déces et les Dio-
» clétiens, il faisait subir des supplices indicibles aux mi-
» sérables détenus dans les prisons pour quelque crime,
» s'en amusait et en faisait des plaisanteries avec ceux qui
» l'approchaient. Il préférait de tourmenter ceux qu'il fai-
» sait prisonniers en guerre, aux rançons qu'ils lui of-
» fraient. » « C'était, (ajoute un écrivain Anglais) Pluton,
» Mégère, Cerbère, et quelque chose de pis encore, s'il
» est possible de l'imaginer. »

HENRIC., HUNTINGTON, *in Spicileg.*, t. VIII, p. 187.

Cet homme, si terrible aux autres, (ajoute Orderic) passait les jours et les nuits dans une crainte continuelle. Les remords de sa conscience lui faisaient suspecter tous ceux qui l'approchaient; il n'osait se fier à personne, et craignait que les siens ne le livrassent à ses ennemis, ce qui l'empêchait souvent, malgré sa valeur et ses forces supérieures, d'en venir aux mains avec eux. Il préférait de demeurer tranquillement renfermé dans ses forte-resses, tandis qu'ils venaient piller les environs (1). Nous

ORD. VIT, p. 175.

---

(1) Ce portrait, que j'abrége beaucoup, ressemble assez à une amplification de collége. D'ailleurs, Orderic, dans les différents endroits de son Histoire où il parle de ce seigneur, ne se souvient pas toujours du portrait qu'il en a fait en grand. Par exemple, voici comme il s'exprime quelques lignes après : *miles quidem magnus erat in armis et acerrimus, ingenio et eloquentia cum fortitudine pollebat, sed nimio tumore et crudelitate omnia polluebat... ob insolentiam et cupiditatem plurima contra collimitaneos prœlia*

laisserons aux lecteurs à juger par les faits historiques de la vérité de ce tableau.

GUILLAUME DE JUMIÈGES, l. VIII, ch. 3.

Bellême, à la sortie de sa prison, trouva une partie de ses terres désolées : ses ennemis avaient profité de son

*cœpit, sed sœpe victus cum damno et dedecore aufugit...* Il ajoute : *Filioli sui oculos sub clamyde positi quasi ludens de pollicibus extraxit; homines utriusque sexus ab ano usque ad ora palis transforabat. Erat ei cœdes horribilis hominum cibus jucundus animœ : erat in ore omnium positus ut dicerentur in proverbiis :* Mirabilia *Roberti de Bellême.*

Les crimes reprochés à Robert de Bellême et le nom de *Fossés Robert le Diable*, que portent encore les fossés qu'il avait fait construire dans le Sonnois, ne sauraient le faire considérer comme le type du personnage légendaire de *Robert le Diable*, si populaire au moyen-âge et particulièrement en Normandie, et auquel l'admirable musique de Meyer-Beer a donné de nos jours un nouveau baptême de célébrité.

Il est à noter d'abord que l'on trouve le nom de *Robert le Diable* attaché par la tradition populaire, soit en France, soit même en Angleterre, à des constructions trop éloignées les unes des autres et d'âges trop différents, pour qu'on puisse y voir autre chose qu'une allusion aux mauvais Esprits qui les auraient construites ou qui les hanteraient. Dans beaucoup d'endroits, le Diable est familièrement désigné par le nom de *Robin* ou de *Robert*.

Puis, les événements dont se compose *la terrible et merveilleuse vie de Robert le Diable, lequel après fut homme de bien*, n'ont rien de commun avec ce que nous savons de celle de Robert de Bellême. Cet enfant voué avant sa naissance, par l'imprudence de sa mère, à l'Esprit du mal; ce jeune homme chassé de la cour du duc de Normandie, son père, et se signalant à la tête de bandits de son âge, par des excès de tout genre; ce Robert allant en Italie pour y faire pénitence, contrefaisant le fou, partageant la loge et la nourriture des chiens, pourfendant les Sarrasins dans trois rencontres, reconnu et proclamé par la fille du prince, muette jusque-là et dont la langue a été miraculeusement déliée; ce vainqueur épousant la princesse suivant une version, et suivant une autre, refusant de l'épouser pour se retirer dans un hermitage et y finir ses jours dans les rigueurs de la plus austère pénitence, n'ont rien à démêler avec Robert de Bellême.

Quel est donc le type originaire du Robert de la Légende? On hésite entre Robert le Magnifique, père de Guillaume le Conqué-

malheur et des occupations de son père, pour attaquer impunément ses possessions. Geoffroi II, comte de Mortagne, fils de Rotrou I$^{er}$, dont nous avons parlé, avait rassemblé ses parents et ses amis, entre lesquels on voyait le vicomte de Châteaudun, Rotrou, seigneur de Montfort, Hilduin, comte de Rouci, son beau-frère (1), et tandis que les Normands assiégeaient Saint-Céneri, il avaient pénétré dans le pays de la Marche, brûlé Echaufour et plusieurs villages du voisinage. Il y fit un riche

ORD. VIT., p. 676.

rant, et Robert Courte-Heuse, fils du même Guillaume. MM. F. Richomme (*Etude sur la Légende de Robert le Diable;* Falaise, 1851, in-8°); De Reiffenberg (*Chronique de Philippe Mouskès,* t. II); Depping (*Histoire des Expéditions maritimes des Normands,* l. IV, ch. 2); et Génin (*Chanson de Roland*), se prononcent pour le premier. — M. Deville (*Miracle de Notre-Dame;* Rouen, 1836, in-8°) tient pour Robert Courte-Heuse, et son opinion, appuyée de rapprochements ingénieux, est adoptée par M. Le Roux de Lincy (*Légendes populaires de la France,* 1842, in-18) : c'était aussi celle de Ménage et des Bénédictins auteurs de l'*Histoire littéraire de la France* (t. VII). — Masseville (*Histoire de Normandie,* t. I, p. 671), et MM. Pichard (*Revue de Paris,* 6 juillet 1834); Trébutien (*le Roman de Robert le Diable;* Paris, 1837, in-4°); Licquet (*Histoire de Normandie,* t. II, p. 33) voient dans *Robert le Diable* le fils inconnu d'un duc Aubert que les *Chroniques de Normandie* supposent avoir été le premier duc de cette province, mais dont l'existence est plus que douteuse. M. Edelestand du Méril, dans une savante dissertation sur la *Légende de Robert le Diable* (*Revue contemporaine,* 15 juin 1854) fait au symbole, à la fiction une plus large part; il ne voit dans les crimes et la pénitence de Robert le Diable qu'une sorte de résumé des croyances et des traditions, unes et diverses tout à la fois, du moyen-âge. Enfin, M. Littré (*Histoire littéraire de la France,* t. XXII, p. 879), est allé jusqu'à ranger cette histoire parmi les romans de pure imagination.

Il n'est pas impossible que le souvenir des cruautés de Robert de Bellême ait grossi le trésor des traditions diverses d'où est sortie cette curieuse légende. (L. S.)

(1) Geoffroi avait épousé Béatrix de Rouci, fille d'Egilduin IV, comte de Montdidier et d'Alix, comtesse de Rouci. Rouci est dans l'arrondissement de Laon. (L. S.)

butin, et emmena grand nombre de prisonniers. Le comte de Mortagne, était, suivant Orderic, d'une belle figure, courageux, pacifique et aimable pour ceux qui s'attachaient à lui, redoutable à ses ennemis et heureux à la guerre. Ses mœurs répondaient à sa haute naissance; il était le protecteur du clergé et des pauvres religieux, et craignait Dieu par dessus tout. Il avait pour vassaux un nombre considérable de braves barons et de vaillants chevaliers. Ses places étaient bien fournies d'armes et de munitions de toutes espèces; il était riche, et s'était choisi des gendres puissants. Il avait un grand nombre d'amis, ne craignait personne, et marchait toujours comme le lion au combat.

Hugues de Nonant (1), Bernard de la Ferté (2), les seigneurs de l'Hiesmois, avaient voulu profiter également, chacun de son côté, du moment favorable pour s'agrandir aux dépens de la maison d'Alençon, Bellême se borna d'abord à faire des courses sur les terres de ceux qui s'étaient déclarés contre lui. Il ne voulut jamais hasarder un combat contre son parent le comte de Mortagne; il sut éviter jusqu'aux escarmouches considérables, quoique ses forces fussent supérieures. Il avait fait retirer, dans ses forteresses, ses vassaux avec ce qu'ils avaient de plus précieux. Il vit même, plus d'une fois, ceux du Corbonnois piller les frontières de ses possessions sans permettre à ses troupes de faire aucune sortie; il craignait

(1) Nonant-sur-Queuge, *Nonantum*, canton du Merlerault (Orne). Il y existe un château très-moderne bâti sur les ruines d'un plus ancien, mais qui ne remontait lui même qu'au xve ou xvie siècle. (L. S.)

(2) Robert Bernard de la Ferté-Bernard, premier du nom. Voir sur cette intéressante ville, indépendamment des dictionnaires ou des statistiques du Maine, la notice de M. Charles dans les *Etudes sur l'histoire et les monuments du département de la Sarthe*, 1856, p. 99, et ma notice dans le *Maine historique*. (L. S.)

d'être trahi et de tomber encore une fois dans les mains de ses ennemis. Cette guerre fut longue, coûta la vie et causa bien des maux à un grand nombre de sujets de ces deux puissants marquis (1).

Cependant, Robert, premier abbé de Saint-Martin de Seès, était mort en 1089. L'usage commun était alors que les religieux de la communauté invitâssent quelques évêques et quelques abbés du voisinage pour les aider de leurs conseils dans le choix qu'ils allaient faire d'un abbé. L'élection faite, ils conduisaient l'élu au duc qui le confirmait s'il était à son gré, ou en nommait un autre. On le présentait ensuite à l'évêque diocésain pour le bénir. La cérémonie de l'élection du nouvel abbé de Seès fut différente. Roger de Montgommeri, en fondant ou en établissant les abbayes de Seès, de Troarn et d'Almenêches, s'était réservé le droit de présider à l'élection des abbés et de les confirmer : Guillaume le Bâtard ne s'y était point opposé. En conséquence, les religieux de Saint-Martin invitèrent les évêques, les religieux, les seigneurs et le peuple de la province pour procéder à l'élection du nouvel abbé. Le choix tomba sur Raoul, fils de Sifroi d'Escures, religieux de la maison. Roger et Robert de Bellême approuvèrent son élection, et confirmèrent en sa faveur toutes les possessions et les priviléges de l'abbaye. Le nouvel abbé reconnut, de son côté, que les vassaux de l'abbaye étaient tenus de contribuer, comme tous les autres vassaux d'Alençon, au paiement de la rançon du

*Martirolog. S. Martini Sag.* mss.

D. Cosnard, *Antiquit. de Seès,* mss.

---

(1) On appelait alors *marquis* (1) les seigneurs des *marches*. Le comte de Mortagne possédait la marche de France, vis-à-vis de la Normandie, et Bellême celle de Normandie, vis-à-vis du Perche et du Maine.

(1) Voir sur le titre de *Marquis,* la *Dissertation* de Dom Calmet publiée dans son *Hist. de Lorraine,* t. III, et réimprimée dans la *Collection Leber,* t. VI, p. 44. (L. S.)

comte et de son fils aîné, s'ils avaient le malheur d'être faits prisonniers de guerre; qu'ils étaient tenus de les accompagner, lorsqu'ils se rendaient à l'armée du prince, contre les ennemis de l'état, et enfin de prendre les armes contre le duc même, si ces seigneurs avaient le malheur d'avoir à soutenir une guerre personnelle contre lui, pour la sûreté de leurs propres personnes. Roger en fit dresser un acte (1), dans son château d'Almenêches.

Comme nous aurons plus d'une fois occasion de parler de cet abbé, il est nécessaire de le faire connaître. Il était d'une des plus considérables familles du pays. Son père, seigneur d'Escures, proche Seès, avait donné, de l'agrément du seigneur d'Alençon, à l'abbaye de Saint-Martin de Seès, de grands biens, entre autres les églises et les dîmes des paroisses de Saint-Germain de Seès (2), de la Chapelle, du Bouillon, de Semallé, de Congé. Raoul avait embrassé l'état religieux à Seès, en 1079, et était devenu prieur de la maison. Il forma alors le projet de faire le voyage de Jérusalem; mais il en fut détourné par le fameux Anselme, archevêque de Cantorbéri. Devenu abbé de Seès, il vécut quelques années dans la meilleure

(1) On conserve cet acte, d'où j'ai tiré toutes ces particularités. Il est sans date; en voici la principale disposition : *In nomine sanctæ et individuæ Trinitatis, notum*, etc., *quod, defuncto venerabili abbate cœnobii Sancti Martini Sagii Roberto, atque priore ejusdem cœnobii Radulpho ab episcopis et monachis, principibus et populo totius provinciæ ad locum defuncti patris obtinendum electo, comes Rogerius..... concesserunt et a comite Normaniæ Roberto concedi poposcerunt..... et etiam, si comes Rogerius vel Robertus filius ejus ei* (comiti) *bellum per se fecerint pro deffendendis propriis corporibus, similiter homines prædicti cum eis pergerent.* Je prouve dans ma *Dissertation sur Serlon*, qu'on ne peut être trop en garde contre les portraits que les écrivains Anglais et Normands et leurs copistes nous ont laissés de ce seigneur.

(2) L'église Saint-Germain est détruite. Elle était près des halles. On l'appelait aussi église d'Escures. (L. S.)

intelligence avec Bellême. Un historien anglais nous apprend que ce seigneur ne se bornait pas à procurer l'augmentation des biens de cette abbaye, mais qu'il poussait l'attention jusqu'à veiller à ce que personne n'en troublât les exercices religieux. Roger-*le-Poitevin*, un de ses frères, y donna, en 1094, l'église de Lancastre en Angleterre, qui devint un prieuré fameux. Arnould, comte de Pembrock, un autre de ses frères, fonda celui de Saint-Nicolas de Pembrock et le donna à cette abbaye. Si elle avait quelque contestation avec des seigneurs voisins, Bellême s'en rendait l'arbitre. Serlon ayant voulu contester à l'abbaye de Saint-Martin la propriété du cours de la rivière d'Orne et des prairies qu'elle arrose avant d'entrer dans la ville de Seès, l'abbé Raoul défendit vivement les droits de son abbaye, et Bellême, s'étant rendu médiateur, termina la querelle en 1097. Mais il se brouilla bientôt avec ce seigneur, qui l'accusa de lui avoir rendu de mauvais offices, qui d'ailleurs prétendit que l'abbé lui devait hommage des biens temporels de son abbaye, et qui l'exigea comme nous le verrons dans la suite. Il aima mieux abandonner son abbaye que de se soumettre, et se retira en Angleterre, où il fut fait évêque de Rochester et enfin archevêque de Cantorbéry et primat d'Angleterre. Son opiniâtreté à défendre les priviléges de cette église lui suscita une affaire avec Turstin, élu archevêque d'Yorck, dont il exigeait la soumission rendue par ses prédécesseurs à l'église de Cantorbéry. Le nouvel élu ne s'y refusa pas avec moins d'opiniâtreté. Les choses en vinrent au point que peu s'en fallut qu'il n'en résultât une rupture ouverte entre le roi et le Saint-Siége. Eadmer, son historien, nous apprend un autre trait de sa vie qui caractérise encore mieux cet homme opiniâtre et violent. La cérémonie du mariage du roi avec Adelaïs de Louvain, sa seconde femme, devant se faire, l'évêque de Salisbury, dans le diocèse duquel est situé le palais de Windsor où

*Willelm., Malmesb. De pontifi. Angl*

*Cartul. S. Martini Sag.*

*Hist. novorum, p. 135.*

*Gervasius, Actus Pontificum Cantuarens. c. 1664.*

le roi faisait sa résidence, prétendit que c'était à lui de la faire en l'absence de l'archevêque, alors frappé de paralysie et malade. Il était déjà vêtu de ses habits pontificaux, lorsqu'arrive l'archevêque qui lui défend de faire la cérémonie, lui fait ôter ses habits et lui substitue l'évêque de Worcester. Le lendemain ou quelques jours après (1), la nouvelle reine devait être couronnée ; l'archevêque avait déjà commencé l'*introït* de la messe, lorsque, de l'autel, il aperçut le roi la couronne en tête. Prétendant que personne, en sa présence, n'avait droit de la lui poser, et que le roi ne pouvait la porter posée par la main d'un autre sans violer les droits de son église, il descend de l'autel, et toujours vêtu des habits pontificaux et des ornements de la dignité primatiale, s'avance vers le roi, qui se lève humblement à son approche. « Qui » vous a posé, lui dit-il, la couronne sur la tête ? » Le roi, les yeux baissés en terre, répond d'un ton modeste qu'il n'y a pas fait attention et qu'il ne s'en souvient pas. « Quiconque l'a fait, reprend le prélat, n'en avait pas le » droit, et tant que vous la porterez posée par une autre » main que la mienne, la cérémonie demeurera sus- » pendue. — Suppléez-y, dit alors le roi, je me soumets à » tout ce qu'il vous plaira. » Alors le prélat, d'une main, détache la mentonnière de la couronne, et, de l'autre, l'enlève de dessus la tête du roi. Les assistants indignés crient de toutes parts au prélat d'arrêter ; il se rend en ce moment, et, debout auprès du roi, il entonne le *Gloria in excelsis*, et parachève la messe (2). Raoul d'Escures mourut le 20 ou le 22 octobre 1122.

Le roi Guillaume n'avait pas plutôt été délivré du péril

---

(1) Les historiens anglais ne s'accordent pas sur le jour de cette cérémonie.
(2) O. Desnos avait déjà donné tous ces récits dans sa *Dissertation sur Serlon et Raoul*. (L. S.)

dont l'entreprise des seigneurs normands l'avait menacé, qu'il songea à se rendre maître un jour des états de son frère. Il fomentait la division qui régnait parmi les seigneurs normands, et, sous main, cherchait à en gagner quelques-uns à force d'argent. Il vint à bout d'en corrompre deux qui lui livrèrent la forteresse de Saint-Valeri et celle d'Aumale. Plusieurs autres suivirent cet exemple. Conan, le plus riche bourgeois de Rouen, forma le projet de lui livrer cette place, et il était sur le point de l'exécuter, lorsque les seigneurs demeurés fidèles à leur souverain, volèrent au secours du duc. Henri, son frère, fut de ce nombre, ainsi que Bellême, Guillaume, comte de Breteuil, Guillaume, comte d'Evreux, Gilbert de l'Aigle, et beaucoup d'autres. L'Aigle pénétra dans la ville, le 3 novembre 1090. Il s'y engagea un combat sanglant : Conan fut fait prisonnier ; Henri le fit monter sur une tour fort élevée, et le précipita, de sa propre main, du haut en bas. Le duc étant rentré dans la ville, Bellême et Breteuil, qui s'étaient signalés dans le combat, lui présentèrent un grand nombre de prisonniers ; ils ne purent recouvrer leur liberté qu'aux dépens de toute leur fortune : elle passa à Bellême, à l'Aigle et aux autres seigneurs qui les avaient arrêtés.

Sim. Dunelm. col. 215.

Ord. Vit, p. 689.

Bellême profita de la circonstance pour obtenir du duc la permission d'élever deux forteresses destinées à contenir dans le devoir plusieurs seigneurs de l'Hiesmois, qu'on soupçonnait d'être gagnés par l'argent du roi d'Angleterre, et ennemis particuliers de Bellême. Il en plaça une sur une éminence nommée Fourches, dans le voisinage de Vignats, dont il détacha quelques vassaux pour les attacher à la nouvelle place, et l'autre à Château-Gontier (1), dans la paroisse de la Courbe, sur le bord de

Ord. Vit. p. 691.

---

(1) Les restes de ce château furent rasés par l'aïeul de M. de Beaurepaire, possesseur actuel, et les matériaux servirent à en bâtir un nouveau qui a été brûlé en partie. (V. p. 43.)

la rivière d'Orne. Par le moyen des garnisons qu'il y mit, il se proposait de tenir dans le respect le Houlme et une partie de l'Hiesmois.

Les seigneurs de l'Hiesmois ne virent pas tranquillement s'élever ces forteresses ; ils prétendirent que le terrain n'avait jamais appartenu à Bellême ni à ses pères, et qu'il n'avait pas le droit de veiller sur leur conduite. Ils s'assemblèrent et convinrent entre eux des moyens qu'il fallait prendre pour lui opposer une vigoureuse résistance. Les seigneurs de Grantemesnil et de Courci, qui étaient les plus riches et par conséquent les plus exposés, agirent les premiers et déclarèrent la guerre à Bellême. Tous deux étaient d'une naissance illustre et s'étaient rendus célèbres par leur valeur, mais fort avancés en âge. Ils avaient un grand nombre de parents et d'amis.

Hugues de Grantemesnil avait obtenu, après la conquête d'Angleterre, la vicomté de Leycester et la présidence de Graentonne (1) : le Conquérant l'avait fait son grand sénéchal. Après sa mort, il fut un des seigneurs normands qui se proposèrent de mettre Robert sur le trône. Il perdit alors beaucoup de son crédit auprès de Guillaume, ce qui le décida à revenir en Normandie. Mais, dans la suite, soit en vue de retourner en Angleterre, soit mécontentement du duc, il se laissa gagner par l'argent du roi et devint un de ses partisans secrets. Il avait épousé Adelize, fille du comte de Beaumont, dont il avait un grand nombre d'enfants. L'aîné, nommé Robert, succéda aux grands biens que son père possédait en deçà de la mer, et survécut à ses frères et sœurs. Il mourut très-âgé ; il épousa en premières noces Agnès, fille de Ranulphe (Renouf) de Bayeux ; en secondes, Emme, fille de Robert d'Estouteville, et en troisièmes, Lucie, fille de Savari

---

(1) Peut-être Grenhamton. (L. S.)

Fitz-Cane (1). Guillaume, le second, fut élevé auprès du Conquérant, qui l'aimait beaucoup et voulut lui faire épouser sa nièce, fille du comte de Mortain et de Mathilde de Montgommeri, mais, par légèreté, il rejeta cette illustre alliance et passa dans la Pouille, où Robert Guiscard lui donna en mariage sa fille Mabile et douze places-fortes pour dot. Il se trouva au siége d'Antioche, où il ne se fit pas honneur. Il laissa pour héritiers Guillaume et Robert de Grantemesnil, dont on prétend qu'il reste des descendants au royaume de Naples. Hugues, le troisième, brave chevalier, mourut à la fleur de l'âge. Yves, le quatrième, eut de la succession de son père les vastes possessions d'Angleterre. En partant pour la Terre-Sainte, il les engagea au comte de Meulan pour une somme d'argent, mais las des travaux et des fatigues qu'il eut à essuyer pendant le siége d'Antioche, il quitta le duc et s'en revint honteusement en France. Il voulut dans la suite effacer cette tache, et fit une seconde fois le même voyage où il mourut. Il avait épousé, en Angleterre, une fille de Gilbert de Gand (2). Albéric, le plus jeune de tous, accompagna aussi le duc Robert dans son expédition de la Terre-Sainte, et se fit encore moins d'honneur au siége d'Antioche que son frère Yves. L'aînée des filles, nommée Adeline, épousa Roger, seigneur d'Ivri : Rohez, la seconde, fut mariée à Richard, seigneur de Courci; Mathilde, la troisième, à Hugues, seigneur de Mont-

Ord. Vit., p. 738.

---

(1) Selon d'autres historiens, Robert aurait épousé Haduise, seconde fille de Giroie; de leur union serait sorti, entr'autres enfants, Robert, abbé de Saint-Evroult en Normandie et de Sainte-Euphémie en Sicile. Haduise devenue veuve se remaria à Robert, fils du comte d'Evreux, dont elle eut deux filles, Judith mariée en premières noces à Roger, comte de Sicile, morte sans enfants, et Emme, mariée à un autre comte en Sicile. (O. D.)

(2) Frère de Beaudouin de Gand, seigneur d'Alost, et fils de Raoul. V. sur ce personnage important une note des derniers éditeurs d'O. Vital. (L. S.)

iii, p. 560.

pinçon, proche Argentan, fils de Raoul de Montpinçon (1), qui avait été sénéchal (2) du Conquérant, dont elle avait trois fils; et Agnès, la dernière, épousa Guillaume de Sai. Tous ces seigneurs donnèrent de grands biens à l'abbaye de Saint-Evroul : la plupart y sont inhumés, ainsi que leurs femmes (3).

<small>Ord. Vit., p. 479.</small>

La maison de Courci était allemande d'origine. Baldric, surnommé le *Teutonique*, vint, avec son frère Ulger, s'établir en Normandie sous le duc Richard II. Gilbert, comte de Brionne, gouverneur de Guillaume-le-Bâtard, tué par Robert Giroie en 1035 (4), fit épouser à Baldric sa nièce, dont il eut six fils et plusieurs filles. L'aîné des fils fut tige de la maison de Bascheville ou Basqueville (en Caux); Foulques d'Aunou, de celle des seigneurs d'Aunou, surnommé le *Faucon*, à cause de ce seigneur (5); Richard,

---

(1) Montpinçon, *Mons-pincius*, *Monti-pincho*, n'est pas situé près d'Argentan, mais dans le canton de Saint-Pierre-sur-Dives, arrondissement de Lisieux (L. S.)

(2) *Dapifer*.

(3) Petronille de Grantemesnil porta la terre de ce nom et la sénéchaussée d'Angleterre, à Robert, comte de Leycester, célèbre par ses belles actions.

(4) Il faut se rappeler que les noms propres ne commencèrent a devenir communément héréditaires que vers ce temps-là (1). Cependant je donne le nom de Giroie à plusieurs de ses descendants, qui ne l'ont jamais porté, seulement pour les faire mieux connaître. Giroie était dans l'origine un nom de baptême.

(5) *Alnou*, canton d'Argentan. La maison d'Aunou était considérable. L'un de ses membres, sous Philippe II, portait bannière et épousa, selon toute apparence, la sœur de Henri le Maréchal, seigneur d'Argentan, dont il n'eut point d'enfants. Un autre fut évêque de Seès en 1248. Cette maison venait des ducs de Normandie par Geoffroi, comte de Brionne, fils naturel de Richard-sans-peur. (L. S.)

---

(1) On admet même généralement que les noms ne devinrent héréditaires que sous Philippe-Auguste (1180-1223). V. Mezeray, de la Roque, Sallo (*Recueil de pièces d'histoire et de littérature et Collection Leber*, t. XI, p. 4.) Les armoiries le devinrent un peu plus tard. (L. S.)

de celle des seigneurs de Neuville (1); Robert, de celle des seigneurs de Courci (2); Baldric (Baudri), seigneur de Bocquencé (3), terre qu'il reçut de l'abbaye de Saint-Evroul, à condition de la défendre et de faire le service militaire, (c'est de lui que descendent les Bocquencé), et Wiguier (Viger), qui passa dans la Pouille. Tous ces seigneurs se rendirent célèbres par leur valeur sous Guillaume-le-Conquérant, qui leur donna de grandes possessions en Normandie. Robert de Courci fut père de Richard, qui déclara la guerre à Bellême : il était alors fort âgé. Il avait pour fils Robert de Courci, qui avait épousé Rohez, fille de Hugues de Grantemesnil, dont il avait cinq fils.

Hugues de Grantemesnil et Richard de Courci, accompagnés de tous leurs parents et amis, pénétrèrent sur les terres de Bellême. Celui-ci, secondé de ses frères Roger et Arnulphe (Arnoul), fit prendre les armes à tous ceux de ses vassaux qui lui devaient le service militaire. Il entra, à son tour, sur les terres de ses ennemis où il mit tout à feu et à sang. Grantemesnil et Courci se trouvant trop faibles pour risquer une action décisive, appelèrent à leur secours Mathieu, comte de Beaumont-sur-Oise, Guillaume de Garenne (Varenne), Thibaut, fils de Galeran de Breteuil, surnommé le *Chevalier-Blanc*, à cause de la couleur du

ORD. VIT., p. 691.

---

(1) Neuville-près-Seès, ou Neuville-sur-Touques, canton de Gacé. (L. S.)

(2) *Curceium*. Courci est dans le canton de Coulibœuf, arrondissement de Falaise, et non pas près de Croissanville, comme le disent les nouveaux éditeurs d'O. Vital. On y voit, au milieu de deux enceintes concentriques et défendues seulement par des fossés, les ruines d'un ancien château de forme carrée et flanqué de 12 tours, dont quelques-unes sont encore fort élevées. Les murs en ont environ 1 m. 66 c. d'épaisseur et offrent, dans la partie inférieure, de nombreuses traces d'appareil à feuilles de fougères. (L. S.)

(3) *Balgenzaium*, canton de la Ferté-Fresnel. (L. S.)

cheval qu'il montait et de l'habit qu'il portait, et Gui, surnommé le *Chevalier-Rouge*, également à cause de la couleur de ses habits. Ces seigneurs se rangèrent sous les enseignes de Grantemesnil et de Courci, dans le dessein de se signaler par quelque exploit glorieux : les deux derniers furent tués.

<small>Ord. Vit., p. 692.</small>

Bellême, malgré ses succès, craignit de se voir accablé par le nombre. Il persuada au duc de venir à son secours contre ses propres ennemis, dont les uns s'étaient déclarés ouvertement et les autres étaient seulement d'intelligence avec son frère. Le duc, à la tête d'une armée formidable, arriva devant le château de Courci, au commencement de janvier 1091. Il en commença le siége dans les formes; mais il négligea, à la persuasion de quelques seigneurs de son armée, amis des assiégés, de faire des lignes de circonvallation. Le duc voyant qu'il avait passé trois semaines devant la place sans avoir rien avancé, fit élever un beffroi qu'il garnit d'hommes et de tout ce qui était nécessaire pour presser les assiégés. Ceux-ci trouvaient chaque jour le moyen de communiquer avec leurs alliés, et d'en recevoir des rafraîchissements en hommes et en munitions. Si le duc faisait donner un assaut, Grantemesnil tombait sur quelque quartier dégarni, et forçait le duc à quitter l'attaque pour y courir. Les assiégés, de leur côté, faisaient de fréquentes sorties, dans l'une desquelles ils firent prisonniers Guillaume de Ferrières (1), Guillaume de Rupière et plusieurs autres, dont ils tirèrent de grosses rançons qui leur furent d'un grand secours. Comme la fortune des armes est journalière, Yves de Grantemesnil, l'un des fils de Hugues, et Richard, fils de Gilbert, seigneur de Bienfaite, avec quelques autres, tombèrent à leur tour dans les mains de Bellême qui les retint prisonniers.

(1) Ferrières-Saint-Hilaire, près Bernai. Ce Guillaume était fils de Henri, qui avait assisté à la bataille d'Hastings. (L. S.)

Quoique Hugues de Grantemesnil, par son grand âge, ne fût plus en état de porter les armes, rien ne se faisait que par ses conseils. Il était l'âme de toutes les délibérations. Il fit rappeler à son prince les services qu'il avait rendus à son aïeul, à son père et à lui-même. « Que vous
» ai-je donc fait, ajouta-t-il ? Quel est mon crime ? Pour-
» quoi en agir avec moi comme avec un ennemi formi-
» dable ? Je vous reconnais publiquement pour mon sei-
» gneur, et je proteste qu'on ne me verra jamais vous
» combattre. Mais retirez-vous seulement un jour, et alors
» je pourrai, sans crime, me mesurer avec Bellême. Il
» met toute sa confiance dans votre protection, tandis que
» les assiégés sont contenus par le respect que votre pré-
» sence leur inspire, et non par la crainte d'un pareil
» ennemi. » Il fit proposer au duc deux cents livres (1) pour les frais qu'il avait faits ; le duc rejeta ses offres. Les assiégés, ayant reçu de nouveaux renforts, continuèrent à faire de vigoureuses sorties. Leur four était hors de la place (2), et ils n'avaient pas eu le temps d'en construire un autre ; il s'y passa une action très-sanglante où demeurèrent vingt morts et un grand nombre de blessés. Dans une autre occasion, Bellême fut repoussé vivement et le beffroi brûlé.

Gérard, évêque de Seès, s'était rendu au siège pour tâcher de ramener la paix dans son diocèse, mais toute sa dextérité y échoua. Un écrivain, ennemi de Bellême, prétend que ce seigneur le traita avec mépris et l'insulta même grièvement en faisant arrêter son page, qui, par amusement, s'était avisé de monter à cheval et de se pro-

Ord. Vit., p. 693.

---

(1) On ne parlait alors que par livre de marc.
(2) On croit que ce four était placé à l'endroit nommé *Sous Cufour*. On montre aussi au-delà du Couesnon l'emplacement supposé du camp de Bellême, et aux Châtelets, de celui du duc de Normandie. (L. S.)

mener dans le camp. Ce page se nommait Richard de Gâprée et son père Sévold. Ses parents avaient eu de vifs débats avec Bellême, et étaient, depuis long-temps, fort embarrassés pour se mettre à couvert de ses entreprises. Bellême prétendait qu'il était venu reconnaître l'état de l'armée, et qu'il devait être traité comme un espion. L'évêque, informé de ce qui venait d'arriver à ce jeune clerc, ordonna qu'on le lui remît sur-le-champ, et sur le refus qui en fut fait menaça de fulminer un interdit sur l'armée ; il fut relâché au bout de quelques jours. Le prélat, déjà malade, s'en retourna à Sèes où il mourut le 23 janvier (1).

Le roi d'Angleterre n'avait pas été plutôt informé de ce qui se passait en Normandie, qu'il rassembla son armée pour venir au secours de ses amis. Ralp (Renouf) Flambard, ministre et principal instrument de ses extorsions, lui procura des sommes considérables qui lui servirent à corrompre la fidélité de plusieurs seigneurs normands. Dès que le duc sut son débarquement, il leva le siége du château de Courci (2) et se rendit à Rouen, où Bellême l'accompagna. Il apprit bientôt que le roi avait été joint par le comte d'Aumale, Robert, comte d'Eu, Gautier Giffard, comte de Longueville, Gérard de Gournai, seigneur d'Ecouché, à qui il semble que le duc avait confié la garde d'Argentan, Guillaume de Briouze et un grand nombre d'autres. Les choses semblaient au moment d'être portées aux dernières extrémités entre les deux frères, lorsque la noblesse engagée dans les deux partis fit si bien qu'elle parvint à les amener à un accommodement. Le duc fit de

MARIN PROUVÈRE, *Hist. de Normandie*, mss., ch. 27.

---

(1) L'année chez les Normands commençait à Noël, et chez les Français à Pâques : cette différence est la cause de celle qui se rencontre dans la chronologie des divers historiens.

(2) Le seigneur de Courci se raccommoda et se brouilla plusieurs fois avec Bellême. Il l'assistait dans le combat que perdit Bellême sur les bords du Riolcus, et y perdit un œil. (O. D.)

grands sacrifices pour épargner le sang de ses sujets : il abandonna à son frère la propriété du comté d'Eu, des villes d'Aumale, de Fécamp, de Cherbourg et de toutes les terres de Gérard de Gournai et de Raoul de Conches. Guillaume, de son côté, s'obligea d'aider son frère à soumettre les Manceaux révoltés, à rétablir dans leurs biens d'Angleterre tous les seigneurs qui en avaient été dépouillés pour s'être déclarés en faveur de son frère. Douze Barons, de part et d'autre, se rendirent garants du traité. Bellême fut une des cautions du duc : tout le monde parut content, à l'exception de Henri, comte du Cotentin, dont on avait négligé les intérêts.

Sim. Dunel, Trist., col. 246

Ord. Vit., p. 693.

Gilbert, fils d'Ingénulphe (Eugenouf), qui avait fait bâtir, comme nous avons vu ci-devant, le château de l'Aigle, et frère de Richer tué devant Sainte-Suzanne, avait profité de la captivité de Bellême, pour obtenir, en récompense de services rendus au Conquérant et au duc même, la garde (1) du château d'Exmes, qui avait toujours fait partie des fonctions du vicomte. Bellême crut que son honneur et celui de sa maison étaient intéressés à ne pas le laisser jouir plus longtemps de cette place. Il rassembla toutes ses forces, et tomba sur Exmes, la première semaine du mois de janvier 1092 (2). Il le battit pendant quatre jours, y donna plusieurs assauts malgré la pluie et la rigueur de la saison. Gilbert, qui n'avait que peu de monde, se défendit si bien à coups de traits et de pierres, que

---

(1) *Eique pro remuneratione patriæque tutione castrum de Eximiis donavit.*
Les nouveaux éditeurs d'O. Vital lisent *de Oximiis*, d'Exmes. (L. S.)

(2) Orderic semble placer cet évènement en l'année 1091. Gilbert de l'Aigle avait rendu de grands services au duc dans la révolte arrivée à Rouen en 1090. Bellême fut occupé pendant tout le mois de janvier 1091, au siége de Courci et accompagna le duc à Rouen : ainsi le siége d'Exmes ne peut avoir eu lieu cette année-là.

Ord. Vit., p. 685.

Bellême fut toujours repoussé avec perte. Gilbert de l'Aigle, neveu de l'assiégé, instruit du danger que courait son oncle, accourut à son secours avec quatre-vingts hommes d'élite, chargés de vivres et d'armes : il trouva le moyen de pénétrer dans la place à la faveur des ténèbres de la nuit. Bellême, qui s'était flatté de l'emporter d'emblée, leva aussitôt le siége Il semble que ces deux seigneurs ne tardèrent pas à se réconcilier.

La marche où se trouvent Moulins et Bonmoulins (1) qui en sont les principales places, avait été concédée par les premiers ducs à un Seigneur Normand, à la charge de défendre cette frontière de la Normandie contre les entreprises des rois de France et des comtes de Mortagne. Guimond, le dernier mâle de ses descendans, ne laissa qu'Albéréde (Aubrée) héritière de ses biens, que le Conquérant fit épouser à Guillaume de Falaise, dit de *Moulins*. De ce mariage sortirent deux filles. Albéréde fit casser son mariage pour cause de parenté, et prit le voile de religieuse. Son mari, à qui demeura la Marche, se remaria à Dude, fille de Galeran, comte de Meulan. Cette dame ayant à conférer d'affaires importantes avec Gilbert de l'Aigle, celui-ci partit du château de Sainte-Scolasse où il commandait (2) pour se rendre auprès d'elle à Moulins.

Ord. Vit., p. 685.

---

(1) *Bonmolina, Molini*, canton de Moulins, arrondissement de Mortagne. *L'Orne archéologique*, p. 130, renferme une notice historique détaillée sur ces deux localités. Le château de Bonmoulins fut détruit par les Anglais au xv<sup>e</sup> siècle. On n'y voit plus que quelques pans de murs et les restes d'une tour, solidement construite en grison et renfermant un puits profond, dont une triple enceinte de fossés paraît avoir défendu l'approche. (L. S.)

(2) Il y avait un seigneur particulier du nom de Sainte-Scolasse, qui en possédait le domaine ou au moins une partie ; mais il relevait du château que le comte de Salop avait donné pour dot à sa fille en la mariant à Robert, comte de Mortain, frère du Conquérant. Après sa mort, il avait dû passer à Guillaume, comte de Mortain, neveu et ami de Bellême. Ainsi, Gilbert de

Gérard le Chevreuil et Roger de Ferrieres (La Verrerie), à la tête de treize soldats, faisaient une course contre Bellême, et l'aperçurent. L'Aigle s'entretenait tranquillement avec ceux qui l'accompagnaient et avait donné à Antoine Harenc ses armes à porter. Dès qu'il aperçut les Corbonnois qui venaient fondre sur lui pour tâcher de le prendre vivant et en tirer une grosse rançon, se fiant sur la vigueur de son coursier, il redoubla de vitesse. Alors un de ceux qui le poursuivaient, désespérant qu'on pût le prendre vivant, lui perça le côté d'un coup de lance, dont il mourut le jour même (1). Il fut inhumé au prieuré de Saint-Sulpice de l'Aigle, fondé par son père. Le comte de Mortagne sentit aussitôt qu'il venait de se faire un nouvel ennemi irréconciliable des seigneurs de la maison de l'Aigle, tous pleins de valeur et de prudence, qu'ils allaient fondre sur ses états, pour venger la mort de Gilbert, tandis que Bellême l'attaquerait d'un autre côté. Pour se mettre à couvert de leur ressentiment, il ne trouva point de meilleur moyen que de faire offrir en mariage à Gilbert, Seigneur de l'Aigle, neveu du mort, Julienne,

---

l'Aigle n'en était que capitaine ou commandant, quoi-qu'il soit quelquefois appelé Gilbert de Sainte-Scolasse. On l'a souvent appelé, par la même raison, Gilbert d'Exmes, parce qu'il en avait le commandement. Je ne crois pas qu'il ait jamais possédé propriétairement ni l'un ni l'autre de ces châteaux. Il semble que la maison de Sainte-Scolasse s'est fondue dans celle de Touvoie. (O. D.)

O. Desnos avait préparé une notice historique sur Sainte-Scolasse, dont nous parlons dans la Notice biographique en tête de cette édition, et des *Mémoires* historiques restés également inédits. L'*Orne Archéologique* renferme sur Sainte-Scolasse un article. Il ne reste que quelques traces de l'emplacement de son ancien château, à peu de distance du bourg. Quant au château de Touvoie, beaucoup plus moderne, il a été rasé, il y a peu d'années. L'*Orne Archéologique* lui a également consacré un article. (L. S.)

(1) *In crastinum bixestili die.* Le jour bissextile était le 25 février 1092.

Ord. Vit.
*Art de vérifier les dates.*

une de ses filles. L'offre fut acceptée, et les deux maisons furent toujours depuis amies et alliées. De ce mariage sortirent trois fils et Marguerite, que les Espagnols nomment Mergeline, mariée par son oncle Rotrou-le-Grand à Garcias Ramire V du nom, roi de Navarre (1).

<small>Simeon monach Dunelm., col. 216.
Ord. Vit., p. 701.</small>

Bellême était alors absent. Des troubles survenus en Angleterre avaient obligé Guillaume-le-Roux de repasser la mer. Il avait engagé le duc, son frère, à l'accompagner : Bellême le suivit et marcha avec lui contre Malcolm, roi d'Ecosse, qu'il força de conclure un traité de paix. Les habitants de Domfront, soit par légèreté, soit par mécontentement du gouvernement de Bellême, et peut-être à l'instigation du comte de Mortagne qui, malgré tous ses efforts, n'avait pu y pénétrer, profitèrent de son absence pour changer de seigneur; ils députèrent vers Henri que ses frères, avant leur départ, avaient dépouillé du comté de Cotentin, et qui était allé chercher un asile

<small>Ord. Vit., p. 698. Chron. de Norm.</small>

à Paris, un d'entre eux, nommé Hachard (2). Ce prince accepta leur offre, et s'engagea de conserver, toute sa vie, la seigneurie de Domfront, et de ne s'en défaire en faveur de personne. Il partit sur-le-champ pour s'y rendre, un emplâtre sur un œil, afin de n'être pas reconnu sur la route. Il fut très-bien accueilli à Domfront, dont il confia la garde à Hachard. Henri commença bientôt à faire la guerre au duc, et commit, tant par lui-même,

<small>T. v, p. 24.</small>

(1) Il paraît avoir été IV<sup>e</sup> et non V<sup>e</sup> du nom. Les derniers éditeurs d'O. Vital se trompent, croyons-nous, en faisant de sa femme la fille et non la nièce de Rotrou. (L. S.)

(2) *Hachard, Hachier, Achard* est le nom d'une famille considérable du pays de Domfront, qui descendait de *Achardus dives* ou *dominus*

<small>La Tournerie, Hist. de Domfront, p. 85.</small>

(car je lis l'un et l'autre dans deux copies en forme de l'acte de fondation de l'abbaye de Lonlay) *miles de Domfront*. Cette famille a donné un évêque d'Avranches et s'est divisée en un grand nombre de branches, dont quelques-unes subsistent encore aujourd'hui.

que par ses amis et ses anciens vassaux, les plus grands excès dans le Passais, l'Alençonnais et le Cotentin, dont l'Avranchin faisait alors partie, pillant et brûlant tout ce qu'il rencontrait et tirant de grosses rançons des prisonniers. Cette nouvelle hâta le retour du duc, fatigué d'ailleurs de la lenteur du roi à exécuter les conditions du dernier traité fait entre eux. Il rassembla le plus de troupes qu'il lui fut possible, marcha vers le Passais qu'il parcourut, et à la sollicitation de Bellême, assiégea le château de Domfront. Henri fit si bien qu'il le força de se retirer, et, dans sa retraite, s'empara de son bagage. Bellême demeura chargé de défendre la frontière de Normandie du côté de Domfront. Sim. Dunelm., c. 217.

Il reçut, peu de temps après, la nouvelle affligeante que son frère, Hugues de Montgommeri, en faveur duquel leur père s'était démis du comté de Salop, s'était révolté avec Robert de Montbrai, Hugues de Laci et plusieurs autres grands seigneurs, contre le Roux. Ils furent vaincus et sévèrement punis. Hugues de Montgommeri fut traité le plus doucement ; son père fit si bien auprès du Roi qu'il rentra dans ses bonnes grâces, moyennant une somme de trois mille livres (1) qu'il paya. *Chronique de Norm. goth.*, ch. 150. Ord. Vit., p. 704.

---

(1) Il s'agit toujours de la livre de marc (1).

(1) *Tribus millibus libris*, dit Orderic Vital. S'agit-il ici de livres de marc, c'est-à-dire de poids, ou de livres de compte ? Je serais porté à penser qu'il s'agit plutôt de livres de compte, correspondant à environ 994,200 fr. de notre monnaie actuelle, que de livres de marc représentant environ 5,127,200 fr. de cette même monnaie.

Dans un marc d'argent-le-roi, c'est-à-dire d'argent allayé au vingt-quatrième ainsi qu'on paraît l'avoir employé dès les xi$^e$ et xii$^e$ siècles, pour la fabrication des monnaies, on taillait 384 deniers, sous Guillaume-le-Conquérant. Dès-lors, la valeur intrinsèque de chaque denier était de 0 fr. 138 ; celle de chaque sol, de 1 fr. 66 c., et celle de la livre (de compte), de 33 fr. 14 c., en calculant d'après le prix actuel du marc d'argent fin qui est de 54 fr. 39 c., la valeur à cette époque du marc d'argent-le-roi à 52 fr. 12 c., et celle du marc de cuivre qui y était allié, à 0,90 c. Nous empruntons ces calculs aux savantes *Lettres sur l'histoire monétaire de Normandie*, p. 50.

Cette révolte avait fort affligé le père, et put contribuer à abréger sa carrière qu'il termina le 27 juillet 1094.

Le roi d'Angleterre fournissait secrètement des secours à son jeune frère contre le duc. Les garnisons de plus de vingt places qu'il possédait lui-même en Normandie faisaient de fréquentes courses sur les terres du duc, qui ne cessait de lui faire des représentations sur l'inobservation du dernier traité; il n'en tint aucun compte, ce qui enfin détermina le duc à lui déclarer la guerre. Guillaume passa aussitôt en Normandie. Les seigneurs intéressés à leur union tentèrent inutilement de rapprocher les deux frères. Les partisans de le Roux allèrent le joindre à Eu : parmi ceux-ci, on voyait Gérard de Gournai, Philippe de Briouze, Richard de Courci. Le premier l'avait rendu maître du château d'Argentan ; il l'était aussi de celui d'Exmes (1), dont ses partisans avaient corrompu la

<small>Roger de Hoveden, f° 266.</small>

---

<small>Matth. Paris, Hist. Ang., p. 12.</small>

(1) *Hulmense castrum*. Il n'y a jamais eu de château de ce nom recherches de M. Lecointre-Dupont, le meilleur guide à suivre en cette matière.

Mais il ne faut pas perdre de vue que la valeur relative de l'argent n'est pas la même aujourd'hui qu'au XII$^e$ siècle. Elle a beaucoup diminué, c'est-à-dire que l'hectolitre de blé pris pour étalon, et qui dans l'antiquité valait 289 grains d'argent fin, en valait environ 160 au XII$^e$ siècle, et qu'il en vaut aujourd'hui 1610; en d'autres termes, l'argent est aujourd'hui dix fois au moins plus commun, ou dix fois moins précieux qu'il ne l'était au XII$^e$ siècle.

<small>Say, *Cours d'économie politique*, t. 1, p. 451.</small>

Conséquemment, les 5,000 livres données par Montgommeri au duc de Normandie représentent en livres de compte

$$5000 \times 53,44 = 99,420$$

et ces 99,420 fr. représentent, valeur actuelle,

$$99,420 \times 10 = 994,200 \text{ fr}$$

Si l'on calculait en livres de marc, le résultat serait bien plus élevé : nous aurions

$$5,000 \times 104,24 = 512,720 \text{ fr.}$$

$$512,720 \times 10 = 5,127,200 \text{ fr., valeur actuelle.}$$

A partir de Philippe I$^{er}$, la livre en France n'est plus qu'une monnaie de compte sans rapport avec le prix des métaux qui s'établit au marc. Il en était sans doute de même en Normandie. (L. S.)

garnison. Le roi vint assiéger le château de Bures (1), appartenant à la maison d'Alençon ; la garnison fut forcée de se rendre prisonnière de guerre. Il continua de vexer le duc, pour achever de le dépouiller de ses états.

Le duc eut recours à Philippe, roi de France, qu'il engagea de venir au secours de son vassal : le roi tenta de réconcilier les deux frères ; les douze barons, cautions de la dernière paix, convenaient que, de son côté, le duc en avait exactement rempli les conditions : Guillaume ne voulut point y entendre. Le duc et Philippe prirent la route d'Argentan ; le premier résolut d'assiéger Exmes tandis que le roi ferait le siége d'Argentan. Ce dernier château, brûlé par Henri I, roi de France, avait été rétabli. Roger-le-Poitevin, un des frères de Bellême, avait embrassé les intérêts de le Roux, et y commandait avec une garnison de sept à huit cents hommes, sans les écuyers et les bourgeois qui étaient au nombre de plus de quatorze cents combattants. Philippe fit sommer la garnison de se rendre ; Roger répondit que le roi d'Angleterre lui en ayant confié la garde, il ne pouvait le remettre qu'à lui. Aussitôt le roi Philippe fit élever une machine du côté de la rue des *Gaules*; elle fit une brèche considérable entre la tour qui joignait le boulevard, et la *Tour voûtée*. Les assiégeants montèrent à l'assaut, et le château fut emporté, l'épée à la

*Marin Prouvère, Hist. de Normandie, mss., liv. III.*

*Ibid., ch. 30.*

*Sim. Dunelm., col. 220.*

*Marin Prouvère, ibid.*

dans le pays de Houlme et aux environs d'Argentan ; c'est bien certainement Exmes (1).

(1) Cette supposition d'O. Desnos peut être fondée ; toutefois, il existait dans le Houlme, à Bazoches notamment, à la Courbe (où Robert de Bellême en avait fait construire une pour maîtriser le Houlme), à Saint-Georges-d'Annebecq et sur plusieurs autres points, des forteresses d'une certaine importance, auxquelles pourrait s'appliquer ce nom de *Hulmense castrum*. Il paraît d'ailleurs, par ce qui suit, qu'Exmes n'était pas alors au pouvoir du duc de Normandie (L. S.)

(1) Bures, canton de Courtomer.

main, malgré la résistance des assiégés : une partie de la garnison fut passée au fil de l'épée et le reste fait prisonnier. Bellême intercéda pour son frère.

<small>Marin Prou-
vere, *ibid.*</small>

Guillaume Pevrel, fils de Guillaume Pevrel que l'on croit fils naturel du Conquérant, qui lui avait fait don du comté de Notthingham, commandait dans Exmes. Le duc et Bellême le forcèrent bientôt à capituler ; la garnison de 800 hommes obtint la liberté de se retirer où elle jugerait à propos. Le Roux trouva bientôt le moyen de gagner, à force d'argent qu'il avait tiré d'Angleterre, le roi Philippe, et de l'engager à abandonner son frère. Il vint aussi à bout de corrompre plusieurs des principaux officiers de l'armée de son frère. Comme lui-même était obligé de repasser en Angleterre pour s'opposer aux Gallois, qui s'étant révoltés avaient fait de grands ravages dans le comté de Chester et dans celui de Salop, et détruit le château de Montgommeri construit sur leurs terres, il se prêta à une nouvelle conciliation. Le duc eut la facilité de rendre les places dont il s'était emparé, renonça à la pension que lui faisait son frère et rétablit les révoltés dans leurs biens.

<small>Ord. Vit.
p. 705.</small>

Guillaume de Breteuil profita de cette paix pour engager le roi Philippe, le duc de Normandie et Bellême de venir à son secours contre son gendre Ascelin Goel, seigneur de Bréval (1), qui avait remporté sur lui de grands avantages. Bellême ainsi que toute sa famille, était ennemi particulier de Goel : l'histoire ne nous en apprend pas la cause. Il conduisit avec lui un très-habile ingénieur, qui contribua beaucoup, dans la suite, à la prise de Jérusalem. Le siége de Bréval durait déjà depuis deux mois, lorsqu'ils arrivèrent. L'ingénieur fit avancer une machine de son invention, par le moyen de roulettes, jusqu'au pied des murailles de la place. Elle

<small>*Ibid.*, p. 685.</small>

---

(1) Bréval près de Mantes (Seine-et-Oise). (L. S.)

servit aux assiégeants à lancer des pierres d'une grosseur énorme contre les assiégés. En peu de temps, les fortifications et les toits des bâtiments furent renversés. Goel qui s'était rendu célèbre par ses brigandages, quoique d'une naissance illustre, sentit qu'il ne pouvait résister à tant d'ennemis réunis ; il prit le parti de faire des propositions d'accommodement à son beau-père ; elles furent acceptées, et le traité fut conclu à l'insu de Bellême. Il s'était flatté de se venger de Goel, qui avait vu jusques-là ses injustices couronnées par la fortune ; il y était d'autant mieux fondé, que personne n'avait aussi efficacement secondé, tant par ses conseils que par des secours réels, le comte de Breteuil, depuis le commencement de la guerre. Goel avait bravé, jusqu'à son arrivée, les efforts du roi de France et du duc de Normandie. Bellême, indigné de n'avoir eu aucune part au traité, prit congé du duc et revint dans ses terres, contre lesquelles ses ennemis s'étaient réunis. Avant de partir, il fit un acte de piété dont il est bon de dire un mot.

Bellême scandalisé de la vie licencieuse que menaient les chanoines qui desservaient l'église collégiale de Saint-Léonard de Bellême, les chassa et donna cette église et plusieurs autres biens à l'abbaye de Marmoutier, pour en former une *celle* qui devait être desservie par des religieux tirés de cette abbaye. Quelques années après, il en fit dresser l'acte ; ce fut pendant le siége de Bréval (1). Parmi ceux qui assistèrent à cet acte, on trouve Wulphier (Gouffier) de Villerai, Renaud de Colet, Renaud de Nonant, Renaud des Prés, Raoul de Malherbe, Odon de Quincei,

R. Courtin, *Hist. du Perche,* mss., liv. IV, ch. 5.

Bry, p. 100.

---

(1) Le copiste le date de 1092 ; c'est une méprise. Le siége de Bréval commença pendant le carême de l'année 1093, et ne finit qu'après Pâques de l'année suivante (*style ancien*), suivant la manière de France, parce qu'en Normandie elle commençait à Noël.

Gui de la Jaille, Hugues, Roger et Arnoul de Montgommeri, frères du donateur. Il y eut encore un grand nombre d'autres personnes présentes; entr'autres, Odon de Poilei, Guillaume de la Chaux, Gautier Quarrel, Morin de Merlai, etc. Hébert, chancelier du roi Philippe, le dressa; le roi lui-même le souscrivit avec ses principaux officiers. Philippe confirma, par des lettres particulières, cette donation et les exemptions et les priviléges de Saint-Léonard. Dans sa charte, il dit positivement que le seigneur de Bellême était son vassal (1).

Pendant l'absence de Bellême, les Manceaux révoltés contre le duc avaient choisi pour comte Hélie de la Flèche. Ils se liguèrent avec les ennemis particuliers de Bellême, en sorte que le comte de Mortagne, Bernard, seigneur de la Ferté, Guillaume, seigneur de Sillé, Robert Giroie, seigneur de Saint-Céneri, Payen de Montdoubleau, Rotrou, seigneur de Montfort (2), et Henri, fils du Conquérant, devaient l'attaquer, chacun de son côté. Il n'en fut point effrayé : il usa de tant de célérité qu'il parut devant Saint-Céneri dans le temps où on le croyait au siége de Bréval. La garnison n'était point sur ses gardes ; elle s'était dispersée dans le voisinage pour s'amuser; mais Giroie trouva le moyen d'y rentrer avec les siens avant

ORD. VIT., p. 706.

---

(1) Guillaume-le-Bâtard n'avait donc point acquis de Henri I<sup>er</sup>, roi de France, la suzeraineté du Bellêmois, comme l'ont avancé plusieurs écrivains, et Bellême faisait alors partie de la France.

(1) On a vu plus haut l'origine de cette branche des seigneurs de Montfort, qui joignirent à cette seigneurie celles de Vibraie et Malétable (depuis Bonnétable). L'un d'eux fonda, en 1164, l'abbaye du Gué-de-Launai. Montfort relève de l'évêché du Mans, et le possesseur était un des quatre seigneurs qui devaient porter l'évêque à sa première entrée dans son église et lui donner à laver. Un autre, vers 1250, épousa Marguerite d'Alluie, baronne de Châteaux et de Saint-Christophe, fille aînée de Hugues VI et d'Alix. Leur fille aînée, Jeanne de Montfort, qui vivait en 1275, épousa Jean Larchevêque, sire de Parthenai. (O. D.)

que l'investissement fût totalement achevé. Bellême qui avait espéré le prendre d'emblée, n'osa en faire le siége dans les formes; il se borna à faire le dégât dans les environs. Ce fut le signal d'une guerre sanglante : les seigneurs de Mayenne, de Sillé et beaucoup d'autres accoururent au secours de Giroie, et fondirent, à leur tour, sur l'Alençonnais, tandis que Henri agissait du côté du Passais. Il pillèrent, pendant trois mois, tout le pays que Bellême possédait dans cette partie de la Normandie.

Ce seigneur rassembla, de toutes parts, le plus de forces qu'il lui fut possible. Tandis que Giroie, ses amis, ceux de Henri et ses autres alliés faisaient contre lui une expédition et revenaient chargés de butin, il s'approcha secrètement, au milieu de juillet, de Saint-Céneri, fit semer le bruit que Giroie venait d'être tué et trouva le moyen d'introduire un détachement jusques devant la place. A cette apparition soudaine de l'ennemi, la garnison fut tellement effrayée que personne ne songea à se défendre. Payen de Montdoubleau et Rotrou de Montfort, frappés d'une terreur panique, prirent la fuite et abandonnèrent la place, tandis que Radegonde, épouse de Giroie, qui n'avait point perdu la tête, leur criait inutilement qu'il fallait, avant tout, s'assurer de la vérité : en conséquence, elle envoya à la découverte. Bellême, averti par les cris des fuyards, parut tout-à-coup et pénétra dans la place sans trouver la moindre résistance : il abandonna tout au pillage, et ce qui resta fut consumé par les flammes. Un bras de Saint Céneri qui y était conservé, fut emporté par les religieux de Saint-Martin de Seès, qui le déposèrent dans leur église; le reste du corps avait été transféré long-temps auparavant à Château-Thierri. Giroie revenait joyeux et content de son expédition, lorsqu'il apprit le malheur qui lui était arrivé. Il s'en fut chercher un asile chez ses amis, où il eut la douleur de perdre son épouse. Peu de temps après, il perdit encore son fils

Ord. Vit., p. 707.

Guillaume Giroie, que Bellême avait retenu pour otage, et qu'il fut soupçonné d'avoir fait empoisonner par Robert de Poilei. Le malheur de Giroie déconcerta ses alliés; il paraît qu'ils n'osèrent plus se jouer à Bellême pendant quelque temps.

Giroie reçut toutes sortes de consolations de leur part : ils lui procurèrent les moyens de faire rétablir le château de Montaigu, qui était situé, à ce qu'on croit, dans la paroisse de la Poôté, à l'endroit où existe une chapelle à la présentation de M. de la Ferrière (1). Dès qu'il fut en état de défense, il recommença la guerre contre Bellême. Celui-ci se rendit auprès du duc, auquel il porta des plaintes contre Giroie et les autres seigneurs qui le secondaient. Il intrigua si bien auprès de lui, qu'il l'engagea de joindre ses forces aux siennes et de venir assiéger la nouvelle forteresse. Pendant que le duc était devant cette place, Geoffroi de Mayenne et les autres grands seigneurs du Maine vinrent le trouver, et le sollicitèrent en faveur de son parent. Comme il était bon et toujours disposé à pardonner, il moyenna l'accommodement. Il fut arrêté que Montaigu serait rasé, et Bellême rendit

(1) O. Desnos avait d'abord placé Montaigu dans la paroisse de Hambers, près de Bais (Mayenne), sur une butte fort élevée où existe encore une petite chapelle sous l'invocation de Saint-Michel. J'avais adopté son opinion dans mes *Excursions dans le Maine*, p. 106, et l'avais signalée à M. Le Prévost comme la vraie (t. II, p. 27). D'autres personnes plus hardies plaçaient Montaigu dans le département de la Manche. O. Desnos avait reconnu son erreur; M. Le Prévost avait aussi réparé la mienne (t. III, p. 420). On voit au véritable Montaigu, qui n'est séparé du territoire de Saint-Céneri que par la Sarthe, au confluent de cette rivière et de l'Ornette, d'anciens retranchements qui dûrent être assez forts et qui étaient protégés, du côté de la rivière, par un escarpement considérable. La chapelle a disparu. Le site est très-pittoresque. On a trouvé aux environs quelques débris d'armures. (V. p. 213.) (L. S.)

Saint-Céneri à Giroie, qui le posséda encore pendant trente années. Il se remaria à Félicie, fille de Garnier, seigneur de Connerré, au Maine, dont il eut trois fils et autant de filles : Guillaume, Robert, Mathieu, Agathe, Damète et Aveline.

Bellême employa tous ses vassaux à la démolition du château de Montaigu. Ceux de l'abbaye de Saint-Evroul ayant refusé d'y contribuer, sous prétexte qu'ils n'étaient point ses vassaux, mais, au fond, par la répugnance de faire du tort à une famille qui avait comblé l'abbaye de tant de bienfaits, Bellême accusa les moines d'avoir été les instigateurs de la révolte; il leur causa, pendant le cours d'une année, beaucoup de pertes. Il avait découvert que leur abbé, Roger du Sap, au lieu de porter ses plaintes au duc de Normandie, qui était le seul qui eût droit d'y remédier, avait eu l'audace de passer en Angleterre, pour y implorer le secours du Roi. Bellême redoubla ses vexations; il forçait leurs hommes de travailler aux fortifications de ses autres places. Si quelqu'un s'absentait pour ne pas le faire, sa maison était pillée. Enfin, il menaçait les religieux de raser leur maison, s'ils ne lui obéissaient pas comme à leur légitime seigneur : et en effet, la plus grande partie des biens de cette abbaye relevait ou des places qu'il tenait de ses ancêtres, ou de Montreuil et Echaufour confisqués sur les Giroie. A la fin les religieux furent forcés de lever sur leurs vassaux une somme de soixante (1) mançais, qu'ils lui payèrent, sans doute pour leur quote-quart des travaux, quoiqu'ils prétendissent tenir leurs biens en pure et franche aumône, et n'être sujets eux et leurs vassaux à aucunes redevances ou corvées, de quelque nature que ce fût. Bellême en usa de même à l'égard des vassaux des abbayes de Seès, de

Ord. Vit., p. 707.

Id., p. 708.

---

(1) Sans doute livres.

Troarn et de quelques autres maisons religieuses situées dans le Maine.

Hugues, seigneur de Nonant, qui n'était pas riche, continuait de lui faire tête, et lui causait de temps à autre des pertes considérables; mais à la fin il fut forcé de céder et de se retirer auprès du duc, qui lui accorda ses bonnes grâces et lui donna le gouvernement de Rouen, par l'entremise de Gontier d'Aunou (1), son oncle, un des favoris du duc.

Serlon d'Orgères, moine de Saint-Evroul et ensuite abbé de cette maison, avait été élu successeur de Gérard dans l'évêché de Seès, au concile assemblé à Rouen, en 1091, par Guillaume surnommé *Bonne-Ame*, archevêque de cette ville, fils de Radbod de Flers, évêque de Seès. Le duc avait approuvé cette élection, et Serlon lui avait prêté le serment de fidélité ordinaire. Malgré cela, il souffrait impatiemment la conduite de Bellême à l'égard de Saint-Evroul. Celui-ci, d'un autre côté, voulut faire revivre une ancienne donation, que Richard I, duc de Normandie, avait fait à ses prédécesseurs de l'évêché de Seès. Il en résulta de vifs débats. Serlon imbu des nouvelles maximes de Rome et sûr d'être appuyé par le fameux pape Grégoire VII, excommunia Bellême et jeta un interdit sur toutes ses terres. Ce fut un signal pour les autres évêques, sous lesquels il possédait des terres, et pour les maisons religieuses qui croyaient avoir lieu de se plaindre de lui, de crier à l'oppresseur de l'Eglise. Bellême ne fut point intimidé de ce coup; il prétendait que ces foudres étaient mal prononcées et portaient à faux, et qu'en Normandie nul archevêque, évêque, abbé ou autre ecclésiastique ne pouvait excommunier les barons, les baillis, les vicomtes du prince, sans sa per-

<small>D. Bessin, Concil. Rothomag. Part. 1, p. 104.</small>

---

(1) *De Alneio*; d'Aulnai-les-Bois, plutôt que d'Aunou. (L. S.)

mission (1). Il n'en conçut que plus d'humeur contre les moines, les clercs et en général contre tous ceux qui se prêtaient à vouloir faire exécuter le jugement de l'évêque, et en devint plus attentif à veiller sur les démarches de ceux dont il suspectait la fidélité. C'est à cette occasion qu'Orderic Vital et ses copistes ont tracé des portraits affreux de ce seigneur. Il paraît qu'il y eut une réconciliation entre le prélat et lui, et qu'ils étaient en bonne intelligence en 1097.

<small>Pilatue, Compilat. chronolog., etc., mss., t. II.
Rog. de Hoveden, f° 267.</small>

Le roi d'Angleterre avait été trop préoccupé chez lui pour venir au secours de ses amis de Normandie. Il s'était élevé, en 1095, un soulèvement contre lui. Philippe de Montgommeri y avait eu part. Les rebelles furent défaits et sévèrement punis, à l'exception de Montgommeri dont le duc obtint la liberté, en 1096.

Ce prince n'écoutant que son courage naturel, fut un des premiers seigneurs de France qui se croisa pour la conquête de Jérusalem ; mais n'ayant pas d'argent pour y paraître d'une manière convenable à son rang et à son nom, il engagea à son frère Guillaume-le-Roux, pour cinq années, la Normandie et le Maine, moyennant dix mille marcs d'argent. Il partit au mois de septembre, suivi de Rotrou, fils du comte de Mortagne, de Philippe de Montgommeri, clerc, du seigneur de Tanné (Tennie) au Maine et d'un grand nombre d'autres seigneurs (2).

<small>Ord. Vit., p. 724.</small>

---

(1) *Guillelmus I, Angliæ rex et dux Normaniæ, usus atque leges quas patres sui et ipse in Normania habere solebat, in Anglia servare voluit. Nulli episcoporum suorum concessum nec permittebat ut aliquem de baronibus suis seu ministris, aliquo capitali crimine denotatum publice, nisi ejus præcepto, implacitaret aut excommunicaret.* <small>Eadmerus.</small>

(2) On distinguait parmi eux ceux de Coulonces, de Graville, de Messei, de Bailleul, de Villebadin, de Silli, de Courménil, Robert d'O, Robert de Vieux-Pont-Chailloué, Jean de Carrouges, Robert Mallet. (O. D.) <small>Du Moulin, Hist. de Norm.</small>

Bellême, plus sage, ne crut point devoir abandonner ses vastes domaines à l'avidité de ses voisins, pour courir après un fantôme de gloire : il songea plutôt à profiter de l'imprudence de ceux de ses voisins et de ses vassaux qui suivraient le prince. Il se réconcilia donc vraisemblablement alors avec Serlon. Il était tellement dans les bonnes grâces de Guillaume-le-Roux, que ce prince le choisit pour commander son armée dans la guerre qu'il eut, en 1097, contre Philippe, roi de France. On voyait sous les drapeaux de Bellême, Henri, frère du roi, qui lui avait enlevé Domfront, Guillaume, comte d'Évreux, Hugues, comte de Cestre (Chester), Gautier Giffard, comte de Buckingham, et un grand nombre d'autres barons Anglais et Normands. Il engagea le roi à faire bâtir une forteresse qui pût contenir les garnisons françaises de Chaumont, de Trie et de Burritz (1) ; le prince l'en chargea comme le meilleur ingénieur de son temps : il choisit l'emplacement appelé Gisors, où il fit élever un château très-fort (2). Le reste de la campagne se passa en escarmouches, dans lesquelles on fit quelques prisonniers de part et d'autre. Gilbert de l'Aigle fut du nombre de ceux faits par les Français.

Bellême apprit la nouvelle de la mort de Hugues, comte de Salop, son frère, tué en voulant défendre l'île de Man, aujourd'hui Anglesey, dans un combat contre les Norvégiens, par Magnus, fils d'Olaüs, leur roi, d'un coup de flèche, dont il mourut. Son corps ne fut retrouvé que dix-sept jours après, et inhumé dans l'église de Saint-Martin-de-Shrewsbury. Magnus et son armée qui n'en voulaient qu'aux Hibernois, pleurèrent sa mort, tandis que d'autres la regardèrent alors comme une punition du ciel, pour les barbaries qu'il avait exercées, peu auparavant, contre les

---

(1) Bouri (*Burriz*), en Vexin. (L. S.)
(2) La fondation de Gisors est attribuée par d'autres à un chevalier nommé Payen. (L. S.)

Gallois (1). Bellême obtint du roi, moyennant trois mille livres d'Esterlins (2), pour tenir lieu du relief dont le taux n'était pas encore fixé par la loi pour les comtés, pour les baronnies et pour les fiefs de chevalier, la succession du comte, qui fut singulièrement regretté pour la douceur de ses mœurs et sa bonté. Il avait déjà recueilli la plus grande partie des vastes possessions de son père et de sa mère, situées en Normandie. Tant qu'il fut obligé de demeurer en Angleterre pour arranger les affaires de sa nouvelle succession, il continua la guerre contre les Gallois : on prétend qu'il la fit en barbare ; mais on ne nous a pas mis dans le cas d'en juger par aucun détail. Il fit raser la ville de Quatford et la fit rebâtir dans une autre position : il fit bâtir le château de Bridge sur la Saverne (3). Il obtint encore du roi, moyennant une grosse somme, Blyth et tous les domaines qui avaient appartenu à Roger de Bulli, son cousin. Il ne put faire un long séjour dans ses nouvelles possessions ; une nouvelle guerre le rappela en France (4).

SIM. DUNELM. *Hist.*, col. 224

---

(1) Et contre un vieux prêtre nommé Guerrande ou Kérède, qu'il enleva de l'église, et auquel il fit arracher un œil, la langue et les parties de la génération. Dieu rendit la parole à ce malheureux, le troisième jour, et permit que Hugues fût tué le septième. Orderic Vital, dont le témoignage doit être préféré, assure cependant qu'il était d'un caractère aimable et qu'il avait gouverné ses vassaux avec beaucoup de douceur. (O. D.)

(2) D'après le réglement dit de 1158, la livre d'Esterlins valait 78 fr. 20 c. ; 3,000 liv. d'Esterlins valaient donc 234,600 fr., correspondant d'après les calculs ci-dessus (p. 306), à environ 2,346,000 fr. (L. S.)

LECOINTRE-DUPONT, p. 50.

(3) Il est construit sur des rochers escarpés, au bord de la rivière, et n'est accessible que par un chemin taillé dans le roc. Robert de Bellême et plus tard Roger de Mortemer essayèrent en vain de le défendre contre les rois d'Angleterre. (O. D.)

(4) C'est à lui que l'Angleterre est redevable de sa belle race de chevaux. Il tira d'Espagne des étalons qu'il fit passer dans le pays de Galles. (O. D.)

> Ord. Vit.,
> p. 768.

En qualité de baron du Sonnois, il avait prétendu avoir le droit de faire élever des forteresses sur les terres de ses vassaux et de forcer ceux qui y en possédaient de recevoir les garnisons qu'il voulait y mettre lorsqu'il avait guerre. En conséquence, il en fit élever plusieurs, au nombre desquelles on met Saint-Remi et Saone (1), sur des

> Le Corvaisier,
> *Histoire
> des évêques
> du Mans*,
> p. 326.

terrains appartenant à l'abbaye de la Couture et à celle de Saint-Vincent. Les comtes du Maine lui contestaient ce droit et peut-être la propriété du Sonnois, qui avait occasionné plusieurs guerres entre ces comtes et la maison de Bellême. Hélie de la Flèche ayant acquis les droits des véritables héritiers du comté du Maine, et descendu lui-même de Paule, fille de Hugues, comte du Maine, s'était emparé de ce comté ; il saisit le prétexte des nouvelles forteresses élevées par Bellême, pour lui déclarer la guerre : ils en vinrent aux mains sur les rives du ruisseau de Riolt ou Riollet (2). Après un combat opiniâtre,

(1) J'ai décrit les ruines de ces deux châteaux dans mon *Excursion dans le Sonnois*, 1839. De celui de Saône, il ne reste que quelques traces de murs de l'ancien donjon, disposés en carré et offrant l'appareil à feuilles de fougère, sur un petit tertre. Le donjon de Saint-Rémi-du-Plain consistait dans une tour polygonale à l'extérieur, ronde à l'intérieur, dont les murs avaient 4 mètres d'épaisseur. Elle est encore assez haute et se distingue de loin, avec quelques débris de murailles, sur un monticule fort élevé. Les abords de ce monticule étaient protégés par des chemins étroits et profondément encaissés, dominés par des sortes de redoutes. (L. S.)

(2) Peut-être dans les prairies de Roullée (1).

(1) O. Desnos, dont l'opinion a été admise par M. Cauvin, nous paraît se tromper ici. Nous croyons que, par le *rivus Riolci*, il faut entendre l'Orthon, petit ruisseau qui sourd dans la commune de Thoiré et se jette dans la Sarthe en celle de Maresché. Il n'y a point à Roullée de ruisseau de Riol ou Riollet. Le champ du combat entre Bellême et le comte du Maine devait être beaucoup plus rapproché de Dangeul, dont le château fut bâti pour en assurer les fruits, et nous le placerions avec Jaillot, *Carte du Maine*, et Pesche, *Dict. statist. de la*

Bellême fut forcé d'abandonner le champ de bataille à Hélie, quoique celui-ci eût des forces inférieures, laissant prisonniers Robert de Courci, avec lequel il s'était raccommodé, Gouffier de Villerai, Guillaume, seigneur de Moulins-la-Marche, Geoffroi de Gacé et plusieurs autres dont les Manceaux tirèrent de grosses rançons. Le premier perdit un œil dans cette action.

Le vainqueur profita de son avantage pour faire bâtir le château de Dangeul (1), destiné à couvrir la portion du Maine dont il était maître, et y mit une bonne garnison. Bellême se rendit, au mois de janvier 1098, auprès du roi, pour l'informer des entreprises d'Hélie. « La garni- » son de la forteresse, lui dit-il, n'est point sur ses gardes ; » elle est, pour le présent, dispersée ; elle se fie sur la » rigueur de l'hiver et croit que vous et votre armée » êtes occupés ailleurs. Si nous l'attaquons dans cette » circonstance, nous la surprendrons et elle sera forcée » de nous ouvrir les portes. » Le roi donna ordre à ses troupes de prendre la route du Maine, au commencement de février. Hélie en eut vent, implora le secours de tous les seïgneurs de la province, rompit les chemins et les ponts par où l'ennemi était forcé de passer, de sorte que le roi, arrivé à Alençon, fut forcé de reprendre la route de Normandie. Il laissa à Bellême un corps consi-

Ord. Vit.

---

(1) Du château de Dangeul, situé sur une éminence, près de l'église, il ne subsistait plus, il y a quelques années, que des restes de fossés. Ce qu'on appelait le Château n'était qu'une maison fort simple, établie dans les communs d'un château moins ancien et détruit à une époque récente. Un autre château l'a remplacé il y a peu d'années. (L. S.)

*Sarthe*, entre Thoigné, René et Dangeul. Il n'existe pas, du reste, à Dangeul, de ruisseau de Riollet, comme O. Desnos dans les notes imprimées à la suite de la première édition, le suppose. (L. S.)

dérable de troupes pour établir de fortes garnisons dans ses places, et une somme d'argent pour pousser vigoureusement la guerre.

Bellême fit aussitôt travailler à élever de nouvelles fortifications et à réparer les anciennes. Il fit creuser des fossés profonds, élever des palissades, des murailles, des boyaux et autres fortifications à Blèves, à Perrai, autrement Prez, au Mont-de-la-Nue, à Saone, à Saint-Remi-du-Plain, à l'Urson, à Aillères, à la Motte-Gautier-de-Clinchamp, à Mamers (1) et à plusieurs autres places. Il fit tirer des retranchements ou lignes de communication d'une de ces places à l'autre. On en voit encore des vestiges sur la route de Saint-Remi à Perrai, que les paysans

<small>Bnv. p. 94.</small>

---

(1) Blèves, *Bleva*, canton de la Fresnaie, arrondissement de Mamers. Le bourg, aujourd'hui peu considérable, portait jadis le titre de ville. Le château, construit dans un terrain bas, au confluent de plusieurs cours d'eau, ce qui permettait d'emplir les fossés et même d'inonder les alentours, a totalement disparu. On croit que ses murailles d'enceinte comprenaient le bourg entier.

Pérai, v. ci-dessus p. 249.

Le Mont-de-la-Nue est un ancien camp situé à Contilli, canton et arrondissement de Mamers, contenant environ 6 hectares, entouré de fossés et de parapets en terre. Il se divise en deux parties inégales. Quelques archéologues le croient d'origine romaine, mais il a bien plutôt les caractères d'un retranchement du moyen-âge.

Saône, Saint-Remi-du-Plain, v. p. 318.

L'Urson, v. p. 230.

Aillères, *Alleriœ*, canton de la Fresnaie. Une tuilerie occupe aujourd'hui l'emplacement de l'ancien fort, dans le bourg.

La Motte-Gautier-de-Clinchamp. On suppose que ce fort était compris dans l'enceinte du château de Clinchamp, commune de Chemilli, arrondissement de Mortagne (Orne).

Mamers. Il n'existe plus aucune trace de ce fort, non plus que des autres au nombre de cinq : le Huperi, le Fossart, le Manoir, les Cinq-Ans et le châtelet du Perrain, dont la réunion aurait donné lieu au nom de *Maint-Mers*, d'où par corruption serait venu celui de Mamers. Nous sommes loin de nous porter garant de la valeur de cette étymologie. (L. S.)

du canton appellent les fossés de *Robert-le-Diable* (1). Il munit bien ces places d'hommes, de vivres et de tout ce qui était nécessaire pour une vigoureuse défense. Ces garnisons firent une cruelle guerre aux Manceaux et ramenèrent, la semaine sainte, environ trois cents prisonniers qu'on prétend que Bellême refusa constamment de mettre à rançon; il préféra les laisser périr de faim et de misère dans ses prisons.

Hélie se prépara à prendre sa revanche ; il pénétra, la semaine d'avant les Rogations, dans le Sonnois. Comme il s'en retournait à la tête des siens, chargé d'un riche butin, ayant quitté, lui septième, à l'heure de none, sa troupe et tourné du côté du Dangeul, à peu de distance de ce château il entendit du bruit et aperçut quelques hommes qui se cachaient derrière des arbres. Il voulut tomber sur eux ; alors Bellême, qui était en embuscade, fondit sur lui, le fit prisonnier avec Hervé de Montfort, son gendre, et presque tous ceux qui l'accompagnaient. Le reste de sa troupe qui avait marché bien gaîment à Ballon, tomba dans la consternation à la nouvelle de sa captivité. Cette rencontre arriva le 28 avril 1098.

Bellême conduisit son prisonnier à Rouen et le présenta au roi, qui ordonna qu'on le traitât honorablement. Il convoqua une assemblée de tous les seigneurs Normands, et leur représenta qu'on ne pouvait trouver une circonstance plus favorable pour soumettre la partie du Maine qui s'était révoltée. Tous y applaudirent ; les troupes normandes se rendirent à Alençon, au commencement

---

(1) Les Fossés Robert-le-Diable s'étendent de Perrai à Saint-Rémi-du-Plain, mais ils sont comblés sur beaucoup de points. Ils sont larges de 3 à 5 mètres, d'une profondeur variable et couronnés d'un talus assez élevé. Ils serpentaient d'une manière fort irrégulière, en dessinant les contours des chemins et en se pliant à tous les accidents du sol. (L. S.)

L. DE LA SICOTIÈRE, *Excurs. dans le Sonnois*, p. 25.

de juin. Le Roux y fut joint par ses alliés de Bourgogne, de Flandre et de Bretagne. L'armée se trouvait forte de près de cinquante mille hommes. L'avant-garde, en arrivant devant Fresnai, eut une vive escarmouche contre un corps de cavalerie sorti de la place, tandis que Raoul, qui en était seigneur, s'était rendu auprès du roi pour lui représenter que, s'il se soumettait le premier, sans coup férir et sans la participation de ses égaux, il se couvrirait d'une honte qui rejaillirait sur sa postérité même. Le roi lui accorda une trêve, à condition de se soumettre à tout ce qui serait réglé par l'évêque et le conseil de la province qui résidaient au Mans. Il accorda la même faveur à Geoffroi de Mayenne, à Rotrou de Montfort et à plusieurs autres seigneurs. L'armée alla camper à Rouessé-Fontaine (1), ensuite au Mont-Bizot (2), et de là aux environs du Mans, où Foulques IV du nom, surnommé *Réchin*, comte d'Anjou, s'était rendu comme seigneur suzerain, dès qu'il avait appris la captivité du comte.

Payen de Montdoubleau, qui avait été autrefois l'allié des Normands, s'y rendit auprès du roi et trouva le le moyen de regagner ses bonnes grâces, en lui remettant une forteresse nommée la Motte, qui lui appartenait ; elle était située à Ballon, et en rendait le possesseur absolument maître. Le Roux en confia la garde et celle des environs à Bellême, avec plus de trois cents hommes de ses meilleures troupes qui firent une guerre cruelle à

---

(1) *Ruccium*, canton de Saint-Paterne, arrondissement de Mamers. (L. S.)

(2) *Mons Bussoti*, canton de Ballon, arrondissement du Mans. (L. S.)

Le roi d'Angleterre passa la troisième nuit à Coulaines (*Colunchœ*). C'est sur le territoire de cette commune que coulent les deux ruisseaux au sujet desquels Wace raconte une histoire ridicule. Le roi (peu scrupuleux, si l'on en croit tous les historiens), scandalisé de l'obscénité de leurs noms, aurait fait un assez long détour pour éviter de les franchir. (L. S.)

tous ceux qui refusèrent de se soumettre. Le roi, de son côté, fit arracher les vignes aux environs du Mans, raser les maisons et porta partout la désolation. Comme la saison était déjà avancée, les vivres pour les hommes et pour les chevaux devinrent rares et à un prix exorbitant, ce qui détermina le roi à licencier ses troupes jusqu'à la récolte et à abandonner le siége du Mans.

Dès que le roi se fut retiré, Foulques rassembla une armée d'Angevins et de Mançeaux et alla assiéger Bellême dans Ballon. Celui-ci le fit savoir au roi et à tous ceux de son parti, et se disposa à faire la plus vigoureuse résistance jusqu'à leur arrivée. Le siége fut bientôt formé dans les règles et poussé avec vigueur : Bellême ne se défendit pas moins vaillamment. Il fut informé par un mendiant de la ville, qui revenait du camp des assiégeants, qu'ils étaient à dîner, sans avoir pris aucune précaution contre les surprises : il fit prendre aussitôt les armes à toute la garnison et aux habitants, et tomba tout-à-coup sur les assiégeants qui n'eurent d'autre ressource que la fuite. Il fit un grand nombre de prisonniers, du nombre desquels furent Gautier de Montsoreau, Geoffroi de Briolai, Jean de Blaison (sur Loire), Berlai de Montreuil et beaucoup d'autres chevaliers, au nombre de cent quarante, non compris les gens de pied : les armes, les bagages et tout le camp demeurèrent aux assiégés, qui tirèrent de très-fortes rançons des prisonniers.

Le roi n'avait pas perdu de temps ; il avait rassemblé, au premier avis, son armée : il rentra, au mois de juillet dans le Maine. Il se rendit à Ballon, mit en liberté ceux qui y étaient encore prisonniers et força bientôt le comte d'Anjou et les Manceaux à demander la paix. Par le traité, le roi rendit la liberté à Hélie ; tous les autres prisonniers de part et d'autre furent libres, et toutes les places que le Conquérant avait possédées dans le Maine furent remises au roi. Robert, fils de Hugues de Montfort, fut chargé d'en aller prendre possession, et le roi confia la garde de la ville du Mans à Guillaume, comte d'Evreux, et à Gilbert de l'Aigle, et celle du château à Gautier, fils d'Auger, de la ville de Rouen. Le vicomte de Beaumont, le seigneur de Mayenne, Robert-le-*Bourguignon* et tous ceux à qui le roi avait bien voulu accorder une trêve, lui remirent leurs places, dont il leur laissa la garde sous certaines conditions.

Hélie demeura tranquille depuis le mois d'août jusqu'après Pâques. Il employa ce temps à mettre ses places en état de défense, à réparer ses anciennes pertes et à réchauffer le zèle de ses amis. Alors il recommença la guerre, et pénétra au mois de juin, d'intelligence avec les habitants, dans la ville du Mans où il attaqua les gens du roi; ils s'étaient jetés dans les châteaux, où ils se défendirent bien. Bellême, qui observait Hélie, avait dépêché vers le roi qui était alors en Angleterre, un courrier nommé Amalgis, dont il connaissait la fidélité et la vigilance. Cet homme trouva le roi chassant dans la Forêt-neuve (1), aujourd'hui le parc de Southampton. Dès que le prince fut informé de ce qui se passait au Maine : « Courons, dit-il, au secours de nos amis (2). » Au même instant il pique son cheval vers la mer, s'embarque à Darmouth et arrive le lendemain matin au port

O. VITAL.
WILL. MALMES.
WACE.
*Rom. de Rou,*
t II, p. 528.

ORD. VIT., liv. X.

(1) *Nova foresta;* New-Forest, dans le Hampshire. Cette forêt, la plus considérable aujourd'hui de toute l'Angleterre, avait été plantée par Guillaume-le-Conquérant sur l'emplacement de plus de soixante paroisses et de dix-huit églises détruites. Elle fut fatale à plusieurs membres de sa famille, en punition, dit O. Vital, de cette origine sacrilége. Elle est bornée au midi par la mer. (L. S.)

(2)     Li Vo de Luche en a juré,

dit Wace; c'était son juron ordinaire. On entend habituellement par *Saint Voult* une effigie de la tête du Christ couronnée d'épines et baignée de sang et de larmes, telle qu'on la voit sur le voile de sainte Véronique; mais le *Saint Voult* de Lucques est un Christ revêtu d'habits précieux et couronné de pierreries. (L. S.)

de Touque (1), d'où il se rendit à Alençon où son armée fut bientôt rassemblée.

Il entra dans le Maine le fer et la flamme à la main, et en réduisit une partie en une affreuse solitude. Avant de quitter le pays, il obligea les chanoines de Saint-Julien du Mans de lui céder pour d'autres biens le Bourg-l'E- vêque, où il fit jeter les fondements d'une forteresse destinée à contenir, de ce côté-là, les Manceaux, et à lui procurer une entrée facile dans leur pays (2). Les travaux qu'il y fit commencer le firent appeler le *Bourg-neuf*. Le Roux laissa à Bellême tout ce qui lui était nécessaire pour défendre le Maine contre les entreprises d'Hélie, et partit pour l'Angleterre où ses affaires l'appelaient. Par accident, il fut tué, le 2 août de l'année suivante (1100), en chassant dans la Forêt-neuve. Le Corvaisier, *Histoire des évêques du Mans*, p. 400.

Henri, son frère puîné, s'empara du trône qui, par le droit de naissance et par les traités faits avec le Roux, appartenait à son frère aîné. Celui-ci n'était point encore de retour de son expédition d'Orient. « Personne, dit un » historien anglais, n'eut assez de vigueur ou d'amour de Hume, *Hist. d'Angleterre.*

---

(1) L'embouchure de la Touque. (L. S.)

(2) Ce lieu a été aussi appelé *Beauvoir* ou *Bellevue*, à cause de sa position élevée. On l'appelle maintenant Bourg-le-Roi. Bourg-le-Roi est dans le canton de Saint-Paterne. Il a conservé une partie de son enceinte de murailles et deux belles portes ogivales. La forteresse, au S.-E. et à quelques centaines de pas de la ville, fut achevée par Henri II, roi d'Angleterre et duc de Normandie. Elle s'élevait sur une sorte de monticule, en partie factice et d'une hauteur de 36 à 40 mètres. Elle était entourée d'une double enceinte de murs et d'un double ou même triple fossé. Des retenues d'eau protégeaient la ville de l'autre côté. On découvrit à Bourg-le-Roi, en 1847, les vestiges curieux d'un atelier de fausse monnaie remontant au XVIe siècle, et qui dut avoir une extrême importance. Les monnaies contrefaites, au nombre de quinze variétés au moins, étaient des monnaies d'or et d'argent, françaises, anglaises et espagnoles, mais ayant toutes cours en France. Nous avons publié une notice sur cette découverte intéressante. (L. S.) Titre communiqué par M. le comte de Maridort — Pesche, etc. / Revue Numismat., 1847.

» son devoir pour défendre les droits de l'héritier ab-
» sent; tous les esprits se trouvèrent intimidés, et la
» possession actuelle devint un titre pour Henri qui
» n'était, en effet, qu'un usurpateur. Les barons et le
» peuple acquiescèrent à ses prétentions qui ne pou-
» vaient se justifier ni se comprendre; mais il n'était plus
» possible de les combattre sans s'exposer aux inconvé-
» nients et aux dangers d'une guerre civile dès qu'elles
» étaient une fois établies. » Bellême, quoique ennemi
personnel de ce prince et malgré son attachement in-
violable pour le légitime héritier du trône, ne se trouva
pas assez puissant pour s'opposer à l'usurpation. Il se
rendit auprès du nouveau roi, lui fit hommage des biens
qu'il possédait en Angleterre et en obtint l'investiture
ainsi que les dignités qui y étaient attachées. Il crut
même ne pouvoir refuser les présents que le roi lui fit
par politique, bien résolu cependant de seconder le duc
de Normandie, si, à son retour, il réclamait le royaume
d'Angleterre.

ORD. VIT., p. 783.

Ce prince arriva un mois après la mort de son frère.
Il s'était distingué dans l'Orient par un courage intré-
pide, un caractère affable et une générosité inépuisable
qui lui gagnaient les cœurs des soldats (1). On prétend
que les croisés, après la prise de Jérusalem, avaient
voulu l'élire roi du pays qu'ils avaient conquis, et qu'il

HUME, *ibid.* p. 255.

---

(1) Voici ce que O. Vital, ennemi de ce prince et tout dévoué à Henri, dit de son caractère : « *Erat... dux audax et validus multaque laude dignus, eloquio facundus, sed in regimine sui suorumque inconsideratus, in erogando prodigus, in promittendo diffusus, ad mentiendum levis ac incautus, misericors supplicibus, ad justitiam super iniquo faciendam mollis et mansuetus, in definitione mutabilis, in conversatione omnibus blandus et tractabilis, ideoque perversis et insipientibus despicabilis, corpore autem brevis et grossus, ideoque* brevis-ocrea *a patre est cognominatus. Ipse cunctis placere studebat, cunctisque quod petebant aut dabat, aut promittebat, vel concedebat.* »

L. VIII.

l'avait refusé généreusement. Bellême et ses frères, Varennes, Gifard, Pontefract, Mallet, Yves de Grantemesnil et beaucoup d'autres seigneurs l'invitèrent à faire une tentative sur l'Angleterre, et promirent de le seconder de toutes leurs forces dès qu'il paraîtrait. Le duc, pour leur montrer combien il était sensible à leur attachement, en combla plusieurs de ses libéralités. Il confirma, entre autres, à Bellême et lui renouvela la donation faite à ses prédécesseurs de l'évêché de Seès, du château d'Argentan et de la forêt de Gouffern. Il fut arrêté qu'ils prendraient les devants, qu'ils se disposeraient à le recevoir et tâcheraient de lui faire de nouveaux partisans. Quelques-uns parurent si attachés à Henri, que ce prince, par le traité de subsides qu'il conclut en 1101 avec Robert, comte de Flandres (1), lui donna pour cautions des ses engagements Robert de Bellême, Guillaume de Varennes, Gilbert de l'Aigle, qui assistèrent comme témoins à ce traité et le souscrivirent.

Rymer, Fœdera, conventiones, etc., t. I, p. 1.

Le duc débarqua en Angleterre au mois de septembre et s'avança dans la province de Guentonne (Hampshire).

---

(1) Les savants auteurs de la *Nouvelle diplomatique* ont fait une dissertation dans la préface du cinquième tome (p 19 et suiv.), pour prouver que le traité du roi Henri avec le comte de Flandres devait être reculé au moins de huit ans, et que la date assignée par Rymer était une méprise. J'ai cru devoir suivre ici le torrent des historiens, parce que Bellême, une fois chassé d'Angleterre par le roi Henri, accompagna ce prince dans un court voyage dont je parlerai dans la suite, et n'y retourna que lorsque ce prince l'y fit conduire prisonnier, en 1113. Louis le Gros ne commença à régner réellement qu'après la mort de son père, arrivée l'an 1108; mais son père l'avait associé au trône dès 1099, et dans plusieurs actes il est qualifié roi dès cette année. Ce qui me paraît décisif et détruire l'opinion des auteurs que je combats, c'est que Robert, fils de Hamon (Haimon), baron de Thorigni, un des garans du traité pour le roi Henri, fut blessé, en 1106, au siége de Falaise, perdit la raison sur le champ et mourut l'année suivante, 1107.

Bellême abandonna le parti du roi, ainsi que plusieurs autres seigneurs qui se déclarèrent ouvertement pour Robert. Henri, de son côté, rassembla ses forces. Les deux armées étaient depuis quelque temps en présence l'une de l'autre, lorsque Bellême et son neveu Guillaume, comte de Mortain, firent si bien qu'ils engagèrent les deux frères à entrer en accommodement. Bellême et Robert Hamon, baron de Torigni, son beau-frère, eurent la principale part au traité. Le duc se désista de ses prétentions sur l'Angleterre, moyennant une pension de trois mille marcs que son frère s'engagea de lui faire, et la cession du Cotentin et de toutes les places que le roi possédait en Normandie, sauf Domfront qu'il s'était engagé par serment de conserver toute sa vie, ainsi que d'en maintenir les coutumes et usages. On convint que les adhérents à l'un et l'autre parti seraient absous et rétablis dans tous leurs biens et honneurs, soit en Normandie, soit en Angleterre, et que le roi et le duc ne pourraient, sous aucun prétexte, encourager, recevoir ni protéger les ennemis de l'un ou de l'autre, etc.

*Chronique de Normand.*

Ord. Vit., p. 788.

Henri, pour qui le traité était le plus avantageux, fut le premier à le violer. Il rétablit, à la vérité, les partisans de son frère dans leurs biens; mais bientôt il les attaqua l'un après l'autre, sous différents prétextes, et les en dépouilla. Bellême, après la conclusion du traité, était passé dans le Ponthieu, pour recueillir, au nom de son fils, la succession de Gui, comte d'Abbeville, son beau-père. Henri fit un crime à son frère de l'avoir reçu dans ses Etats, et de la donation de l'évêché de Seès, d'Argentan et de la forêt Gouffern. Le duc passa imprudemment en Angleterre pour solliciter son frère à exécuter les clauses du dernier traité et faire jouir ses anciens amis du fruit de la paix : il n'échappa au danger dont la colère du roi le menaçait, qu'en renonçant à la pension qui lui avait été promise. Ce nouveau traité ne fut pas plus sacré pour le roi que le précédent.

Il se pratiqua des espions auprès de Bellême, qui était retourné en Angleterre, et fit observer, pendant une année, toutes ses démarches et tous ses propos dont on lui rendait compte. On croit que le principal était Richard de Bellême, ainsi appelé du lieu de sa naissance, aumônier de Bellême et vicomte de Shrewsbury, homme très-habile dans les affaires et à qui Henri procura, pour récompense de ses services, l'évêché de Londres, après la mort de l'évêque Morice (1). Au bout de ce temps, il le fit citer à sa cour pour y répondre sur quarante-cinq chefs d'accusation, et lui ordonna de venir se justifier publiquement. Bellême offrit de le faire conformément à l'usage, c'est-à-dire accompagné de ses amis : on le lui accorda. Alors il réfléchit qu'il allait se livrer entre les mains de son ennemi personnel : il changea tout à coup d'avis et se retira, avec la plus grande précipitation, dans les places qui lui appartenaient. Le roi, fâché qu'il lui eût échappé, le déclara coupable, faute d'être venu se justifier après avoir été cité juridiquement. Il l'envoya citer une seconde fois : loin d'obéir, il répara de son mieux ses châteaux, en augmenta les fortifications et les munit de tout ce qui était nécessaire pour une vigoureuse défense, surtout celui de Bridge et un autre nommé Carrocowe, dans le pays de Galles, Arundell et Tykehill. Pour engager ses vassaux du pays de Galles à le servir plus fidèlement, il leur distribua des terres, des chevaux et les combla d'honneurs. Il chargea son frère Arnould, qui lui envoya des hommes et des chevaux, de veiller à la défense de ses terres du côté de Stafford. Alors le roi le

Ord. Vit., p. 806.

Sim. Dunelm., p. 227.
Will. Malmesb., de gestis Reg. Angl.

---

(1) On cite encore Richard Limosin, seigneur de Moulins, près Argentan, à qui le roi Henri donna une partie des biens qui avaient appartenu à Bellême, situés en Angleterre. Il lui fit épouser la fille de Jacques de Longueval. (O. D.)

Hist. de Harcourt, t. IV, p. 2215.

déclara ennemi public et marcha à la tête d'une nombreuse armée, pour en tirer une vengeance mémorable.

Roger de Hoveden. Il attaqua d'abord le château d'Arundell, fit élever des forts devant cette place et les garnit de bonnes troupes pour en continuer le siége. Il envoya Robert, évêque de Lincoln, avec une partie de l'armée, assiéger le château de Tykehill et marcha en personne vers le château de Bridge, où il fit élever différentes machines pour le battre, tandis qu'il travaillait à corrompre les Bretons à qui Bellême en avait confié la garde : il y réussit aisément, comme on le verra dans la suite.

Les habitants d'Arundell, après trois mois de siége, obtinrent la permission d'envoyer quelqu'un vers Bellême pour lui apprendre leur situation, le prier d'accourir promptement à leur secours, et, s'il ne pouvait le faire, de trouver bon qu'ils se rendissent au roi. On le trouva dans le pays des Merciens (1), occupé à fortifier et munir le château de Bridge sur la Saverne. A cette nouvelle, il jeta de profonds soupirs, délia les habitants de leur serment de fidélité et leur permit de se rendre au roi. Ce prince traita très-bien la garnison, et même la combla de présents. Le roi marcha ensuite vers le château de Blyth, qui avait appartenu à Roger de Bulei (2) ; les habitants accoururent au-devant de lui. Il y fit reposer ses troupes pendant quelques jours.

Dès le moment où Henri avait arrêté la perte de Bellême, il avait fait partir des ambassadeurs pour la Normandie. Ils étaient chargés d'exposer à son frère les prétendus crimes commis par ce seigneur contre l'un et l'autre, dont il n'avait pas daigné se justifier : ils som-

(1) La Mercie comprenait une partie du Lincolnshire, du Glocestershire et du Warwick. (L. S.)

(2) C'est Roger de Bulli, *de Buthleio*. Voyez sur ce personnage et son château une savante note des nouveaux éditeurs d'O. Vital, t. IV, p. 33. (L. S.)

mèrent le duc d'attaquer, de son côté, Bellême, en conséquence des clauses du dernier traité. Le duc, sur le secours duquel Bellême avait compté, sans réfléchir que la cause des malheurs de ce seigneur était d'avoir embrassé trop chaudement ses intérêts, s'arrêta aux termes du traité dont il était exact observateur. Il rassembla les forces de Normandie, entra sur les terres de Bellême et mit le siége devant le château de Vignats. Gérard de Saint-Hilaire (1) y commandait. Ayant sous ses ordres une bonne garnison, il n'osa se rendre d'abord, de crainte de passer pour avoir manqué de fidélité : il se préparait à le faire au premier assaut, mais on fit sentir au duc qu'il n'était pas de son intérêt de trop affaiblir un seigneur puissant qui lui avait toujours été attaché. Il commença d'agir mollement, et ne pressa plus les assiégés. Robert de Montfort, qui avait combattu les Manceaux avec Bellême, et plusieurs autres mirent un jour, eux-mêmes, le feu à leurs tentes et prirent la fuite, sans que personne les poursuivît ; ce qui produisit une telle confusion dans l'armée, saisie d'une terreur panique, que chacun se sauva où il put, tandis que les assiégés, voyant cette déroute, lançaient à grands cris des brocards et des injures de toute espèce contre les fuyards. Ce succès enhardit la garnison à porter la guerre dans l'Hiesmois contre Robert de Grantemesnil, Hugues de Montpinçon, Robert de Courci et leurs vassaux qui avaient pris parti contre Bellême. Les garnison de Château-Gontier (La Courbe), de Fourches et d'Argentan se joignirent à celle de Vignats et portèrent la désolation et le ravage sur les terres de ces seigneurs et de ceux qui s'étaient armés contre Bellême.

Le roi d'Angleterre, à la tête de toutes les forces du royaume, entra, pendant l'automne, dans le pays des

---

(1) Saint-Hilaire-la-Gérard, canton de Seès, (Orne). (L. S.)

Merciens, où il assiégea le château de Bridge. Bellême en avait confié la garde et la défense à Robert, fils de Corbet, à Robert de Neuville (1) et à Ulger le Veneur, avec quatre-vingts chevaliers qu'il avait pris à sa solde, et s'était retiré à Shrewsbury, où il fut joint par Cadogan et Gervat, fils de Rhésus (Rhys), roi des Gallois, avec lesquels il avait fait la paix.

Le siége de Bridge durait depuis trois semaines, lorsque Guillaume Pantolf (2), dont nous avons parlé ci-devant, seigneur de Noron et d'Aubri en Normandie, vint offrir ses services au roi. Il avait cru l'occasion bonne pour recouvrer la portion de ses terres que la maison d'Alençon retenait depuis la mort de Mabille, et Bellême, soupçonnant sa fidélité, avait refusé de l'employer. Le roi, qui connaissait ses talents, lui avait donné le commandement de Stafford avec deux cents hommes de garnison. Il fit plus de mal à Bellême que tout autre, animé d'ailleurs qu'il était à venger ses propres injures. Pantolf connaissait les fils de Rhys; il trouva le moyen de traiter avec eux par des émissaires, leur fit passer des présents et leur persuada d'abandonner Bellême et de venir se joindre à l'armée royale.

Cependant les grands du royaume, réfléchissant que la perte totale du plus puissant d'entre eux pouvait un jour leur devenir funeste, tinrent conseil et supplièrent le roi de vouloir bien se prêter à un accommodement avec Bellême. Le roi était alors en pleine campagne. Un corps de trois mille hommes du pays, campé sur une colline voisine, s'étant aperçu de ce qui se passait, tous s'écrièrent d'une voix unanime : « N'écoutez pas ceux qui vous

---

(1) Probablement Neuville près Seès. (L. S.)

(2) Pantolf, Pantoul ou Pantou. Cette famille possédait de grands biens et a laissé son nom à plusieurs terres ou paroisses, notamment à Aubry-le-Panthou, canton de Vimoutiers, arrondissement d'Argentan. (L. S.)

» proposent de pardonner à un traître qui a conjuré votre
» ruine ; nous vous seconderons jusqu'à la dernière
» goutte de notre sang ; pressez le siége ; resserrez de
» tous côtés le traître ; n'entendez à aucune sorte d'ac-
» commodement, jusqu'à ce qu'il soit livré mort ou vif
» entre vos mains. »

Le roi, qui d'abord avait paru disposé à se prêter, rejeta toute proposition, somma les assiégés de lui envoyer trois des principaux habitants, et leur jura, en présence de toute l'armée, que s'ils ne lui remettaient pas la place sous trois jours, il ferait pendre, sans miséricorde, tous ceux d'entre eux qui lui tomberaient aux mains. Effrayés de cette menace, les habitants ne songèrent plus qu'à leur salut ; ils demandèrent à conférer avec Pantolf, leur voisin ; il fit si bien par son éloquence et par la promesse de cent livrées de terre (1) de la part du roi à chacun, qu'ils s'engagèrent de se rendre, après avoir informé Bellême de leur extrêmité et de la résolution qu'ils étaient forcés de prendre. Le premier mouvement de ceux qui étaient à la solde de Bellême, dès qu'ils en eurent vent, fut de courir aux armes pour faire rompre la capitulation ; mais les habitants trouvèrent le secret de les enfermer dans un canton de la citadelle, tandis que les assiégeants entraient dans la ville et y arboraient l'étendard royal. Le roi, voulant honorer la fidélité de ceux qui avaient persisté à défendre leur place, leur rendit la liberté et leur permit de se retirer avec armes et chevaux où bon leur semblerait. En traversant les rangs de l'armée royale, on les vit verser des pleurs de rage et de désespoir et briser leurs armes, en chargeant d'imprécations les habitants qui les avaient trahis.

(1) La *livrée*, la *soudée* de terre désignaient en Normandie une étendue de terre capable de rapporter au propriétaire une rente d'une livre ou d'un sou, mais n'indiquaient pas une mesure plus rigoureusement définie. (L. S.) — L. Delisle, *Etudes sur l'agric. en Norm. au moyen âge*, p. 539.

Bellême, en apprenant la perte de la plus forte de ses places, et dans l'incertitude du parti qu'il avait à prendre, poussa d'abord de profonds gémissements, entra ensuite dans une espèce de fureur, et à la fin prit la résolution de périr les armes à la main. Le roi avait dirigé sa route vers Shrewsbury. Cette ville était située sur le sommet d'une montagne, environnée de trois côtés par la rivière de La Saverne. Pour y arriver, il fallait traverser une forêt que les Anglais appellent *Huvel-Hegen*, c'est-à-dire chemin impraticable (1). Effectivement, il fallait passer par une espèce de ravine de la longueur d'un mille, remplie de pierres énormes et où deux chevaux pouvaient à peine marcher de front ; elle était couverte de grands arbres, dont le feuillage épais n'y laissait jamais pénétrer les rayons du soleil. Bellême, pour en rendre le passage encore plus difficile, avait caché, de distance en distance, des gens de trait pour accabler ceux qui passeraient. Le roi trancha la difficulté ; il commanda à l'infanterie, qui était de plus de soixante mille hommes, de s'armer de haches et de percer une nouvelle route dans la forêt.

ORD. VIT

WILL. MAL-
MESB., *de gestis*
*Reg. Angl.*,
l. V.

Les habitants de Shrewsbury voulurent prévenir le malheur qui les menaçait et se concilier les bonnes grâces du roi. Ils prièrent Raoul d'Escures, abbé de Saint-Martin de Seès, que Bellême avait toujours chéri et qui était encore auprès de lui, de porter secrètement de leur part à Henri, qui l'avait vraisemblablement corrompu, les clefs du château, en signe de leur attachement à son parti, et pour lui annoncer qu'ils l'introduiraient dans la place dès qu'il paraîtrait. Ce prince lui en sut bon gré, et l'en récompensa par l'archevêché de Cantorbery.

Bellême ainsi trahi de tous côtés par ceux sur lesquels il devait le plus compter, et ne voyant plus de ressources

(1) Littéralement *mauvaise haie*. (L. S.)

en Angleterre, prit enfin le parti d'implorer la clémence du roi; mais celui-ci ne voulut pas l'écouter. Bellême tint conseil avec le petit nombre de personnes qui lui étaient demeurées attachées, et par leur avis, alla se jeter aux pieds du roi, qui était déjà fort proche de la ville; il lui en présenta les clefs, en lui demandant pardon des fautes qu'on lui imputait. Toute la grâce qu'il put obtenir, fut de sortir du royaume avec ses armes et ses chevaux pour n'y plus rentrer, et le roi lui fit expédier un passeport pour se rendre avec sûreté sur le bord de la mer, afin de s'y embarquer (1). Tous ses vastes domaines furent confisqués au profit du roi; Roger et Arnould de Montgommeri, qui avaient eu part à la guerre, furent également chassés d'Angleterre quelque temps après. La vengeance de Henri s'étendit jusque sur l'abbaye d'Almenêches, dont Emme, sœur de Bellême, était abbesse : elle possédait de grands biens en Angleterre; Henri l'en dépouilla, et les donna, à charge du service militaire, à Savari, fils de Chama (Cane) et père de Lucie, femme de Robert de Grantemesnil, un des plus redoutables ennemis de Bellême (2). Le roi fit partir Guiscard Limosin, seigneur de Moulins, proche Argentan, originaire de Normandie, pour cette province, et le chargea d'y veiller sur la conduite de Bellême et de sa famille. Il s'en acquitta si bien, que le roi l'emmena dans la suite en Angleterre, lui fit épouser une riche héritière, lui donna des fiefs et des châteaux en Normandie, et en Angleterre une partie des biens ayant appartenu à Bellême.

WILL. MAI-MESB., *de gest. Reg. Angl.*

*Monastic. Anglic.*, t. II, p. 869.

(1) *Ipsum cum equis et armis incolumem abire permisit, salvumque per Angliam usque ad mare conductum porrexit... Fortis rex Anglorum pro malignitate Roberti totam progeniem et parentelam ejus odio habuit, suoque de regno radicitus omnes extirpare decrevit... et exhœreditatos de finibus Britanniœ propulsavit.*

O. VIT.

(2) Je n'entrerai point ici dans le détail de ceux à qui le roi donna les biens que Bellême et ses frères avaient possédés en An-

Tous les grands s'empressèrent de féliciter le roi sur le succès avec lequel il venait de terminer cette guerre. La nation entière, pour le flatter, sembla y prendre part : on entendit répéter de tous côtés : « Le roi ne commence » de régner que du moment où Bellême abandonne le » royaume (1). »

Bellême, de retour dans ses terres de Normandie, les trouva le théâtre d'une guerre sanglante et quelques-unes de ses places au pouvoir de ses ennemis. Il voyait, avec étonnement, la trop grande droiture (2) du duc et la faiblesse qu'il avait eue de porter la guerre sur les terres d'un ancien ami, opprimé pour ses propres intérêts. Il se rendit à Alençon, fit semondre tous les vassaux qui lui devaient le service militaire de se rendre auprès de lui, tant pour être en état de se venger de ses ennemis déclarés, que pour reconnaître les ennemis secrets qu'il

*Britannia*, p. 275.

gleterre. Le comte de Varennes eut le fief de Montgommeri dans le pays de Galles. Il ne laissa que trois filles, l'une desquelles nommée Rohez, fut mariée à Vital Engaine et divisa le fief. Le comté d'Arundell fut la dot d'Adelaïs, seconde femme de Henri, qui le porta dans la suite à Guillaume d'Aubigni, son second mari, avec le comté de Salop. Le roi Etienne donna à son fils Guillaume, comte de Mortain, le comté de Lancastre. Le même roi donna à Gilbert Strongbow, fils de Gilbert de Clare, le comté de Pembrock formé par Arnoul de Montgommeri, duquel le savant Cambden croit que descendaient les Montgommeri, qui quittèrent ce nom pour prendre celui de Carew.

(1) Ce fut sans doute pour faire la cour à ce prince, que les historiens moines imaginèrent de peindre Bellême comme le plus cruel des tyrans, sans en apporter de preuves circonstanciées. Les uns disent qu'il faisait mourir de faim et de misère les prisonniers faits à la guerre, plutôt que de les mettre à rançon, que sa férocité s'exerçait jusque sur les enfants et sur les otages auxquels de ses propres mains il crevait les yeux, coupait les testicules ; d'autres ajoutent qu'il les faisait empaler tout vivants. (O. D.)

(2) Cette expression peut paraître bien hasardée ; mais nous nous sommes fait une loi de respecter toutes les appréciations de notre auteur. (L. S.)

avait parmi ses propres sujets. Comme il s'agissait d'une guerre pour la défense de sa vie, il prétendait que nul n'en était exempt, ni les vassaux de l'abbaye de Saint-Martin de Seès, ni ceux de Saint-Evroul et des autres abbayes de ses terres. L'abbé de Saint-Martin lui était devenu suspect; il craignait d'en être trahi au premier moment; il lui demanda la foi et l'hommage qui lui étaient dûs par la mort de son père, pour les terres qu'il tenait de lui. L'abbé s'y refusa, et répondit que ses terres étaient tenues en pure et franche aumône, et que d'ailleurs les souverains pontifes avaient défendu, depuis peu, aux ecclésiastiques de rendre de pareils devoirs aux laïques.

<small>Will. Malmesb., de Pontific. Angl., l. 1, p. 131.</small>

Bellême, le fer et la flamme à la main, entra sur les terres de ceux qu'il regardait comme les auteurs de la guerre que le duc lui faisait. Les campagnes furent bientôt dévastées; les maisons devinrent la proie des flammes. On vit une foule de soldats et d'autres personnes, s'il faut en croire le moine de Saint-Evroul, traînées au supplice ou mutilées, sans que Bellême voulût accepter les rançons qui lui étaient offertes. Des villages entiers furent dépeuplés, et des églises brûlées avec tous ceux qui y avaient cherché un asile comme dans le sein de leur mère (1).

<small>Ord. Vit., p. 809 et seq.</small>

<small>Will. Malmesbur., ibid.</small>

Les seigneurs de la province se réunirent pour tâcher d'arrêter les effets de son courroux; mais le duc ne paraissant point à leur tête, il se moquait de leurs efforts réunis. La supériorité de son génie, les forces qu'il avait rassemblées et les trésors qu'il avait autrefois accumulés

---

(1) Il ne faut pas perdre de vue, pour juger équitablement de la conduite de Bellême, que, dans ces temps malheureux, les lois de l'humanité étaient presque inconnues dans la guerre. On s'y livrait à toutes sortes de cruautés; on ne voyait partout que meurtres et incendies; les droits de la nature étaient souvent oubliés.

<small>Rec. des hist. de Fr., t, XI (préf.), p. 236.</small>

dans trente-quatre places fortes, le mettaient en état de faire face partout.

Arnoul de Montgommeri, chassé d'Angleterre pour ses intérêts et dépouillé de ses possessions au delà de la mer, lui demanda une portion des biens de ses père et mère; les deux frères ne purent s'arranger : Arnoul le quitta brusquement, se retira auprès du duc de Normandie et trouva moyen de livrer à ses troupes le château d'Almenêches. Il débaucha plusieurs alliés de son frère, et fit si bien qu'il détermina quelques-uns de ses vassaux à recevoir dans leurs places les troupes du duc qu'il avait décidé à se mettre à leur tête. Bellême, abandonné et trahi par ses plus proches, n'osait plus se fier à personne, pas même à ceux qui lui donnaient des preuves d'attachement, mais son courage n'en fut point abattu. Il apprit, au mois de juin 1103, que l'armée ducale se rassemblait dans l'abbaye d'Almenêches, dont l'église servait d'écurie, et aux environs. Il la surprit, y mit le feu et ramena un grand nombre de prisonniers, du nombre desquels était Olivier de Fresnai. Il fit faire le procès à ceux de ses vassaux qui furent pris les armes à la main : les uns furent condamnés à la mort, les autres à être mutilés. Ceux qui n'étaient pas ses vassaux furent traités en prisonniers de guerre. Les religieuses d'Almenêches cherchèrent des asiles où elles purent. Emme, leur abbesse, avec trois d'entre elles, se réfugia à Saint-Evroul, dans la cellule où ce saint solitaire s'était retiré, après avoir fondé quinze monastères aux environs de Seès. Elle ne retourna que l'année suivante dans son abbaye, dont elle rétablit l'église et une partie des bâtiments.

Le duc, à la tête de son armée, s'avança jusqu'à Exmes, où il fut reçu par Mulger (Mauger), surnommé *Malherbe* (1), à qui Roger de Laci, qui commandait l'armée

(1) Il y a eu plusieurs familles de ce nom en Normandie. Les

ducale, en avait confié la garde. Il y fut joint par Guillaume, comte d'Evreux, Rotrou, comte de Mortagne, Gilbert de l'Aigle, et tous les seigneurs de l'Hiesmois. Bellême rassembla ses forces et marcha droit à l'armée du duc. Il fit différentes marches et contre-marches pour tâcher d'engager une bataille; il en saisit la première occasion : il chargea, avec son armée, celle du duc qu'il surprit dans la paroisse de Chailloué (1), entre Seès et Exmes. Le prince, après une longue résistance, fut forcé de prendre la fuite. Bellême fit, en cette occasion, un grand nombre de prisonniers, dont le plus considérable était Guillaume de Conversano, comte d'Averse, au royaume de Naples, beau-frère du duc. Il marcha ensuite vers Exmes, qui lui ouvrit ses portes. Il reprit aussi Château-Gontier et plusieurs autres places aux environs, dont les troupes du duc s'étaient emparées.

Bellême devint plus audacieux par la victoire qu'il venait de remporter sur un prince et des guerriers qui s'étaient signalés dans l'Orient par leurs exploits militaires ; il ne se proposait rien moins que de soumettre une partie de la Normandie. Plusieurs de ceux qui s'étaient armés contre lui, n'ayant plus d'espoir de secours, prirent le parti de faire leur accommodement, plus par crainte que par aucun autre motif. Ils se trouvèrent obligés de suivre Bellême dans la guerre sanglante qu'il fit à leurs amis et à leurs anciens alliés. Quelques-uns, cependant, ne perdirent pas contenance : Robert de Saint-Cé-

---

derniers éditeurs d'Orderic Vital pensent que ce Mauger Malherbe appartenait à celle d'Adam *de Malaherba,* cité dans la grande charté de la Trinité du Neubourg, par Guillaume, comté de Mortain, en 1105, comme bienfaiteur de cet établissement. (L. S.) T. IV, p. 480.

(1) Les mêmes seraient disposés à placer ce champ de bataille entre le Vieil-Urou et la Briquetière, beaucoup plus près d'Exmes. (L. S.)

neri(1), Richard, son sénéchal(2) et Hugues de Nonant (3), quoique peu fortunés, trouvèrent le moyen de lui résister plus longtemps que leurs voisins et même osèrent pénétrer sur ses terres. Bellême, cependant, ne se laissa pas tout à fait éblouir par la fortune. Il conservait toujours pour son souverain un fonds de tendresse et d'attachement. Il trouva le moyen de lui faire insinuer qu'il agissait contre ses propres intérêts, qu'il le mettait hors d'état de lui donner les secours dont lui-même aurait besoin quelque jour, lorsque le roi d'Angleterre viendrait fondre sur le duché et en userait à son égard comme il avait fait avec ceux qui lui étaient attachés. Le duc ouvrit les yeux, sentit qu'il avait été dupe de sa trop grande droiture, rendit ses bonnes grâces à Bellême, le rétablit dans tous ses biens et ses honneurs et lui confirma de nouveau la donation de l'évêché de Seès (4), d'Argentan et de la forêt de Gouffern. Bellême profita de ce moment de calme pour faire un court voyage dans son comté de Ponthieu.

*Ord. Vit., p. 804.*

*Gr. Offic. de la Couron., t. III, p. 599.*

Ce fut vers ce temps-là que le duc fit saisir et mettre dans sa main le Cotentin et Domfront. Henri somma son frère de lui en donner main-levée ; il déclara qu'il y consentait, s'il voulait rendre à Bellême et à ses autres amis les terres dont il les avait dépouillés contre la foi des trai-

*Chroniq. de Norm. goth., ch. 160.*

---

(1) Robert Giroie ou de Saint-Céneri, II<sup>e</sup> du nom, dont nous avons déjà parlé et que nous retrouverons dans la suite de cette histoire. (L. S.).

(2) Bouchard, *Burchardus,* et non pas Richard. (L. S.)

(3) Hugues de Nonant (sur Queuge), un des favoris de Robert Courte-Heuse et des plus constants ennemis de Robert de Bellême, ne doit pas être confondu avec un autre Hugues de Nonant, contemporain de Henri II et neveu de l'évêque de Lisieux, Arnoul. (L. S.)

*T. IV, p. 104.*

(4) Les éditeurs d'O. Vital font remarquer avec raison que par *episcopatus Sagiensis* il faut entendre, non pas les revenus ecclésiastiques de l'évêché de Seès, mais la possession et les revenus féodaux du pays qui en dépendait. (L. S.)

tés, mais que s'il s'y refusait, il était décidé à conserver la Normandie en entier, telle que son père la lui avait laissée, et qu'il renonçait à le troubler dans la possession de l'Angleterre. Le roi refusa ces conditions et se prépara secrètement à une guerre qui n'éclata que quelque temps après. Il passa même en Normandie, lui douzième, pour y entretenir les dispositions favorables de ses anciens amis et s'en faire de nouveaux avec de l'argent. *Ibid.*, ch. 59.

Nous avons vu que le comte de Mortagne s'était trouvé à la bataille de Chailloué. Il avait profité de l'absence de Bellême pour lui faire la guerre. Ce comte était Rotrou II, Ord. Vit. fils de Geoffroi II, comte de Mortagne, qui, dès le mois d'octobre de l'an 1100, et non pas 1110 comme l'ont dit Bry et Dom Liron, avait été enterré, avec l'habit de reli- *Bibliothèque* gieux de Cluni, au monastère de Saint-Denis de Nogent- *Chartr.* le-Rotrou.

Geoffroi avait épousé Béatrix de Rouci, et non de Ro- chefort, comme l'a nommée Orderic Vital, troisième fille p. 896. de Hilduin IV du nom, comte de Rouci, de Montdidier, de Rameru, etc., et d'Alix ou Adèle, sœur de Manassé, archevêque de Reims, de la maison de Châtillon-sur- Marne. Elle fit construire dans le Perche un bourg, qui, de son temps, portait le nom de *Bourg de Béatrix* et que nous ne connaissons plus. Elle vivait encore après la fon- dation de l'abbaye de Tiron. De ce mariage étaient sortis 1° Rotrou III, comte du Perche; — 2° Julienne, mariée en 1094 à Gilbert, seigneur de l'Aigle; elle confirma la donation que son frère fit à l'abbaye de Tiron en 1109, et fut mère de trois garçons et de Marguerite de l'Aigle; — 3° Marguerite, femme de Henri de Beaumont-le Roger, La Roque, *Hist.* comte de Warwick, dont sortit Rotrou, archevêque de *de Harcourt,* Rouen; — 4° Mahault, inconnue à Bry, mariée 1° à Rai- t. II, p. 228. mond, vicomte de Turenne, mort vers l'an 1121, dont elle eut Boson, vicomte de Turenne, tué au siége de la Roche- Saint-Paul, un mois après la mort de sa mère : 2° à Gui, seigneur de Las-Tour (*de Turribus*), dit *le Gros*, dont elle eut deux fils ; elle mourut le 28 mai 1143, et fut inhumée au chapitre de l'abbaye d'Arnac (1), fondée pour des religieuses par ses ancêtres, aujourd'hui Saint-Pardoux ; — 5° Il semble qu'il eut encore une fille qui fut mariée à N. d'Amiens, père de Hugues d'Amiens, archevêque de Rouen, que Gilles, évêque d'Evreux, appelle son oncle paternel dans une lettre, et que les historiens nomment improprement *du Perche*, qu'on dit avoir eu pour tante Marguerite du Perche, femme du comte de Warwick ; ce Gilles succéda, dans l'évêché d'Evreux, à son cousin-germain Rotrou, lequel passa alors à l'archevêché de Rouen. Cette fille a été inconnue jusqu'à ce jour.

Rotrou II, comte de Mortagne, avait suivi le duc de Normandie au voyage de la Terre-Sainte, et commanda le dixième corps de l'armée au siége d'Antioche. Il était revenu de cette expédition la même année que son père mourut. Le sixième jour après son retour, il s'était rendu au monastère de Saint-Denis-de-Nogent où son père avait été inhumé, avait confirmé tous les dons faits par ses prédécesseurs, et en avait remis l'acte sur l'autel, avec les palmes qu'il avait rapportées de la Terre-Sainte (2). Il s'attacha alors, par politique, à Henri qui n'était pas bien avec Bellême, leur ennemi commun. Il avait même épousé, en 1102, Mathilde, sa fille naturelle. Il avait profité de la courte absence de Bellême pour recommencer la guerre

---

(1) Diocèse de Limoges. (L S.)

(2) Les pèlerins qui allaient à la Terre-Sainte portaient le bourdon et l'escarcelle : quand ils étaient sur le point de revenir dans leur pays, ils coupaient des branches de palmier, arbre commun dans la Terre-Sainte, et les apportaient comme une marque de l'accomplissement de leur pèlerinage. Ils les portaient à la main, et de retour chez eux, ils allaient rendre grâces à Dieu du bon succès de leur voyage, et présentaient les palmes aux prêtres qui les posaient sur l'autel.

contre lui, sous prétexte qu'il empiétait sur les limites du comté de Mortagne. Bellême se défendit, et la guerre se renouvela entre eux avec plus de fureur que jamais. Ils ravagèrent mutuellement, le fer et la flamme à la main, les terres l'un de l'autre. Les forteresses, dont leurs frontières étaient hérissées et dont on voit encore des restes à Long-Pont, Mont-Isambert (1) et ailleurs, étaient munies de garnisons qui faisaient impunément des courses sur les malheureux habitants du terrain ennemi et les dépouillaient de tout. On prétend que Bellême et Rotrou en vinrent aux mains, que le combat fut sanglant et que l'avantage demeura au Percheron, qui fit des prisonniers et força Bellême à prendre la fuite.

Ord. Vit., lib. VIII, p. 697.

Serlon saisit cette occasion pour les excommunier l'un et l'autre (2) : mais Rotrou avait trop de titres qui parlaient

---

(1) Le château de Longpont, canton de Bazoches (Orne), est détruit. Saint Louis y séjourna. On a trouvé aux environs des débris d'armures et de constructions. (L. S.)

Il ne reste de celui de Mont-Isambert, commune de Buré, canton de Bazoches, sur le bord de la grande route d'Alençon à Mortagne, qu'un talus fort élevé et étagé à trois gradins, avec des fossés qui ne pouvaient guères garder l'eau, mais qui contribuaient à la défense de la forteresse. (L. S.)

(2) Il existait plusieurs degrés d'anathèmes : 1° le simple interdit, prononcé souvent sans formalités préliminaires; 2° l'excommunication, 3° l'allégeance pour le sujet du serment de fidélité et d'obéissance envers le souverain, avec excommunication de quiconque commercerait avec lui, de quelque manière que ce soit, en public ou en particulier; 4° la sentence de déposition et le don du royaume à un autre (1). (O. D.)

(1) On trouve sur cette matière importante et délicate de précieux renseignements (à consulter toutefois avec une certaine précaution) dans l'*Histoire des Inquisitions* (par les abbés Marsollier et Goujet), dans la *Vie de Grégoire VII*, par M. de Vidaillan, et l'*Essai sur Grégoire VII*, par M. Delécluze. Voy. encore Aug. Thierry, *Hist. de la Conq. de l'Anglet.*, Ozanam, *Civilisation chrétienne chez les Francs*, et surtout Hallam, *L'Europe au moyen âge*, ch. 6, et l'abbé Gosselin, *Du Pouvoir du Pape au moyen âge*. Les empereurs voulaient de leur côté s'arroger le droit de déposer les papes. (L. S.)

Liv. IV, t. I.

T. III, p. 207.

en sa faveur, pour n'être pas bientôt déchargé de l'anathème de l'évêque. Il n'en fut pas de même de Bellême. La donation qui lui avait été faite de l'évêché de Seès, sa vigilance à observer la conduite des partisans secrets du roi Henri, la sévérité avec laquelle il en usait envers l'abbaye de Saint-Martin, depuis que son abbé avait secoué le joug des engagements qu'il avait contractés lors de son élection, étaient les véritables motifs de son excommunication. Il fut donc anathématisé de nouveau lui et ses amis, et Serlon, accompagné de l'abbé de Saint-Martin, d'un de ses archidiacres et de quelques autres ecclésiastiques, passa en Angleterre où ils furent très-bien accueillis du roi : ce prince les consola, les assura de sa protection et leur procura de quoi soutenir leur dignité.

Les foudres de l'église, quoique lancées injustement, faisaient alors une vive impression sur les esprits des peuples, peu éclairés sur les droits respectifs des deux puissances. Ce fut ce qui détermina Bellême d'en écrire à Yves, évêque de Chartres, le prélat de son siècle le plus savant dans les matières ecclésiastiques (1) : sa réponse nous fait sentir que Bellême n'était pas aussi coupable que le prétendait Serlon. Voici comme il s'exprime : « Si la » sentence d'interdit lancée contre vous est injuste, j'en » suis fâché, tant par rapport à celui qui l'a prononcée » contre vous, que par rapport à vous-même; mais comme » je ne dois pas faire à autrui ce que je ne voudrais pas » qu'on me fît, ne soyez pas surpris si je ne la lève pas » pour le présent: c'est une loi que celui qui est interdit » ou excommunié par une église, ne peut être relevé par » une autre. Il ne me conviendrait pas de porter mon ju- » gement contre un absent, quand même j'aurais bien » pesé si la sentence portée justement ou injustement par

*Epist.* 120.

---

(1) La lettre d'Yves n'est point datée : ainsi elle a pu être écrite lors d'une précédente excommunication.

» votre prélat vous oblige. Je ne dois point porter la faulx
» dans une moisson étrangère ; mais je me prêterais bien
» volontiers à chercher le remède à tant de maux, si Dieu
» m'en procurait l'occasion et les moyens. Adieu. »

Si Bellême avait eu autant de torts que lui en donne Orderic Vital, qui avait été religieux de Saint-Evroul pendant que Serlon en avait été abbé, il n'est guère probable que la lettre d'Yves eût été aussi modérée. Tous ceux qui ont lu les lettres de ce prélat, le plus grand canoniste de son siècle et le plus rigide observateur de la discipline ecclésiastique, savent avec quelle hardiesse il parlait aux plus grands seigneurs de son temps et à son souverain même. Son zèle ardent pour la défense des immunités ecclésiastiques l'emportait sur toute autre considération, mais il avait une façon de penser au sujet des excommunications bien différente de celle de Serlon. Il était dans la persuasion que, quand même un comte aurait été légitimement excommunié et ses terres mises en interdit, les bonnes grâces dont son souverain l'honorait levaient tous ces anathèmes (1). *Epist.* 62.

Il faut convenir, avec un célèbre historien anglais, que le duc, depuis le retour de son voyage, était devenu un objet de mépris pour ses propres sujets : livré tour-à-tour aux plaisirs les plus dissolus et aux pratiques de dévotion les plus minutieuses, il négligeait tellement le soin de ses finances et du gouvernement en général, que ses domestiques pillaient impunément son argent, lui volaient jusqu'à ses habits et commettaient toutes les extorsions possibles sur ses malheureux sujets qu'il laissait sans défense. Les seigneurs de Normandie, qu'une administration sé- Hume, *Hist. de la maison de Plantagenet*, t. II, p. 275.

---

(1) O. Desnos nous paraît ici forcer le sens du texte d'Yves de Chartres. Yves se borne à présenter les bonnes grâces, l'intervention du souverain, comme motifs de faveur et d'indulgence au profit du seigneur frappé d'excommunication. (L. S.)

vère pouvait seule contenir, accablaient leurs sujets de vexations et étaient toujours armés les uns contre les autres. Henri, à l'exemple de Guillaume-le-Roux, avait grand soin de fomenter ces divisions. Ceux qui avaient des sujets réels de plainte contre le duc de Normandie ou qui croyaient en avoir, ceux qui étaient trop faibles pour résister à leurs ennemis particuliers, et ceux que Henri faisait agir sous sa main, eurent recours à sa protection pour faire cesser les désordres de la province. Cette sollicitation lui fournit un prétexte pour se mêler des affaires de Normandie. Au lieu d'employer sa médiation à faire respecter l'autorité de son frère ou à remédier aux griefs des Normands, Henri ne songea qu'à grossir le parti qu'il y avait par les présents, les intrigues et les insinuations qu'il put mettre en usage.

*Ord. Vit., p. 813.*

Il voulut reconnaître par lui-même les dispositions des seigneurs Normands. Il s'embarqua vers la fin de l'année 1104, avec une armée, et se rendit aussitôt à Domfront. Ses amis l'accueillirent parfaitement bien, et lui firent, suivant l'usage alors établi, de riches présens. Parmi ces seigneurs on voyait Robert, comte de Meulan, Richard, comte de Cestre (Chester), Etienne, comte d'Aumale, Henri, comte d'Eu, Rotrou, comte de Mortagne, et grand nombre d'autres.

Il fit prier son frère de se rendre auprès de lui pour conférer ensemble. Il lui reprocha encore d'avoir violé les traités faits entre eux, de s'être réconcilié, sans son agrément, avec Bellême, et de lui avoir donné, contre les lois, une portion du domaine ducal qui était inaliénable. Le duc, sentant qu'on lui cherchait une mauvaise querelle pour avoir un prétexte de lui enlever la totalité ou au moins une partie de ses Etats, consentit de céder à son frère, le comté d'Evreux avec le comte et tous ses vassaux. Le roi qui n'avait en vue, dans cette campagne, que de s'assurer des partisans, repassa avant l'hiver en An-

*Ord. Vit., p. 814.*

gleterre, pour lever une armée nombreuse et de grosses sommes d'argent. Bellême l'y suivit et assista aux fêtes de Noël à Westminster, sans doute pour tâcher d'obtenir la remise des biens dont il avait été dépouillé. Il repartit ce jour même pour la Normandie, afin de se préparer à la guerre.

*Chron. Angl.-Sax.*, dans le *Rec. des Hist. de Fr.*, t. XIII.

Dès que Henri avait eu quitté la Normandie, le petit nombre de seigneurs demeurés fidèles à leur prince reprirent les armes et firent une guerre sanglante à ceux qui favorisaient ouvertement ou secrètement le roi son frère. Bellême, le plus puissant de tous, fut même fâché du départ de son ennemi particulier, contre lequel il avait formé le projet de mesurer encore une fois ses forces. Guillaume, comte de Mortain, n'avait pas moins de zèle pour le duc. Ils fondirent de tous côtés sur les royalistes. Toute la Normandie devint bientôt le théâtre d'une sanglante guerre civile, où les parents versaient impitoyablement le sang les uns des autres. On ne voyait de toutes parts, dans les campagnes, que maisons et châteaux brûlés et pillés; les églises même n'étaient guère plus respectées.

Le tumulte de la guerre ne faisait point négliger à Bellême de rendre à ses vassaux, même à ceux dont il avait le plus lieu de se plaindre, la justice qu'il leur devait. Il tint sa cour féodale, le jour de la fête de saint Romain 1105, dans son château de Boitron, situé sur une butte fort élevée, proche Essai (1). Normand de Neauphe (2), héritier de Chanai, par l'avis de Bellême et de ses barons,

PILATRE, *Compil. chronol.* ins., t. I, f° 802.

*Cartul. S. Mart. Say.*, f° 34.

---

(1) Quelques pans de murs à feuilles de fougère et l'ouverture d'une citerne qu'on appelle le *Trou d'enfer*, rappellent seuls cet ancien château. On croit qu'il existait sous la butte des souterrains dont il est difficile d'admettre l'existence, quoique le roc vif ait été entaillé par endroits assez profondément. (L. S.)

*Orne archéol.*, p. 168.

(2) *Naufia, Neelflet, Nigelfa, Naialfa*, Neauphe-sous-Essai (Orne). (L. S.)

et en présence d'Arnoul, abbé de Troarn, et des religieux de Saint-Martin de Seès, ratifia et abandonna, moyennant dix livres mançais (1), tout ce que son prédécesseur avait donné à cette dernière abbaye.

Le roi débarqua, la dernière semaine de carême, à Barfleur (2), dans la résolution de dépouiller son frère de ses Etats et de continuer, pour y parvenir, d'employer la force et la corruption. Il donna pour prétexte de son débarquement l'infraction du dernier traité par les partisans du duc qui étaient entrés sur ses terres; surtout par Gunhier (Gontier) d'Aunou et Raimond de Varennes, qui avaient fait prisonnier Robert Fitz-Hamon, et la conduite de Bellême. Le roi arriva, le samedi-saint, à Carentan.

Serlon, qui avait fait un voyage en Italie depuis que nous l'avons laissé à la cour de Henri, fut le premier des Normands qui l'y vint trouver. Ce prélat, que le serment prêté après son élection liait plus étroitement à son prince, donna le premier l'exemple de la révolte. Il était déjà revêtu de ses habits pontificaux, lorsque le roi entra, le jour de Pâques, dans l'église, embarrassée de meubles et d'outils d'agriculture que les habitants du voisinage y avaient déposés. Le prélat, poussant de profonds soupirs, saisit

---

LECOINTRE-DUPONT, *Lettres sur l'Hist. monét. de Norm.* — HUCHER, *Monnaies du Maine.* — CARTIER, *Rev. numism.*, 1857. — LEROUX DE LINCY, *Prov. français*, t. II, 276.

*Archives Norm.* t. II, p. 97.

(1) La livre mançaise, d'après le règlement de 1158, valait 39 fr. 10 c. (le marc d'argent-le-Roi calculé à 52 fr. 12 c.). Les roumois (monnaie de Rouen) et les angevins, qui, en Normandie, se donnaient indistinctement les uns pour les autres, ne valaient que 13 fr. 68 c. et 13 fr. 92 c. la livre, d'après le même calcul. Les mançais avaient donc une valeur bien supérieure aux roumois; de là sans doute le proverbe si répandu : un Manceau vaut un Normand et demi. (L. S.)

(2) Barfleur, de tous les ports de France le plus rapproché de l'île de Wight, était alors le principal point de communication entre la Normandie et la Grande-Bretagne; Cherbourg même n'avait qu'une importance secondaire. M. de Gerville a parfaitement éclairci ce point. (L. S.)

cette circonstance pour faire briller son éloquence. Orderic Vital nous a conservé son discours qui dut passer alors pour très-pathétique : je n'en rapporterai que quelques traits. Il exposa d'abord au roi que la Normandie était sans chef capable de la gouverner, que le peuple n'avait plus d'asile assuré contre des furieux qui la déchiraient, que les temples du Seigneur étaient violés et profanés impunément, qu'on avait vu dans son diocèse, depuis un an, Bellême réduire en cendres l'église de Tournai (1) avec quarante-cinq personnes de l'un et de l'autre sexe qui y avaient cherché un asile. « Je ne vous mets » sous les yeux, dit-il, seigneur roi, cet affreux tableau » que pour enflammer votre zèle et vous exciter à imiter » Phinée, Mathatias et ses fils. Au nom du Seigneur, ne » différez pas plus longtemps, recouvrez par le glaive l'héritage de vos pères, arrachez les peuples des mains des » pervers, tirez-les de l'esclavage. Votre frère n'est plus » duc que de nom, puisqu'il n'a aucun soin du salut de » son peuple. Livré dans son palais à la mollesse et à la » dissolution, il l'abandonne et le laisse en proie à Conversano, à Hugues de Nonant qu'il a fait gouverneur de » Rouen, à son neveu Aunou et à quelques autres de » même trempe. O douleur! sa prodigalité lui fait consumer en bagatelles et en superfluités les revenus d'un » Etat puissant, et le réduit à manquer souvent des choses » les plus nécessaires, même de pain et de vêtements. » Dans la triste position où se trouve le pays qui vous a » vu naître, armez votre bras, et que ce soit, suivant la » loi du roi prophète, non dans la vue d'augmenter vos » Etats, mais uniquement pour la défense de la patrie. »

Henri, le comte de Meulan et tous les seigneurs présents applaudirent au discours séditieux du vénérable

Ord. Vit.

---

(1) *Tornacum*, Tournai-sur-Dives, canton de Trun (Orne). (L. S.)

prélat (1). Le roi protesta qu'avec l'aide de Dieu et le secours de ses amis, il allait ramener la paix dans l'église de Normandie et faire jouir les peuples d'une douce tranquillité. Serlon avait trop bien réussi pour que son zèle en demeurât là. L'usage s'était introduit en Normandie de laisser croître les cheveux : les plus zélés du clergé ne manquèrent pas d'en faire une affaire de religion et un péché capital. Le prélat adressa de nouveau la parole au roi et à ses courtisans, déclara qu'il était indécent à l'homme de porter une longue chevelure, ce qu'il prétendit démontrer par une foule de textes de l'Ecriture et entre autres, par un passage où saint Paul dit que *l'homme ne doit point voiler sa tête* (2). Il termina son long discours, en suppliant le roi de vouloir bien donner le premier l'exemple de la réforme. Henri entendait trop bien ses intérêts pour ne pas s'y prêter sur-le-champ. Le prélat tira de sa manche des ciseaux et tondit la chevelure du monarque hypocrite, du comte de Meulan et de plusieurs autres seigneurs; et bientôt tous les autres, à l'envi, vinrent présenter leur chevelure aux tondeurs.

Henri, l'un des princes les plus éclairés de son temps, riait sans doute intérieurement de ce zèle mal entendu et de l'abus d'autorités respectables, mais il n'avait garde de

*Breviar. Sag. pars autumn.*, p. 444. — *Concil. Rothomag.*, t. 1, p. 78 ; - *Hist. de l'Egl. gallic.*, t. VIII, p. 225. — Mézerai, t. 1, p. 455. — Capperon, *Mercure de janvier 1752.* — Thiers, *Hist. des perruques*, ch. 16.

(1) Voilà comment ce prélat s'est acquis et conservé, jusqu'à nos jours, chez tous les écrivains qui en ont parlé et même dans le dernier Bréviaire de Sées, les titres de *pius* et *eloquens*.
Voyez ma *Dissertation* sur ce prélat, p. 13.
(2) Le concile assemblé à Rouen, en 1096, où présidait Guillaume-bonne-ame, avait statué que ceux qui porteraient une longue chevelure seraient exclus de l'église pendant leur vie, et qu'on ne prierait point pour eux après leur mort.
Même chose à peu près arriva à Amiens. L'évêque Geoffroi, voyant que plusieurs assistaient à la messe de Noël, où il officiait, portant encore des cheveux longs, les refusa tous à l'offrande, ce qui leur fit une telle impression que, pour y être admis, ils se les coupèrent sur-le-champ avec leurs couteaux.

risquer de s'aliéner le clergé pour un si léger sacrifice. Il ne négligeait pas pour cela d'autres moyens plus efficaces pour affaiblir son frère. Il traita avec le comte d'Anjou, avec les Bretons, et engagea même Hélie, devenu paisible possesseur du comté du Maine, par la générosité du duc, à le venir joindre avec toutes ses forces, en lui promettant de lui conserver la paisible possession de son comté. Alors il commença les hostilités, prit Bayeux, Caen et plusieurs autres places.

Bellême n'était pas pour lors en Normandie ; il s'était rendu, avec son fils, à l'abbaye de Marmoutier, pour y conférer avec le célèbre Boémond, prince d'Antioche, qui était venu en Europe faire une recrue de croisés, et qui y épousa Constance, fille du roi de France. Le fils de Bellême confirma dans ce voyage, à cette maison, tous les biens qui lui avaient été donnés par ses prédécesseurs et lui en accorda d'autres par charte donnée le dimanche de la mi-carême 1105 ; les moines l'associèrent, ainsi que son père et Boémond, aux bonnes œuvres de la maison (1). Bellême ne fit probablement ce voyage que par occasion. Geoffroi Martel II{{e}} du nom, comte d'Anjou, prince juste et équitable, l'avait engagé d'aller lui aider à soumettre Normand, seigneur de Montrevaux et de Candé, un des tyrans de l'Anjou. Ils passèrent la Loire au mois de mai de l'année 1106, et mirent le siége devant Candé, petite ville à l'embouchure de la Vienne. Quelques précautions que Normand eût prises pour se défendre, il reconnut bientôt qu'il ne pouvait tenir contre tant de forces réunies ; il demanda à capituler. Pendant qu'on réglait les articles de la capitulation, un archer tira de dessus les remparts de la ville une flèche, dont il perça le bras du

*Charte comm., par le curé de Montperroux.*

---

(1) *Accepit beneficium societatis nostræ.* Ces sortes d'associations des laïques aux œuvres des couvents existent encore de nos jours. (L. S.)

comte d'Anjou. La flèche étant empoisonnée, le comte mourut le jour suivant, 11 mai. Après cet accident, Bellême reprit la route de Normandie, où le danger de son prince l'appelait.

Il avait été question, vers la Pentecôte, d'un accommodement entre le roi et le duc; celui-ci qui avait déjà fait tant de sacrifices à son frère pour qu'il le laissât vivre en paix, s'y prêta. Henri, qui ne cherchait qu'à en imposer au public, lui offrit la paix, à condition qu'il lui céderait toutes les places fortes et la moitié de la Normandie, qu'il serait chargé, lui seul, du gouvernement, et qu'en récompense il paierait à son frère une pension équivalente à cette moitié. Robert fut d'abord ébranlé par ces propositions qui flattaient son indolence et son amour pour le repos; il en fit part à son conseil; mais tous se récrièrent unanimement contre l'injustice de Henri. Le courage de Robert se réveilla, et il se prépara à terminer le différent par un combat.

La guerre recommença donc plus vivement et avec plus d'acharnement que jamais, et Bellême y prit bonne part dès qu'il fut de retour. Henri échappa à une embûche que lui avait tendue Robert, abbé de Saint-Pierre-sur-Dive. Le roi en voulait particulièrement à Guillaume, comte de Mortain. Non content de l'avoir dépouillé des vastes possessions qu'il tenait en Angleterre, il résolut de lui arracher le comté qu'il possédait en Normandie. Quoique l'automne fût pluvieuse, il mit le siége devant Tinchebrai. Il fit élever un fort devant cette place, dont il confia la garde à Thomas de Saint-Jean (1), à qui il laissa une bonne garnison, et se rendit où ses affaires l'appelaient. Le comte rassembla le plus de troupes et de vivres qu'il fut possible,

(1) Thomas de Saint-Jean-le-Thomas, entre Avranches et Granville. V. sur ce seigneur et son château les *Mémoires de la Soc. des Antiq. de Normandie*. (L. S.)

et les fit entrer dans la place à la vue des troupes anglaises : il fit couper les blés de la campagne pour servir de fourrage aux chevaux ; il implora le secours du duc, de Bellême et de tous ses amis. Bientôt les troupes que le roi avait laissées devant Tinchebrai se trouvèrent elles-mêmes bloquées. Henri rassembla toutes ses forces, pour aller en personne presser le siége ; le duc, de son côté, après avoir échappé à la trahison des habitants de Caen, s'était retiré d'abord à Falaise d'où il s'était rendu à Exmes. Ce fut là que tous ses amis et ses troupes le joignirent ; il marcha vers Tinchebrai, dont son frère faisait le siége. Il le somma, par un hérault, de le lever, le menaçant, en cas de refus, de lui livrer bataille. L'ermite Vital, qui fonda depuis le prieuré de Savigni, se présenta aux deux frères, et leur défendit, au nom de Dieu, d'en venir aux mains, ce qui donna lieu à des propositions d'accomodement ; mais Robert ne jugea pas à propos d'abandonner son duché à son cadet, qui lui avait déjà enlevé un royaume. Henri donna ses ordres pour le combat ; il fit ensuite avancer son armée, partagée en cinq corps, dont les trois premiers étaient commandés par Ranulphe (Renouf) de Bayeux, le comte de Meulan et Guillaume de Varennes ; il se réserva la conduite du corps de bataille, et donna le commandement du corps de réserve à Hélie, comte du Mans. Ce dernier corps était composé des Manceaux et des Bretons ; il avait ordre de venir fondre sur les troupes du duc, lorsqu'elles seraient toutes engagées au combat. On voyait dans ces différents corps un grand nombre de barons et de seigneurs normands, entre autres le comte d'Evreux, Raoul de Conches, Robert de Montfort, Robert de Grantemesnil, etc.

*Chronique de Normand.*

Le duc de Normandie, de son côté, divisa son armée en trois corps, dont le premier était conduit par le comte de Mortain : le duc se réserva le corps de bataille, et mit Bellême à la tête de l'arrière-garde. Il donna le signal du combat, et marcha droit à l'ennemi. Quoique les troupes de son frère fussent plus nombreuses, il les attaqua avec autant de courage et de fierté qu'il avait fait autrefois des infidèles. Le comte de Mortain s'attacha à l'aile que commandait Ranulphe de Bayeux, et le duc attaqua le corps de bataille commandé par son frère. Le roi suppléait par son courage à ce qui lui manquait du côté de l'expérience, mais il sentit, à la fin, que les troupes de son frère prenaient le dessus et faisaient plier les siennes. Le comte de Mortain, de son côté, avait renversé les troupes du comte de Bayeux, et le désordre commençait à se mettre dans l'armée royale, qui était prête à fuir, lorsque le comte du Mans vint fondre à propos sur les troupes du duc, alors toutes débandées, qui, en un instant, furent mises en déroute. Le comte de Mortain fut fait prisonnier (1); le duc de Normandie subit le même sort, ainsi que Robert d'Estouville (2), Guillaume de Ferrières (3), et plusieurs autres seigneurs. Bellême, voyant tout perdu, ne pensa plus qu'à sauver l'héritier du duché; il marcha en diligence vers Falaise, alors une des plus fortes places de la Normandie. Le commandant de la place, qui était convenu avec le duc de ne remettre cet enfant précieux qu'à Robert de Ferrières, refusa d'ouvrir ses portes à Bellême, qui fut forcé de se retirer (4).

RADULPH. DE DICETO, *Abbrev. chron.*

(1) Il mourut en prison en 1158. Il avait épousé Isabelle, fille de Guillaume de Varennes, IIIe du nom, comte de Surrey en Angleterre, qui se remaria, en 1164, à Hamelin Plantagenet, bâtard d'Anjou. (O. D.)

(2) Robert d'Estouteville, IIe du nom, fils de Robert Ier et beau-frère de Hugues de Grantemesnil. (L. S.)

GADEBLED, *Dict. du dép. de l'Eure.*

(3) Ferrières-Saint-Hilaire près Bernai (Eure). On voit encore à Ferrières les énormes fossés, formant une enceinte d'environ 1,500 mètres de circonférence, de l'ancien château, avec un puits communiquant avec la rivière par une galerie souterraine. Il avait encore de l'importance au xive siècle. (L. S.)

(4) La bataille de Tinchebrai fut livrée le 27 septembre 1106.

Bellême, trop faible pour résister seul à l'armée victorieuse, tâcha de susciter au roi un nouvel ennemi qui fût en état de le seconder. Il s'adressa au comte du Maine, qui avait décidé la victoire. « Secourez-moi, seigneur, lui
» disait-il, je vous en conjure : votre vassal a la plus
» grande confiance en vous et a besoin de votre secours.
» L'ordre vient d'être renversé : le jeune s'est élevé sur
» les ruines de l'aîné; Henri tient dans ses fers Robert
» son frère aîné; il l'a dépouillé, par un parjure affreux,
» du patrimoine de ses pères ; il foule aux pieds les droits
» sacrés des souverains : je n'en demeurerai pas moins
» fidèle jusqu'au dernier soupir au fils de mon souve-
» rain, son légitime héritier : je ne souffrirai point que
» celui qui tient captif mon véritable seigneur et le sien,
» jouisse paisiblement du fruit de son crime. Il me reste
» encore trente-quatre places fortes qui me serviront à
» inquiéter et à molester l'usurpateur. J'implore votre se-
» cours, pour tâcher, avec votre appui, d'arracher mon
» seigneur des mains de son ennemi, et de rétablir un
» jour son fils dans ses Etats. »

Hélie fut inébranlable : il exhorta Bellême à changer de façon de penser, et lui offrit sa médiation auprès du roi. Bellême, forcé par les circonstances de dissimuler, l'accepta. Le roi, à la sollicitation du comte, lui laissa Argentan ; mais il retint l'évêché de Seès et les autres portions de biens qui avaient fait partie du domaine ducal sous Guillaume le Conquérant, lui confirma toutes les possessions que Roger de Montgommeri avait tenues en Normandie, et en outre lui fit don de la vicomté de Falaise. Bellême s'obligea de rendre à Hugues de Nonant, qui venait de remettre au roi la ville de Rouen, le patrimoine

Ord. Vit., p. 822.

---

Elle se donna à l'ouest du château, et peut-être au lieu nommé le *Champ-Henriet*, qui aurait emprunté son nom au vainqueur. (L. S.)

Hurel, *Bat. de Tinch.*, 1829, p. 9.

de ses pères, dont il l'avait à la fin dépouillé. Le roi fit raser les nouveaux châteaux que Bellême avait fait élever.

Le roi combla de ses faveurs les ecclésiastiques et les moines de Normandie (1) qui l'avaient bien secondé dans

<small>Rog. de Hov., p. 274.

Will. Malmesb., *de gestis Pont Angl.*, p. 135.

Monastic. Anglic., t. I, p. 575.

Ord. Vit., p. 872, 873.

Ibid., p. 543, 678.

Ibid., p. 852, 853.</small>

(1) On en jugera par un petit nombre d'exemples que je vais citer. Raoul, fils de Seifrid (Sifroi), seigneur d'Escures, et de Rossende, sa première femme, après avoir abandonné l'abbaye de Saint-Martin de Seès, fut fait évêque de Rochester et enfin archevêque de Cantorbéry; Seifrid, surnommé *Peloquin*, son frère, mais d'une autre mère, aussi moine de Seès, fut abbé de l'abbaye de Glocester et ensuite évêque de Chichester; Jean, leur neveu, fut d'abord archidiacre de Cantorbéry, puis évêque de Rochester; Richard, surnommé *de Bellême* (*de Belmesio* ou *de Belesmeia*), chapelain de Robert de Bellême et vicomte pour ce seigneur de Shrewsbury, reçut l'évêché de Londres en 1107, en récompense de son espionnage; un chanoine de Seès, qui avait jugé à propos de s'expatrier lorsque l'évêque Serlon et l'abbé Raoul se révoltèrent (1), obtint un évêché en Angleterre; Geoffroi, moine de l'abbaye de Seès, fut fait abbé de Saint-Pierre de Shrewsbury; Henri donna l'abbaye du Bourg (2), en Angleterre, à Jean, autre moine de Seès. Les moines de Saint-Evroul ne furent guère moins bien traités : Geoffroi fut fait abbé de Croiland en Angleterre, l'an 1109, par ordre exprès de Henri; Robert de Prunar, ou peut-être de Prunelai (3), abbé de Horney, en Angleterre; Gilbert de Glos, de Lire en Normandie (4) et Guillaume Basset, de Holme (5), en Angleterre, etc. Jean, fils de Normand le Doyen (6), archidiacre de Seès, avait suivi l'évêque Serlon et l'abbé Raoul, en Angleterre : il n'avait pas été moins bien accueilli. Ce prince, qui le connaissait depuis longtemps, le fit d'abord un de ses principaux chapelains, l'appelait souvent à son conseil, et, dès qu'il fut maître de la

(1) Voyez ma dissertation sur Serlon, évêque de Seès, et Raoul d'Escures, abbé de Saint-Martin de Seès.
(2) *Burgus*, Peterborough. Jean mourut d'hydropisie en octobre 1125.
(3) On a dit plus tard Purnelai et Punelai. L'église de ce nom faisait partie des Moutiers en Auge, canton de Coulibœuf (Calvados).

<small>IV, p. 281.</small>

V. sur l'abbaye de Thorney une note des nouveaux éditeurs d'Orderic Vital. (L. S.)
(4) Lire, *Lira*, canton de Rugles, arrondissement d'Evreux. (L. S.)
(5) Saint-Benoît-de-Hulme, comté de Norfolk. (L. S.)
(6) « *Normanni decani filius*, fils d'un doyen normand, » suivant la

<small>IV, 241. V, 406.</small>

traduction de M. Louis Du Bois; fils de Normand, doyen, suivant celle de MM. Le Prévost et Delisle. (L. S.)

son usurpation. D'ailleurs, il était bien assuré qu'ils seraient autant d'espions qui veilleraient sur toutes les démarches de Bellême, le plus puissant de tous les seigneurs normands qui lui faisaient quelque ombrage. Bellême s'observa de son côté; il confirma, cette année, en présence de Sifroi d'Escures, de Gérard, son sénéchal, et de beaucoup d'autres personnes, une donation faite à Saint-Martin de Seès, par un de ses vassaux. *Cartul. S. Mart. Sag.*, f° 88. — Pilatre, *Compil. chronol.* p. 1.

Bellême ne s'occupa plus que du soin de pousser plus vivement que jamais la guerre qu'il avait contre le comte de Mortagne. Ce seigneur, quoique zélé partisan de son beau-père, n'avait pu se trouver à la bataille de Tinchebrai. Il était occupé alors à une grande guerre personnelle contre Hugues, seigneur du Puiset, vicomte de Chartres, et Ives, seigneur de Courville : elle fut heureuse; il y fit ce

Normandie, il chassa Ralph (Renouf) Flambard et ses fils de l'église de Lisieux, et donna cet évêché à l'archidiacre Jean, que Serlon ordonna prêtre. Le roi le fit encore vicomte d'Argentan, en 1113; mais, malgré tous ses bienfaits, après la mort du roi, il prit parti contre sa fille, et se déclara pour l'usurpateur Etienne. Son neveu Jean, fils de Hardouin de Neuville, et frère aîné du fameux Arnoul, évêque de Lisieux après son oncle, succéda à Serlon sur le siége de Seès, par la faveur du même prince (1). Comme Henri avait encore besoin d'entretenir le fanatisme du peuple, dont les moines étaient un des principaux agents, il combla de bienfaits les abbayes de Normandie, et surtout celles de Seès et de Saint-Evroul, que Bellême avait le plus observées. Le roi se rendit en personne, accompagné de ses deux neveux, Thibaud, comte de Champagne, et Etienne, comte de Blois, de Conan, duc de Bretagne, et d'un grand nombre d'autres seigneurs, dans l'abbaye de Saint-Evroul, pour y célébrer la fête de la Purification de l'année 1113. Il témoigna aux religieux la satisfaction qu'il avait de leur conduite, demanda humblement d'être associé à leurs prières, confirma toutes les possessions de cette maison et y en ajouta de nouvelles, ce qu'il renouvela dans la suite par une charte donnée à Rouen. *Ibid.*, p. 878. — *Ibid.*, p. 840. — *Gall. christ.*, t. XI.

(1) Voir sur ce prélat *Recherches historiques sur le diocèse de Seès*, par Maurey d'Orville, et le manuscrit de Prouverre-Bichetaux. (L. S.) p. 120.

dernier prisonnier. Nous n'avons pas les détails de ce qui se passa dans celle qu'il soutint contre Bellême. Nous savons seulement que les malheurs qu'elle occasionna dans le Corbonnois, le Bellêmois et l'Alençonnais décidèrent l'évêque de Seès à les excommunier encore une fois, que Rotrou fut fait prisonnier par Bellême et renfermé dans le château de ce nom. Henri fut vraisemblablement le médiateur de leur accommodement. Bernard, seigneur de la Ferté, qui tenait le parti de Rotrou, fut aussi humilié et vit son pays dévasté.

Vita B. Bern. Tyron., abbat., p. 66.

Henri, après la bataille de Tinchebrai, s'était fait amener le fils de son malheureux frère, âgé d'environ six ans, et en avait confié la garde à Hélie de Saint-Saens (1), qui avait épousé une fille naturelle du duc; il s'en repentit ensuite, et voulut, deux ans après, le retirer de ses mains. Hélie en fut informé à temps; il le conduisit à la cour de Foulques, comte d'Anjou, et successivement dans plusieurs autres cours de l'Europe. A mesure que le jeune prince avançait vers l'âge de raison, il développait des qualités dignes de sa naissance, et excitait dans le cœur des princes qui le recevaient un tendre intérêt pour ses malheurs et une vive indignation contre son oncle. Un grand nombre de seigneurs normands souhaitaient déjà de l'avoir pour souverain. Ils formèrent un parti en sa faveur. Bellême, qui conservait toujours son attachement pour le père, se mit à leur tête. Il disposait sourdement les esprits en faveur de cet illustre exilé; il entretenait une correspondance secrète avec Hélie, en quelque endroit qu'il fût. Ceux qui étaient chargés de le surveiller lui en firent un nouveau crime auprès du roi, qui le fit citer à sa cour, sous prétexte de rendre compte de l'administration des vicomtés qu'il gouvernait en son nom. Bellême connaissait

Ord. Vit., p. 858.

(1) De Sancto-Sidonio, arrond. de Neufchâtel (Seine-Inférieure). (L. S.)

trop bien les dispositions du roi à son égard pour s'y fier. Heureusement pour lui, des affaires importantes appelaient ailleurs ce prince.

Louis le Gros régnait alors en France : les malheurs qu'il avait éprouvés lui-même pendant la vie de son père, lui faisaient prendre encore plus d'intérêt au sort de Guillaume Cliton (1); il était d'ailleurs intéressé à ne pas laisser accroître la puissance de Henri ; il s'unit donc au comte d'Anjou pour inquiéter l'usurpateur de la Normandie. Bellême, vassal du roi par le Bellêmois, et de Foulques, comte d'Anjou, qui avait épousé Eremburge, fille unique du comte du Maine (2), par le Sonnois, leur devait le service militaire d'un certain nombre de chevaliers et même celui de sa personne dans certaines circonstances; il les seconda de ses conseils et de ses forces. Foulques lui confia le commandement des troupes angevines et mancelles, auxquelles il joignit les siennes. Henri, attaqué de plusieurs côtés, donna le commandement de celles qui devaient agir du côté du Maine, à Rotrou son gendre. Celui-ci eut le malheur de tomber encore une fois entre les mains de son ennemi (3). Les historiens ne s'accordent

Hildeberti, *opera*, col. 1526.

(1) Cliton, Clinton; ce nom viendrait d'*inclytus* et en aurait la signification. (L. S.)

(2) Hélie, comte du Maine, était mort. Voici l'idée que Hildebert, évêque du Mans, nous donne de ce seigneur dans son épitaphe (1) :

*Jura tuens et pacis amans et maximus armis,*
*Helias, censor scelerum, patronus honesti,*
*Justitia et quidquid in principe mundus adorat,*
*Occidit, et pariter pax et decus urbis et orbis*
*Excidit, Helia, patriæ, heu! et rebus adempto!*

(3) Quelques écrivains et moi-même, d'après la *Vie du bienheureux Bernard*, abbé de Tiron, par le moine Godefroi, avions

(1) Souvent citée, mais presque toujours défigurée par les historiens. (L. S.)

pas sur la manière dont la chose arriva : quelques-uns prétendent que Bellême défit Rotrou et le fit prisonnier. L'auteur de la *Vie du bienheureux Bernard*, fondateur de l'abbaye de Tiron, prétend que le comte d'Anjou l'arracha par force des mains de celui qui l'avait pris, pour en tirer une grosse somme de Bellême, son ennemi particulier. Il paraît que ce seigneur le fit renfermer successivement dans différentes prisons, et que l'y trouvant trop voisin de Mortagne et de ses autres places, il le renferma, du consentement de Foulques, dans la grosse tour du château du Mans. Si nous en croyons le même écrivain, l'intention de Bellême n'était pas de le mettre à rançon ; il s'était proposé de le faire périr lentement au milieu des supplices qu'il imaginait chaque jour, pour se venger de la honte qu'il lui avait fait essuyer en le forçant de fuir devant lui. Il imagina, continue le panégyriste de Rotrou, une machine de bois où les pieds de Rotrou étaient enfermés ; ses cuisses étaient enchaînées par différents an-

---

cru que Rotrou avait été deux fois prisonnier de Bellême. Un texte de cet écrivain dit que Rotrou eut longtemps à souffrir dans les prisons de Robert, et semble insinuer que cette prison était à Bellême. Dans un autre endroit, il s'exprime ainsi : *Robertus prædictum consulem a jam dicto Fulcone ingenti pretio comparavit.* L'embarras est venu de ce qu'on n'a pas comparé l'histoire de ce temps et le texte de la *Vie de saint Bernard.* Henri recommença la guerre contre les Manceaux vers l'an 1111, eut d'abord de grands avantages, mais la fortune changea : Rotrou, qui commandait les troupes de son beau-père, fut fait prisonnier. Le comte d'Anjou le vendit à Robert de Bellême, son ennemi, qui lui fit essuyer de cruels tourments dans sa captivité au Mans, et peut-être le fit transférer dans ses prisons de Bellême, à quoi il y a peu d'apparence : il eût été trop près du Corbonnois, où se trouvaient une foule de guerriers attachés à leur seigneur. D'ailleurs Orderic n'aurait pas manqué de le remarquer, en rapportant les circonstances de la prise de cette ville, quelque temps après, par le roi Henri, qui tenait alors captif Bellême, dont tous les alliés eurent la lâcheté d'abandonner les intérêts. (O. D.)

neaux ; ses bras et ses mains chargés de menottes de fer d'un poids énorme. On avait construit, exprès pour le renfermer, un cachot où il ne pouvait être autrement que courbé, et pour le faire languir plus longtemps, on lui donnait deux ou trois fois par semaine quelques aliments. Il trouva le moyen d'informer Béatrix de Rouci, sa mère, et les seigneurs de ses terres, de l'affreuse position où il se trouvait, qu'ils ne devaient plus le regarder comme vivant, mais qu'ils eussent à le recommander aux prières de l'abbé de Thiron (1), qui, par les secours de Rotrou, avait fondé dans le Perche un monastère célèbre, qui a été longtemps chef d'ordre. L'homme de Dieu n'eut pas plutôt appris cette nouvelle, qu'on le vit fondre en larmes et s'écrier prophétiquement : « Rotrou doit mettre sa con» fiance dans le Seigneur; il recouvrera sa liberté; ses » maux se changeront en félicité, et Bellême, aujourd'hui » comblé des faveurs de la fortune, se verra bientôt pré» cipité dans l'abîme des mêmes malheurs. »

*Ibid.*

Rotrou, que les moines nous peignent comme le seigneur le plus religieux de son temps, imagina une fourberie singulière pour tâcher de recouvrer sa liberté. Il envoya chercher Hildebert, qui occupait alors le siége épiscopal du Mans ; il se confia à lui, parut mettre ordre à ses affaires, et fit son testament qu'il remit entre les mains du prélat, en le priant de le remettre lui-même à Béatrix, sa mère. Le prélat y consentit obligeamment.

*Vet. anal.,* t. III, p. 544.

*Hist. litt. de la France,* t. XI, p. 267.

Hildeberti, l. II, epist. 17.

(1) Thiron, dans la commune de Gardais, arrondissement de Nogent-le-Rotrou (Eure-et-Loir), était une abbaye fameuse, fondée, vers 1109, par Bernard d'Abbeville, abbé de Saint-Savin et de Saint-Cyprien de Poitiers, et où il réunit jusqu'à 500 disciples. Elle était soumise à la règle de saint Benoît, mais ses religieux portaient un habit de bure grisâtre, différent de celui des autres Bénédictins. 8 abbayes en France et en Angleterre en dépendaient, sans compter les prieurés, au nombre de plus de cent. Il y existait, avant la Révolution, un collége considérable, destiné notamment aux élèves de l'Ecole militaire. (L. S.)

Béatrix le reçut bien, l'embrassa, le remercia et parut applaudir aux dernières volontés de son fils. C'était à Nogent que cette scène se passait; elle tient un grand conseil, à la sortie duquel elle fait arrêter Hildebert, Hugue, doyen de l'église du Mans, et Foucher, chantre de la même église, qui l'avaient accompagné. Ils sont traînés dans les prisons de Nogent, et dépouillés généralement de tout ce qu'ils avaient apporté avec eux. Ives, évêque de Chartres, qui se trouva sur les lieux, mit tout en usage pour obtenir leur liberté, mais ni ses prières, ni ses larmes, ni l'excommunication même, ne purent fléchir Humbert Chevreuil, sénéchal du comte (1) et principal auteur de cet attentat. Il n'eut pas plus d'égards aux sollicitations des abbés et des religieux du voisinage et du

---

(1) Les comtes du Corbonnois, qui devinrent dans la suite comtes du Perche et seigneurs d'Alençon, avaient, à l'exemple des rois de France et de leurs grands vassaux, de grands officiers, tels que le sénéchal, *dapifer*, *senescallus*, un chancelier, des chambellans, un veneur, et, dans la suite des temps, ils jugèrent à propos d'inféoder cet office de sénéchal, de le rendre héréditaire et de l'attacher à une terre, celle de Puisaye. Mais était-ce celle de ce nom dans la paroisse de la Ménière, proche Mortagne, ou une autre du même nom, située à une lieue de la Ferté-Vidame, et sous la coutume de Châteauneuf-en-Thimerais (1)? (O. D.)

*Mém. impr.*

(1) Ce doit être la terre de Puisaye en la Ménière. C'est du moins en cette paroisse que la famille de Puisaye, dont le chef prenait le titre de marquis de la Coudrelle (en la Ménière), avait son principal patrimoine et sa résidence. Un de ses membres fut grand-bailli du Perche, et voulut prendre, en cette qualité, le titre de chef de la noblesse et de la justice du Perche, ce qui amena, vers 1760, une protestation de la part de cinquante gentilshommes de la province et un procès qu'il perdit. C'est à cette famille qu'appartenait le comte Joseph de Puisaye, si fameux dans les guerres civiles de la Révolution.

*Mém. du comte Joseph de Puisaye*, t. I, p. 111.

Les Puisaye avaient la prétention de se confondre avec les Puiset, *de Pusacio*, dont O. Vital parle en différents endroits, et dont le château, situé dans la commune de ce nom, canton de Janville (Eure-et-Loir), fut assiégé par Louis-le-Gros. Il en subsiste encore quelques pans de murs. (L. S.)

pieux solitaire Bernard, auprès duquel on accourait alors de toutes les parties de la France et des royaumes voisins. On envoya vers Rotrou pour l'informer de cette perfidie qui le déshonorait. Il parut d'abord avoir de la peine à se déterminer. Ensuite, il manda qu'on eût à mettre l'évêque en liberté et à lui faire satisfaction. Pour mieux convaincre de sa sincérité, il coupa un flocon de ses cheveux qu'il envoya à sa mère, en lui faisant dire que Chevreuil lui avait fait une aussi grande injure que s'il les lui avait tous arrachés.

Bondonnet, *Vies des évêques du Mans,* p. 455.

Nous apprenons tout ce détail d'une lettre circulaire qu'Hildebert adressa aux évêques, aux prêtres et à tous les enfants de l'Eglise, pour y protester de son innocence, implorer le secours de leurs prières et leur médiation, et en même temps leur défendre de payer aucune rançon pour obtenir sa liberté. Nous ignorons la raison pour laquelle Béatrix et Chevreuil firent transférer l'évêque du Mans dans les prisons de Mortagne. Le prélat s'adressa alors à Serlon dans le diocèse duquel se trouvait cette ville. Hildebert le prie de le visiter non en personne, mais par l'affection de sa charité et de ses prières. « Prendre » part, dit-il, à mon affliction, ce sera me rendre visite ; » priez pour moi, et frappez, à l'exemple de saint Pierre » qui coupa l'oreille à Malchus, celui qui persécute Jésus- » Christ en ma personne, c'est-à-dire Chevreuil qui me » retient captif. » Ce prélat, l'un des meilleurs écrivains de son temps, déploie dans cette lettre toute son éloquence, pour engager Serlon à sévir contre son persécuteur, et finit en lui disant : « Vous portez inutilement ce » glaive, si vous ne coupez, si vous ne livrez à Satan cet » enfant de mort. » Nous ignorons ce que fit Serlon. Nous avons vu combien il employait légèrement cette arme spirituelle : il n'y a guère d'apparence qu'il se soit refusé dans cette circonstance aux sollicitations de son confrère. Hildebert, malgré tous ces moyens, ne recouvra

Hildeberti, *opera.*

*Epist.* 18.

la liberté qu'après que Rotrou lui-même fut sorti de prison.

Cependant la guerre continuait; le roi Louis, après une victoire remportée sur les Anglais, choisit Bellême pour se rendre, en qualité de son ambassadeur, auprès de Henri. Bellême le trouva à Bonneville-sur-Touque. Ce prince, au lieu de conférer avec lui sur le sujet de son ambassade, le fit arrêter, le 4 du mois de novembre 1112, avec Hugues de Médavi (1) et deux autres chevaliers qui l'avaient accompagné; ceux-ci furent bientôt mis en liberté, et le roi donna ordre d'instruire le procès de Bellême. Les principaux crimes dont on l'accusait étaient d'avoir manqué à la fidélité qu'il devait au roi Henri, devenu son légitime souverain, de n'avoir pas comparu à sa cour après trois sollicitations, et de n'avoir pas rendu les comptes des vicomtés d'Exmes, d'Argentan et de Falaise, dont il était vicomte pour les ducs de Normandie. On lui imputait encore quelques autres crimes, dont le détail n'est pas parvenu jusqu'à nous. La Cour le déclara coupable envers Dieu et le roi d'une multitude de crimes, pour réparation desquels il fut condamné à passer le reste de ses jours enfermé dans un cachot. On le conduisit d'abord à Cherbourg, et l'année suivante au château de Verrham en Angleterre, où il finit ses jours (2), quoique parent du quatre au cinq de Henri.

<small>Florent Vig.</small>

<small>P. 884.</small>

(1) Médavi, *Mesdavid*, est dans le canton de Mortrée (Orne). Le nom de cette famille reviendra souvent dans cette histoire. On trouve une notice sur le château de Médavi dans le texte des *Vues pittoresques du Perche et de l'Alençonnais*, par M. Pattu de Saint-Vincent, et des détails sur la famille de Médavi, dans Moréri et le *Dictionnaire de la Noblesse*, et dans différents ouvrages sur la Normandie, notamment dans l'*Histoire de la maison d'Harcourt* et dans l'*Histoire d'Argentan,* par Germain. (L. S.)

(2) Orderic Vital, cependant, en parle encore dans la suite, sous l'an 1127; mais ce n'est qu'à propos d'un événement passé depuis plusieurs années. Si le dernier éditeur de cet historien y

Le fils de Bellême, que l'on nommait Guillaume Talvas (1), n'eut pas plutôt appris la nouvelle de la détention de son père, qu'il se hâta de recommander ses intérêts au roi Louis et à ses autres alliés, conjura ceux à qui son père avait confié la garde de ses places de lui demeurer fidèles, et courut défendre lui-même le Ponthieu, au cas que Henri vînt l'attaquer.

Ce prince fit confisquer les biens de Bellême et résolut de s'en mettre en possession. Il assiégea d'abord Alençon. Geoffroi et Ade Soro (2), à qui Bellême en avait confié la garde, demandèrent à capituler au bout de quelques jours : ils obtinrent de se retirer où ils jugeraient à propos. Ord. Vit., p. 841.

Le roi profita du voisinage du comte d'Anjou, pour essayer de le détacher des autres confédérés ; il lui fit proposer de donner en mariage sa fille Mathilde à son fils unique, Guillaume Adelin. Fouques se rendit dans l'Alençonnais, la première semaine de carême ; la paix fut conclue au lieu appelé Hertré (3), un peu en deçà du

---

avait fait attention, il n'aurait pas été aussi embarrassé pour découvrir quel était ce Bellême qui commandait, en 1127, les troupes d'Anjou et du Maine. Rec. des Hist. des Gaul., t. XII, p. 743.

(1) Ducange, dans son *Histoire de Ponthieu*, mss., a adopté le sentiment d'Orderic Vital sur l'origine de ce surnom de Talvas, qui aurait été donné aux seigneurs de Bellême à cause de la dureté de leurs mœurs. M. Rumet, dans ses *Chroniques du Ponthieu*, veut, au contraire, qu'ils eussent pris ce surnom d'une terre qu'ils avaient dans le Cotentin, vicomté de Valognes, chef-lieu d'une sergenterie de même nom, et longtemps possédée par les Le Gris, barons d'Echauffour, dont l'héritier l'eût vendue au capitaine La Chaux ; mais cette terre se nomme Tollevast, et non Talvas. (O. D.)

(2) Adam Le Sor, c'est-à-dire aux cheveux roux. Les nouveaux éditeurs d'O. Vital supposent que cette famille aurait pu donner son nom au faubourg Montsor d'Alençon, et se rattacher elle-même aux Soreng. (L. S.)

(3) *Ad Petram Peculatam*. Je ne vois pas de lieu aux environs

Pont-Percé. Le comte d'Anjou demeura en pleine possesssion du comté du Maine, dont il fit hommage à Henri; le mariage du fils du roi avec la fille du comte fut arrêté; le roi rendit le comté d'Evreux au comte Guillaume; il pardonna à Amauri de Montfort et à Guillaume Crespin, mais il ne se relâcha en rien à l'égard de Bellême. Fouques fut obligé d'élargir Rotrou, qui était encore prisonnier au Mans, et celui-ci rendit la liberté à l'évêque Hildebert.

<small>Ord. Vit., p. 841.</small>

Henri rappela tous ceux que Bellême avait forcés de s'expatrier, et les rétablit dans leurs biens. Il en fit autant à l'abbaye de S.-Evroul, à laquelle il fit de grandes libéralités et qu'il visitait souvent, ainsi qu'à celles de Saint-Martin-de-Seès, de Troarn et autres.

Louis-le-Gros, trop faible alors pour faire tête au roi d'Angleterre, se vit forcé de souscrire aux conditions que celui-ci voulut lui imposer et d'abandonner son ambassadeur et son allié, à l'égard duquel Henri avait violé le droit le plus sacré des nations. Par le traité qui fut juré à Gisors, la dernière semaine du mois de mars 1113 (1), Louis céda et abandonna à Henri, Bellême et le

<small>Ord. Vit., p. 841.
Des Tuileries, *Dissert.*, p. 121.
*Concil.* Rothom., 80.</small>

d'Alençon qui réponde mieux au latin. Le lieu de Hertré contient les plus belles carrières de granit, qui est un composé de quartz, de mica qui est transparent, et assez semblable à une glace, et de plusieurs autres parties unies par une espèce de ciment (1).

(1) Pâques tombait le 29 mars de cette année. L'année com-

(1) Le granit d'Alençon est, en réalité, un composé de quartz enfumé, en parties discernables à l'œil nu, de mica blanc en lames assez longues, et de feld-spatz orthose, formant la pâte.

Les nouveaux éditeurs d'O. Vital n'admettent pas cette désignation, que rien, en effet, ne justifie. Il n'y a rien de commun entre le nom de Hertré et celui de *Petra Peculata*. Ils signalent, à la Ferté-Fresnel, un lieu nommé *Pierre Pouquelée*, mais trop éloigné d'Alençon pour être celui que nous cherchons. Nous connaissons nous-même, près de Saint-Céneri, sur le bord de la Sarthe, un lieu nommé *Pierre Bécue*, ce qui correspond assez bien à *Petra Peculata;* mais aucune ruine, aucune tradition ne nous autorise jusqu'ici à y placer l'événement dont parle O. Desnos. (L. S.)

<small>T. IV, p. 300.</small>

Bellêmois et tout ce qu'il pouvait réclamer dans la mouvance du comté du Maine et de la Bretagne.

Henri, à la tête de toutes ses forces, marcha vers Bellême pour s'en mettre en possession ; c'était alors une place très-forte (1). Aimeri de Villerai et plusieurs autres seigneurs du pays étaient chargés de la défendre. Ils furent investis le premier mai. On voyait dans l'armée du roi, Thibault, comte de Blois, Fouques, comte d'Anjou, Rotrou, comte de Mortagne, et un grand nombre d'autres seigneurs. Le roi défendit de commettre aucune hostilité le jour de la fête de l'Invention de la Sainte-Croix (2) ; les

mençait alors, en Normandie et en Angleterre, à Noël, et en France, à Pâques.

Louis ne céda que le domaine, que Henri donna, peu de temps après, à son gendre Rotrou, après s'être emparé de Bellême. Rotrou en fit hommage au roi, c'est-à-dire à Louis-le-Gros, qui s'en était réservé la suzeraineté ; aussi la voyons-nous exercée sur les successeurs de Rotrou par les rois de France, et jamais par les rois d'Angleterre, ducs de Normandie ; et quand Guillaume, évêque de Châlons, le dernier des comtes du Perche, en fit hommage à Philippe-Auguste, son plus proche parent, ce ne fut pas à cause du duché de Normandie, dont le roi était alors maître, mais à raison de la couronne de France. (O. D.)

(1) L'ancien château et les remparts de Bellême sont détruits. *Orne archéol., p. 258.*
Un poète qui écrivait en 1634, Jean de Meulles : parle de

> la colline
> Que Bellême aujourd'hui d'une forte courtine
> De remparts environne...

Il n'en reste plus qu'une porte de ville, du XV<sup>e</sup> siècle apparemment, composée d'une longue voûte ogivale, tortueuse et grimpante, et de deux tours rondes aux côtés. *Orne archéol., p. 258.*

(2) La trève de Dieu en était la cause.
Ce fut en 1041 que fut établie en France, entre les seigneurs, la trève générale qui durait du mercredi d'une semaine au lundi de la semaine suivante. On la nomma trève de Dieu, l'institution en paraissant inspirée par la grâce divine. Comme la conduite et la police des Français ont presque toujours servi de modèle à tous les peuples de l'Europe, Edouard-le-Confesseur, *Ordonn. des rois de Fr., t. I, p. 28.*

troupes de Thibault et celles de Rotrou ne furent pas informées à temps de cet ordre, ou feignirent de ne l'avoir pas été : elles attaquèrent les assiégés ; ceux-ci se défendirent vigoureusement, et non contents de les avoir repoussés, firent une sortie sur les assaillants ; mais à la fin, ils furent eux-mêmes repoussés, obligés de rentrer dans la place et poursuivis de si près que les assiégants empêchèrent de fermer la porte qui donne du côté du levant et pénétrèrent dans la ville. Ceux qui défendaient le château refusèrent de se rendre ; alors les assiégeants mirent le feu partout, et cette ville que Robert, son seigneur, s'était complu à fortifier et à enrichir, devint en un moment la proie des flammes, ainsi que le château. Henri en fit don à son gendre Rotrou. Ce seigneur et ses descendants prirent depuis le titre de comtes du Perche (1).

Rotrou reprit, peu de temps après, à la sollicitation d'Alphonse, roi d'Aragon, fils de la sœur aînée de sa

roi d'Angleterre, la reçut dans ses États en 1042, mais avec cette addition, qu'elle aurait lieu pendant l'Avent et jusqu'à l'octave de l'Epiphanie, depuis la Septuagésime jusqu'à Pâques, depuis l'Ascension jusqu'à l'octave de la Pentecôte, pendant les Quatre-Temps et les veilles de certaines fêtes, notamment de celle de la Vierge.

Philippe-Auguste, selon Laurière, ou, selon Ducange, Philippe-le-Hardi établit la trêve du roi, dans laquelle les parents des deux parties étaient compris. Elle était de quarante jours pour arrêter et punir l'agresseur. L'ordonnance de 1353, en décidant que cette quarantaine fût ponctuellement observée, et que ceux dont les crimes les auraient occasionnées fussent rigoureusement poursuivis, mit presque entièrement fin à ces guerres. (O. D.)

P. 869. (1) Il semble que Henri disposa aussi d'Exmes, ou en donna le commandement à Gilbert de Laigle, troisième fils de Richer II et de Julienne du Perche, et neveu de Gilbert de Laigle, à qui le duc Robert avait confié le commandement d'Exmes, et qui fut tué, comme nous l'avons vu, en revenant de Sainte-Scolasse. C'est du moins l'induction que l'on doit tirer du passage d'Orderic Vital, où il est qualifié *de Oximis*.

mère, la route d'Espagne, où il rendit son nom célèbre par un grand nombre de conquêtes.

Le roi s'empara du château de Seès, d'Argentan, d'Exmes, d'Almenêches, de Vignats, du Mêle-sur-Sarthe, de la Motte-Gautier-de-Clinchamp et de toutes les autres places que Bellême avait possédées en Normandie et dans le Perche, de sorte qu'il ne demeura au comte de Ponthieu, dans ce canton, que les places du Sonnois qui relevait du comte d'Anjou, que le roi Henri ménageait.

Cela n'empêcha pas que le comte d'Anjou n'entrât, quelques années après, dans la confédération que formèrent le roi de France et plusieurs seigneurs normands en faveur du fils du duc Robert. Le comte de Ponthieu et Robert Giroie, seigneur de Saint-Céneri, étaient de ce nombre. Ce dernier s'était vraisemblablement réconcilié avec Bellême, par la médiation du comte d'Anjou, et était demeuré attaché à son fils. Ce double motif décida le roi à lui faire éprouver tout le poids de son courroux : il se rendit à Alençon, et mit le siége devant Saint-Céneri. Robert était trop faible pour pouvoir soutenir longtemps par lui-même les efforts des troupes anglaises et normandes ; il eut recours à ses alliés. Foulques V, comte d'Anjou, à la tête de cinq cents chevaliers, entra dans le Perche et mit le siége devant le château de la Motte-Gautier. Il y fut bientôt rejoint par le reste de ses troupes. Les assiégés se défendirent pendant huit jours, et firent alors savoir au roi l'extrémité où ils se trouvaient réduits. Henri leva sur le champ le siége de Saint-Céneri, se rendit à Alençon et y rassembla toutes les troupes qui étaient restées en Normandie, pour aller livrer bataille aux Angevins ; mais leur marche emporta un temps considérable ; les assiégeants redoublèrent leurs efforts ; ils donnèrent plusieurs assauts, et les roches énormes que lançaient les machines des Angevins ayant renversé une partie des murailles, Roger de Saint-Jean et son frère qui défendaient la place

Ord. Vital, p. 851.

Ord. Vital, p. 844.

avec cent quarante soldats, furent enfin forcés de se rendre vies et bagues sauves. Le comte fit raser la place, le 1ᵉʳ août 1117, et retourna dans son pays. Les habitants et la garnison de la Motte-Gautier se rendirent auprès du roi pour s'excuser de n'avoir pu attendre le secours qu'il leur préparait; ils le trouvèrent dans une étrange colère, mais ils insistèrent sur les avis réitérés qu'ils lui avaient fait parvenir.

<small>Ord. Vital, p. 715, 845.</small>

Ce fut vers ce temps-là que le roi donna Alençon, Sées, le Mêle-sur-Sarthe, Almenêches, la Roche-Mabile, la Motte-d'Igé et tout ce qui avait appartenu à Bellême, à son neveu Thibault, comte de Blois. Celui-ci, avec l'agrément de son oncle, les céda à Etienne, comte de Mortain, son frère, pour lui tenir lieu de la portion d'héritage qu'il avait droit de réclamer dans la succession de ses père et mère. Le nouveau seigneur d'Alençon mit dans toutes ces places des garnisons de ses propres troupes; il changea les coutumes qui s'y étaient observées du temps de son oncle, et accabla le peuple d'exactions. Il se rendit bientôt odieux à tous les habitants, et les força de devenir infidèles. Le comte de Mortain n'écoutait que les conseils de quelques jeunes gens frivoles et inconsidérés qui flattaient ses passions, et dédaignait ceux des gens sages et mûrs. Il s'imagina que les habitants d'Alençon n'étaient fidèles ni à son oncle ni à lui. Dans cette idée, non content de leur prodiguer sans cesse les injures et de les

<small>Ord. Vital, p. 847.</small>

traiter avec une dureté révoltante, il exigea qu'ils lui remissent pour ôtages leurs enfants des deux sexes depuis la mamelle, et les fit enfermer dans le donjon sous la garde de la garnison. Elle était composée d'une troupe de brigands, qui, descendant par-dessus les murailles, couraient jour et nuit les rues, déshonoraient les femmes et les filles des citoyens, enlevaient chez les marchands, la force à la main et sans payer, les vivres, les étoffes. Le comte lui-même fit enlever un jour la fille de Payen de

Cacé (1), chevalier distingué dans le pays, qui s'était mariée à Alençon à un gentilhomme nommé Amiot. Il la fit enfermer dans le château, et souffrit qu'elle y fût victime de la brutalité soldatesque. Le mari, dans son désespoir, tâcha d'inspirer à ceux qui étaient dans le même cas et ensuite au reste des habitants, les sentiments de vengeance qui l'animaient. Il n'eut pas de peine à y parvenir. Ils craignirent de n'être pas écoutés de Henri s'ils lui portaient des plaintes de la conduite de son neveu. Ils préférèrent s'adresser à Arnoul de Montgommeri, dont le frère gémissait dans les fers, et que Henri avait dépouillé lui-même des comtés d'Arundel et de Pembroke (2). Il était alors très-bien avec Fouques le jeune, comte d'Anjou; ils l'engagèrent à solliciter le comte de venir les délivrer de la tyrannie sous laquelle ils gémissaient, en l'assurant qu'ils l'introduiraient dans la ville dès qu'il paraîtrait.

Fouques était alors occupé au siége de Montbazon en Touraine, que ses barons révoltés défendaient. Il n'eut pas plutôt entendu Arnoul, qu'il fit offrir aux assiégés des propositions d'accommodement; ils les acceptèrent et se joignirent au comte, qui prit la route d'Alençon, tandis que des courriers dépêchés en Touraine, en Anjou et dans le Maine, portaient ordre à tous ceux qui lui devaient le service militaire de venir le joindre, à jour nommé, de-

---

(1) *De Caceio*, Chassé peut-être. Chassé est une commune du département de la Sarthe, à peu de distance d'Alençon. Cauvin, toutefois, ne la désigne que par les anciens noms de *Caihacus*, *Chasseium* et *Chaceium*. (L. S.) — *Géogr. anc. du dioc. du Mans.*

(2) Ducange, dans ses Mémoires manuscrits sur le comté de Ponthieu, le surnomme *de Hesdin*, et insinue que Bellême lui appartenait, mais qu'il céda cette ville à Rotrou après avoir obtenu le comté de Pembroke; cet écrivain célèbre ne cite point ses garants : Arnoul n'est qualifié *de Hesdin* par aucun autre écrivain, et il ne paraît pas qu'il soit jamais rentré en Angleterre depuis qu'il en eut été chassé par Henri I. — Ducange, *Hist. du comte de Ponthieu*, mss.

vant cette ville. Lorsque Fouques se présenta, les habitants l'introduisirent, à la faveur de la nuit, dans la ville ; mais il lui restait à se rendre maître du château et du donjon.

Henri n'était pas alors éloigné : le refus qu'il avait fait à Richer, seigneur de Laigle, des biens que son père avait possédés en Angleterre, dont il avait donné l'investiture, à son préjudice, à ses deux frères, Geoffroi (1) et Ingénulfe (Engenouf), avait mécontenté ce jeune seigneur, et ce mécontentement avait eu des suites fâcheuses pour le roi Henri. Laigle et les environs étaient devenus le théâtre d'une guerre où Louis-le-Gros, Hugues, seigneur de Châteauneuf en Thimerais, et les Normands attachés au fils du duc mettaient tout à feu et à sang pour se venger de Henri. Laigle avait été brûlé, et c'était pour arrêter ces ennemis que Henri était alors occupé à faire réparer les châteaux de Moulins et de Bonmoulins. Dès que ce prince apprit l'arrivée des Angevins devant Alençon, il réunit toutes ses forces à Sées, où il se rendit avec Thibaud, comte de Blois, Etienne, comte de Mortain, Raoul de Péronne, Guillaume de Gesmales (ou plutôt d'Aumale) (2).

*Continuat. Willelm. Gemmet. Chron. de Norm.*

*Gest. Com. Andegav. in Spicileg., t. X, p. 499.*
*Ord. Vital.*

Le comte d'Anjou, accompagné de Hugues de Mathefelon, de son fils Thibaud, de Fouques de Chandai (3), de Maurice de Craon, de Pierre de Comelieu, de Hugues d'Alluie (4) et de son fils, d'Adalelme de Samblançai, de

---

(1) Appelé Grisegonelle à cause de la couleur de sa casaque. Il succéda, dans le comté de Vendôme, à Geoffroi, son père. Il prit part à la bataille d'Alençon. On croit même qu'en poursuivant les vaincus, il logea dans l'abbaye d'Almenêches, et qu'il en emporta les corps de saint Godegrand et de sainte Opportune pour les déposer dans l'église de Vendôme. (O. D.)

(2) N'est-ce pas plutôt Gémages? Gémages est une commune du canton du Theil, arrondissement de Mortagne. (L. S.)

(3) Arrondissement de Mortagne, canton de Laigle. (L. S.)

(4) Hugues IV *de Aloia*, seigneur de Châteaux et Saint-Christophe. (O. D.)

Hugues d'Amboise, de Joscelin de Saint-Maure et de ses deux frères, de Jacquelin de Maillé et de ses quatre frères, et de beaucoup d'autres seigneurs, avait assis son camp entre le Château et Hertré, au lieu qui porte encore aujourd'hui le nom de *Champ de bataille* (1), pour y attendre les seigneurs de Sablé (2), de Sillé-le-Guillaume (3), de Mayenne (4), de Laval (5), etc. Il se fortifia de son mieux. On était alors au mois de décembre 1118 (6).

(1) Aucune découverte d'armes ni d'ossements n'a depuis bien longtems appelé l'attention sur ce point. Le *Champ de Bataille* est situé à 1500 mètres d'Alençon, un peu à droite de la route de Bretagne. (L. S.)

(2) Lisiard de Sablé, fils aîné de Robert de Sablé, 1er du nom, et de Hersende de la Suze. (O. D.)

(3) Robert de Sillé-le-Guillaume. (O. D.)

(4) Gautier de Mayenne, fils de Geoffroi III, et son fils Juhel II. (O. D.)

(5) Gui de Laval, IVe du nom. Il fonda le prieuré du Plessis. (O. D.)

(6) Nous devons le détail de cette bataille à Jean, moine de Marmoutier, mais son récit n'est pas exempt de quelques méprises. 1° Il suppose que le roi Henri avait profité du temps où Fouques était occupé au siége de Montbazon, pour surprendre Alençon et en chasser la garnison angevine ; le fait n'est pas vrai : Alençon n'avait point cessé d'être dans la main du roi et de son neveu Etienne, depuis 1113 ; les comtes d'Anjou n'y avaient jamais eu de garnison pendant cet intervalle. — 2° Il met au nombre de ceux qui se trouvèrent à cette journée dans l'armée du roi, pour grossir l'importance de la victoire de Fouques, Robert de Bellême et Rotrou, comte du Perche, tandis qu'il est certain, par le témoignage des historiens Anglais et Normands, que Bellême était alors prisonnier en Angleterre, et qu'il ne sortit point de prison depuis 1112, qu'il fut arrêté, jusqu'à sa mort. Il n'est guère possible de croire que Rotrou ait pu s'y trouver. Il avait passé depuis plusieurs années en Espagne à la sollicitation d'Alphonse, roi d'Aragon, son proche parent. Il prit, à la fin d'août de l'année 1114, la ville de Tudèle, et se signala, en 1118, aux siéges de Sarragosse et de Calahorra. — 3° Il met encore au nombre de ceux qui se trouvèrent à cette bataille, Guillaume, comte de Flandre : le comte de Flandre se nommait Baudouin VII ; il avait pris, dans cette guerre, le parti du roi

L'armée de Henri, rassemblée, se trouvait assez forte pour assiéger celle du comte et l'investir de tous côtés, de sorte qu'il était facile au roi de le forcer de se rendre, avec toute son armée, sans coup férir, mais l'imprudente ardeur des comtes de Blois et de Mortain dérangea tous les projets. Ces jeunes seigneurs voulant faire parade de leur bravoure et avoir toute la gloire de la journée, prirent les devants, attaquèrent le camp et en voulurent forcer les retranchements avec leurs balistes, tandis qu'un autre corps faisait pleuvoir une grêle de flèches et de javelots ou frappait à grands coups de lances et d'épées.

Fouques, plein de confiance en Dieu et dans l'attachement de ses barons présents et de ceux qu'il attendait ce jour-là même, demeurait tranquille dans son camp : il rassurait ceux des siens qui, n'étant point encore remis de la fatigue d'une longue et pénible marche, semblaient perdre espérance. « Ne perdez point courage, leur disait-
» il ; la victoire ne dépend pas du nombre des combattants,
» mais du Dieu des batailles : il lui est aussi aisé de la
» donner à une poignée de monde qu'aux armées les plus
» nombreuses. L'ennemi, se fiant dans sa force, s'avance au-
» dacieusement dans l'espérance de nous tailler en pièces
» et de s'enrichir de nos dépouilles. Nous avons pour
» nous la justice ; nous défendons notre héritage, nous-
» mêmes et un grand nombre de malheureux qui gémis-

---

Louis. Ayant attaqué un château proche d'Arques, dans le pays de Caux, il fut blessé, au mois de septembre 1118, et mourut des suites de sa blessure, le 17 juin de l'année suivante. Guillaume de Normandie ne devint comte de Flandre qu'en 1127 ; c'était le fils de l'infortuné duc de Normandie qui gémissait dans les fers. J'abrégerai le récit du moine de Marmoutier, surtout les harangues qu'il met dans la bouche de Fouques.

Beaucoup d'écrivains, et notamment Ménage, qui donne beaucoup d'éclaircissements sur les seigneurs qui se trouvèrent à cette bataille, la qualifient mal à propos de bataille de Seès.

» sent dans cette forteresse où ils attendent notre secours.
» N'appréhendez point l'ennemi ; craignez celui qui n'a-
» bandonne jamais ceux qui mettent leur confiance en
» lui, et qui se plaît à humilier les superbes. Que l'en-
» nemi qui affecte tant de mépris pour les Angevins et
» pour les Tourangeaux, éprouve aujourd'hui leur valeur.
» Commençons par repousser cette troupe qui s'avance en
» aboyant contre nous comme le chien après le passant. »

Il fait avancer aussitôt Mathefelon et son fils, avec cent cavaliers et deux cents archers ou gens de pied. Ils sont si vigoureusement reçus, qu'ils sont forcés de reculer et de rentrer dans le camp. Fouques détache Renaud du Château, les Maillé, Samblançai, avec cent autres cavaliers et deux cents hommes de trait pour les soutenir : ces troupes réunies opposent aux efforts des Normands la plus vigoureuse résistance, mais à la fin, les Angevins sont forcés, une seconde fois, de plier. Fouques, sans se rebuter, les fait encore soutenir par Hugues d'Amboise, Sainte-Maure, Geoffroi de Montsoreau et Alluie, avec trois cents cavaliers et deux cents hommes de pied, avec ordre de fondre sur les assaillants qui étaient déjà au nombre de quatre mille, tandis que toute l'armée Angevine montait à peine à ce nombre.

Cependant les troupes qu'on attendait étaient déjà assez près du lieu où se passait le combat pour distinguer les cris de guerre de chaque chef; un courrier dépêché par Fouques leur annonce le pressant besoin qu'il a de leur secours, qu'il venait d'être attaqué dans son camp et avait déjà perdu quelque monde. Les Manceaux doublent le pas : arrivés dans un vallon agréable et couvert de bois (ce devait être aux environs de Saint-Germain), ils font halte. Tandis que les chevaux repaissent, chacun s'arme de toutes pièces et se range en bataille. Lisiard de Sablé, avec sa cavalerie, les archers et le reste de son infanterie, formait l'avant-garde; Robert de Sillé, à la tête de ses troupes, commandait le corps de bataille ; Gautier de Mayenne et Juhel, son fils, formaient le troisième corps, et Gui de Laval avait sous ses ordres l'arrière-garde. Dès qu'ils approchent de l'ennemi, chaque chef fait retentir l'air de son cri de guerre (1) et fond sur l'armée royale : les chevaux, les cavaliers et l'infanterie normande sont culbutés au premier choc. Une flèche atteint le comte de Blois au front : le sang qui coule abondamment de la plaie le met hors de combat.

Fouques, jusque-là toujours dans son camp, tenait conseil avec Geoffroi, comte de Vendôme, le vicomte de Beaumont, Pierre de Preuilli, Guillaume de Mirebel, Bellai de Montreuil, Geoffroi de Doé, Peloquin de l'Isle-Bouchard, Raimond de Vahai. Il est arrêté qu'une partie de l'infanterie restera en réserve pour veiller sur ce qui se passera, tandis que Fouques chargera à la tête de la cavalerie. Un exprès est envoyé vers les Manceaux pour leur annoncer que le comte marche à leur secours. A peine l'avis est-il parvenu, qu'on le voit s'avancer en criant d'une voix forte : « Courage, braves soldats, voici » votre comte : frappez à grands coups ; ayez les yeux sur » moi, et suivez l'exemple de votre frère, de votre sei- » gneur et maître. » La lance en arrêt, il fond sur l'ennemi, renverse les uns de cheval, fend à coups d'épée les autres. Cavaliers, archers, gens de pied à son exemple redoublent leurs efforts et culbutent tout ce qu'ils rencontrent. L'effroi se répand bientôt dans toute l'armée normande et anglaise ; tous prennent la fuite et sont vivement poursuivis par les Angevins et les Manceaux, qui cherchaient à prendre vifs quelques-uns des chefs pour

T. XI (Préf. p. 194.)

(1) Dans ce temps-là, les provinces, les comtés et même les seigneuries particulières, ainsi que leurs possesseurs, avaient leur cri de guerre particulier. On en trouve un grand nombre dans le *Recueil des Historiens de France*, dans La Roque et ailleurs ; celui des seigneurs d'Alençon était *Alençon*.

forcer par-là le roi à rendre la liberté à Bellême. Le roi Henri employait inutilement prières et menaces pour arrêter les fuyards : lui-même est forcé de fuir avec eux vers la ville de Seès, où il rentra le dernier.

Il est bien difficile de croire, avec l'historien qui nous a conservé le détail de ce combat, que le comte d'Anjou n'y perdit que quatre archers et vingt-cinq hommes de pied, tandis que le roi Henri eut un grand nombre de morts, de blessés et de prisonniers. Fouques ne rentra dans son camp qu'à minuit. Il se leva dès trois heures du matin, le lendemain qui était un samedi ; il donna ordre aux moines qui demeuraient au-dessous du château, (ceux du prieuré de Saint-Ysiges) de se préparer à célébrer, avec toute la pompe possible, une messe de la Vierge, pour rendre grâces à Dieu de la victoire qu'il venait de lui donner. Lorsqu'il voulut entrer dans l'église, il fut arrêté par le grand nombre de prisonniers qui y avaient été renfermés le jour précédent. Alors, se tournant vers ses troupes, il leur fit des plaintes amères d'avoir manqué au respect qu'elles devaient au lieu saint, leur rappela le reproche que Dieu fit aux juifs d'avoir *fait de sa maison un repaire de voleurs*, et les canons ecclésiastiques qui ordonnent que tout criminel qui cherche un asyle dans l'église doit avoir la liberté d'en sortir sans punition. Il donna ordre, sur le champ, à son sénéchal ou grand-maître de sa maison de faire donner à manger à tous ces prisonniers, et en renvoya environ cinq cents libres, sans être mis à rançon.

Fouques serra alors de près le château : les habitants lui indiquèrent un conduit souterrain qui traversait la ville et portait l'eau de la Sarthe dans le donjon (1). La

<small>Ord. Vital, p. 847.</small>

---

(1) « Si fut déconfiz par Faucon le comte d'Angers, en telle » maniere que il perdit à cette journée et le chastel et la tour, » et moult de ses gens ». Suger, dans la Vie de Louis-le-Gros, distingue aussi la tour ou donjon, du château.

<small>Grand. Chron. de France dans le Recueil des Hist. de France, t. XII, p. 44 et 178.</small>

communication en fut interceptée, et les assiégés furent forcés de capituler le troisième jour : ils obtinrent la liberté de se retirer où bon leur semblerait et d'emporter leurs effets. Tous les écrivains ont, mal à propos, donné le nom de bataille de Seès à ce combat : il se donna, pour ainsi dire, sous les murs d'Alençon ; d'autres, trompés par le mot latin *parchio*, qui signifie ici *camp*, se sont avisés de le placer dans le Perche. Cette bataille se donna certainement au mois de décembre 1118 (1). Orderic Vital, qui vivait alors à Saint-Evroult, ne pouvait ignorer les détails de cette affaire ; mais comme elle ne fut pas à l'avantage de Henri, son héros, il glisse légèrement sur ces détails.

Nous avons dit ci-devant que Henri faisait bâtir le château de Bonmoulins. Nous avons également vu que le Conquérant l'avait fait porter en mariage, avec Moulins et tout le canton de la Marche, à Guillaume de Falaise, qui prit le nom de *Moulins*. Quoique ce seigneur fût le premier fondateur du prieuré de Saint-Laurent de Moulins, qu'il donna à l'abbaye de Saint-Evroult avec les églises de Mahéru, de Bonmoulins et plusieurs autres biens, le moine de Saint-Evroult est forcé d'avouer qu'il était vain et glorieux, qu'il commit plusieurs homicides et versa beaucoup de sang, et qu'il poussa la cruauté au point d'empoisonner ses armes, en sorte que personne ne guérissait des blessures qu'il portait, quelque légère que fût la plaie. Il avait eu de sa première femme deux fils : Guillaume qui signala sa valeur dans un grand nombre d'occasions et mourut vers l'an 1100, et Robert, qui succéda à son père. Il posséda la Marche pendant quinze années, et la défendit vaillamment contre tous ses voisins,

---

(1) Ainsi Souchet a fait une méprise considérable, en avançant que ce fut dans cette bataille que Rotrou-le-Grand fut fait prisonnier par Robert de Bellême.

mais ayant fait la guerre à Enguerrand, surnommé *Oison*, seigneur de Courtomer, qui tenait le parti de Henri, il avait refusé de se rendre aux défenses que lui fit ce prince de la continuer et n'avait pas cessé de lui livrer plusieurs combats. Ses ennemis avaient saisi cette occasion pour achever d'indisposer le roi ; il s'était emparé de ses biens et l'avait chassé avec sa femme Agnès, fille de Robert de Grantemesnil. Il se retira dans la Pouille, où il vécut encore quelques années. Ce fut alors que Henri fit commencer le château de Bonmoulins, pour arrêter de ce côté là les courses des Français et de Richer, seigneur de de Laigle, mécontent de lui. Guillaume de Moulins avait eu de sa seconde femme, Dude, deux fils, Simon et Hugues qui périt avec le fils du roi en passant en Angleterre. Le roi remit dans la suite la Marche au premier, qui lui rendit de bons services ; mais ce marquis mourut sans enfants de sa femme Adelize. La Marche retourna alors au domaine ducal.

Henri n'avait éprouvé de tous côtés dans cette guerre que des humiliations, et ces humiliations avaient enhardi les principaux seigneurs de l'Hiesmois, qui lui avaient autrefois donné tant de preuves d'attachement, à favoriser le fils de leur malheureux souverain. On distinguait parmi eux Renaud de Bailleul (1), proche parent de Bellême, les seigneurs de Courci, de Grantemesnil, de Montpinçon (2). Henri fit sommer Bailleul, qui était à sa cour, de lui remettre son château du Renouard (3) ; sur son refus,

Ord. Vital, p. 849.

(1) Bailleul en Gouffern, *Bailol, Balliolum*, canton de Trun. On prétend que les Bailleul, rois d'Ecosse, étaient originaires de cette commune. Le vieux château, avec sa motte et ses larges retranchements, se voit près de l'église, qui est même bâtie sur l'emplacement de la seconde enceinte. (L. S.)

(2) Montpinçon, *Mons-Pincionis*, arrondissement de Lisieux, canton de Saint-Pierre-sur-Dives. (L. S.)

(3) Le Renouard, *Mansio Renuardi*, canton de Vimoutiers. L'église du Renouard renferme une inscription portant qu'elle a

le roi ne voulut pas le faire arrêter, mais il le fit suivre de si près par ses troupes qu'elles arrivèrent presque aussitôt que lui devant le Renouard, qui fut investi le soir même. Bailleul, qui n'était pas en état de résister, se rendit le lendemain matin auprès du prince et lui remit sa forteresse. Le roi la fit brûler avec les vivres et tout ce qui s'y trouva. Cet exemple de sévérité fit bientôt rentrer dans le devoir les seigneurs de Courci, de Grantemesnil, de Montpinçon et tous les autres qui avaient commencé de remuer : ils cessèrent sur le champ tous leurs préparatifs, et donnèrent depuis au roi des preuves de la plus grande fidélité.

ORD. VITAL, p. 851.

Le danger que le roi avait couru à la bataille d'Alençon, le fit penser sérieusement à tâcher de pacifier la Normandie. Il fut assez heureux pour détacher encore une fois Fouques de ses alliés. Leur accommodement fut conclu au mois de juin 1119. Le mariage de son fils (1) avec la fille du comte d'Anjou, fut de nouveau arrêté. Le comte ne put pas obtenir la liberté de Bellême, mais son fils fut rétabli dans la possesion d'Alençon, de Vignats, de Seès, d'Almenêches et de toutes les autres places qui avaient appartenu à son père, soit en Normandie ou ailleurs, et qui étaient alors dans la main du roi. Le roi ne se réserva que la liberté de tenir garnison dans les donjons. C'était un droit dont les ducs de Normandie étaient en possession de tout temps. Le seigneur de Saint-Céneri fut rétabli dans

Mém. de la soc. des antiq. de Norm., 1re série, t. V.

CAMDEN, Brit.

été reconstruite en 1465, et qu'on a longtemps crue du XIe siècle. Les Bailleul étaient encore seigneur du Renouard au XVIe siècle. (L. S.)

(1) *Secundus a rege est filius ejus primogenitus.... Apud majores nostros Anglo-Saxones sua lingua Æthling, id est nobilis, et latina Clito, id est inclitus, erat appellatus.... et in antiquis regum latinis diplomatibus sœpenumero legitur : Ego E vel Æ Clito regis filius. Verum nomen Clito etiam omnibus regum liberis imperitum observavi.*

la possession de Montreuil et d'Echauffour, et Richer de Laigle recouvra Laigle peu après.

Le roi Henri n'était pas sans quelque inquiétude au sujet du concile qui devait s'ouvrir à Reims, vers le milieu du mois d'octobre de cette année. Louis-le-Gros y présenta au pape le fils du duc de Normandie ; il lui porta les plus fortes plaintes sur l'usurpation injuste et manifeste du roi ; il implora l'assistance de l'Eglise pour faire restituer la Normandie à l'héritier légitime ; il insista longuement sur la cruauté qu'il y avait de retenir prisonnier un prince aussi brave, qui s'était singulièrement distingué à la conquête de la Terre-Sainte et qui, à ce titre, méritait toute la protection du Saint-Siége. Il lui porta ensuite ses plaintes de ce qu'il avait arrêté Bellême, son ambassadeur, qui s'était rendu auprès de lui pour traiter au nom de la France, de ce qu'il l'avait, au mépris du droit des gens, jeté dans les fers où il gémissait encore au moment qu'il parlait. Calixte II renvoya l'affaire à une conférence qu'il devait avoir avec Henri. Ce prince prit le parti de le gagner, ainsi que ses favoris, à force de présents et de promesses. La conférence eut lieu à Gisors, au mois de novembre ; Henri y peignit Bellême comme un scélérat qui s'était emparé du gouvernement avec plusieurs de ses semblables, pour tyranniser l'Eglise et les peuples. Il répondit à tous les chefs d'accusation que Louis avait exposés au concile, à l'exception de celui de la violation du droit des gens à l'égard de Bellême (1) ; du moins

<small>Ord. Vital, p. 859.</small>

(1) Le pape approuva toute la conduite de Henri : *Hæc allocutio hunc finem meruit, ut pronuntiaret Apostolicus nihil Anglorum regis causa justius, prudentia eminentius, facundia uberius.* L'influence de Henri sur le pape se manifesta dans d'autres circonstances : ainsi, après avoir fait épouser à son fils Adelin, en 1119, une des filles de Fouques-le-Jeune, comte d'Anjou, il trouva moyen de faire casser quelques années plus tard par le légat et le pape, le mariage de Cliton, son neveu, fils de Robert,

Ordéric Vital, panégyriste du roi, n'en parle point. La paix fut conclue entre les deux rois, et Bellême demeura dans les fers jusqu'à sa mort dont nous ignorons l'époque (1).

Le Conquérant avait procuré à Bellême une alliance illustre (2), en lui faisant épouser Agnès, fille et unique héritière de Gui, comte de Ponthieu et d'Alençon, sans qu'Alençon ait été autrement érigé en comté. Ses successeurs continuèrent de porter le même titre. On prétend que Bellême en usa mal avec sa femme, qu'il la tint longtemps enfermée dans le château de Bellême, qu'elle s'en évada et se réfugia auprès d'Adèle, comtesse de Chartres, d'où elle se retira dans son comté de Ponthieu, où se voient encore des monuments de sa grandeur. Elle mourut avant le carême de l'année 1105 (3). Elle avait eu de son mariage Guillaume III du nom, comte d'Alençon et de Ponthieu, qui suivra, et Mabile de Bellême inconnue aux généalogistes. Elle fit, en 1155, des donations au prieuré du Gast (4), membre de l'abbaye de Saint-Martin de Seès. Il semble qu'elle épousa un seigneur de Moire, dont les descendants avaient des droits sur les églises de Saint-Pierre-du-Château, de la Place et de Saint-Germain

*Hist. du comté de Ponthieu.*

*Cartul. S. Mart. Sag., fol. 28.*

---

duc de Normandie, avec une autre fille de Fouques, sous prétexte de parenté. (O. D.)

(1) La Roque se trompe certainement en indiquant Robert de Bellême comme un des seigneurs que Louis VI, roi de France, assembla, vers la fête de Noël 1127, pour secourir Guillaume de Normandie. (O. D.)

(2) Il faudrait supposer que le Conquérant aurait seulement pris part aux accords du mariage, car il mourut en 1087, et le mariage n'eut lieu qu'en 1095. (O. D.)

(3) Expilly dit en 1130. (O. D.)

(4) Saint-Pierre du Gast, *S. Petrus de Gasto*, canton de Seès. L'église en fut donnée par Guillaume de Ponthieu à l'abbaye de Saint-Martin. Cette paroisse est réunie à Tanville. (L. S.)

de Seès, et possédaient des fiefs à Almenêches et dans plusieurs paroisses du voisinage d'Alençon (1).

Il paraît que Bellême laissa encore deux fils naturels, l'un nommé comme son père, Robert de Bellême, surnommé *Poard,* l'autre nommé Maurice. Nous ignorons où ils s'étaient retirés pendant les malheurs de Bellême et de son fils : ils s'attachèrent à Roger de Toeni, seigneur de Conches, qui, après la mort du roi Henri, se déclara pour sa fille et le comte d'Anjou, contre le roi Etienne.

Robert fut un de ceux qui commirent le plus de ravages sur les terres des partisans du roi. Il eut le malheur d'être fait prisonnier le 3 octobre 1136, par le comte de Meulan. Après six mois de prison, il recouvra, l'année suivante, la liberté, avec le seigneur de Conches. Il se vengea de sa captivité sur Richer, seigneur de Laigle, qu'il fit prisonnier à Lire, la veille de la Nativité de la Vierge, et le retint, à son tour, captif six mois. Ord. Vital, p. 908 et 909.<br>Ord. Vital. p. 923.

Pendant ce temps il mit tout à feu et à sang sur les terres de Laigle. On prétend qu'il commandait à la Ferrière-sur-Rille, ce qui le rendait voisin de ce seigneur et du comte du Perche. Ce comte prit si bien ses mesures qu'il surprit Bellême et son frère, et les fit prisonniers, vers la fin d'octobre 1137. Rotrou, en faisant son accommodement avec le comte d'Anjou, obtint la liberté de Laigle et la rendit à Robert et Maurice de Bellême. Le premier vécut depuis en très-bonne intelligence avec la maison du Perche. Il accompagna, avec Odon (Eude) Quarrel et plusieurs autres seigneurs du pays, Etienne du Perche lorsqu'il passa en Sicile ; il y participa à la faveur de ce Du Moulin, *Hist. de Norm.*<br>Du Moulin, *Conq. et troph. des Normands,* etc., p. 326.

---

(1) Moire est un petit château moderne dans la commune de Coulombiers (Sarthe), à 5 lieues d'Alençon, appartenant depuis le xviii<sup>e</sup> siècle seulement, à la famille de Tragin. L. Du Bois traduit *de Moira* par *de Morie.* Il me paraît douteux que ce soient les seigneurs de Moire qui aient eu les droits dont parle ici O. Desnos. (L. S.)

seigneur et aux malheurs qui en furent les suites. Il mourut, l'an 1168, à Salerne, du poison que lui fit avaler un médecin, juge de cette ville, corrompu par les ennemis d'Etienne, alors chancelier du royaume de Sicile et archevêque de Palerme.

*Ibid.*, p. 552.

Guillaume III, surnommé *Talvas*, succéda à sa mère, dans le comté de Ponthieu, avant le carême de l'année 1105, puisqu'il en prenait le titre lorsqu'il accompagna son père à Marmoutier, où ils se firent associer l'un et l'autre aux prières des religieux de cette maison. Il confirma, à la prière de son père, tous les biens que cette abbaye possédait dans son comté de Ponthieu, le dimanche le plus voisin du milieu du carême.

René Courtin, *Hist. du Perche*, ms.

Le roi Henri, après la perte de son fils, qui fut noyé en passant de Normandie en Angleterre, le 25 novembre 1120 (1), avait donné en mariage sa fille et unique héri-

---

(1) O. Desnos ne donne pas de détails sur ce naufrage de la *Blanche-Nef* qui joue un si triste rôle dans l'histoire et les traditions de Normandie : nous croyons devoir y suppléer.

Le roi Henri ayant terminé ses affaires en Normandie, voulut repasser la mer, et une flotte considérable dut transporter avec lui une partie de ses troupes, ainsi que les principaux chevaliers qu'il voulait récompenser de leurs services.

Ord. Vital, l. XII ; Will. Gemet.; Malmesb. ; Wace, *Roman de Rou*, V. 15500.

Elle appareilla de Barfleur, le 25 novembre 1120 ; O. Vital dit 1119, mais le témoignage de tous les contemporains s'élève contre lui.

Thomas, fils d'Etienne, dont le père avait monté comme pilote le vaisseau qui conduisit Guillaume à la conquête d'Angleterre, ayant réclamé du roi la faveur de le conduire à son tour, celui-ci ne put accepter, mais lui confia ses deux fils Guillaume et Richard, avec une partie de sa noblesse et son trésor royal.

Thomas et ses matelots, fiers de cette faveur et échauffés par le vin, faisaient force de rames pour atteindre le vaisseau du roi. La nuit était magnifique. Ils s'engagèrent imprudemment parmi des rochers à fleur d'eau dans le *ras de catte*. La *Blanche-Nef* donna contre un écueil de toute la vitesse de sa course et s'entrouvrit par le flanc gauche. L'équipage poussa un cri de détresse

tière, l'impératrice Mathilde, à Geoffroi-le-Bel, comte d'Anjou; il lui avait promis pour dot plusieurs places en Normandie; son gendre lui demanda de l'en mettre en possession; le roi s'y refusa; ils se brouillèrent ensemble, et le comte de Ponthieu, qui avait toujours été étroitement lié avec le comte d'Anjou, devint suspect au roi. Ce prince le fit citer plusieurs fois à la cour : l'exemple de son père lui fit prendre le parti de se retirer à Perrai, Mamers et dans plusieurs autres places qu'il tenait du comte d'Anjou. Le roi se rendit dans l'Alençonnais, sou- *Chron. de Norm.*

qui fut entendu sur les vaisseaux du roi déjà en pleine mer, mais qui se confondit avec les éclats de joie qui l'avaient précédé et auquel on ne fit point attention. L'eau entrait avec abondance, et le navire fut bientôt englouti avec tous les passagers au nombre de trois cents, parmi lesquels il y avait dix-huit femmes. Deux hommes seulement s'accrochèrent à la grande vergue qui flottait sur l'eau. C'était un boucher de Rouen, nommé Beroud, et le jeune Geoffroi, fils de Gilbert de Laigle.

Thomas, le patron de la Blanche-Nef, après avoir plongé une fois, revint à la surface de l'eau; apercevant les têtes des deux hommes qui tenaient la vergue : « Et le fils du roi, leur cria-t-il, » qu'est-il devenu? — Il n'a point reparu, ni lui, ni son frère, » ni sa sœur, ni personne de leur compagnie. — Malheur à moi, » dit-il ; je ne puis plus vivre. » Et il se laissa engloutir dans les flots.

Cette nuit fut extrêmement froide. Geoffroi perdit ses forces et disparut en recommandant à Dieu son compagnon. Celui-ci, le plus pauvre des naufragés, protégé par son justaucorps de peau de mouton, se soutint à la surface de l'eau. Le jour vint; il fut secouru par des pêcheurs, et c'est de lui qu'on a appris les détails de ce désastre.

Le peuple anglais paraît avoir peu compati au malheur des fa- *Aug. Thierry.* milles normandes. On y vit une vengeance divine, un juste châtiment de l'orgueil et des vices infâmes des jeunes seigneurs. On doit dire à la louange de Guillaume qu'il allait se sauver sur un esquif, quand les cris déchirants de sa sœur, la comtesse de Mortagne, le rappelèrent sur le lieu du naufrage, où l'esquif, abordé à la fois par un trop grand nombre de passagers, s'abîma dans la mer. (L. S.)

mit, depuis le mois d'août jusqu'à la Toussaint de l'année 1135, la ville d'Alençon, qui avait été presque entièrement réduite en cendres au mois de septembre de l'année précédente, par le feu du ciel (1), Seès, Almenêches et les autres places du comté. Il fit faire des fortifications considérables à Argentan, dont il augmenta l'enceinte (2). Sa fille le sollicitait inutilement de rendre ses bonnes grâces à Talvas : il se refusa constamment à ses prières ; il alléguait, pour raison, que, s'il le faisait si promptement et facilement, le comte d'Alençon et les autres grands en deviendraient plus audacieux et craindraient moins de lui.

*Continuat.* WILLEL. GEMET, inter *Scriptor. Normann.*, lib. VIII, c. 54.

Le roi mourut le premier décembre de l'année 1135. Guillaume Talvas prit aussitôt les armes, et se mit en possession de toutes ses places de Normandie : son union avec le comte d'Anjou et l'impératrice, son épouse, le força de devenir l'ennemi de la plus grande partie des seigneurs de son voisinage. Etienne, comte de Mortain, que nous avons vu seigneur d'Alençon, s'était emparé du trône d'Angleterre, immédiatement après la mort de son oncle, sans égard au serment de fidélité qu'il avait prêté à l'impératrice Mathilde, du vivant de Henri. Un grand nombre de seigneurs, entre lesquels étaient le comte du Perche, le seigneur de Laigle, le seigneur de Clare (3), les évêques de Seès, de Lisieux, les abbayes de Saint-Evroul et de Seès l'avaient reconnu pour duc de Normandie. Geoffroi et le comte d'Alençon leur firent une guerre san-

LE CORVAISIER, p. 428.

(1) Chartres, Verneuil, Le Mans, Nogent-le-Rotrou, éprouvèrent le même sort. (O. D.)

(2) Il existe un plan de l'enceinte de cette ville, telle que l'aurait établie le roi Henri, dans quelques manuscrits, et M. Chrétien l'a même fait lithographier pour son *Histoire d'Argentan* (1834, in-8°, Falaise) ; mais ce plan, maladroitement daté de 1035, est loin d'être authentique. (L. S.)

(3) Voir la note suivante.

glante, ce qui remplit le canton d'Alençon de meurtres, d'incendies et toutes les horreurs qu'entraîne une guerre civile. Chaque seigneur mit en état de défense ses châteaux, les fortifia, en bâtit de nouveaux, en sorte que la Normandie fut bientôt remplie de forteresses ; ils y renfermaient leurs vassaux en garnison ou des guerriers vagabonds qui venaient leur vendre leurs services. Le peuple fut pillé et vexé de toutes les manières pour fournir à l'entretien de ces troupes : de tous côtés, les grands se déclarèrent une guerre furieuse ; notre pays devint un théâtre perpétuel de meurtres, de brigandages et de vexations. La noblesse inférieure et le peuple ne trouvant plus de protection dans les lois pendant cette dissolution entière du gouvernement, furent obligés pour leur sûreté de s'attacher aux seigneurs les plus puissants du voisinage, lorsque ceux dont ils étaient vassaux ne se trouvaient pas en état de le faire ; les ecclésiastiques même se mêlèrent de la querelle et abusèrent des armes spirituelles.

Le comte d'Alençon livra toutes ses places à l'impératrice et à son mari. Guigan Algazon, que le feu roi avait rendu puissant, leur remit Domfront, Argentan, Exmes et toutes les autres places où il commandait en qualité de vicomte. Geoffroi confia la garde d'Argentan à Enjuger de Bohon, et celle de Domfront à son frère Alexandre, qui l'un et l'autre portèrent souvent le ravage dans la vallée de Mortain, le Cotentin et les cantons circonvoisins. *Ord. Vital, p. 904.* *Hist. Gaufridi.*

Ceux de Laigle ayant voulu s'emparer de Seès l'année suivante furent vivement repoussés. Gilbert de Clare (1) *Joann. Monachus Majoris-Monasterii, p. 105.*

(1) Une branche puînée, légitime ou naturelle, omise dans l'*Histoire des Grands Officiers de la Couronne*, posséda la terre de Clare, proche Seès, et vraisemblablement lui donna son nom, dont on a fait par corruption *Clairai*, supposé que Hugues de Clairai, *de Claraio*, chevalier, qui donna à l'abbaye de Saint-Martin de Seès, vers l'an 1139, les droits qu'il avait sur les églises de Clairai, de Belfonds, de Condé-le-Butor, de la Ferrière-Béchet *Gr. Offic. de la Couronne, t. II, p. 485.* *Liber Rubrus S. Mart. Sag. ms.*

fit alors une expédition contre la ville d'Exmes : il brûla la partie appelée le *Bourg-Nouveau*, que le roi avait fort augmentée; il brûla aussi l'église Notre-Dame. Il pressait vivement l'autre partie d'Exmes pour lui faire subir le même sort, lorsque le comte d'Alençon fondit tout à coup sur lui et fit un grand carnage des assiégeants et beaucoup de prisonniers, du nombre desquels fut Henri de Ferrières ; Clare lui-même n'échappa que par une prompte fuite.

Ord. Vital, p. 905.

de Tanville et de Montmerré, fût fils du seigneur de Clare qui brûla Exmes, comme le portent les chartes de l'abbaye de Saint-Martin de Seès; en sorte que la maison de Neuville, descendue de la branche aînée des Clairai, et un grand nombre d'autres familles descendues de la branche puînée, connue sous le nom de Clairai-Guichaumont, de la Perrière, etc., se trouveraient issues des anciens ducs de Normandie, puisque ce Gilbert descendait de Geoffroi, fils naturel de Richard Ier duc de Normandie.

Cette charte m'est suspecte : 1° on en trouve une autre dans la même abbaye, par laquelle Hugues de Clérai ou de Claire donna à la même maison, dès l'an 1088, le patronage et la dîme de Clairai et du fief et terre de Faucon, de Belfonds ; 2° la charte de 1139 appelle le père de Hugues, Robert.

Ce Hugues, par la même charte, s'obligea d'aider de sa personne et ses troupes l'abbaye de Seès. L'abbé et ses religieux, de leur côté, s'obligèrent de faire à perpétuité pour lui et ses successeur, seigneurs de Clairai, le jour où on chante *Lætare*, un service solennel dans la dite abbaye, et d'en prévenir les seigneurs de Clairai deux jours auparavant, pour s'y rendre dès la veille et y rester jusqu'au lendemain de la fête, nourris avec trois autres personnes et quatre chevaux. (O. D.)

Clérai, *Clairaium, Claraium*, canton de Seès, est demeuré célèbre par la retraite et les prédications de Saint-Latuin, premier apôtre du diocèse de Seès. L'église de Clérai est la seule de tout le diocèse placée sous le vocable de Saint-Latuin. Elle a été rachetée, il y a peu d'années, par M. l'abbé Delaunay, curé de Mortrée, et préservée de la destruction. Elle appartient aujourd'hui au séminaire de Seès. Elle a été enrichie de reliques authentiques de son saint patron. Le château de Clérai est de la fin du XVIe ou du commencement du XVIIe siècle. L'*Orne Archéologique* renferme une notice, par M. Lecointre-Dupont, sur Clérai et ses anciens seigneurs. (L. S.)

P. 150.

Le comte d'Alençon fut joint, vers le milieu d'octobre, par le comte d'Anjou, qui arriva à Alençon accompagné de Guillaume, comte de Poitou, de Geoffroi de Vendôme et de Guillaume, fils du comte de Nevers. Ils allèrent tous ensemble assiéger Carrouges (1) : le chevalier Gautier fut obligé de rendre la forteresse au bout de trois jours; mais dès que l'ennemi se fut retiré, il trouva le moyen de la reprendre. Les habitants d'Ecouché (2) brûlèrent cette place à l'approche du comte d'Anjou, et l'abandonnèrent; ceux d'Annebecq (3) obtinrent trêve d'une année, parce que Robert du Neubourg (4), leur seigneur, était connu du comte d'Anjou et qu'on négociait son amitié. Le comte fut repoussé après deux assauts, à Montreuil-au-Houlme (5), où Richard Basset avait fait bâtir une tour de pierre, lorsqu'il fut fait grand justicier d'Angleterre, pour donner quelque distinction au léger patrimoine de ses pères (6);

(1) Voy. sur Carrouges et son important château, vaste entassement de constructions de la fin du XIII<sup>e</sup> au XVII<sup>e</sup> siècle, où l'on doit surtout distinguer un élégant pavillon d'entrée, flanqué de quatre tourelles, la notice que nous avons publiée dans la *Mosaïque de l'Ouest,* 1<sup>re</sup> année, et réimprimée dans l'*Orne archéologique,* et l'*Histoire de Saint-Martin-du-Tilleul* par M. Le Prévost. Le premier seigneur connu de Carrouges est Roger, contemporain de Henri II. (L. S.)

(2) Ecouché, *Scoceium, Escalfo, Excalfoium,* était une place assez importante au moyen âge, dont il ne subsiste aucun vestige. V. l'*Orne archéologique,* p. 37. (L. S.)

(3) Saint-Georges d'Annebecq, *de Asnebec,* canton de Briouze. La forteresse se composait d'un long rempart soutenu par de hautes buttes, dont les deux principales sont encore presqu'entières. Des fossés, qui pouvaient facilement se remplir d'eau, en défendaient les abords. (L. S.)

*Mém. des Antiq. de Norm.,* 2<sup>e</sup> série, IX.

(4) Ecouché provenait aux seigneurs du Neubourg de leur part dans l'héritage de Roger de Beaumont. Robert du Neubourg est signalé par O. Vital comme plus éloquent que brave. (L. S.)

L. XII.

(5) Montreuil-au-Houlme, *Mosterolum, Monsteriolum,* canton de Briouze. Il ne reste presque plus de trace de son ancienne forteresse. (L. S.)

(6) Il avait épousé Mathilde de Ridel, petite-fille du comte

Guillaume de Montpinçon y commandait alors. Les confédérés prirent ensuite Moutiers-Hubert (1) qui appartenait à Painel (2); ils l'obligèrent de se rendre prisonnier avec trente cavaliers. Il avait commis, l'année précédente, beaucoup de brigandages, ce qui les détermina à mettre sa rançon à une grosse somme. Ils firent une tentative sur Lisieux qui ne réussit pas : ils furent plus heureux au Sap (3), mais le comte d'Anjou y fut blessé. Lorsqu'ils s'en retournaient, Enguerrand de Courtomer et Robert de Médavi, déclarés pour Etienne, tombèrent sur leur arrière-garde au passage de la rivière d'Oudon (4) et leur tuèrent beaucoup de monde : un plus grand nombre encore y fut noyé : Courtomer et Médavi s'emparèrent de la meilleure partie des bagages. Geoffroi essuya encore un nouvel échec, en sortant d'Alençon pour retourner dans son pays : comme il passait dans les bois de Malêfre (5),

Hugues de Chester. Sa famille joua un rôle considérable en Angleterre. (L. S.)

L. Du Bois, *Hist. de Lisieux*, t. II, p. 384.

(1) Moutiers-Hubert, *Monasterium Huberti*, canton de Livarot, arrondissement de Lisieux. On voit encore les ruines de cette place importante. (L. S.)

(2) Guillaume Painel, fils aîné de Raoul Painel, shérif du Yorkshire. Les Moutier-Hubert ont toujours appartenu à la branche aînée de la famille. (L. S.)

(3) Le Sap, *Sappus*, canton de Vimoutiers. Voir sur cette localité l'*Orne archéologique*, p. 183 et 214. Ce nom paraît dériver de *sapinus* ou *sapus*, sapin. On dit encore en Normandie un *sap* pour un sapin. (L. S.)

(4) C'est plutôt la rivière du Don, qui prend sa source à la Génevraie et qu'on passe à Chailloué, entre le Sap et Alençon, que l'Oudon qui est trop éloigné. Les nouveaux éditeurs d'O. Vital traduisent aussi *Oldo* par le Don. (L. S.)

(5) Les taillis de Malêfre, dans la commune d'Arçonnai (Sarthe), sont à une petite distance d'Alençon, sur le bord de la route du Mans. Il existait en ce lieu un fief et un château du même nom. D'autres bois taillis, nommés aussi Malêfre, existent dans la commune de Saint-Paterne, près de la route de Mamers, à 3 kilomètres d'Alençon. (L. S.)

il fut attaqué par une troupe de brigands qui tuèrent son chambellan, pillèrent ses équipages et volèrent beaucoup de vases précieux et jusqu'à ses habits de cérémonie.

<small>Ord. Vital, p. 907.</small>

Jean, évêque de Seès, avait été fort avant dans les bonnes grâces du feu roi. Ce prince avait voulu honorer de sa présence la cérémonie de la dédicace de son église, en 1126 (1); il lui avait donné de grands biens en Angleterre et en Normandie; il avait procuré l'introduction de la régularité dans l'église de Seès. Il signala son ingratitude contre la fille de son bienfaiteur, se déclara pour l'usurpateur et lança un interdit sur les terres que Talvas possédait dans son diocèse, en sorte qu'on n'y faisait plus de service divin; l'entrée des églises y était défendue aux laïques; le son des cloches ne s'y faisait plus entendre; on n'y faisait plus de mariages, et l'air était infecté par les cadavres qui restaient sans sépulture.

<small>Ord. Vital, p. 908.</small>

Talvas accompagna, l'année suivante, le comte d'Anjou à l'expédition qu'il fit dans l'Hiesmois contre ceux qui y avaient pris le parti de son compétiteur; mais il fut obligé de le quitter pour aller veiller à la sûreté de ses propres domaines, où il craignait que le comte du Perche, à qui Etienne avait donné Moulins, et Richer de Laigle qui avait reçu Bonmoulins, ne fissent quelque irruption. Robert Giroie qui tenait le parti du comte d'Anjou, introduisit dans son château d'Echaufour Simon-le-Roux, fils de Baudouin, qui fit un cruel ravage sur les terres de Robert, comte de Leycester, et des autres partisans d'Etienne, qui,

---

(1) Cette dédicace eut lieu le 19 mars 1126. Les historiens en ont conclu que la cathédrale était terminée à cette époque. Nous avons réfuté cette erreur dans notre *Notice sur la cathédrale de Seès*. Elle appartient, par son style ogival pur, à la fin du XII<sup>e</sup> et surtout au XIII<sup>e</sup> siècle. Il faut admettre que la dédicace s'en fit avant qu'elle fût achevée ou qu'elle aurait été détruite de nouveau et rebâtie après le XII<sup>e</sup> siècle. On a, du reste, retrouvé l'épitaphe de Jean de Bernières, évêque de Seès, mort en 1294, dans laquelle il est qualifié de *constructeur de la cathédrale*. (L. S.)

<small>P. 6.</small>

pour s'en venger, brûlèrent Montreuil (1) et plusieurs autres paroisses voisines, pendant le cours du mois de janvier.

Rotrou III, après s'être acquis beaucoup de gloire par la conquête de Tolède (2) et de plusieurs autres places sur les Sarrasins d'Espagne, était depuis quelques années de retour de cette seconde expédition (3) : une de ses nièces, qui ne nous est connue que par la lettre initiale de son nom, B, et qui est sans doute Béatrix (4), lui adressa la lettre suivante :

« A Rotrou, par la grâce de Dieu (5), excellent comte du

<small>Duchesne, Scrip. Franc. D. Linon, Bibliot. chart., p. 55.</small>

(1) Peut-être Montreuil-l'Argillé (*Monasteriolum*), la plus considérable des forteresses de ce nom. Je crois cependant qu'il s'agit ici d'un Montreuil plus rapproché de Glos. (O. D.)

(2) Il n'est pas probable que *Toletum* veuille dire ici Tolède, mais plutôt Tolosa ou même Olite. (L. S.)

(3) Après avoir médité sur les expéditions de Rotrou en Espagne, j'ai reconnu la méprise des écrivains qui m'avaient guidé, et je prouve, dans une *Dissertation* sur ce seigneur, que sa première expédition ne put avoir lieu qu'en 1114 (1). (O. D.)

(4) Il ne devint comte du Perche qu'en 1113 : ainsi cette lettre n'a pu être écrite qu'à son retour de la seconde expédition : nous ne connaissons point, par d'autres monuments, cette Béatrix, nièce de Rotrou.

C'est certainement la femme de Richer II du nom, fils de Julienne du Perche, sœur de Rotrou, mais on ne connaît pas la maison d'où elle sortait. (O. D.)

(5) Cette formule : *Par la grâce de Dieu*, fut longtemps interdite aux comtes feudataires : aussi voit-on le roi Charles VII défendre expressément au comte d'Armagnac de l'employer à l'avenir.

<small>Hist. des Comtes du Perche de la famille des Rotrou, p. 251, 555 et 575.</small>

(1) Cette dissertation est restée inédite. M. des Murs cherche à établir que Rotrou aurait fait en réalité cinq expéditions en Espagne, et place la première en 1087 ou 1089, la seconde en 1113, la troisième en 1115, la quatrième vers 1126, et la dernière vers 1150. Les derniers et savants éditeurs d'O. Vital en admettent une première en 1103, d'accord avec D. Bouquet, et une seconde en 1114. Nous ne voyons de bien établies que ces deux premières expéditions : La première, d'après le texte d'O. Vital, serait postérieure à l'an 1100, *non multò post;* la seconde serait de 1114. Quant à la dernière, tout le monde est d'accord pour en fixer la date à 1150. Toutefois, M. des Murs produit des raisons fort spécieuses à l'appui de son opinion qu'il y en aurait eu une vers 1126. (L. S.)

» Perche, etc. Je me réjouis dans la gloire de votre nom
» qui se répand de tous côtés par le monde : plus elle est
» grande, plus j'en suis honorée. Vous avez gagné à Dieu,
» par le secours de sa grâce, le pays des Payens ; vous
» en avez chassé, avec beaucoup de valeur, les infidèles
» qui méprisent Dieu, en combattant pour lui et non pour
» le monde ; mais on m'a appris que vous ne retournerez
» pas : je crains que vous n'attiriez par-là sur vous le
» courroux du souverain juge, si votre absence donne
» l'audace à ces infidèles d'attaquer les Chrétiens qu'ils
» verront destitués de tout secours. Comme l'Ecriture-
» Sainte nous apprend que la victoire n'accompagne pas
» toujours les armées nombreuses, que leur force vient
» du ciel, retournez donc promptement dans le pays que
» vous avez eu l'imprudence d'abandonner trop tôt, et
» finissez au service de Dieu les restes d'une vie dont
» vous avez déjà employé une partie à son service. Si
» je suivais mon inclination particulière, je préférerais
» beaucoup de vous voir ici ; mais lorsque je considère
» l'amour spirituel dont je brûle pour vous, je désire que
» vous cueilliez les véritables fruits des bonnes œuvres : si
» vous avez rapporté quelques étoffes de soie, je vous
» prie de m'en envoyer pour en faire un habit. Adieu ».

Rotrou, à la mort d'Henri, avait oublié ses anciennes liaisons avec ce prince et qu'il avait épousé une sœur de son héritier légitime. Il avait embrassé les intérêts d'Etienne, qui, pour se l'attacher, lui avait donné, comme nous venons de le dire, la châtellenie de Moulins. Une

---

On la rencontre cependant dans certaines chartes et notamment dans celle donnée par Guillaume pour le four de l'Epine situé à Alençon dans la rue de la Personne (Bercail). *Guellelmus dei gratia comes Pontivi omnibus prepositis suis et universis aliis ministris suis salutem. Notum sit omnibus.... quod ego dedi Pagano Calido.... furnum unum in perpetuum in veteri burgo de Alenconio ita*, etc. Elle impliquait moins une marque de souveraineté et d'indépendance qu'un acte d'humilité religieuse. (O. D.)

trève de deux ans, conclue entre Etienne et Geoffroi, ramena la tranquillité dans le pays d'Alençon et du Perche ; mais elle fut mal observée dans les autres cantons de la province. Rotrou était fort attaché à la maison de Laigle : il avait marié sa nièce, Marguerite de Laigle, que les historiens espagnols nomment Mergeline, à Garcias Ramire, roi de Navarre, et lui avait donné pour dot la ville de Tolède.

Il prit le Pont-Echaufrai (1) sur ceux qui le tenaient pour le comte d'Anjou. Ayant appris que son neveu, Richer, seigneur de Laigle, avait été fait prisonnier à Lire par Bellême, surnommé *Poard* (2), un dimanche du mois de septembre 1140, il tâcha d'engager le roi Etienne de procurer la liberté de son neveu ; mais n'ayant point trouvé chez ce prince le zèle qu'il en attendait, il conçut beaucoup de mécontentement et résolut de faire lui-même ce qu'il s'était flatté d'obtenir du roi. Il prit si bien ses mesures et disposa ses gens si à propos, qu'il fit prisonnier Bellême et son frère Maurice, vers la fin d'octobre.

Les expéditions militaires ne l'empêchaient pas de s'occuper du soin de son salut. Il croyait que le meilleur moyen d'y parvenir était de faire de pieuses fondations. Il avait fondé, dès l'année 1109, l'abbaye de Tiron qui a été longtemps chef d'ordre ; il fonda, le 10 septembre 1140, la célèbre abbaye de la Trappe (3).

(1) Aujourd'hui Notre-Dame-du-Hamel, arr. de Bernai. (L. S.)
(2) Il commandait à la Ferrière-sur-Rille pour Roger de Toeni, seigneur de Conches, qui avait une guerre particulière contre le comte de Leycester, seigneur de Breteuil. (O. D.)
(3) Nous ne pouvons ici que rappeler très-sommairement les fortunes diverses de cette ancienne et célèbre abbaye. Elle est située dans la commune de Soligni, arrondissement de Mortagne, canton de Bazoches. Fondée en 1140, elle n'a gardé que quelques débris de ses constructions primitives. Elle était soumise à la règle de Cîteaux Pendant les guerres avec les Anglais, au XIVe siècle, elle eut beaucoup à souffrir. Tombée dans un relâchement

Ord. Vit., lib. XIII, p. 909.

Ce fut dans ces circonstances qu'il apprit que le roi Etienne avait été fait prisonnier par la princesse Mathilde, sa belle-sœur. Rotrou convoqua dans sa ville de Mortagne une assemblée des grands de Normandie, pour la mi-carême 1141, afin d'y délibérer sur les affaires de Normandie. L'archevêque de Rouen et la plupart des seigneurs Normands s'y rendirent. On convint d'offrir à Thibaut, comte de Champagne et de Blois, le royaume d'Angleterre et le duché de Normandie, mais il eut la prudence de refuser l'offre. Il conclut son accommodement particulier avec le comte d'Anjou, et le reconnut pour héritier légitime du feu roi, au moyen de ce qu'on rendrait la liberté à son frère, et à quelques autres conditions. Le comte du Perche et le comte de Leycester, ennemis l'un de l'autre, quoique tous deux du parti d'Etienne, firent alliance, et le seigneur de Laigle fut mis en liberté, ainsi que Bellême

Ord. Vit., lib. XIII, p. 923.

Chronique de Normand.

---

scandaleux, l'illustre Rancé y introduisit en 1663 la réforme qui devait rendre son nom si fameux, et imprimer à cette maison un caractère si particulier d'austérité et de vertu au milieu de la décadence de la plupart des autres couvents. A la Révolution, la conservation de la Trappe fut sollicitée avec instance par toutes les municipalités voisines. Elle ne trouva pas grâce devant l'esprit du temps. Les Trappistes s'exilèrent alors, et après avoir erré dans toute l'Europe, sous la conduite du P. Augustin de Lestranges, reprirent possession des ruines de leur ancien monastère vers 1816. Quelques difficultés survenues entre l'évêque de Seès et le P. Augustin, au sujet des rigueurs nouvelles que celui-ci voulait ajouter à la réforme de Rancé, le leur firent abandonner de nouveau en 1822; mais ils ne tardèrent pas à y rentrer définitivement. Ils le rebâtirent presque entièrement. Ils sont aujourd'hui très-nombreux, malgré l'austérité de leur règle, et l'objet de la vénération générale par leurs vertus, en même temps que par leurs admirables travaux agricoles ils ont défriché et mis en valeur les environs de leur maison. On peut consulter surtout parmi les nombreux ouvrages dont la Trappe est l'objet, l'*Histoire de la Trappe,* par Louis Du Bois, 1824, 1 vol. in-8°. et *les Trappistes ou l'ordre de Cîteaux au XIX<sup>e</sup> siècle,* par M. Casimir Gaillardin, 1844, 2 vol, in-8°.

Poard et son frère Maurice. Rotrou fit également son accommodement (1) avec le comte d'Anjou, qui confirma à ce seigneur la châtellenie de Moulins, et à Richer de Laigle, celle de Bonmoulins. Il paraît que la Marche avait été ainsi divisée depuis l'extinction de ses seigneurs. Rotrou aida depuis de ses forces le comte d'Anjou et sa belle-sœur Mathilde. Les habitants de Verneuil, dont on comptait jusqu'à 13,000 (2), abandonnèrent également le roi Etienne pour s'attacher au comte d'Anjou.

Radulph. de Diceto.

Le comte d'Alençon profita de la paix pour prendre la Croix. Il se prépara, avec son fils, Gui II, comte de Ponthieu, à accompagner Louis VII au voyage de la Terre-Sainte ; mais avant de partir il fut témoin d'une scène scandaleuse qui se passa à Seès : peut-être même en fut-il l'auteur. L'évêque Jean mourut en 1143. On procéda, l'année suivante, à l'élection de son successeur : on ne put se concilier. A la fin, quatre des chanoines choisirent Gérard (3), un des anciens chanoines séculiers qui n'était pas agréable au comte d'Anjou ; ses gens l'outragèrent, et portèrent la violence jusqu'à le faire eunuque. On prétend que plusieurs autres chanoines subirent le même sort, dit un historien anglais. Le pape Eugène III étant venu en France, deux ans après, le remit dans les bonnes grâces de son prince. Le comte d'Alençon fit dédier, en 1145, l'église de Perseigne (4), en présence d'un grand nombre de sei-

Bry.

Vaugeois, Rech. sur Verneuil.

(1) Dans la grande assemblée qui se tint le jour de Pâques à Vezelai. (O. D.)

(2) Il doit y avoir ici beaucoup d'exagération, car le mot *homines*, employé par O. Vital, ne s'entend en général que de ceux qui étaient en état de porter les armes, ce qui supposerait une population bien supérieure à 13,000. (L. S.)

(3) Ce Gérard, ou Girard, mourut en 1157 en odeur de sainteté suivant quelques-uns, et fut inhumé dans la cathédrale. (L. S.)

(4) L'église de Perseigne, dont il ne subsiste plus qu'un seul pan de mur, était un vaste et bel édifice du style ogival. Nous serions toutefois porté à penser, à raison de la pureté de ce

gneurs qui souscrivirent la charte des donations qu'il y fit. Il partit en 1147, avec son fils, pour la Terre-Sainte ; mais ce jeune seigneur mourut de maladie, la même année, dans la ville d'Ephèse, où il fut inhumé devant le porche de la principale église.

Guil. Tyr, lib. XVI.

Pendant tout ceci, Rotrou, surnommé le *Grand*, était mort, en 1143, au siége de la Grosse tour de Rouen ; son corps fut apporté à Nogent et déposé dans l'église du couvent de Saint-Denis, à côté de celui de son père. Il n'avait eu de sa première femme Mathilde, fille naturelle du roi Henri, qui fut noyée dans le passage de Normandie en Angleterre, en 1120, avec deux de ses frères, Gilbert de Laigle, gouverneur d'Exmes, et un grand nombre d'autres seigneurs, qu'une fille nommée Philippe, qu'il maria à Hélie, comte du Mans, frère du comte d'Anjou. Rotrou s'était engagé de conserver sa succession à son gendre,

D. Liron, *Biblioth. Chart.*

---

style, qu'elle aurait été dédiée, comme la cathédrale de Seès, avant d'être entièrement achevée. Ce n'est qu'à partir du XIIe siècle que l'ogive apparaît en Normandie. M. de Caumont, M. Vitet et nombre d'autres archéologues l'ont démontré jusqu'à l'évidence. Nous avons prouvé, de notre côté, que l'argument emprunté à la date de la dédicace de la cathédrale de Seès qu'on voulait leur opposer, n'avait rien de plausible. M. de Gerville, partisan de l'opinion contraire, s'appuyait sur la dédicace, en 1093, de l'église de Mortain, dont le style est ogival ; mais il ne tenait pas compte de l'existence d'une belle porte romane qui est mal liée avec le reste de l'édifice, et qui se trouve même dans une portion de muraille sensiblement plus épaisse que les autres, de sorte qu'on est forcé de reconnaître que l'église actuelle en a remplacé une autre plus ancienne. M. l'abbé Delamarre, en écrivant l'histoire de la cathédrale de Coutances, s'est, comme M. de Gerville, attaché exclusivement à certaines dates, et l'a ainsi antidatée d'au moins un siècle. M. Mérimée, sans se prononcer positivement sur l'époque de l'introduction de l'ogive en France, paraît admettre qu'elle y aurait été employée dès le XIe siècle. Mais nous tenons pour certain, avec l'immense majorité de nos archéologues normands, qu'en Normandie particulièrement elle n'apparaît pas avant la moitié du XIIe. (L. S.)

*Mém. des Antiq. de Norm.*

mais, au mépris de cet engagement, il avait épousé Harvise d'Evreux, fille d'Edouard d'Evreux, baron de Salisbury, et petite-fille de Gautier d'Evreux. Après la mort de son mari, elle se remaria à Robert de France, comte de Dreux, qui prit le titre de comte du Perche. Elle avait eu de son premier mariage, Geoffroi, qui survécut peu à son père, et Rotrou IV. On lui donne encore ordinairement un fils nommé Etienne : nous discuterons dans la suite qui était son père (1). Du second mariage, on ne lui donne qu'une fille nommée Alix, qui eut quatre maris.

<small>Gr. Offic. de la Couron., t. I, p. 424.</small>

Le comte d'Alençon (2), au retour de la Terre-Sainte, éprouva de nouveaux malheurs. Les Bretons et les Manceaux, mécontents du gouvernement de la reine Eléonore, pendant un voyage que fit son mari en Angleterre, vers l'an 1165, se révoltèrent. Le roi Henri II à son retour, résolut de les soumettre. Comme Alençon et la Roche-Mabile lui étaient d'une grande importance et qu'il craignait que le comte d'Alençon se joignît aux rebelles, il exigea de lui, du comte de Ponthieu, son petit-fils, et de Jean, son second fils, au mois de septembre 1165, qu'ils lui cédassent ces deux places et leurs dépendances, sous prétexte de vouloir changer quelques coutumes abusives qui s'étaient introduites sous eux et sous leurs prédécesseurs, dont il ordonna aussitôt la réforme.

<small>Chron. norm.</small>

<small>ROBERT. DE MONTE, Append. ad Chron. Sigeb.</small>

Les événements qui survinrent prouvent assez que Henri n'avait pas tort de se défier de la maison d'Alençon. Louis-le-Jeune était souvent en guerre avec Henri et favorisait tous ceux qui lui cherchaient querelle. Henri se

(1) M. des Murs n'hésite pas à faire d'Etienne un fils d'Harvise; il lui donne aussi une fille, Félicie, morte jeune. (L. S.)

(2) Il est le premier des seigneurs d'Alençon qui se trouve avoir pris ce titre, non en vertu de lettres patentes qui n'étaient pas encore en usage, mais seulement parce que possédant le comté de Ponthieu et la seigneurie d'Alençon, on disait pour abréger : le comte de Ponthieu et d'Alençon. De là vint qu'on donna abusivement le titre de comté à la terre d'Alençon. (O. D.)

brouilla, peu de temps après, avec Louis et engagea Mathieu, comte de Boulogne, de venir à son secours. Le comte de Ponthieu lui refusa le passage sur ses terres, ce qui le força de s'embarquer. Le roi d'Angleterre, pour s'en venger, entra, en 1168, dans le pays de Vimeu, dépendant du comté de Ponthieu, et y brûla tout, de manière que plus de quarante villages furent la proie des flammes. Louis brûla, par représailles, le château de Chennebrun (1) en Normandie. Henri accourut dans le Perche et brûla à son tour le château de Brezolles et celui de Châteauneuf en Thimerais : ils appartenaient l'un et l'autre à Hugues de Châteauneuf. Il ravagea aussi une partie du Perche. Le comte d'Alençon fut très-sensible au malheur de son petit-fils et à celui de son parent, mais il n'était pas en état d'en tirer vengeance. La paix ne tarda pas à être conclue entre les deux rois. Henri en profita pour faire creuser de profondes tranchées qui séparaient ses États de ceux de ses voisins. On en voit encore aujourd'hui beaucoup de vestiges qu'on appelle *Tranchées ou Fossés-le-roi*. Ils prouvent que les terres du comte du Perche n'étaient plus bornées par la Sarthe, depuis la cession de Moulins, qu'elles rasaient le château de Sainte-Scolasse, et se prolongeaient d'un côté vers Moulins, et de l'autre vers Longpont (2). Henri fit construire vers le même temps, un château très-fort, et un bourg considérable pour contenir les Manceaux, au lieu appelé *Bellevue*, et présentement le Bourg-le-Roi (3).

Talvas mourut le 20 juin 1171. On n'est pas d'accord sur le lieu où il fut inhumé. Les mémoires de l'abbaye de Perseigne prétendent qu'il le fut dans cette abbaye, dans la chapelle de Saint-Jean ; mais le tombeau (4) qu'ils

<small>Robert. de Monte, *Ibid.*</small>

<small>Larrey, *Hist. de l'héritière de Guyen.*, p. 94.</small>

<small>Robert. de Monte, *Ibid*, col. 158.</small>

<small>Nécrologe de Perseigne, mss.</small>

---

(1) Chennebrun, canton de Verneuil, départ. de l'Eure. (L. S.)
(2) Voyez page 321.
(3) Voyez page 325.
(4) On l'avait transféré il y a environ cinquante ans dans la

donnent pour sa représentation, n'a aucun signe que le seigneur qu'il représente se soit croisé : ce qu'on n'omettait point alors (1). Les mémoires de l'abbaye de Saint-André-en-Gouffern qu'il avait fondée vers 1130, pour des religieux de Savigni, et les auteurs de l'*Histoire des Grands Officiers de la Couronne* prétendent qu'il fut inhumé dans le chœur à main droite de l'église de Saint-André.

Outre l'abbaye de Perseigne qu'il fonda pour des religieux qu'il amena de Cîteaux, lors de son mariage, et celle de Saint-André (2), il fonda encore celle de Vignats, le prieuré de la Cochère (3), celui de Mamers (4), dépendant de Saint-Lomer de Blois, l'Abbaye de Valoires en 1138 (5), et rétablit celle de Sainte-Josse-aux-Bois (6). Il donna de grands biens aux abbayes de Saint-Martin de

*Gr. Offic. de la Cour.*, t. III, p. 291.

chapelle Saint-Laurent ; mais cette chapelle ayant été détruite en 1776, j'engageai les religieux à le faire rentrer dans l'église, où on l'a jeté dans un coin. Je crois qu'il représente Jean Ier (1).

Il existait dans cette église un tombeau mutilé au temps des guerres du protestantisme que l'on supposait celui de Guillaume et de sa femme Mathilde ; mais Mathilde était femme de Jean, vicomte de Châtellerault ; Hameline, femme de Guillaume, avait été enterrée à Perseigne. (O. D.)

(1) Cette assertion est très-hasardée. On pourrait citer beaucoup d'exemples du contraire. (L. S.)

(2) Saint-André avait été donné à l'abbaye de Sainte-Barbe-en-Auge. (O. D.)

(3) La Cochère, canton d'Exmes, arrondissement d'Argentan (Orne). (L. S.)

(4) V. sur le prieuré de Mamers la notice que nous avons publiée sur cette dernière ville dans le *Maine historique*. L'église de ce prieuré, d'un style gothique tertiaire, est aujourd'hui l'église paroissiale. (L. S.)

(5) Valoires en Picardie, de l'ordre de Cîteaux. (L. S.)

(6) Sainte-Josse-aux-Bois. Sainte Josse était la patronne du Ponthieu. (L. S.)

(1) Cette statue, longtemps gisante dans le cimetière de Neufchâtel et mutilée, a été enlevée et placée par M. de Courtilloles à son château, commune de Saint-Rigomer (Sarthe). (L. S.)

Seès et de Saint-Evroul. On prétend que son père avait enlevé à l'abbaye de Troarn l'île de Raimbers (1) qu'il donna aux chevaliers du Temple, ce qui occasionna un grand procès, pour le jugement duquel le pape nomma des commissaires, qui, mécontents de la conduite de ce seigneur, prirent le parti de l'excommunier. Quoi qu'il en soit, son fils Jean traita de cette île avec l'abbaye et les religieux de Troarn, qui cessèrent d'être sous la garde des seigneurs d'Alençon (2).

Talvas concéda aux habitans d'Abbeville le droit de commune, qui leur fut confirmé par son petit-fils en 1184.

Il avait épousé (3) Helle (Alix ou Hameline) de Bourgogne, veuve de Bertrand de Toulouse, comte de Tripoli, et fille aînée d'Eudes I du nom, duc de Bourgogne, et de Madeleine de Bourgogne-Comté. Helle jouissait, en douaire de son premier mari, suivant son contrat de mariage, des vicomtés de Rodez, de Viviers et de Digne. Elle mourut le dernier février 1191, et fut inhumée à Perseigne (4) :

D. BOUDIER, *Mémoires sur l'abbaye de Troarn*, à la fin de MORERI. — *Cartul. de Troarn.*

BRUSSEL, *Nouvel examen de l'usage général des fiefs*, t. II.

*Histoire des Mayeurs de Ponthieu*, p. 35.

*Gr. Offic. de la Cour.*, t. II, p. 692.

MENAGE, *Hist. de Sablé*, p. 319.

---

(1) *Villam quæ Rimberti ulmus dicitur.* Cette terre (et non pas cette île, croyons-nous,) avait été donné à Troarn par Roger de Montgommeri. (L. S.)

(2) Il fonda encore la Moinerie de Poitou dans la forêt d'Ecouves, sur la paroisse du Froust (aujourd'hui réunie à Saint-Nicolas), et la donna à l'abbaye de Saint-Rémi-des-Landes, ordre de Saint-Benoît, au diocèse de Chartres, dont la fondation remontait à Clovis.

Il donna aux habitans de Seès la terre de la Madeleine pour y établir une léproserie. (O. D. — L. S.)

(3) Quelques historiens se sont trompés en supposant que Guillaume Talvas aurait épousé en secondes noces la comtesse de Varennes avec laquelle il aurait divorcé. Ils ont été induits en erreur par l'édition de Robert du Mont donnée par Pistorius (*Rerum Germanicarnm scriptores*), dans laquelle on donne pour successeur à Patrice de Salisbury, tué à Poitiers en 1169, *Filius natus Guillelmi comitis Pontivi, matre comitissa de Varenna,* tandis que dans le manuscrit on lit : *Natus ex filia Guillelmi....* On a confondu le père avec le fils. (L. S.)

(4) Elle était représentée couchée, les mains jointes sur la poi-

*Gallia christ.*, t. VIII, col. 1299.

PILATRE.

BRY, p. 112.

les Mémoires de cette maison la nomment Hameline. Elle eut de son second mari : 1. Gui II, qui a fait la branche des comtes de Ponthieu ; — 2. Philippe, mort jeune et enterré dans le cloître de Saint-Martin de Seès ; — 3. Jean, dont nous parlerons dans la suite ; — 4. Adèle d'Alençon, mariée à Juhel II du nom, seigneur de Mayenne, dont sortit une nombreuse postérité (1) ; — 5. et Helle, mariée en premières noces à Guillaume III, comte de Varennes, et en secondes à Patrice d'Evreux, comte de Salisbury en Angleterre. Quelques écrivains donnent encore à Talvas un fils qu'ils appellent tantôt de Bellême, tantôt de Belles-mains : c'est une méprise : le personnage dont il s'agit était sorti d'une ancienne famille du Poitou du nom de *Belles-mains* ; il fut évêque de Poitiers, ensuite archevêque de Narbonne, et enfin de Lyon. Il quitta son archevêché pour se retirer à Clairvaux, où il finit ses jours.

*Le Clergé de France*, t. II, p. 419.

Talvas eut plusieurs fils naturels : Robert Samson, à qui il donna la terre des Auneaux et fit épouser Eremburge, dame d'Ozé (2), fille et unique héritière d'Olivier d'Ozé ; — Robert de Garennes (3), à qui il donna la terre de Garennes en Roullée (4) ; donations auxquelles leur frère

*Livre de Marie d'Espagne*, ms.

---

trine, la tête appuyée sur un coussin soutenu par deux anges.

J'ai vu achever de briser et détruire, au mois d'août 1790, tous les tombeaux qui restaient à Perseigne et qui avaient été déjà changés de place par un prieur et mutilés pour l'agrandissement du chœur, soixante ans environ auparavant. (O. D.)

(1) Ils furent tous deux inhumés dans le chapitre de l'abbaye d'Evron. Je la trouve plus souvent appelée Clémence. De ce mariage sortirent Geoffroi IV, Gautier III, Hamelin, Guillaume Gui et Juhel III. (O. D.)

(2) Ozé, ou plutôt Ozée, *Oseium*, dans la commune de Saint-Paterne, aux portes d'Alençon, était un fief s'étendant dans le faubourg Montsort, et dont nous reparlerons. (L. S.)

(3) *Dedi filiis meis Roberto Samson et Roberto de Garennes*.....

(4) Le manoir actuel de Garennes n'est pas situé sur l'emplacement de l'ancien, mais beaucoup plus rapproché de la Sarthe. Il appartenait avant la Révolution à M. Cureau qui fut massacré

Jean consentit, et qui furent confirmées par Henri II ; — Hugues de Merlai, mentionné dans un titre du prieuré de la Roche-Mabile, à qui il semble que son père donna la terre de Cherisai (1), proche d'Alençon, dans la commune d'Assé-le-Boisne ; — Robert de Neuillé ou Neuilli, à qui il fit épouser l'héritière de la terre de Lonrai (2), qui passa de cette famille dans celle de Silli, et peut-être un Jean d'Alençon, qui fut archidiacre de Lisieux, curé et archidiacre de Boitron et vice-chancelier de Normandie, sous le roi Richard-Cœur-de-Lion ; — et encore Jeanne d'Alençon, mariée à Payen de Couësme, seigneur de Lucé (3).

*Charte comm. par le curé d'Essai.*

LAROQUE, *Hist. de la maison de Harcourt*, p. 871.

en 1789, avec M. de Montesson, son gendre, à Ballon, par une troupe de paysans forcenés. (L. S.)

(1) Cherisai, petit château à la famille de Lacroix de Beaurepos, d'Alençon. (L. S.)

(2) Le château de Lonrai, près Alençon, a été somptueusement rebâti par M. le comte de Seraincourt, dans ces dernières années, en style Henri II. Il s'élève sur les fondations de celui que M. le baron Mercier, précédent propriétaire, avait établi dans une aile de l'ancien château des Matignon. Ce dernier château en avait lui-même remplacé un autre beaucoup plus ancien. V. sur le château de Lonrai les *Archives normandes*, t. II, p. 1, et l'*Orne archéologique*, p. 59. (L. S.)

(3) Robert, fils de Garin, Leigarde, sa femme, et Guillaume, leur fils, donnèrent, en 1154, tout ce qu'ils possédaient dans l'église de Saint-Léger sur Sarthe, en présence de Hugues de Mellai, de Robert de Neuilli, de Robert Samson, fils du comte, d'Emeric des Loges, de Geoffroi, oiseleur du comte.

*Cart. S. Mart. Say.*

Ce Hugues de Mellai me paraît avoir été la tige de la famille des Mellai, seigneurs de Cerisai, au Maine ;

Robert de Neuilli, de celle des seigneurs de Lonrai ;

Robert Samson, de celle des seigneurs de Garennes, des Auneaux et de Saint-Paterne.

Guillaume Talvas eut encore un autre fils naturel (1). (O. D.)

Lucé-le-Grand, *Luciacus, Luceium, Luciacum*, chef-lieu de canton, arrondissement de Saint-Calais (Sarthe). Les Couësme

(1) Ces indications d'O. Desnos nous paraissent bien hasardées, et nous ne les reproduisons qu'avec réserves. (L. S.)

Nous avons annoncé que nous parlerions d'un Etienne, que Hugues Falcand, auteur contemporain, dit avoir été fils de Rotrou III et cousin-germain de Marguerite de Laigle, femme de Ramire (Garcias Ramirez), roi de Navare, et mère de Marguerite, qui épousa Guillaume I, roi de Sicile, et qui, après sa mort, fut régente du royaume durant la minorité de son fils Guillaume II. Guillaume de Tyr ajoute qu'il était frère de Rotrou IV, comte du Perche. Les écrivains postérieurs, entr'autres Bry et les auteurs de l'*Histoire des Grands Officiers de la Couronne*, n'ont fait que répéter ou commenter ce que ces premiers ont dit. M. de Bréquigny a recouvré, en Angleterre, une lettre de Louis VII, au roi de Sicile, Guillaume II, conservée dans un ancien manuscrit de la bibliothèque Harléienne, au Muséum Britannique, à Londres : il y est dit que le seigneur Etienne est sa *chair et son sang* ; que les plus grands seigneurs de France sont ses parents par sa mère ou ses alliés (1) ; il prie le roi de Sicile, de la manière la plus pressante, de le rappeler auprès de lui le plus tôt qu'il sera possible, et de le rétablir, pour la consolation du royaume de France et pour sa propre gloire, dans le rang où il l'avait élevé. M. de Bréquigny prétend démontrer qu'il n'y avait aucune parenté entre Louis VII et Rotrou III, comte du Perche, qu'il ne pouvait donc dire Etienne *de sa chair et de son sang*. Il veut prouver ensuite que Harvise d'Evreux, veuve de Rotrou III, épousa, vers 1145, Robert, propre frère de Louis VII ; qu'il prit, aux droits de sa femme, le titre de comte du Perche, concurremment avec Rotrou IV, fils mineur, sorti du premier ma-

*Hugo Falcand., De rebus in Siciliâ gest.*

*Fazellus, De rebus siculis.*

Bry, lib. XX, p. 977.

*Mémoire sur Etienne*, par M. de Bréquigny, dans les *Mém. de Littér.*, t. LXXXVI, p. 145 et suiv.

gardèrent cette seigneurie pendant plusieurs siècles. V. sur leur généalogie, Pesche, V° *Lucé-le-Grand*. (L. S.)

(1) *Nobilis vir Stephanus quem familiaritatis vestræ honore sublimasti, caro et sanguis noster, clarissimos proceres regni Francorum cognatione vel affinitate contingit.... ad gloriam nominis vestri et regni Francorum consolationem.*

riage de Harvise avec Rotrou III (1) ; d'où il conclut qu'Etienne, qui mourut très-jeune suivant les deux écrivains contemporains qui en ont parlé, n'était point fils de Rotrou II, comte du Perche, mais de Robert, comte du Perche, frère de Louis VII, par conséquent *sa chair et son sang* ; que par sa mère Harvise, de la maison d'Evreux, sortie de celle des ducs de Normandie, il avait pour parents les plus grands seigneurs de France et d'Angleterre, et qu'il tenait à l'illustre maison des comtes du Perche ; qu'il était véritablement frère de Rotrou IV, qu'il appelle Rotrou III, mais seulement par sa mère ; qu'étant né vers 1147, il était effectivement tout jeune lors de sa mort ; que la méprise de Falcand est venue de ce qu'il savait que Rotrou III et Etienne étaient sortis de la même mère, d'où il avait conclu qu'ils avaient le même père, méprise d'autant plus facile que ces deux frères utérins avaient l'un et l'autre pour père un comte du Perche, et que la régente elle-même, dans une lettre qu'elle adressa aux Messinois, en son nom et au nom de son fils, qualifie Etienne du titre de son cousin (2), pour le faire respecter davantage par ses sujets qui ne le croyaient point son parent et disaient que cette prétendue parenté n'était imaginée que pour avoir un prétexte de vivre plus familièrement avec lui (3).

(1) Ce second mariage de Harvise avec Robert de France paraît bien certain à M. des Murs, p. 423 (L. S.)

(2) *Stephanum dilectum consanguineum nostrum et cancellarium.*

(3) Les preuves de M. de Bréquigny ne sont pas absolument sans réplique ; un jeune seigneur, âgé de vingt ans au plus, est peu propre à être chancelier d'un royaume pendant une minorité orageuse, et à remplir un siége archiépiscopal. Duchesne assure positivement qu'il ne sortit du mariage d'Harvise avec le comte de Dreux, qu'une fille nommée Alix ; cet Etienne, en le supposant fils du comte de Dreux, n'aurait point été parent de la reine, qui avait demandé un de ses parents de France.

*Histoire de la Maison de Dreux*, p. 17,

<small>FALCAND., *ibid.*</small>

Guillaume I, roi de Sicile, après un règne fort orageux, avait laissé à sa mort une cour remplie de factions, de sujets mécontents, et la Sicile pleine de troubles. La minorité d'un nouveau roi, sous la régence d'une étrangère sans expérience, n'était propre qu'à les accroître. La régente, dans des circonstances si critiques, crut devoir attirer auprès d'elle ceux de sa famille dont elle pouvait espérer quelque secours. Ses parents paternels étaient en Espagne; ses parents maternels étaient en France : elle eut recours aux parents de sa mère. De ce nombre était Rotrou, archevêque de Rouen, fils de Marguerite, sœur de Rotrou III. Elle lui écrivit pour le prier d'engager quelqu'un de ses parents à passer en Sicile : elle lui désignait en particulier Robert de Neubourg, frère de l'archevêque, et Etienne : celui-ci accepta la proposition en 1167,

<small>PETRI BLES., op. 43, 90.</small>

et se rendit auprès de la régente, avec une suite de trente-sept personnes, entre lesquelles était Bellême dont nous avons parlé. Peu après son arrivée, elle le nomma chancelier de Sicile, et dès l'année suivante (1168), elle le fit élire archevêque de Palerme. Ces deux dignités lui donnaient un grand pouvoir ; elle y joignit tout le sien qu'elle lui donna. Les Français qui l'avaient accompagné en Sicile furent, pour la plupart, placés dans des emplois importants. Le célèbre Pierre de Blois fut chargé de l'éducation du jeune prince et fut fait garde des sceaux (1).

(1) La reine, dans le discours qu'elle adressa aux grands, s'exprime ainsi : *Nec aliter quam fratres proprios diligere quidem et honorare debeo filios comitis Perticensis per quem (ut verum fatear) pater meus regnum obtinuit : nam idem comes patri meo dotem dedit... nec ergo mirari debetis si filium ejus matris meæ consobrinum loco mihi fratris habendum censeo.*

Voyez ma *Dissertation* (1) sur cet Etienne où je réfute victorieusement, à ce qu'il me semble, l'opinion de M. de Bréquigny. (O. D.)

(1) Inédite. (L. S.)

Tant de confiance accordée aux Français excita la jalousie, et redoubla les mécontentements et les cabales. Etienne gouvernait absolument sous le nom de la régente, et quelle que fût son administration, de l'aveu même des Siciliens, sa qualité d'étranger la rendait odieuse. Pour la faire respecter, il fut obligé d'user de fermeté et ne fit qu'aigrir les esprits. Les mécontentements dégénérèrent en révolte ouverte, et la fin en devint funeste à Etienne. La régente tenta en vain de soutenir son ouvrage ; Etienne, assiégé dans un clocher, se crut trop heureux d'obtenir la permission de sortir de Sicile. Il s'embarqua pour la Syrie, et s'en fut mourir, peu de temps après, à Jérusalem, où il fut inhumé, en 1169, dans l'église du Saint-Sépulcre. Des trente-sept personnes qui l'avaient suivi, il n'y en eut que deux qui échappèrent, Roger-le-Normand et Pierre de Blois.

<small>Guillelm. Tyr., *ibid*.</small>

<small>Guillelm. Tyr, lib. XIX.</small>

<small>Bry, lib. III, ch. 2.</small>

Son frère, Rotrou III, ne le cédait point en piété à ses prédécesseurs. Il fonda, en 1170, la chartreuse du Val-Dieu (1), et fit parachever l'abbaye de la Trappe, commencée par son père. Il avait bâti l'hôpital de Nogent-le-

---

(1) Ce n'est pas Rotrou, archevêque de Rouen, comme on le croit généralement, mais son neveu ou cousin, Rotrou du Neubourg, archidiacre d'Evreux, qui souscrivit la charte de fondation.

Cette Chartreuse célèbre était située dans la forêt du même nom, commune de Feings, arrondissement de Mortagne (Orne), et subsiste encore en partie, mais dégradée et ruinée. Les seigneurs d'Alençon y firent de nombreuses donations. Elle garda sa règle et un nombreux personnel jusqu'à la Révolution. Sa riche bibliothèque et les magnifiques boiseries qui la décoraient passèrent dans la bibliothèque de l'Ecole centrale de l'Orne, aujourd'hui celle de la ville d'Alençon. D'autres boiseries, également remarquables, et, comme les précédentes, œuvre des religieux et datant du XVIIIe siècle, furent transportées de l'abbaye du Val-Dieu à Mortagne et à Longni où elles ont été conservées. L'abbaye avait été rebâtie au XVIIIe siècle sur un plan large et régulier. (L. S.)

<small>Orne Archéol., p. 171.</small>

Rotrou en 1185 et en avait augmenté la fondation en 1190. Il avait fait également des libéralités aux Bonshommes de Chêne-Galon (1). Il contracta une alliance illustre avec Mahaud de Champagne, fille de Thibaud VII, comte de Champagne, surnommé le Grand (2), et de Mahaud de Carinthie. Elle le rendit beau-frère de Henri I, surnommé le Large, comte de Champagne, de Thibaud-le-Bon, comte de Blois et de Chartres, d'Etienne, comte de Sancerre, de Guillaume, archevêque de Reims et cardinal, de Louis VII, roi de France, qui épousa en troisièmes noces Alix de Champagne, de Guillaume Gouet, seigneur du Perche-Gouet, mort dans son expédition de la Terre-Sainte, qui avait épousé Elisabeth de Champagne, veuve de Roger, comte de la Pouille, du duc de Bourgogne et du comte de Bar par leurs femmes. Rotrou eut de son mariage une nombreuse postérité : — 1. Henri, mort jeune; — 2. Geoffroi III, qui lui succéda; — 3. Rotrou, qui fut d'abord trésorier de Saint-Martin de Tours, et élu évêque de Châlons en 1190. C'était, dit un auteur contemporain, un jeune homme vigoureux, mais qui avait négligé la sainteté de son état; il avait vécu plus en homme du monde qu'en homme d'église; il mourut en 1201; — 4. Etienne du Perche, duc de Philadelphie (3), dont nous parlerons dans la suite; — 5. Guillaume du Perche, évêque de Châlons, comte du Perche après son neveu, qui as-

*Gr. Offic. de la Cour., t. III, p. 513.*

*Moreri.*

---

(1) Chênegalon, dans la forêt de Bellême, était un prieuré de l'ordre de Grammont ou des Bonshommes. Il avait été supprimé en 1785. Les bâtiments en subsistent encore et sont sans intérêt. V. la notice que nous avons consacrée à ce prieuré dans l'*Orne archéologique*, p. 117. (L. S.)

(2) Il est aussi surnommé *à la belle lignée*, à cause de ses enfants.

(3) Alacheher ou Allah-Schehr, dans la Turquie d'Asie. On connaissait en Asie Mineure, au moyen âge, trois villes du nom de *Philadelphia*. (L. S.)

sista aux funérailles de Philippe-Auguste, dans le mois de juin 1123, et au sacre de son fils Louis VII, le 6 août de la même année ; — 6. et Béatrix du Perche, mariée à Renaud III, seigneur de Château-Gontier. On croit qu'elle eut en mariage la baronnie de Nogent-le-Rotrou, les dépendances de Feuillet, la Ventrouse, et Chérencei (1). La *Chronique* d'un chanoine de Laon parle d'un Thibaut du Perche, archidiacre de Reims, que les uns font fils de Rotrou III, et les autres de Rotrou IV. Il prétendit à l'archevêché de Reims, et fut élu par un tiers du chapitre. Ce qui le peut faire présumer fils de Rotrou IV, c'est que ce fut après la mort du cardinal de Champagne, archevêque de Reims, dont il aurait été le neveu. De ce mariage sortit encore Oravie, religieuse de Belhomer, en faveur de laquelle Guillaume du Perche, n'étant encore que prévôt de l'église de Chartres, accorda au monastère de Belhomer, de l'ordre de Fontevraud, fondé par les seigneurs de Châteauneuf dans leur bourg, droit de marché franc et de foire, la veille de Saint-Marc depuis nones, et le lendemain tout le jour, par charte du mois de septembre 1211. Il fit encore dans la suite plusieurs dons à cette maison.

<small>Bry, p. 200.</small>

<small>Gr. Offic. de la Cour., t. III, p. 511.</small>

Jean I, à la mort de son père, portait encore le titre de comte de Seès qu'il avait pris lorsque Henri II dépouilla son père de la ville d'Alençon et de la Roche-Mabile. Il était entré en guerre avec Robert, comte du Perche, frère du roi de France, qui avait épousé la veuve de Rotrou III. Cette guerre avait dû commencer peu avant le retour de Talvas de son voyage d'outre-mer. Robert se rendit maître, par trahison, du château de la Nue (1) en Sonnois, dont

<small>Chron. de Norm. p. 961.</small>

---

(1) Trois communes de l'arrond. de Mortagne (Orne). (L. S.)
(1) Nous avons, p. 320, donné quelques détails sur le camp de la Nue qui n'offre pas de traces d'ancien château. Nous se-

le comte d'Alençon avait confié la garde à son fils Jean. Geoffroi, comte d'Anjou, allié de la maison d'Alençon, le reprit l'année suivante, 1150. Le comte du Perche, pour s'en venger, engagea le roi son frère d'entrer, à la tête d'une armée considérable, sur les terres de Talvas ; ils pillèrent et brûlèrent tout jusqu'à Seès (1), et ce fut sans doute alors que le château fut détruit. La ville de Seès fut pillée et brûlée. Lorsque Louis VII fit la paix avec le comte d'Anjou et son fils, le comte du Perche et celui d'Alençon y furent compris, ainsi que Gilbert de Tillières qui avait eu part à l'incendie de Brézolles, qui appartenait à Hugues, seigneur de Châteauneuf en Thimerais, et Richer de Laigle, sur qui Geoffroi avait pris et brûlé Bonmoulins, pour le punir d'en avoir fait une retraite de brigands. Il semble que le comte Jean eut encore quelque part à la guerre que Henri II, qui était monté sur le trône d'Angleterre, fit à Thibaud, comte de Blois, qui avait pour alliés Rotrou IV, comte du Perche, et son beau-père Robert, qui prenait aussi, comme nous l'avons vu, le même titre de comte du Perche. Il avait voulu rentrer dans la possession de Bellême, mais, lors de la paix conclue au mois de décembre 1158, Henri II avait confirmé Rotrou dans la possession de cette ville et de ses dépendances. Robert du Mont ajoute que le comte du Perche lui remit Moulins et Bonmoulins ; il avait apparemment

rions porté à penser qu'il n'y eut jamais en ce lieu qu'un camp fortifié. (L. S.)

(1) On a mal entendu jusqu'ici un passage de la Chronique de Normandie. Le voici : *Anno MCL, Gaufridus, comes Andegavensis, cepit castrum de Nube super Robertum, comitem Perticensem, quod anno præterito perdiderat per traditionem Joannes filius Willelmi Talevas. Inde rex Ludovicus iratus et Robertus, frater ejus, congregato ingenti exercitu, venerunt usque Sagium, civitatem Willelmi Talevas, et eam combururent.*

traité de cette dernière avec Richer de Laigle, depuis l'incendie de cette place (1).

Raoul de Dicet nous apprend que le vieux Henri tenait encore dans sa main les terres du comte d'Alençon, entre autres les forteresses d'Alençon et de la Roche-Mabile, lorsque Henri-le-Jeune demanda à son père de le mettre en possession effective du royaume d'Angleterre ou du duché de Normandie. Ce jeune prince, excité par le roi de France, son beau-père, qui lui promettait de le seconder de toutes ses forces, résolut de prendre les armes contre son père. Il parvint, avec l'aide de la jalouse Eléonore d'Aquitaine, à entraîner ses frères dans sa révolte. La plupart des grands de Normandie et d'Angleterre, dépouillés de leurs domaines par Henri-le-Vieux, se laissèrent séduire par les promesses du jeune prince. Le comte de Seès fut de ce nombre. Les deux rois étant à Chinon, vers la mi-carême, 1173 (2), le jeune roi partit brusquement (3), pen-

J. BROMPTON, *Chronic.*, col. 1085.

---

(1) Voici le passage de Robert du Mont qui ne dit point que Henri II donna Bellême à Rotrou IV : *Hic Rotrocus reddidit Henrico regi duo castra Molinas et Bonum-Molinum, quæ erant dominica ducis Normanniæ, sed post mortem regis Henrici, Rotrocus, pater hujus Rotroci, occupaverat ea. Rex autem Henricus concessit eidem Rotroco Bellismum castrum, et ille fecit regi propter hoc homagium.* Nous avons vu que son aïeul, Henri I, avait donné Bellême et le Bellêmois à Rotrou III. Ainsi Henri II ne put que confirmer cette donation, et si Rotrou IV rendit alors Moulins et Bonmoulins, dont Henri était déjà maître, ces places ne tardèrent pas à rentrer dans la maison du Perche.

(2) D'après un ancien usage, les grands d'Angleterre et de Normandie se rendaient à la cour du roi, à Noël et à Pâques, tant pour y célébrer la fête, que pour y faire hommage et y délibérer sur les affaires de l'Etat. Si c'était en Angleterre, le roi y était couronné par l'archevêque de Cantorbéry. Les anciens historiens marquent scrupuleusement le lieu où le Roi d'Angleterre célébrait la fête de Noël, sur ce que l'année commençait en Angleterre et Normandie à Noël, et longtemps en France, à Pâques. (O. D.)

(3) *Ideo ille iratus recessit à patre. . . . . quem secutus est comes Roberti Bellesmi, relinquens castella sua sine custodibus, quæ rex*

ROBERT DE MONTE, *ibid.*, p. 142.

dant la nuit, sans congé de son père, et arriva à Alençon le lendemain : il ne fit qu'y coucher. Accompagné du comte de Seès (1), il se rendit le même jour à Argentan, d'où il partit le jour suivant à l'insu des officiers du vieux Henri qui y étaient, et arriva à Mortagne le 23 du mois de mars, chez Rotrou IV, beau-frère de Louis VII (2). Le jeune roi fit prêter serment de fidélité à ceux qui l'avaient suivi : le comte d'Alençon ne balança pas de le faire ; ceux qui le refusèrent eurent la liberté de se retirer. Les seigneurs de Saint-Céneri et de Châteauneuf en Thimerais prirent parti pour le jeune Henri.

<small>Radulph. de Diceto, Imag. hist., fol. 570.</small>

<small>Brompt., Ibid.</small>

<small>Chroniq. de Normandie.</small>

Le vieux Henri, informé de l'évasion de son fils, en fut alarmé ; il en sentit toutes les conséquences. Il se mit à sa poursuite avec toute la diligence possible, et entra à Alençon le soir du jour où son fils en était parti, sans aucune résistance. Il n'y avait de garnison dans aucune des places du comte de Seès. Le roi tint cour solennelle à Alençon le jour de Pâques, qui arriva le dimanche suivant. Nous ignorons ce qui se passa dans cette cour plénière, et si l'on y prononça quelque peine contre les rebelles (3). A la sortie d'Alençon, il prit la route de la Marche dont les châteaux étaient en son pouvoir depuis quelque temps, où il tenait de bonnes garnisons, et arriva secrètement à Gisors, où il se prépara à faire tête à

<small>Robert de Monte, Ibid.</small>

<small>Brompton, Ibid., col. 1085.</small>

---

*Henricus occupavit.* Il y a dans ce passage, entre les mots *comes* et *Roberti,* quelque chose d'omis : c'est sans doute *pronepos.*

<small>Radulph. de Diceto.</small>

(1) Ce seigneur gardait rancune au vieil Henri de ce qu'il l'avait dépouillé de quelques-unes de ses places et de ce qu'il réprimait l'orgueil et la puissance des grands. (O. D.)

(2) Nous avons vu qu'il avait épousé Mathilde, fille de Thibaud, comte de Chartres et de Champagne, dont une autre fille, Alix, épousa plus tard le roi de France. (L. S.)

(3) C'était assez l'usage que le Roi y fit juger par sa Cour les affaires importantes qui se présentaient. Il ne pouvait y en avoir de plus importante que la révolte de son fils et des principaux seigneurs de la province.

ses ennemis, dont il ignorait encore le nombre et la qualité. Il apprit que la reine Eléonore, pour se venger de ses infidélités, avait elle-même induit à la révolte ses fils Geoffroi et Richard, qu'ils étaient passés en France et avaient joint leur frère. Il fut bientôt informé que des corps de troupes pénétraient de différents côtés en Normandie, et que l'Angleterre et l'Ecosse étaient menacées d'un soulèvement général, ce qui le décida à laisser le soin de la défense de la Normandie à ceux qui lui étaient demeurés fidèles (1), tandis qu'il courait soumettre les rebelles de ses Etats d'Angleterre.

Pendant son absence, le jeune roi, accompagné de Thibaud, comte de Blois, du comte du Perche, de celui de Seès et de cinq cents chevaliers, vint tomber sur la ville de Seès. Quoiqu'il n'y eût ni chef ni garnison, les habitants se défendirent si courageusement que les assiégeants furent forcés de se retirer. Le vieux Henri se rendit en Normandie dès qu'il eut soumis les rebelles de son royaume d'Angleterre, dont les chefs avaient été faits prisonniers de guerre, entr'autres le comte de Leycester et le roi d'Ecosse. Il marcha au secours de Verneuil qui était assiégé depuis longtemps. Mais sa tendresse pour ses

RADULPH. DE DICETO, col. 574.

---

(1) Parmi ceux qui lui demeurèrent fidèles, on trouve les comtes de Varennes et de Glocester, Guillaume de Vassi, les du Hommet, Richard et Guillaume d'Aubigni, Gui de Ver. Mais ceux qui prirent parti pour son fils étaient bien plus nombreux, surtout dans ce côté de la province : Jean, comte d'Alençon et de Seès, le comte du Perche, Guillaume Patri, Thomas de Coulonces, Gilbert de Tillières, Eude fils d'Ernest, Guillaume fils d'Ernest, Robert fils d'Ernest, Bernard de la Ferté, Robert de Sablul, Hugues de Sillé, Foulques Riboul, Jean de Lignères, Landri d'Orbec, Guillaume de Falaise, Hugues de Châteauneuf et Brésolles, Robert Giroie de Saint-Céneri et d'Echauffour, Guillaume de Briouze, le comte de Leycester, seigneur de Grantemesnil, etc.

Le jeune roi avait fait fabriquer un nouveau sceau, dont il scella les donations faites à ses partisans dans les Etats de son père. (O. D.)

BENED. PETROSB, dans le *Recueil des Hist. de Fr.*, t. XIII, p. 154 et 155.

enfants ne lui permettait pas de refuser de leur accorder grâce au premier signe de repentir. Ils profitèrent de ces dispositions, et le traité fut conclu, le 28 octobre, à Falaise (1). Tous leurs partisans obtinrent une amnistie et furent rétablis dans leurs biens et leurs dignités. Le comte d'Alençon dut y être compris, et recouvrer ses forteresses que le roi paraît avoir retenues jusqu'alors dans sa main.

La paix ne fut pas de longue durée. Il s'éleva bientôt de nouveaux troubles dans le Poitou, ce qui obligea Henri de repasser la mer, et de se rendre à Argentan dans le nouveau palais que Henri I y avait fait bâtir (2). Il y donna ordre à toutes ses troupes de s'assembler à Alençon, et s'y rendit, accompagné de son fils Richard, à la Saint-Denis 1177. Il lui fit prendre les devants avec un corps de troupes, mais il eut bientôt la douleur d'apprendre que ce fils et ses frères s'étaient unis aux rebelles contre le meilleur des pères. La guerre fut bientôt rallumée de toutes parts; nous ne pouvons assurer quelle part y prit le comte d'Alençon, que l'on continuait d'appeler comte de Seès; il semble qu'il se joignit au parti des fils de Henri, avec Geoffroi de Mayenne, Gui IV$^e$ du nom, nouvellement arrivé de la Terre-Sainte, comte de Laval, et les autres seigneurs Manceaux.

*Brompton, Ibid., col. 1136.*

Le roi se rendit à Alençon à la fin du mois de juillet de l'année suivante, où il rassembla le plus grand nombre de troupes qu'il lui fut possible, tant du pays de Galles que de ses Etats; mais la fortune, qui jusque-là l'avait toujours favorisé, l'abandonna : ses armes furent malheu-

*Roger de Hoveden, Annal., p. 367.*

---

(1) On trouve parmi ceux qui le signèrent, Froger, évêque de Seès, Geoffroi, comte du Perche, et Richard, vicomte de Beaumont. (O. D).

(2) Il n'en existe plus rien. Le Palais de Justice occupe un grand bâtiment ayant sur le devant trois pavillons à toits pointus, qui ne paraît pas antérieur au xv$^e$ siècle. V. l'*Orne archéologique*, p. 203. (L. S.)

reuses. On tint plusieurs conférences pour terminer les troubles ; il s'en tint une proche Bonmoulins, vers le temps de la Saint-Martin, et deux autres, après Pâques, proche la Ferté-Bernard. On voyait à la dernière, qui eut lieu dans l'Octave de la Pentecôte, les rois de France et d'Angleterre, le cardinal Agnani, légat, quatre archevêques, les comtes et barons des deux partis. Philippe-Auguste rompit brusquement la conférence, alla rejoindre son armée à Nogent, tomba sur la Ferté-Bernard, qu'il prit, se rendit maître de Montfort, de Malétable, dont le nom a été changé depuis en celui de Bonnétable, de Beaumont-le-Vicomte, et poursuivit Henri avec tant de vivacité qu'il faillit être pris au Mans, qui fut brûlé. Henri s'étant sauvé à Loches, fut forcé de subir les conditions que le roi et ses enfants lui imposèrent. Il avait ignoré jusqu'alors que le plus jeune de ses fils, Jean, comte de Mortain, qu'il avait toujours chéri avec toute la tendresse imaginable, avait pris part à la révolte : il en expira de douleur. *Radulph. de Diceto,* col. 641 et 644.

Richard, son fils, lui succéda ; il restitua d'abord leurs biens à tous ceux que son père avait dépouillés, et se rendit à Seès, où il trouva les archevêques de Cantorbéry et de Rouen, qui lui donnèrent l'absolution du crime qu'il avait commis en prenant les armes contre son père, qui, dans ce temps-là même, était croisé, ce qui aggravait beaucoup son crime. Il créa un nouveau chancelier et un vice-chancelier pour la Normandie. Jean d'Alençon, archidiacre de Lisieux, fut pourvu de cette dernière place. Il fit épouser au fils du comte du Perche, qui l'avait bien servi dans cette guerre, Mathilde, fille du duc de Saxe et d'Eléonore d'Angleterre. Cette alliance illustre le rendait beau-frère de l'empereur Othon IV (1). Il lui donna *pour* *Brompton,* col. 1155 et 1156.

---

(1) Et neveu par alliance de Richard-Cœur-de-Lion et de Jean-

*dot* et pour récompense de ses services, les châtellenies de Moulins et de Bonmoulins (1).

Rotrou IV avait pris la croix en 1186, et était mort au siége d'Acre en 1191 : son fils, qui l'avait accompagné, lui succéda sous le nom de Geoffroi (2). Il revint, en 1192, dans un état si misérable et tellement accablé de dettes, qu'il se rendit à son retour au monastère de Saint-Denis de Nogent, pour implorer le secours des religieux. Ils lui donnèrent 200 livres (3) de monnaie angevine, et en échange, il leur confirma tous les bienfaits de ses prédécesseurs (4).

Le comte d'Alençon était mort à Alençon, dès le vingt-quatre février 1191 (5), et avait été inhumé dans l'abbaye de Perseigne (6). Il avait épousé Béatrix d'Anjou (7),

sans-Terre. Il avait eu une première femme dont on ignore le nom et qui ne lui laissa pas d'enfants. (L. S.)

(1) Dumoulin dit que Jean, comte d'Alençon et Robert, son troisième fils, se croisèrent avec le roi Richard. Je n'en trouve nulle preuve.

Il porta, pendant la vie de son père, le titre de comte de Seès, et depuis sa mort, indistinctement ceux de comte d'Alençon et de comte de Seès.

Il devait au roi Henri le service de vingt chevaliers pour sa terre d'Alençon, et en avait au sien trois. Il devait, pour ses terres des environs de Falaise, le service de trente hommes, et, pour celles du Maine, le service de dix hommes. (O. D.)

(2) Geoffroi IV, selon la nomenclature de plusieurs historiens, et notamment de M. des Murs. (L. S.)

(3) Les auteurs de l'*Histoire des Grands Officiers de la Couronne* disent, mal-à-propos, 2,000 livres.

(4) Cette charte se trouve dans le cartulaire de Nogent-le-Rotrou, et M. des Murs l'a traduite et commentée. (L. S.)

(5) L'année continuait de commencer en Normandie à Noël ; ce ne fut qu'après la conquête de Philippe-Auguste qu'elle y commença à Pâques.

(6) Il y était représenté les mains jointes sur la poitrine, la tête sur un coussin soutenu par deux anges, le bouclier au bras, une ceinture lâche placée très-bas autour du corps, et les pieds appuyés sur un lion. (O D.)

(7) Baratte, dans son *Histoire de l'Eglise de Seès,* mss, se trompe

fille unique d'Hélie d'Anjou, second fils du roi de Jérusalem, et de Philippine du Perche (1). Hélie avait reçu pour sa portion de la succession paternelle, le comté du Maine ou au moins une partie. Mécontent de ce partage, il avait pris les armes contre son frère, Geoffroi-le-Bel, comte d'Anjou, avait été vaincu et était mort d'une maladie contractée dans sa prison, le 15 janvier 1151 (2). Le comte d'Alençon eut de ce mariage Jean II, comte d'Alençon, qui survécut peu à son père, étant mort au mois de mai 1191. Son frère Robert (3), qui l'aimait tendrement, invita à son inhumation, qui se fit à Perseigne, les religieux de Saint-Vincent du Mans (4), de Saint-Martin de Seès et de

*Gesta consul. Andeg. dans le Rec. des hist. de Fr., t. XII, p. 503.*

*Chartes de ces abbayes.*

en lui donnant pour femme une fille du comte de Champagne, et en le faisant oncle de Philippe-Auguste. (O. D.)

(1) *Helias cui Rotroldus, comes Perchensis, filiam suam unicam uxorem dedit spondens quod de cetero uxorem non duceret, sed omnem hæreditatem suam cum omni integritate in eum moriens transferret, pactorum tamen immemor et promissorum prodigus, uxorem duxit sororem comitis Patricii, nobilis de Anglia viri, ex qua plures suscepit liberos, unde prædictus Helias ab ejus hæreditate, contra spem, factus est alienus.*

(2) Les barons ligués contre Geoffroi entraînèrent dans leur révolte ce jeune seigneur qui portait le titre de comte du Maine où il aurait eu des droits de propriété par sa mère; mais les coutumes d'Anjou et du Maine n'accordent aux puînés qu'un bénéfice, c'est-à-dire l'usufruit seulement, pendant leur vie, de leur partage, à moins que le père ou le frère aîné ne leur en ait donné la propriété. Les historiens nous laissent ignorer les circonstances de cette guerre. Hélie tomba aux mains de son père qui le fit renfermer à Tours. (O. D.)

*Rec. des hist. de Fr., t. XII, p. 115.*

(3) Le droit de *moutonagium* (sorte de redevance en argent ou tête de bétail, par troupeau), que ce seigneur donna à l'abbaye de Saint-Vincent du Mans, par sa charte rapportée dans le 1er tome de l'*Amplissima collectio* de D. Martene, (col. 1037), a induit ce savant en erreur. Il a cru que cette redevance, accordée dans une portion de la province du Maine, n'avait pu l'être que par un comte du Maine; mais il n'y jamais eu de comte du Maine du nom de Robert. Je ne relèverai point trois autres méprises qui lui sont échappées à l'occasion de cette même charte.

*L. DE LISLE, Etude sur l'agric. en Norm., p. 64, 150.*

(4) L'église abbatiale et paroissiale de Saint-Vincent est dé-

Tironneau (1), avec quantité de seigneurs laïques. Il fit à chacune de ces abbayes de grandes libéralités, pour que les religieux priassent à perpétuité pour son frère. Il en fit également aux religieux du prieuré de Mamers, membre de Saint-Lomer de Blois, fondé par son aïeul Guillaume III.

Les autres enfants de Jean I furent Robert qui suit et Guillaume, baron de la Roche-Mabile, dont les auteurs de l'*Histoire des Grands Officiers de la Couronne* ont fait mal à propos un comte d'Alençon, sous le nom de Guillaume IV : il fit plusieurs donations à l'abbaye de Perseigne, où il ne prend d'autre titre que celui de seigneur de la Roche-Mabile. Il mourut sans enfants, en 1203, et fut inhumé à Perseigne. J'ignore de quelle maison était sa femme, nommée Cécile, mentionnée dans une de ses chartes. Jean eut encore trois filles : — 1. Ele ou Alix d'Alençon, mariée à Hugues II, vicomte de Châtelleraud, dont sortirent Emeri ou Aimeri III, vicomte de Châtelleraud, et Constance qui dut être la seconde femme de Geoffroi de Lezignen (Lusignan), seigneur de Mouvant et du Mairvant, surnommé *à la grand'dent,* morte sans enfants. — 2. Philippine d'Alençon, mariée en premières noces à Robert Mallet, fils d'Erneis, dont elle eut entre autres enfants, Robin Mallet, aussi connu sous le nom de Robert Mallet jeune, seigneur de Guérarville appelé depuis

*Martyrol. S. Mart. Sag.*

---

truite. Les bâtiments de l'abbaye, reconstruits en 1690, 1736 et 1759, servent de séminaire. Elle avait été fondée par saint Domnole vers 572. C'était une des maisons de bénédictins les plus importantes de France, et c'est dans ses murs que furent composés les huit premiers volumes de l'*Histoire littéraire*. Voir PESCHE, *Dict. top.* v°. *Saint-Vincent du Mans.* (L. S.)

(1) Tironneau, *Tironellum*, commune de Saint-Aignan, arrondissement du Mans, était une abbaye de bernardins, de l'ordre de Cîteaux, fondée, vers 1149, par Payen de Chaources, et dont il ne subsiste plus que des vestiges insignifiants. V. PESCHE, *Dict. topogr. de la Sarthe.* (L. S.)

par contraction Graville, chevalier banneret. Elle épousa en secondes noces Guillaume de Roumare, le dernier des mâles d'une maison illustre et puissante en Normandie et en Angleterre, duquel elle ne laissa point d'enfants. Philippine d'Alençon avait eu en mariage le fief de Montaigu proche Valognes, à la charge de le tenir d'Alençon par le service de deux chevaliers et demi. Elle aumôna au prieur et chanoines de Graville la chapelle de Notre-Dame de la Sale, paroisse de Montaigu-les-Bois, qui leur fut confirmée, l'an 1214, par Hugues de Morville, évêque de Coutances Elle y fit encore plusieurs autres donations. — 3. Et Ele ou Helle d'Alençon (1), dame d'Almenêches, qui vivait encore en 1239, et qui avait épousé Robert Tesson, fils d'Erneis, baron de Thuri, dont elle n'eut point d'enfants (2).

<small>Neustria pia, p. 854.</small>

<small>Gall. christ., t. XI, col. 878.</small>

(1) Peut-être Alix : c'est du moins le nom que lui donne D. Boudier, d'après le *Nécrologe de Saint-Martin de Seés*.

<small>Moreri, v° Almenêches.</small>

(2) La plus grande partie des écrivains qui ont parlé des filles de Jean I, sont tombés dans des méprises considérables. Je ne citerai que les auteurs de l'*Histoire des Grands Officiers de la Couronne*, qui ont cru lever toutes les difficultés en faisant Ele ou Alix d'Alençon, fille de Robert III et sœur de Robert IV, et en lui donnant pour premier mari Robert Mallet, fils d'Erneis, dont sortit Robin Mallet, et pour second, Aimeri II, vicomte de Châtelleraud, qu'ils prétendent n'en avoir point eu d'enfants et avoir laissé sa succession à Constance, sa sœur, mariée, suivant eux, à Hugues de Surgères. Ils finissent par confondre cette Ele ou Alix, qu'ils font transiger avec Philippe-Auguste, avec Ele, dame d'Almenêches. Mais il est prouvé par nombre de chartes, que cette Ele était fille de Jean I et sœur de Robert III, qu'Aimeri était son fils et non son mari : c'est lui-même qui nous l'apprend dans une charte pour l'abbaye de Saint-André-en-Gouffern : *Notum sit præsentibus et futuris, quod ego Hamericus de Castro-Airaldi, miles, volo et concedo, ratas et firmas habeo omnes donationes, confirmationes, eleemosinas, libertates et quitancias de omnibus rebus quæcumque sint aut esse possint quas nobilis vir Willelmus, comes Pontivi, Johannes comes, filius ejus, avus meus, et tres filii ejusdem Johannis, videlicet comes junior, Robertus comes Alenceii et Willelmus frater eorum, et Ala, domina de Almaneschis,*

<small>T. III, p. 293, 294; t. IV, p. 462.</small>

<small>Gall. christ., t. XI (instrument.), col. 170.</small>

On trouve encore un Jean d'Alençon, archidiacre de Lisieux, vice-chancelier de Normandie sous le duc Ri-

*Charte origin. de l'abb. de Perseigne.*

soror eorumdem, pro salute animarum suarum, etc. *Actum anno Domini* 1234. Ce même seigneur, dans une autre charte pour l'abbaye de Perseigne, dit positivement qu'il était neveu de Robert III, qui lui avait substitué le Sonnois et plusieurs autres terres : *Universis* etc. *Ego Americus vicecomes Castri-Airaudi... confirmavi pro salute et remedio animæ meæ, animarumque antecessorum et successorum meorum, et specialiter Roberti, comitis prædicti, carissimi avunculi mei... qui mihi dictam terram Sagonensem et alias jure hereditario possidendas contulit et legavit.* Il ne faut donc pas confondre Ele, mère d'Aimeri, avec Hele d'Alençon, dame d'Almenêches, qui vivait encore en 1239, qui fit de grandes donations aux maisons religieuses du pays, et dont les chartes commencent presque toutes ainsi : *Omnibus Christi fidelibus Ela, filia comitis Johannis, domina de Almaneschis vidua.* (1) Robert Malet le jeune, en confirmant, comme représentant une des filles de Jean I, par une charte de 1225, une donation de cette dame aux religieuses de Sainte-Marguerite-de-

*Chartrier de Vignats.*

Vignats, l'appelle sa tante maternelle, *matertera mea.* Aimeri de Châtelleraud avait, à la vérité, une sœur nommée Clémence ; mais elle était fille d'Alix d'Alençon, et eut en partage la vicomté de Châtelleraud, qu'elle porta à son mari Geoffroi de Lusignan,

*D. Martène, Amplissim., col., t. I, col. 1186.*

seigneur de Mouvant, dont elle n'eut point d'enfants. La vicomté retourna après sa mort à son frère qui laissa un petit-fils nommé Jean, vicomte de Châtelleraud. Celui-ci eut pour héritière Jeanne de Châtelleraud, qui épousa, en premières noces, Geoffroi de Lusignan, seigneur de Jarnac, dont elle n'eut point d'enfants, et en secondes, Jean, seigneur de Harcourt. C'est ce que nous apprend

*Charte de l'abb. de Perseigne.*

une charte accordée, au mois de Mars 1290, à l'abbaye de Perseigne : *A tous ceux* etc. Jehan, seigneur de Harcourt, et noble

*Mém. généal., mss.*

(1) Le moulin de la Roche, près Sées, faisait partie de son partage. Pierre Pilâtre, chantre de l'église de Sées, qui avait eu communication de tous les titres du diocèse, rapporte que cette dame étant dans le château d'Almenêches, donna, le même jour, en présence de l'évêque de Sées, aux religieux de Grammont, de la Bellière, 96 boisseaux de grains, savoir : un tiers de froment, un tiers d'orge et un tiers d'avoine, *ad hostias faciendas;* la pêche, pour un jour, veille de N.-D. de septembre, dans la rivière de la Roche, à la Maison-Dieu de Sées, et 18 boisseaux d'orge à prendre sur ce moulin au prieuré du Gast, dépendant de Saint-Martin de Sées (v. p. 582); 16 de froment et 200 anguilles, à l'abbaye de Perseigne, et à l'évêque de Sées, 100 sols de rente au Perron. (O. D.)

chard-Cœur-de-Lion, qui pouvait être fils naturel de Jean I ou son frère naturel, comme nous l'avons dit ci-devant.

Robert III, chevalier banneret, succéda à son frère dans le comté d'Alençon, mais il fut bientôt saisi de l'enthousiasme qui entraînait les princes, les seigneurs et les peuples à la conquête de la Terre-Sainte. Ce fut sans doute Rotrou III, comte du Perche, qui le décida. Ce seigneur, le plus zélé des croisés, n'épargnait ni peines ni dépenses pour hâter une nouvelle expédition. Il passa même, à la sollicitation de Philippe-Auguste, en Angleterre, pour presser le roi Richard de se joindre à lui et concerter tous les arrangements nécessaires. Pendant le séjour que les deux rois firent en Sicile, il s'éleva une querelle considérable entre les Français et les Anglais, qui pensa faire échouer l'entreprise ; mais les seigneurs qui accompagnaient les princes parvinrent à faire consentir les deux rois à un traité de concilation qui fut arrêté à Messine en mars 1190, et parmi les pléges ou cautions du traité se trouvent le comte d'Alençon ou son héritier, Hugues du Châtel (de Châteauneuf) ou son héritier, le comte du Perche ou son héritier avec tous leurs fiefs. Le comte d'Alençon fut plus heureux dans cette expédition que celui du Perche, et poussa plus loin son zèle que la plupart des autres croisés, quoique le détail de ses exploits ne soit pas parvenu jusqu'à nous.

Philippe-Auguste, après la prise d'Acre, revint en

*dame Jehanne, femme dudit Jean, fille et hoir homme de bonne mémoire Jehan, jadis vicomte de Châtelleraud et seigneur de Sonnois, salut.* Ce fut donc cette dame qui apporta le Sonnois, Montgommeri, la Roche-Mabile, le Mêle-sur-Sarthe et plusieurs autres terres dans la maison de Harcourt. La Roque, dans son *Histoire généalogique* de cette maison, est tombé dans une foule de méprises, pour avoir ignoré cette circonstance, et a induit en erreur les auteurs de l'*Hist. des Gr. Offic. de la Cour.* et plusieurs autres écrivains, ce que je prouve plus amplement dans ma *Dissertation sur les héritiers de Robert IV.*

La Roque, Traité du Ban.

Rog. de Hov., fol. 390.

Charte de l'abb. de Perseigne.

T. I, p. 19, 31, 390.

T. III, p. 566, 284, 286, 338.

France. Richard poursuivit ses conquêtes, et lorsqu'il crut avoir assuré l'état des chrétiens du Levant, reprit la route de son royaume, mais il fut arrêté prisonnier, dans son voyage, par le duc d'Autriche qu'il avait offensé grièvement. Dès que son frère, Jean, comte de Mortain, un des régents d'Angleterre, en fut informé, il passa en Normandie, dans le dessein de l'en dépouiller. Le sénéchal de Normandie et la plupart des grands de la province l'allèrent trouver pour l'engager de se trouver à une assemblée convoquée dans la ville d'Alençon, pour y délibérer sur les affaires présentes et sur les moyens de procurer la liberté du roi (1). Il y consentit, et même s'engagea d'être leur protecteur auprès du roi de France, s'ils consentaient de le reconnaître pour leur seigneur et de lui prêter serment de fidélité. Ils persistèrent dans l'obéissance à leur souverain légitime, et se rendirent à l'assemblée d'Alençon, tandis que le perfide comte faisait avec Philippe-Auguste un traité de partage de la Normandie; Moulins et Bonmoulins avec leurs dépendances devaient continuer d'appartenir au comte du Perche, sous la mouvance de la portion de la Normandie destinée à Jean.

*Rog. de Hov., Annal., f° 412.*

*Rymer, t. I, p. 28.*

Le comte de Mortain avait pour conseil Hugues de Nonant, élu évêque de Chester et légat du Saint-Siége. Comme ce scélérat était du pays dont je traite, il n'est pas hors de propos de le faire connaître. Il était très-habile négociateur, très-séduisant dans le propos, n'épargnant rien pour intimider les âmes faibles et gagner les âmes fortes ; il fut le persécuteur des ordres religieux jusqu'au moment de sa dernière maladie ; il était en route, en 1198, pour se rendre à Rome, lorsqu'il en fut frappé. Sentant qu'il n'y avait pas d'espérance de guérison, tourmenté par les remords, il assembla le plus grands nombre d'abbés

*Brompt., Chron., col. 1222.*

*Math. Par., Opera, p. 154.*

---

(1) *Et petierunt ut ipse cum illis veniret ad colloquium apud Alenceium ad tractandum de negotiis regis et liberatione ejus.*

et de prieurs qu'il lui fut possible, et confessa les forfaits dont il s'était rendu coupable. Les voyant stupéfaits et s'entre-regardant au récit de ses atrocités, il leur demanda, en versant un torrent de larmes, poussant les hauts cris et les mains jointes, de l'absoudre et de lui imposer une pénitence proportionnée à l'énormité de ses crimes. Tous, également frappés des crimes qu'ils avaient à absoudre et de sa contrition, gardaient le plus profond silence, ne sachant le parti qu'ils étaient pressés de prendre : alors Nonant s'écria : « Je vois votre embarras ; vous ne connais- » sez point de pénitence proportionnée à mes crimes ; je » vous conjure, au nom de Jésus-Christ, de m'imposer pour » pénitence de demeurer en purgatoire jusqu'au jour du ju- » gement. » Tous lui imposèrent la pénitence qu'il venait de leur indiquer, et pour réparation des maux qu'il avait faits aux moines de Chester, il pria les moines du Bec de lui donner l'habit religieux ; ensuite de quoi il distribua aux maisons religieuses et aux pauvres ses trésors, ses dia- mants et tous ses vases précieux. Guillaume de Neubrige n'en fait pas un portrait plus avantageux : *Hugo Nunanti- nus, homo callidus, audax, inverecundus ad ausus im- probos, litteratura, eloquentiaque instructus... vir incons- tans in omnibus viis suis,* etc. *De rebus Angli- cis,* p. 544, 561.

Richard, informé de la perfidie de son frère, nomma des commissaires pour conclure la paix avec Philippe-Auguste, à telles conditions qu'il exigerait. Le traité fut conclu, le 11 juillet 1193. Par un des articles, le comte du Perche devait jouir sans trouble de toutes les possessions qu'il réclamait en Angleterre, et tous ceux qui tenaient son parti étaient tenus de le faire jouir du bénéfice de la paix qui fut presque aussitôt rompue. Rog. de Hov, *Annal.,* fol. 415.

Cependant on négociait pour obtenir la liberté de Richard, et on y parvint. Auguste était occupé au siège de Verneuil, lorsqu'il en reçut la nouvelle. Il apprit, en même temps, que le roi Richard, à la tête d'une armée, s'avançait pour lui livrer bataille et qu'il était déjà à Laigle, ce qui le décida à lever promptement le siége. Les deux rois et les partisans de chacun se firent alors une guerre sanglante, qui ne fut interrompue que par une courte trêve. Les Manceaux ayant pris la forteresse de Montmirail, appartenant à Guillaume Gouet, Richard la fit raser. Ce prince résidait alors le plus souvent à Argentan ou à Alençon. Ce fut dans cette dernière ville qu'il donna, en 1194, main-levée à l'archevêque et à l'église de Tours de la saisie qu'il avait fait faire de leur temporel. Enfin les deux rois, également las de la guerre, conclurent une trêve, qui fut jurée le 23 juillet 1194. Gervais, seigneur de Châteauneuf-en-Thimerais, à qui appartenaient alors Tillières et Brezolles, y fut compris au nombre des alliés du roi de France, et fut un de ceux qui la jurèrent en son nom. La paix fut enfin conclue l'année suivante : il fut convenu que le comte du Perche jouirait paisiblement des revenus qu'il avait en Angleterre. Cette paix n'ayant pas duré, il eut le commandement de l'armée française, et défit, près de Montmirail, le comte de Leycester qu'il fit prisonnier et conduisit au roi à Etampes. Il fit depuis son accommodement avec le roi d'Angleterre, dont il tint quelque temps le parti.

Ce fut vers ce temps-là (1) que la princesse Alix, destinée pour être la femme du roi Richard, fut remise à Philippe-Auguste, son frère, qui la donna en mariage (2) à Guillaume, comte de Ponthieu, arrière-petit-fils de Guillaume Talvas, comte d'Alençon.

Le comte de Seès (3) ou d'Alençon, son cousin, n'eut

---

(1) Au mois d'août 1195. (L. S.)

(2) Roger de Hoveden dit à Jean, comte de Ponthieu : c'est une méprise. Il a plu à l'auteur du roman d'*Alix de France,* imprimé pour la première fois en 1686, de faire le héros de son roman du comte d'Alençon et de Ponthieu.

(3) C'est ainsi qu'il est encore appelé dans une charte du roi Jean, de l'an 1200. (O. D.)

point part aux événements dont nous venons de parler. Il était demeuré dans la Terre-Sainte, après le départ du roi Richard. Lui et les guerriers qui l'accompagnaient y signalèrent leur valeur en différentes occasions où ils furent victorieux. Le roi Richard, dans une charte pour l'abbaye de Perseigne, nous apprend le temps du retour du seigneur d'Alençon. Deux voleurs ayant été arrêtés sur les terres de cette abbaye, le bailli de ce seigneur, qui exerçait la justice à Saint-Rémi-du-Plain, les enleva à main armée. Les religieux en portèrent leurs plaintes à la cour du roi, au Mans. Le comte d'Alençon arriva, sur ces entrefaites, de son voyage d'outre-mer : il se rendit sur le champ au Mans, désavoua son bailli, confirma les priviléges des religieux et engagea le roi d'en faire autant ; à quoi il consentit, en considération du comte et d'Adam, alors abbé de cette maison, et en donna une charte datée du 4 avril de la septième année de son règne. Le comte posa sur l'autel de cette abbaye une portion de ce qu'il avait apporté de la vraie Croix, et plusieurs autres reliques, *en actions de grâces de la victoire que lui et ses guerriers avaient remportée, et d'avoir échappé à la fureur des ennemis et aux périls de la mer.* *Charte.*

Le comte du Perche assista à la célèbre assemblée que Thibaud V, comte de Champagne, convoqua dans la ville de Chartres, l'an 1199, pour assigner le douaire de sa femme, Blanche de Navarre. *Gr. Offic. de la Cour.*, t. III, p. 512.

Le roi Richard étant mort, la guerre avait recommencé et le comte du Perche s'était déclaré pour Philippe-Auguste. Enfin ce prince et Jean-Sans-Terre, las également de la guerre, conclurent la paix en 1200. On fixa les limites des deux Etats. Par un des articles, le roi Jean déclara que, s'il mourait sans enfants, le fief que le comte du Perche tenait de lui relèverait du roi de France. On voit parmi les pleiges du roi d'Angleterre, Guérin de Glapion, et parmi ceux du roi de France, Gervais, sei- Rog. de Hov., annal., fol. 463. Rymer, t. I, p. 38.

gneur de Châteauneuf en Thimerais, et le comte du Perche (1). Ce dernier le fut aussi du même roi envers Blanche, comtesse de Champagne, reine de Navarre, pour les conventions faites avec elle touchant la garde et l'éducation de sa fille jusqu'à l'âge de douze ans, avec promesse de ne la point marier que par le conseil et la volonté de sa mère et de ses barons.

Le comte du Perche, malgré les malheurs qu'il avait essuyés dans sa première expédition de la Terre-Sainte, prit encore une fois, en 1200, la croix, avec Etienne, son frère, Rotrou seigneur de Montfort, Ives de la Vallée, Aimeri de Villerai au Perche, Geoffroi de Beaumont-le-Vicomte, etc., et, pour se préparer au voyage, il fit quantité de legs pieux aux églises de ses terres. Il fit commencer l'abbaye des Clairets (2), en conséquence d'un vœu qu'il avait fait, et confirma les priviléges de celle de Thiron (3). Il avait rétabli, en 1165, l'Hôtel-Dieu de Mortagne (4); il avait

(1) Le roi Jean consentit que, s'il manquait à ses engagements, les barons, ses cautions, passassent, eux et leurs vassaux, au service du roi Philippe, et prissent les armes contre lui. (O. D.)

(2) L'abbaye des Clairets, aujourd'hui ruinée, était dans la commune du Mage, canton du Theil, arrondissement de Mortagne. C'était un couvent de filles de l'ordre de Cîteaux. Pendant les guerres avec les Anglais, elle tomba dans un extrême désordre. Marie de Thou, fille du premier président du parlement de Paris, la releva et y établit une maison d'éducation pour les filles de la noblesse du Perche et des environs. Rancé y introduisit la réforme de l'étroite observance, en 1692. (L. S.)

(3) V. p. 361.

(4) Cet Hôtel-Dieu ne doit pas être confondu avec l'hospice actuel établi dans le couvent des Sainte-Claire. Il était dans l'intérieur de la ville, et partie des bâtiments en sont aujourd'hui occupés par la sous-préfecture. La chapelle, après avoir servi longtemps de prison, a été démolie en 1840. V. Patu de Saint-Vincent, *Voyage pittoresque*, p. 4; Bar des Boulais, mss.; abbé Fret, *Antiq. et Chron. perch.*, t. II, p. 342, et t. III, p. 40 et suiv.; Dr Ragaine, *Mém. sur l'hospice de Mortagne* dans l'*Annuaire normand*, 1844, p. 268. (L. S)

aussi augmenté le prieuré de Saint-Laurent de Moulins (1).

Le comte tomba malade, et désespérant bientôt de pouvoir exécuter son voyage, il fit un testament par lequel il légua à Etienne, son frère, tous les préparatifs qu'il avait faits pour son expédition, à la charge d'y conduire tous ceux qui s'étaient enrôlés sous ses enseignes. Il chargea aussi sa femme et ses enfants de continuer la bâtisse des Clairets, et de remplir ses intentions pour la fondation de cette abbaye. Il mourut dans le courant du carême de l'année 1202. Voici comme parle Ville-Hardouin de sa mort : « *Ensi fina li cuens, et mourut, dont grant do-* » *mages fu; et bien fu droiz, car mult ère hart ber et* » *honorez et bons chevaliers. Mult fu grant dielx par* » *tote sa terre* (2). » Etienne du Perche se disposa au voyage. Il emprunta, pour son expédition, de l'argent des habitants de la ville de Châteauneuf-sur-Sarthe (3), dont le roi Jean lui avait fait don en 1201, pour l'attacher à ses intérêts : il conduisit les croisés et rendit de si bons services, que Baudouin, empereur de Constantinople, lui donna le duché de Philadelphie. Il fut tué, en 1205, à la bataille d'Andrinople.

Mathilde, veuve du comte du Perche, fit continuer la bâtisse de l'abbaye des Clairets, et fonda, par lettres données dans son château de Longpont, le 7 mars 1203, l'église collégiale de Toussaints de Mortagne (4) : elle y fit don de la chapelle de son château, qui fait encore partie de cette collégiale. Elle se remaria à Enguerrand III, sire

Ménage,
*Hist. de Sablé*,
p. 352.

*Tit. origin.*

Duchesne,
*Hist. de Coucy*,
p. 220.

---

(1) Il donna ce prieuré aux religieux de Saint-Evroult; il fut terminé en 1198. (L. S.)

(2) Edit. Michaud et Poujoulat, p. 18. La citation donnée par O. Desnos n'était qu'une mauvaise traduction. (L. S.)

(3) Chef-lieu de canton, arr. de Ségré (Maine-et-Loire). (L. S.)

(4) Cette église a été détruite en 1798 ; le tribunal est construit sur l'emplacement qu'elle occupait. Il reste encore l'église souterraine qui n'a pas été comblée. (L. S.)

Abbé Fret,
t. II, p. 544.

Patu de Saint-Vincent.

de Couci, surnommé *le Grand,* qui, à cause d'elle, prit le titre de comte du Perche. Ce fut lui que les princes et seigneurs révoltés contre Blanche, mère de Saint-Louis, et contre ce jeune prince, résolurent de mettre sur le trône. On prétend qu'il avait déjà fait faire les ornements royaux, et entr'autres une couronne dont il se parait avec ses courtisans (1). Mathilde mourut vers l'an 1210 : elle avait eu de son premier mari, Thomas du Perche dont nous parlerons, et Geoffroi, mort jeune.

<small>Touss. Duplessis., *Hist. des Seign. de Coucy*, p. 57, note 40, p. 65.</small>

Artur, duc de Bretagne, fils de Geoffroi, frère aîné du roi Jean, avait réclamé, à sa représentation, les Etats du roi Richard. Les Angevins, les Manceaux et les Tourangeaux avaient reconnu son droit. Une partie des grands du Maine se déclarèrent pour lui; il leur fit, pour se les mieux attacher, de grands dons, entr'autres, à Juhel de Mayenne, nouvellement arrivé de la Terre-Sainte, et qui obtint la remise des châteaux de Gorron, d'Ambrières, de Châteauneuf-sur-Colmont, de la Châtre-sur-Loir et la forêt de Fosse-Louvain dont son père ou lui avaient été dépouillés. On croit qu'il donna Domfront au vicomte de Beaumont. Le comte d'Alençon paraît l'avoir secondé, sans se déclarer ouvertement (2). Auguste, qui l'avait d'abord favorisé et qui avait même reçu son hommage, cessa tout-à-coup de le protéger, par des raisons de politique : les grands suivirent l'exemple du roi. Juhel de Mayenne traita avec le roi Jean, et lui livra des otages de

<small>Rymer, t. I, p. 40.</small>

---

<small>Touss. Duplessis, *Ibid.*, p. 85, note 44.</small>

(1) On sait par cœur ces vers anciens qui sont regardés comme sa devise :

> Je ne suis roi ni prince aussi,
> Je suis le seigneur de Couci.

(2) La preuve en résulte du serment de fidélité qu'Amauri de Craon fit au roi Philippe dans la ville du Mans, au mois de février 1204, (*vieux style*). Ses pleiges furent le comte d'Alençon, pour 2000 livres *parisis* ; Juhel de Mayenne, Guillaume Des Roches, Bernard de la Ferté et le vicomte de Beaumont.

sa fidélité. Guillaume Des Roches, sénéchal d'Anjou et du Maine, le vicomte de Beaumont, le comte d'Alençon, Etienne du Perche, Hugues, vicomte de Châtelleraud, jurèrent, le 14 octobre 1201, le traité. Le vicomte de Beaumont traita personnellement avec le roi Jean, qui lui donna des lettres particulières, par lesquelles il déclarait que le vicomte, son cher parent, avait cru mal-à-propos que sa fidélité lui était devenue suspecte. La bonne intelligence des deux rois ne subsista pas longtemps. Auguste admit, pour la seconde fois, Artur à lui faire hommage. Ce fut au mois de juillet 1202, et ce jeune prince eut le malheur d'être fait prisonnier, le 31 du même mois, dans Mirebeau, par son oncle. Jean l'envoya au château de Falaise : Guillaume de Briouze qui y commandait ayant refusé de le faire périr (1), le roi le mena à Rouen, où l'on prétend qu'il l'égorgea de ses propres mains. La duchesse sa mère, les Bretons, les Angevins et les Manceaux demandèrent vengeance au roi, qui était seigneur suzerain du mort et de l'assassin. L'accusé n'ayant point comparu, les pairs de France le déclarèrent convaincu du crime de parricide, le condamnèrent à mort, et déclarèrent toutes

*Ibid*, p. 44.

D. Morice, *Mémoire pour l'Hist. de Bret.*, t. I, col 795.

(1) *Sed neque Guillelmus Braositas proditionis*
*Infandæ voluit fautor seu conscius esse,*
*Venturumque malum per præcedentia prudens*
*Signa notans, regi coram baronibus inquit :*
« *Nescio quid latura tuo fortuna nepoti*
» *Amodo sit, cujus custos huc usque fidelis,*
» *Te mandante, fui : sanum vitaque fruentem,*
» *Omnibus illæsum membris tibi reddimus illum.*
» *Tu nostræ facias alium succedere curæ,*
» *Qui curet, si fata velint, felicius illum.*
» *Anxia me rerum satis angit cura mearum....* »
      Guill. Brito. *Philipp.*

M. Guizot, *Mémoires sur l'hist. de France*, t. xii, p. 170, M. H. Martin, t. iii, p. 574, et Sismondi, t. vi, p. 212, ont traduit *Braositas* par *Brause*, et reproduit ainsi la faute des vieux traducteurs. (L. S.)

ses terres, situées dans le royaume, acquises et confisquées au roi (1).

Le comte d'Alençon se crut dégagé de la fidélité qu'il avait due au roi Jean : il fut le premier des seigneurs Normands qui se déclara pour Auguste, et lui remit Alençon (2).

WILLELM. ARMORIC. inter *Script. Franc*, t. V, p. 46.
MATTH. PARIS, p. 208.

Le roi d'Angleterre résolut de profiter du moment où celui de France avait mis ses troupes dans des quartiers de rafraîchissement, pour punir la rébellion du plus puissant de ses vassaux de Normandie. Il vint brusquement assiéger sa principale ville. Philippe fut surpris de cette démarche, mais il n'en fut point déconcerté. Ne pouvant rassembler assez promptement ses troupes dispersées, il donna ordre de faire avancer vers Alençon celles qui étaient

D. MORICE, *Hist. de Bret.*, t. I, p. 152.

(1) M. Beugnot a publié dans la *Biblioth. de l'Ec. des Chartes*, 2ᵉ série, t. V, un excellent mémoire sur cet arrêt dont l'importance politique est si grande et dont le texte est malheureusement perdu. Il semble que le duc de Bourgogne et le comte de Toulouse purent seuls prendre part à toutes ses dispositions. Voltaire, dans son *Essai sur les Mœurs*, t. II, s'était préoccupé de cette question. (L. S.)

(2) Ainsi s'exprime Guillaume Guiart dans son *Histoire de France* :

> Vint Robert li cuens d'Alençon
> Sa terre rendre au Roi de France,
> Son homme devint par fiance.

La signification de ce dernier mot a été controversée entre Ducange qui croit qu'il exprime le serment de fidélité, et Brussel qui n'y voit que le premier des trois effets de vasselage qui est de donner conseil en son âme et conscience au suzerain, soit quand il s'agit de défendre sa terre, soit quand il est question de juger quelqu'un de ses autres vassaux qui a méfait envers lui ; c'est là ce qu'on appelle le service de cour et de pleds.

Le comte d'Alençon était, dès 1202, à la solde de Philippe-Auguste, comme le prouve le compte du bailli de Paris pour cette année ; il porte dans sa dépense 82 livres 10 sols pour le comte, son cheval et son équipage. (O. D.)

le plus à portée, et courut à Moret en Gâtinais, où quantité de noblesse était assemblée pour un tournoi. Il invita tous les seigneurs et gentilshommes qui s'y trouvaient à le suivre à Alençon, pour le secourir dans le besoin pressant qu'il avait de leurs bras, afin de ne pas laisser opprimer un de ses amis et de ses alliés. Il leur peignit les plaines d'Alençon comme le champ le plus honorable où ils pussent déployer leur valeur. Ces braves chevaliers se dévouèrent sur-le-champ à punir le lâche parricide qui était tout à la fois la honte du métier des armes et de la chevalerie. Chacun s'empressa de lui marquer son attachement en cette occasion. Son armée ne fut pas considérable par le nombre; mais elle le fut par la qualité et la bravoure des personnes qui la composaient. Le roi d'Angleterre, qui n'avait pas prévu un tel expédient, et qui avait compté que la place serait emportée avant qu'on pût la secourir, leva le siège aussitôt qu'il sut que Philippe approchait, et abandonna ses machines de guerre, ses tentes et son bagage.

L'exemple du comte d'Alençon fut suivi par quantité d'autres seigneurs Normands (1), que Philippe trouva le moyen de détacher du parti du roi son ennemi. Parmi ceux-ci on distingue Guérin de Glapion, grand sénéchal de Normandie, qui avait joui de la plus haute faveur auprès du roi Jean, qui lui avait même, tout récemment, donné

*Rôles Franc. Normand. et Gasc.*

(1) Notamment par Robert de Courci, Fouques Painel, Guillaume Painel, Noël de Montbrai, seigneur de Monbrai et de Château-Gontier, près Ecouché; d'autres restèrent fidèles à Jean et le suivirent en Angleterre, entre autres : Robert, comte de Leycester, seigneur de Grantemesnil, Geoffroi de Sai, Robert de Fribois, le seigneur de Moutiers-Hubert (1). (O. D.)

(1) On peut suivre pas à pas, dans l'excellent ouvrage de M. Léopold Delisle, *Catalogue des Actes de Philippe-Auguste*, 1856, la série des actes dans lesquels Philippe-Auguste, récompensant ses partisans, dépouillant ses adversaires, inaugura en Normandie la politique de centralisation monarchique qui a fait la force et la gloire de son règne. (L. S.)

toutes les vignes qu'il possédait dans le Maine. Auguste paya chèrement sa trahison : il lui donna une partie du domaine de Sainte-Scolasse, Montpinçon, Moyon, Asnebec, Fontenai-sur-Orne et plusieurs autres grandes terres, qui avaient appartenu à des seigneurs Normands encore attachés au roi Jean. Glapion, pressé dans la suite par quelques remords, partit, en 1208, pour la croisade dont il ne revint point.

<small>Ducn., *Script. Norman.*, p. 1046.</small>

Le comte d'Alençon maria, en 1205, son fils, Jean III, avec Alix de Roie, fille aînée de Barthélemi de Roie, chambrier de France, et le désigna comte d'Alençon. Il assigna le douaire (1) de la future sur la terre de Bernai, et au cas qu'elle ne fût pas suffisante, sur celle d'Almenêches. Les cautions de ces conditions furent Raoul, vicomte de Beaumont, Guillaume de Préaux, Robert, fils d'Erneis, Guérin de Neuilli, Foucher de Cormeran, Robert Dumesnil, et Mathieu Viard. Ce jeune seigneur mourut, sans enfants, le 8 janvier de l'année 1212. On prétend que sa veuve se remaria deux fois ; la première à Latimier, seigneur de l'Etang-sous-Neuilli, et la seconde, à Raoul de Nesle, seigneur de Falvi, avant 1225.

<small>D. Martene, *Ampliss. col.*, t I, c. 1052.</small>

<small>*Hist. des Gr. offic. de la Cour.* (éd. de 1674), p. 453.</small>

(1) Il n'était cependant que de cinquante livres, (*quinquaginta libras*). Mais il faut se rappeler que le marc d'argent était encore à environ vingt sols sur le déclin de la seconde race de nos rois ; en sorte que le sol valait le vingtième du marc-poids. Sous Philippe-Auguste, en 1204, le marc valait encore cinquante sols tournois. C'était encore à peu près la même chose sous Saint Louis ; ainsi le sol était alors la cinquantième partie de la livre d'argent. Cela suffit pour sentir l'énorme différence de la livre d'argent, du sol et des deniers de ces temps-là, avec la livre, le sol et le denier d'aujourd'hui. On voit en même temps combien le revenu des seigneurs qui avaient acensé leurs terres pour des sommes proportionnées au produit, a souffert de diminution. (1)

<small>Houard, *Diction. de dr. norm.*, p. 507.</small>

<small>*Journal de Verdun*, juin 1758, p. 404 et suiv.</small>

(1) O. Desnos se trompe ici en parlant de cinquante livres. Le douaire assigné était bien de cinq cents livres de revenu ainsi que l'énonce M. Léopold Delisle, *Catal.* cité, n<sup>os</sup> 956 et 957. Le texte de la charte est positif. Il commet une autre erreur en disant que le sol

Auguste s'était rendu maître de Seès, de Domfront et de toutes les autres villes de Normandie, même de Rouen. Par la capitulation de cette dernière place, il avait accordé que les vassaux du comte d'Alençon qui étaient demeurés attachés au parti du roi Jean et qui s'y trouvaient renfermés, seraient rétablis dans leurs biens (1). Vers la fête de Pâques suivante, il avait convoqué tous les chevaliers portant bannière, qui étaient sujets à son *ost*. On voyait, parmi les chevaliers normands et percherons, le comte d'Alençon, le seigneur de Saint-Céneri, Robert Mallet, Fouques d'Aunou, le seigneur de Carrouges, Guillaume de Longroy, aujourd'hui Launai, proche Bellême, Gui de Montdoucet, Guillaume de Feuillet, Foucher Quarrel, l'héritier de Guillaume de Vieuxpont, Guillaume de la Ferté, Gervais et Hugues de Châteauneuf en Thimerais, etc. Ils accompagnèrent Philippe aux sièges de Loches et de Chinon et dans toutes ses autres expéditions, tant que la guerre continua. Le roi Jean avait encore un parti considérable en Bretagne : les seigneurs qui le tenaient avaient fortifié le château de Guarplic ou Guesclin, près Cancale. Le roi fit assembler des troupes; il en confia le commandement au comte de Saint-Paul et à Juhel de Mayenne. Il paraît que le comte d'Alençon se trouva à cette expédi-

*Script. Norm.,* p. 1054, 32.

D. Morice, *Hist. de Bret.,* t. I, p. 56.

(1) *De militibus et valetis de terra comitis de Alenson qui similiter eadem die erant Rothomagi sic erit : ipsi erunt saisiti de terris suis et facient erga Robertum comitem hoc quod debebunt.*

Duchesne, t. V, p. 56.

était la cinquantième partie de la livre d'argent. D'après les calculs les plus accrédités, sous Philippe-Auguste, dans un marc d'argent on taillait 53 sols 4 deniers tournois, ce qui permet d'évaluer la livre à 20 f. 596, le sol à 1 f. 0198, le denier à 0 f. 0849. On peut rapprocher cette évaluation de celle que nous avons donnée, page 305, pour les monnaies normandes sous Guillaume-le-Conquérant. O. Desnos confond le marc avec la livre. On voit que la livre (de compte, la seule usitée depuis Philippe I<sup>er</sup>), contenait 20 sols, et non pas 50 ; que la livre de poids, contenant 1 marc et demi (12 onces), eût valu 30 sols seulement, et non pas 50 comme on l'a souvent répété. (L. S).

tion, en 1209. Le château fut emporté d'assaut : le roi en donna le gouvernement à Mayenne, sous la caution du comte d'Alençon, son proche parent, à condition de le rendre aussitôt que le roi l'exigerait. Nous ne voyons pas de quelle façon la forteresse de Champtocé avait passé au comte d'Alençon, à moins qu'elle n'eût appartenu à la maison de Laval, dont sa dernière femme lui avait apporté en mariage les grands biens : le comte s'engagea, par acte passé au Mans, au mois de février 1212, d'en aider le roi contre ses ennemis. Il se rendit caution envers le même prince, au mois de février de l'année suivante, de la fidélité d'Amauri de Craon (1).

*Invent. du Trésor des Chartes*, mss.

Il accompagna Louis, fils du roi, contre le roi d'Angleterre, tandis que le père marchait en personne contre l'empereur Othon. Le comte d'Alençon fut un de ceux, avec le comte du Perche, selon La Roque, qui furent au secours de la Roche-au-Moine, assiégée par les Anglais, et eut part à la défaite d'une partie de l'armée du roi Jean au passage de la Loire. Il souscrivit, le troisième, comme garant pour le roi Auguste, la trève arrêtée à Chinon, au mois de septembre 1214.

*Script. Norm.* p. 1038, 45.

*Ib.* 1065. — Rymer, t. I, p. 64.

Cette trève permit au jeune prince d'accomplir le vœu qu'il avait fait d'aller servir l'Eglise contre les Albigeois. Le comte d'Alençon ne voulut pas perdre l'occasion de prendre encore une fois la croix; il servit pendant les quarante jours que devait durer son service et son pèlerinage, et eut part, depuis les environs de Pâques, aux exploits de son prince. Les principaux consistèrent à

P. Langlois, *Hist. des Crois. contre les Albig.* p. 546.

---

*Livre de Marie d'Espagne*, mss.

(1) Par charte sans date, il donna à Gilles d'Aunai, *de Alneto*, en considération de son mariage avec Alix, nièce de son épouse, des biens situés à Montperroux (1). (O. D.)

(1) Montperroux, commune supprimée et réunie à Aunai-les-Bois, canton du Mêle-sur-Sarthe (Orne). (L. S.)

faire démanteler Toulouse et Narbonne. Il revint avec lui (1).

Philippe l'appela avec les pairs de France et les hauts barons du royaume (2), dans la ville de Melun, pour être un des juges du différend qui existait, depuis longtemps, entre Blanche, comtesse de Champagne, et Thibaut IV, son fils, d'une part, et Erard de Brienne, seigneur de Rameru, qui réclamait, au nom de Philippine de Champagne,

(1) Le nom du comte d'Alençon ne figure pas dans la longue *Histoire en vers de la Croisade contre les hérétiques albigeois*, par un poète provençal contemporain, qu'a publiée M. Fauriel, 1837, in-4°; mais il parle à plusieurs reprises des croisés normands. (L. S.)

(2) Avant 1179, le nom de pair ou de baron se donnait indistinctement à tous ceux qui reconnaissaient un seigneur de fief. Ceux qui relevaient du roi s'appelaient pairs du roi. Tout pair était baron; tout baron était pair, et tout pair était vassal du roi ou de son seigneur. Par la réunion de la Normandie, Robert, comte d'Alençon, vassal immédiat de Normandie, devint vassal immédiat du roi, et put être appelé comme pair, grand fieffataire du roi ou plutôt de la couronne de France, à l'assemblée de Melun, pour être juge de l'affaire d'un autre pair ou grand vassal, sans pour cela pouvoir être regardé comme un des pairs de France, dont il semble que la réduction au nombre de douze avait été fixée au sacre de Philippe-Auguste. Ce jugement est le premier acte authentique où l'on voit la distinction des pairs d'avec les autres barons. On avait entendu jusque-là par le mot de pairs tous les barons de la couronne. Ainsi la distinction des douze pairs de France est antérieure à ce jugement, mais les autres barons n'en demeurèrent pas moins membres du parlement, et les juges des pairs eux-mêmes. Ce ne sont pas seulement les pairs et les barons qui ont rendu ce jugement. On y trouve les arrière-barons qui, comme l'observe Brussel, ne tenaient leur baronnie qu'en arrière-fief et n'y pouvaient juger qu'en qualité de sénateurs. Tels étaient les comtes de Saint-Pol et de Joigni, et particulièrement l'évêque de Lisieux et le comte d'Alençon, qui ne relevaient que du duc de Normandie. Ceci avait encore lieu pour Guillaume Des Roches, sénéchal d'Anjou, et quelques autres. On n'a d'autre acte de ce jugement que la certification du roi et celle qu'à sa réquisition donnèrent séparément tous les juges. (O. D.)

*Nouv. Exam.* t. I, p. 659.

son épouse, le comté de ce nom, d'autre part. Albéric, archevêque de Reims, Guillaume, évêque de Langres, Guillaume du Perche, évêque de Châlons, Philippe, évêque de Beauvais, Etienne, évêque de Noyon, Eudes, duc de Bourgogne, Guillaume d'Auxerre, Robert de Chartres, Guérin de Senlis, Jean de Lisieux, Guillaume de Ponthieu, Robert, comte de Dreux, Pierre, comte de Bretagne, Guillaume, comte de Joigni, Jean, comte de Beaumont, Gaucher, comte de Saint-Paul, Guillaume Des Roches, sénéchal d'Anjou, et Robert, comte d'Alençon, décidèrent, au mois de juillet 1216, en présence et avec l'approbation du roi, en faveur du comte de Champagne. Le comte d'Alençon et tous ceux qui avaient assisté au jugement en donnèrent leurs lettres de certification.

*Bry, p. 155.*

Lorsque les barons d'Angleterre, mécontents du roi Jean, appelèrent le fils d'Auguste et le reconnurent pour leur roi, le comte d'Alençon ne fut point tenté de l'accompagner pour rentrer dans les vastes possessions dont ses prédécesseurs avaient été dépouillés en Angleterre.

Thomas, comte du Perche, n'eut pas la même prudence. Il fut nommé grand maréchal de la couronne, assista au couronnement et prit une grande part au gouvernement. Il commandait l'armée française à la bataille de Lincoln, où il fut tué le 19 mai 1217. Il avait épousé Mélisende (ou Mélisent) de Réthel, fille de Hugues II, comte de Réthel, et de Félicité de Roie, dont il ne laissa point d'enfants (1). Il avait fondé, en 1214, le prieuré de

*Gr. offic. de la Cour, t. VI, p. 140.*

---

(1) *L'Histoire des grands Officiers de la Couronne* dit qu'elle se remaria à Erard de Brienne, seigneur de Rameru et de Venisi, chevalier, qui, après sa mort, épousa en secondes noces Philippine de Champagne; mais cela ne peut pas être, puisqu'Erard de Brienne eut pendant plusieurs années des contestations pour le comté de Champagne, qu'il réclamait aux droits de son épouse, et qui furent terminées par le jugement rendu en 1216, à Melun,

Maison-Maugis (1). Guillaume du Perche, évêque de Châlons, succéda à Thomas, son neveu, fit parachever l'abbaye des Clairets, et fonda celle d'*Arcisses;* il est le dernier

par Philippe-Auguste, assisté des pairs et des principaux barons de France. Je n'ignore pas qu'il y a des actes qui semblent prouver que Mélisende était morte avant son mari, et que son mari laissa des enfants qui s'établirent en Angleterre. En voici la note : 1° extrait de baptême, en très-vieux françois, de Thomas, comte du Perche, seigneur de Nogent-le-Rotrou, et d'Elisabeth de Réthel, fille de Hugues II, seigneur de Réthel, etc.; 2° contrat de mariage, sur parchemin et en anglais, du 12 mars 1212, de Thomas, fils de Thomas, comte du Perche, et de feue Elisabeth Réthel, avec Catherine l'Esmaye, fille de milord l'Esmaye et de Marie Ylondanteau, en faveur duquel mariage, le lord l'Esmaye et son épouse s'obligent de faire 10,000 livres sterlings de rente audit Thomas du Perche, lui abandonnant, après leur mort, leurs biens, fiefs, seigneuries et héritages, aux conditions et sur la parole dudit Thomas du Perche de rester en Angleterre et d'y engager les siens; 3° autre contrat de mariage, en anglais, du 6 janvier 1272, de Joseph-Thomas du Perche, fils de Thomas et de Catherine l'Esmaye avec Mark Boiskaide, fille de Joseph-Mark Boiskaide, en faveur duquel mariage les père et mère de la future assurent les terres et revenus, seigneurie, château de Benviede, pour en jouir leur vie durant et par leur aîné, d'aîné en aîné, jusqu'à la troisième génération : lesdits actes certifiés véritables par Markan et par Milord d'Albermale, ambassadeur en France, le 12 septembre 1752, et déposés chez Baron, notaire à Paris, le 1er décembre suivant. On prétend, de plus, qu'un mémoire, écrit en anglais, contenait les raisons pour lesquelles Thomas, comte du Perche, n'avait point repassé en France et s'était fait passer pour mort à la bataille de Lincoln; mais ce mémoire a été perdu chez Chevillard l'aîné, généalogiste. Æneas du Perche, l'un de ses descendants, repassa, ajoute-t-on, en France, fut conseiller au bailliage d'Alençon; c'est de lui que seraient descendus les du Perche d'Alençon, ceux de Paris, ceux de Tours et ceux du Gâtinais; mais cette famille existait à Alençon avant Æneas du Perche. Pierre du Perche était un des échevins d'Alençon en 1487. (O. D.)

(1) Maison-Maugis, canton de Rémalard (Orne). Ce prieuré paraît avoir été fondé par Geoffroi plutôt que par Thomas, son fils. Il fut donné à l'abbaye de Saint-Evroul. On ignore l'époque précise de la retraite des religieux. (L. S.)

Delestang, *Hist. du Perche*, mss. t. III.

des comtes du Perche, issus de la maison de Bellême ou d'Alençon.

<small>Labbé, Bibliot. nova., Recherches des Hist. de Fr., t. XII, p. 585. Art de vérifier les dates.</small>

Robert, comte d'Alençon, mourut au château de Motteville, proche Laval, le 8 septembre 1217. Le *Nécrologe* de l'abbaye de Perseigne et les *Mémoires* de celle de Saint-Martin de Seès placent sa mort en 1219. Il est enterré dans l'abbaye de Perseigne, où l'on distingue sa représentation par la croix des Croisades qu'il avait prise deux fois. Deux anges soutiennent sa tête, et ses pieds sont appuyés sur un chien (1). Le *Nécrologe* de Perseigne nous apprend qu'il avait épousé, en premières noces, Mathilde, inhumée dans le chœur de cette abbaye; mais ni les chartes ni les autres monuments de cette abbaye ne nous donnent aucun éclaircissement sur le nom de la famille, ni sur le temps de la mort de celle-ci (2). Il épousa, en secondes noces, suivant tous les écrivains qui ont parlé de ce seigneur, Jeanne, fille de Josebert de la Guerche. Elle est, incontestablement, la même (3) que

---

(1) Un vieux dessin conservé par O. Desnos n'offre point ces figures d'anges. Il semble aussi que l'animal sur lequel s'appuyaient les pieds, dut être un lion. Le bouclier a la forme d'un écu; les bras sont couverts d'une cotte de mailles. (L. S.)

(2) Tous les tombeaux qui se voient à Perseigne sont bas et en forme de coffre de pierre et de maçonnerie, enfoncés en terre d'environ deux pieds, couverts chacun de deux pierres en forme de tombe, épaisses de sept à huit pouces chacune. Il est vraisemblable que si on les avait bien examinées, on y aurait trouvé des épitaphes, comme Ménage fit sur la tombe d'Hameline (1).

<small>Hist. généal. des mais. ill. de Bret., p. 47 et suiv.</small>

(3) Cette alliance a été mal connue jusqu'ici : tous les écrivains l'ont crue fille du seigneur de la Guerche en Bretagne. Si nous parcourons l'histoire généalogique des seigneurs de cette famille, donnée au public par Augustin Dupaz, nous n'en trouvons aucun du nom de Josebert. Emme de la Guerche, fille aînée et prin-

---

(1) Le contraire est bien plus vraisemblable. Les inscriptions sont très-rares sur les tombeaux des XII$^e$ et XIII$^e$ siècle, dans notre contrée. (L. S.)

ET SUR SES SEIGNEURS 439

Jeanne du Boschet ou du Bouchet, veuve de Hugues, vicomte de Châteaudun. Elle donna, en 1209, à l'abbaye de Perseigne, où elle est inhumée, la terre de Nourrei,

cipale héritière de Gautier, surnommé *Haï*, seigneur de la Guerche et de Pouancé, épousa, en premières noces, Juhaël (Juhel) VII, seigneur de Châteaubriant, et, en secondes, Robert de Vitré. Elle eut, de son premier mariage, Hugues de la Guerche, seigneur de la Guerche et de Pouancé, marié à une des filles de Maurice do Craon, dont Geoffroi II du nom, seigneur de la Guerche et de Pouancé, mort le 23 juillet 1195, qui laissa pour héritier Guillaume, seigneur de la Guerche, qui prit le parti d'Artur, duc de Bretagne, et mourut le 4 septembre 1223. Si nous passons en Poitou, nous y trouvons une branche puînée de la maison de Preuilli, qui y possédait une terre du nom de la Guerche, en la paroisse de Saint-Amand, près Châteaumur, et en Vendômois, une autre du nom de Boschet ou Bouchet, et dans laquelle les noms de Joubert et de Josebert, qui sont les mêmes, sont fréquents. Or, comme les noms n'étaient point alors héréditaires pour toute une même famille, que les différents membres prenaient, le plus souvent, le nom de leur principale terre ou de celle qui leur plaisait le plus, et même quittaient quelquefois le nom de leur famille et celui de leur terre pour prendre le nom de leur femme, lorsqu'il était plus illustre que le leur, l'un et l'autre arriva aux différentes branches de la maison de Preuilli. Geoffroi de Preuilli, surnommé *Jourdain*, en épousant Eufrosine de Vendôme, quitta le nom de Preuilli pour prendre celui de Vendôme, que ses descendants ont toujours porté. Essirart de Preuilli conserva le nom de Preuilli, mais ses enfants puînés prirent, eux et leurs descendants, le plus souvent, le nom des terres qu'ils possédaient. Joubert de Preuilli, le second, paraît avoir eu en partage les terres de Boschet et de la Guerche (en la paroisse de Saint-Amand, proche Châteaumur). Geoffroi de la Guerche, son fils, vivait en 1140, et paraît avoir été père de Josebert de la Guerche. Il signa, sous ce nom, avec plusieurs seigneurs poitevins, une charte donnée par la reine Eléonor, en 1199, à l'abbaye de Montierneuf; c'est donc sa fille qui est appelée tantôt de Preuilli, tantôt de la Guerche, tantôt du Boschet. Les auteurs de l'*Hist. des Gr. Offic. de la Cour*, disent positivement que le vicomte de Châteaudun épousa la fille de Josebert de Preuilli, dit *du Boschet,* et que Geoffroi III, vicomte de Châteaudun, son fils, confirma, le 2 septembre 1215, une donation faite par Gou-

DUCHESNE,
*Hist. de la Mais. de la Châtaigneraie,*
p. 80,
et *Preuves,*
p. 38.

T. III, p. 515.

appelée *le petit Perseigne,* en Vendômois. On voit son tombeau à Perseigne; deux anges soutiennent sa tête. Son mari donna, à sa prière, aux lépreux d'Alençon dix sols de rente à prendre sur la prévôté de cette ville, pour l'entretien d'une lampe qui devait brûler jour et nuit. Robert eut pour troisième femme, Emme de Laval, fille et héritière de Gui VI, comte de Laval, et d'Havise de Craon; laquelle épousa en secondes noces, Mathieu II du nom,

*Généal. fundat. S. Mart. Sag. mss.*

bert de Preuilli, son aïeul maternel, aux religieux du prieuré de Chauvigni. Il n'est donc point surprenant que les monuments de l'abbaye de Saint-Martin de Seès l'aient désignée simplement sous le nom de Jeanne, fille de Josebert de la Guerche, et, comme elle avait en partage la terre du Boschet, qu'elle en ait pris simplement le nom, ce qu'elle semble nous insinuer dans sa charte pour l'abbaye de Perseigne : *Omnibus Christi fidelibus ad quos præsens scriptum pervenerit, Johanna comitissa de Alenchon et domina de Boschet, etc.* Geoffroi, vicomte de Châteaudun, sorti de

*Charte orig.*

son premier mariage, confirme, par une charte de la même année, la donation de sa mère, et s'exprime à peu près comme elle : *Omnibus, etc. Noverit universitas vestra quod mater mea Johanna comitissa de Alenchon, domina de Boschet, etc.* Il se sert des mêmes termes dans une autre charte pour la justice de Norrei, en Vendômois. Jean, comte de Vendôme, donna ou plutôt confirma les mêmes objets à l'abbaye de Perseigne, en 1245 : ce ne pouvait être qu'en qualité de seigneur suzerain; les vicomtes de Châteaudun ne furent jamais comtes du Vendômois, mais ils y possédaient de grandes terres : ils descendaient des Rotrou, comtes de Mortagne; aussi l'auteur du *Nécrologe* de Perseigne s'est mépris, lorsqu'il s'exprime ainsi : *Item est en sépulture dans cedit chanceau le corps de dévote dame et très-noble madame Jehanne, autrefois comtesse de Vendosme et de Châteaudun, et dame du Bouchet, mère de Monsieur Geoffroy, comte de Vendosmois, seconde épouse de Monsieur Robert, comte d'Alençon.* Il est très-certain que la maison des vicomtes de Châteaudun, issue par les Rotrou de celle de Bellême, n'avait rien de commun avec celle de Vendôme et n'a jamais possédé le Vendômois. C'est cette méprise du *Nécrologe* de Perseigne qui m'a induit en erreur, et m'a fait dire, dans le *Dictionnaire des Gaules et de la France,* que Robert, comte d'Alençon, avait eu deux femmes du nom de Jeanne.

seigneur de Montmorenci, connétable de France, et en troisièmes, Jean de Toci, seigneur de Toci et de Saint-Fargeau. Le comte n'eut point d'enfants de la première de ses femmes; mais il eut, suivant les généalogistes, de Jeanne, fille de Josebert de la Guerche, Jean III, comte d'Alençon, dont nous avons parlé, et Mahaud, première femme de Thibaud, dit *le Jeune,* comte de Blois et de Chartres, grand-sénéchal de France, morte sans enfants. Il laissa d'Emme de Laval un fils posthume, nommé Robert IV, comte d'Alençon, mort avant le mois de janvier 1220 (1).

Philippe-Auguste profitait habilement de toutes les circonstances pour réunir à la couronne les grands fiefs. Il fit si bien auprès des héritiers de ce comte, qu'il les engagea, soit de gré, soit autrement, à lui donner et céder Alençon avec toutes ses dépendances, les quatre paroisses situées de l'autre côté de la Sarthe, qui étaient Héloup, Saint-James, Saint-Germain et Saint-Barthélemi (2); les

---

(1) Après la mort du comte, on nomma des sages-femmes pour constater la grossesse de sa veuve et la garder, ainsi que l'enfant qu'elle mettrait au morde. (O. D.)

(2) Ces quatre paroisses n'en formaient dans l'origine qu'une seule sous le nom de *Helloy, Hellou* (1), mais dès le xIII<sup>e</sup> siècle elles se divisèrent.

L'église de Héloup n'offre aucun intérêt d'architecture.

Celle de Saint-James, dans le hameau de ce nom, à une lieue d'Alençon, sur la route actuelle de Fresnai, fut détruite en 1775 et 1776. Elle était fort petite, avec clocher en bâtière, portes et fenêtres romanes, si l'on en peut juger par un mauvais dessin que j'en ai sous les yeux. La paroisse de Saint-James avait été réunie à celle de Héloup vers 1660.

L'église de Saint-Germain n'offre rien de remarquable.

L'église de Saint-Barthélemi, unie à celle de Saint-Germain avant 1619, chercha, jusqu'en 1780, à obtenir un vicaire ou desservant. Il existe un *Mémoire* publié dans ce but et sous cette

(1) Nous reparlerons plus tard du *pagellus* de Héloup. (L. S.)

bois d'Ecouves (1), de la Ferrière, de Chaumont et de Roche-Elie (2) jusqu'au Sarthon. Ils s'obligèrent, de plus, à faire démolir les fortifications d'Essai et de la Roche-Mabile, toutes fois qu'il plairait au roi. L'acte fut passé au mois de janvier 1220. Deux ans après, Philippe exigea encore que ces mêmes héritiers lui cédassent Essai et ses dépendances, avec la censive de Sainte-Scolasse, etc. (3). Ces deux actes et quelques autres des diverses maisons religieuses du pays nous apprennent quels

date, par Charpentier, avocat à Alençon, renfermant des documents assez curieux et que nous supposons avoir été communiqués en partie par O. Desnos, que l'on consultait sur toutes les questions de ce genre. L'ancienne église subsiste encore comme simple chapelle. C'est une construction tout à fait insignifiante. Près du hameau de Saint-Barthélemi, se trouve une source minérale ferrugineuse dont nous aurons occasion de reparler.

Les quatre paroisses ci-dessus dépendaient du Maine pour le spirituel, comme le faubourg Montsort, tout en appartenant à la Normandie et en relevant du château d'Alençon. C'est à tort que certains écrivains du Maine insinuent le contraire. Elles furent comprises dans le département de la Sarthe par l'organisation de 1790, mais elles en furent distraites par la Constitution du 22 fructidor an III (22 août 1795), et restituées, ainsi que Saint-Céneri, qui du reste avait toujours appartenu à l'évêché de Seès comme à la province de Normandie, au département de l'Orne. (L. S.)

(1) La forêt d'Écouves proprement dite contenait, d'après la délimitation opérée, en 1667, par les ordres de l'intendant de Marle et dont nous devons la communication à l'obligeance de M. Barbier, inspecteur des forêts, 5,262 hectares 96 ares, et 7,212 hectares 88 ares avec les annexes.

| | | |
|---|---|---|
| Bois-Mallet. | 1,022 h. 97 a. | |
| Défends de Tanville. | 433 | 35 |
| Gâtine. | 493 | 35 (L. S.) |

(2) Les bois de Roche-Elie, *Rupes Heloïdis*, et non pas Roche-Eloy comme l'avait dit O. Desnos, ou de la Roche-Mabile comme l'ont cru d'autres historiens, sont situés au dessous de Chaumont, sur le territoire de Livaie. Ils contiennent environ 300 hectares et appartiennent à la famille de Courtemanche. (L. S.)

(3) Cet acte manque au si riche *Catalogue* publié par M. Léopold Delisle. (L. S.)

étaient ces héritiers et leurs droits mal connus jusqu'à présent.

Aimeri de Châtelleraud, fils d'Ele ou d'Alix d'Alençon, et de Hugues, vicomte de Châtelleraud, était aux droits de sa mère, et, de plus, légataire de son oncle Robert III (1). Ele d'Alençon était sœur d'Ele mariée au vicomte de Châtelleraud, et était elle-même veuve, dame d'Almenèches, et ne termina sa carrière qu'après l'an 1239. Robin ou Robert Mallet le jeune, sorti de Philippine d'Alençon et de Robert Mallet son premier mari, représentait les droits de sa mère. Philippe-Auguste donna à ses héritiers, en contréchange d'Essai et ses dépendances, la terre d'Ecouché, à laquelle il ajouta quatre fiefs qui n'en faisaient point partie auparavant (2). L. Delisle, n° 2142.

Ces héritiers firent ensuite le partage des biens de la succession de Robert IV, dans lesquels ne fut point comprise la terre de Sonnois substituée au vicomte de Châ-

---

(1) Aimeri de Châtelleraud eut pour fils Jean, vicomte de Châtelleraud, seigneur de Montgommeri et de Sonnois, qui épousa Agathe de Ponthieu ou de Dammartin. Ils eurent pour fils Jean II, seigneur des mêmes terres, qui mourut sans enfants de Mathilde, son épouse, et fut inhumé avec elle dans le chœur de l'église de l'abbaye de Saint-André-en-Gouffern. (O. D.)

Leur mausolée, dégradé pendant les guerres de religion, et que les moines croyaient à tort être celui de Guillaume Talvas, offrait une statue ou deux statues couchées sous une arcade surbaissée et surmontée d'un fronton dont les côtés étaient ornés de crochets. Sur les pilastres qui le soutenaient, étaient des écussons. Il a entièrement disparu. Il reste quelques ruines intéressantes de l'ancienne abbaye qui passait pour une des plus belles du pays. Elle était située dans la commune de la Hoguette, canton et arrondissement de Falaise. V. *Statist.* de M. Galeron, t. II, p. 263. (L. S.)

Jeanne hérita de son frère. Elle avait épousé en premières noces Geoffroi de Lusignan, mort en juillet 1263, et en secondes noces Jean V, seigneur de Harcourt, maréchal et amiral de France. (O. D.)

(2) Acte d'avril 1222. Les quatre fiefs dont il s'agit ici relevaient de Château-Gontier et de Briouze.

telleraud. Aimeri, comme représentant de l'aînée, eut Montgommeri (1), la Roche-Mabile, partie du Mêle-sur-Sarthe etc. Robin ou Robert Mallet, comme représentant Philippine d'Alençon (2), eut, pour son partage, Seès, Bernai (3), partie du Mêle-sur Sarthe, les Bois-Mallet, les Défends de Tanville (4), Mortrée. Ele paraît avoir

(1) Le comté de Montgommeri, ainsi que nous l'avons vu, p. 232, avait son chef-lieu dans la commune de Sainte-Foi-de-Montgommeri, canton de Livarot, arrondissement de Lisieux, où l'on voit encore les ruines de l'ancien château (L. S.)

Il semble que la famille Montgommeri n'était point alors complètement éteinte et qu'il en subsistait encore quelques branches puînées d'où étaient sortis des seigneurs du nom de Montgommeri dont nous ignorons la filiation exacte.

Ils descendaient probablement des oncles ou des frères du fameux Roger de Montgommeri, comte de Salop, soit légitimement, soit autrement, mais ils ne pouvaient porter le nom de Montgommeri. Cambden nous apprend que ce nom fut supprimé après l'expulsion de Robert de Bellême et de ses frères, et qu'il ne commença de revivre qu'en 1605, que le roi Jacques en honora Philippe Herbert, fils de Henri, duc de Pembrock, dont les descendants ont continué de le porter. (O. D.)

(2) Je prouve l'existence de ces trois filles et leurs droits dans une *Dissertation* particulière sur les héritiers de Robert IV, comte d'Alençon, ainsi que les méprises sans nombre échappées aux historiens qui ont eu occasion d'en parler, tels que La Roque, dans nombre de passages de son *Histoire généalogique de la maison de Harcourt,* et les auteurs de l'*Histoire des grands officiers de la couronne* (1).

(3) S'agit-il de la ville de Bernai (Eure), ou de Bernai-sur-Orne, canton d'Ecouché, arrondissement d'Argentan (Orne)? Nous croyons qu'il s'agit de cette dernière localité, bien moins importante que l'autre et bien plus rapprochée d'Alençon. (L. S.)

(4) Les Défends de Tanville sont des taillis situés au revers nord de la forêt d'Écouves, en face de Tanville, d'une contenance de 328 hectares seulement, par suite des rectifications opérées depuis 1667. (L. S.)

(1) Nous réimprimons cette *Dissertation* à la suite des *Mémoires* dont elle forme, pour ainsi dire, le complément. (L. S.)

eu, outre le château d'Almenèches, Vignats, Ecouché, etc. Comme ces deux derniers lots représentaient des puînés, ils devaient être tenus par parage du premier lot échu aux représentants de la sœur aînée, dont on voit encore des traces dans les aveux de Montgommeri. Le partage des Mallet fut chargé du douaire de la veuve de Jean III, et il semble que celui d'Emme de Laval fut assigné sur Saint-Remi-du-Plain dans le Sonnois.

Comme il se trouvait des personnes ou leurs descendants qui auraient pu réclamer quelques droits sur Alençon, à la représentation de leurs prédécesseurs, tels que les descendants de Gui, comte de Ponthieu, fils aîné de Guillaume III, ceux de Clémence de Châtelleraud, sœur d'Aimeri et femme de Geoffroi de Lézignan ou Lusignan, les successeurs d'Auguste eurent grand soin d'en exiger des renonciations (1).

(1) Dans la guerre qui éclata vers cette époque entre Amauri de Craon, sénéchal du Maine, d'Anjou et de Touraine, et Pierre Mauclerc, duc de Bretagne, et qui se termina par la défaite du premier, en 1223, une troupe de guerriers de l'Alençonnais ou du pays de Seès suivit les étendards d'Amauri. (O. D.)

FIN DU TOME PREMIER

www.ingramcontent.com/pod-product-compliance
Lightning Source LLC
Chambersburg PA
CBHW070334240426
43665CB00045B/1934